智能生产线

主　编　曹　江　姚　亮　刘天娇
副主编　夏　宇
参　编　张玉艳

北京理工大学出版社
BEIJING INSTITUTE OF TECHNOLOGY PRESS

内容简介

本书共分为六个项目，主要内容包括：智能生产线与柔性制造认知，智能生产线的关键技术，智能工业机器人工作站系统，自动化生产线的调试、面向数字孪生的智能虚拟生产线与调试系统设计和多维指标约束下智能生产线调度模型与优化设计等，每个项目都由不同的任务组成。从智能制造的基本概念、常见智能制造装备的调试与应用、智能制造生产线的综合应用等方面，通过项目导向、任务驱动的教学方法力争使读者掌握智能生产线的安装与调试及应用等技能。按照基于项目工程教学方法，将生产线划分成若干相对独立又相互联系的生产单元，把每个单元的自动化控制系统设计与实践的教学任务作为一个教学项目。每个项目都将逻辑控制技术、传感检测技术、工业控制技术相结合，在工业自动化技术方面都具有较高的设计指导意义。

本书注重实际，强调应用，可作为机电一体化、机械工程与自动化、电气自动化、工业企业自动化和仪表自动化等相关专业高等院校、高职院校高技能型人才培养的实训用书，也可供工程技术人员参考使用。

版权专有　侵权必究

图书在版编目(CIP)数据

智能生产线／曹江，姚亮，刘天娇主编． -- 北京：
北京理工大学出版社，2023.5
　　ISBN 978-7-5763-2391-7

Ⅰ．①智… Ⅱ．①曹… ②姚… ③刘… Ⅲ．①自动生产线 Ⅳ．①TP278

中国国家版本馆 CIP 数据核字(2023)第 085560 号

出版发行 /	北京理工大学出版社有限责任公司
社　　址 /	北京市海淀区中关村南大街 5 号
邮　　编 /	100081
电　　话 /	(010)68914775（总编室）
	(010)82562903（教材售后服务热线）
	(010)68944723（其他图书服务热线）
网　　址 /	http://www.bitpress.com.cn
经　　销 /	全国各地新华书店
印　　刷 /	北京广达印刷有限公司
开　　本 /	787 毫米 × 1092 毫米　1/16
印　　张 /	20.5
字　　数 /	479 千字
版　　次 /	2023 年 5 月第 1 版　2023 年 5 月第 1 次印刷
定　　价 /	89.00 元

责任编辑／钟　博
文案编辑／钟　博
责任校对／刘亚男
责任印制／李志强

图书出现印装质量问题，请拨打售后服务热线，本社负责调换

前　言

　　智能制造是基于新一代信息通信技术与先进制造技术的深度融合，贯穿于设计、生产、管理、服务等制造活动的各个环节，具有自感知、自学习、自决策、自执行、自适应等功能的新型生产方式。智能生产线具有制造柔性化、智能化和高度集成化等特点。随着先进制造技术、新一代信息技术、人工智能技术、智能优化技术、大数据分析与决策支持技术等智能制造关键技术的发展，智能制造将在企业中得到广泛应用，智能生产线将给产业界带来巨大的变革。

　　本书从智能制造的基本概念，常见智能制造装备的调试与应用，智能生产线的综合应用、优秀应用等方面，通过任务驱动、项目导向的教学方法使读者掌握智能生产线的安装与调试及应用等技能。按照基于项目的工程教学方法，本书将生产线划分成若干个相对独立又相互联系的生产单元，把每个单元的自动化控制系统设计与实践的教学任务作为一个教学项目。每个项目都将逻辑控制技术、传感检测技术、工业控制技术相结合，在工业自动化技术方面具有较高的设计指导意义。

　　本书共分为6个项目，包括：智能生产线与柔性制造认知、智能生产线的关键技术、工业机器人工作站系统、智能生产线的调试、面向数字孪生的智能虚拟生产线与调试系统设计、多维指标约束下智能生产线调度模型与优化设计。每个项目都由不同的任务组成。

　　本书的编写紧扣"准确性、实用性、先进性、可读性"的原则，力求深入浅出、图文并茂，以达到提高学生的学习兴趣和学习效率以及"易学、易懂、易上手"的目的。

　　本书注重实际，强调应用，可作为机电一体化、机械工程与自动化、电气自动化、工业企业自动化和仪表自动化等相关专业高技能型人才培养的实训用书，也可供工程技术人员参考使用。

　　本书由沈阳职业技术学院曹江、姚亮、刘天娇担任主编，夏宇担任副主编。其中，项目二、前言和知识测评由曹江编写，项目三由姚亮编写，项目四由刘天娇编写，项目一、项目五和项目六由夏宇编写。张玉艳负责全书体系结构的编排。全书由姚亮负责统稿。

　　在本书编写过程中，编者参阅了相关教材及厂家的文献资料，在此向参考文献的作者致以诚挚的谢意。在统稿过程中，编者所在教研室的同事给予了很多支持和帮助，编者在此一并表示衷心的感谢。

目　录

项目一　智能生产线与柔性制造认知 ··· 1

任务 1.1　认识智能生产线 ··· 1

任务 1.2　了解柔性制造与智能生产线 ··· 8

知识评测 ·· 21

项目二　智能生产线的关键技术 ·· 22

任务 2.1　PLC 控制变频器调速 ·· 22

任务 2.2　PLC 对步进电动机的控制 ··· 32

任务 2.3　PLC 与触摸屏的组合应用 ··· 47

任务 2.4　工业机器人技术 ·· 51

知识评测 ·· 62

项目三　工业机器人工作站系统 ·· 63

任务 3.1　工业机器人工作站及生产线 ··· 63

任务 3.2　焊接工业机器人工作站 ··· 68

任务 3.3　搬运、码垛工业机器人工作站 ·· 75

任务 3.4　喷涂工业机器人工作站 ··· 81

任务 3.5　抛光、打磨工业机器人工作站 ·· 87

任务 3.6　装配、包装工业机器人工作站 ·· 95

任务 3.7　KUKA 工业机器人搬运工作站应用 ·· 105

任务 3.8　ABB 工业机器人基本操作 ··· 113

任务 3.9　工业机器人离线编程技术 ·· 124

任务 3.10　工业机器人系统集成认识及应用 ·· 131

知识评测 ·· 152

项目四　智能生产线的调试 ··· 153

任务 4.1　供料单元的安装与调试 ··· 153

任务 4.2　加工单元的安装与调试 ··· 176

任务 4.3　装配单元的安装与调试 ··· 191

任务 4.4　分拣单元的安装与调试 ··· 208

任务 4.5　输送单元的安装与调试 ··· 239

任务 4.6　智能生产线的联机调试与故障维修 ···································· 258
　知识评测 ·· 270

项目五　面向数字孪生的智能虚拟生产线与调试系统设计 ·················· 271
　任务 5.1　面向数字孪生的智能虚拟生产线搭建方法与关键技术 ·········· 271
　任务 5.2　面向数字孪生的智能虚拟生产线多维建模技术 ···················· 274
　任务 5.3　面向数字孪生的虚拟调试技术 ··· 279
　任务 5.4　面向数字孪生的智能虚拟生产线的实验验证 ······················· 286
　知识评测 ·· 292

项目六　多维指标约束下智能生产线调度模型与优化设计 ·················· 293
　任务 6.1　柔性作业车间调度分析与建模 ··· 293
　任务 6.2　基于人工蜂群算法的批量流柔性作业车间调度方法 ············· 303
　任务 6.3　基于 MOEAD 算法的多目标柔性作业车间调度方法 ············ 312
　知识评测 ·· 320

参考文献 ··· 321

项目一

智能生产线与柔性制造认知

任务1.1 认识智能生产线

1. 任务引入

智能生产线是由工件传送系统和控制系统,将一组自动机床和辅助设备按照工艺顺序连接起来,自动完成产品全部或部分制造过程的生产系统,简称智能线。智能生产线是由电动机,电磁阀,气动、液压等各种执行装置驱动,再经过传感器、仪器、仪表等检测装置进行进程、状态的判别,通过 PLC 等工控处理器的逻辑运算处理后产生输出,如图 1-1 所示。

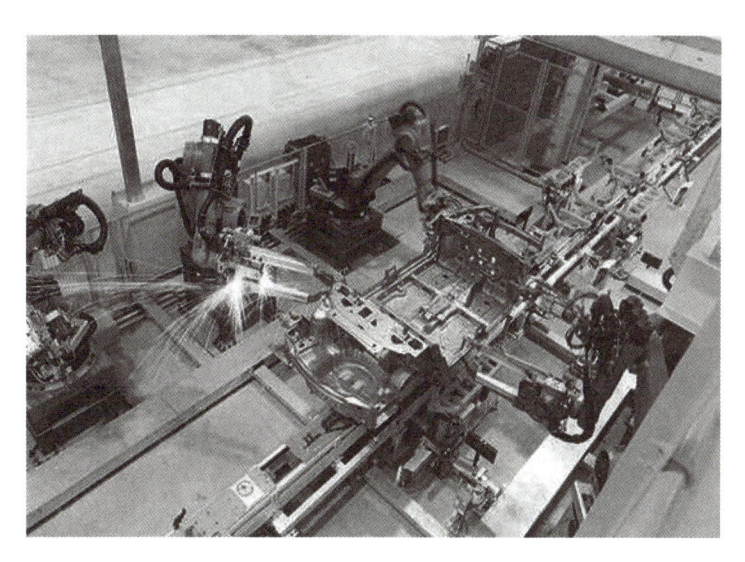

图 1-1 智能生产线

2. 任务目标

1)知识目标
了解智能生产线的概念和应用。
2)技能目标
掌握传感器的分类和原理。
3)素养目标
启发学生对智能生产线的认知,激发学生的学习兴趣。

3. 任务分析

从智能生产线的概念可知，智能生产线应能够自动地完成预定的各道工序及其工艺过程，使产品成为合格的制品，工件装卸、定位夹紧、工件输送、工件分拣、工件包装等都按照一定的顺序自动地进行。

1）智能生产线的应用

采用智能生产线进行生产的产品应有足够大的产量，产品设计和工艺应先进、稳定、可靠，并在较长时间内保持基本不变。在大批、大量生产中采用智能生产线能提高劳动生产率，稳定和提高产品质量，改善劳动条件，缩减生产占地面积，降低生产成本，缩短生产周期，保证生产均衡性，有显著的经济效益。

智能生产线在无人干预的情况下按规定的程序或指令自动进行操作或控制，其目标是"稳，准，快"。自动化技术广泛应用于工业、农业、军事、科学研究、交通运输、商业、医疗、服务和家庭等方面。采用智能生产线不仅可以把人从繁重的体力劳动，部分脑力劳动以及恶劣、危险的工作环境中解放出来，还可以极大地提高劳动生产率。

2）智能生产线的发展概况

智能生产线涉及的技术领域很广，因此它的发展和完善与各种相关技术的进步是紧密相连的。人们要了解智能生产线的发展，就必须了解与之相关的技术的发展，这些技术的不断更新推动了智能生产线的进步。

4. 相关知识

1）传感检测技术在智能生产线中的应用

传感器是能感受被测量并按照一定的规律将被测量转换成可用输出信号的器件或装置，通常由敏感元件、信号转换电路和信号调理电路组成。在生产线的自动化过程中，传感器起着重要的作用，它向控制器提供系统的实时信号。

传感器的敏感元件是用来直接感受被测量，并输出与被测量具有某一关系的物理量的元件，传感器的转换元件则把敏感元件的输出信号转换为电信号，如电流、电压。

常用的传感器分类方法主要有如下几种。

（1）按被测量性质分类，可分为位移、力、速度、温度等传感器。

（2）按工作原理分类，可分为电阻式、电容式、电感式、霍尔式、光电式、热电偶式等传感器。

（3）按输出信号的性质分类，可分为数字量（包括开关量输出）传感器和模拟量传感器。

在各类传感器中，有一种对接近它的物件有"感知"能力的传感器，即接近传感器。接近传感器是代替限位开关等接触式检测元件，以不接触检测对象进行检测为目的的传感器的总称，其可将检测对象的移动信息和存在信息转换为电气信号。接近传感器的种类很多，常用的有电感式接近传感器、电容式接近传感器、霍尔式接近传感器和光电式接近传感器等，通常不同的接近传感器能识别的物体材质是不同的。

（1）电感式接近传感器。

电感式接近传感器（图1-2）利用金属导体靠近磁场时产生的电涡流效应来工作，因此电感式接近传感器所检测的物体必须是金属导体。电涡流效应是指，当金属物体处于一个交变的磁场中时，在金属内部会产生交变的电涡流，该电涡流又会反作用于产生它的磁场。

如果这个交变的磁场是由一个电感线圈产生的，则这个电感线圈中的电流就会发生变化，用于平衡电涡流产生的磁场。

电感式接近传感器利用这一原理，以高频振荡器（LC振荡器）中的电感线圈作为检测元件，当被测金属物体接近电感线圈时产生电涡流效应，引起高频振荡器振幅或频率的变化，由传感器的信号调理电路（包括检波、放大、整形、输出等电路）将该变化转换成开关量输出，从而达到检测目的。

（2）电容式接近传感器。

电容式接近传感器（图1-3）是一种将被测物理量或机械量转换成电容量变化的转换装置，它实际上就是一个具有可变参数的电容器。电容式接近传感器广泛用于位移、角度、振动、速度、压力、成分、介质特性等方面的测量，最常用的是平行板型电容器或圆筒型电容器。电容式接近传感器的测量头是构成电容器的一个极板，而另一个极板是开关的外壳。这个外壳在测量中通常接地或与设备相连。当物体移向电容式接近传感器时，它使电容器的介电常数发生变化，从而使电容量发生变化，使与测量头相连的电路状态也发生变化，由此控制开关的接通或断开。

图1-2 电感式接近传感器

（3）霍尔式接近传感器。

霍尔式接近传感器（图1-4）是利用霍尔效应工作的一种磁性接近传感器，具有无触点、功耗低、寿命长、响应频率高等特点，属于磁电转换元件，只能用于磁性物质的检测，可用于压力、位置、位移、速度等的测量。

图1-3 电容式接近传感器　　　　图1-4 霍尔式接近传感器

（4）光电式接近传感器。

光电式接近传感器（图1-5）是利用光电效应工作的传感器，可以检测物体的有无和表面状态的变化，因此可用于任何材质物体的检测。对于材料相同、颜色不同的物体来说，光电式接近传感器对它们的敏感程度是不一样的。例如，漫射型光电式接近传感器对红色物体比对表面吸收光的黑色物体敏感得多。

图1-5 光电式接近传感器

光电式接近传感器主要由光发射器和光接收器构成。如果光发射器发射的光线因检测物体不同而被遮掩或反射，到达光接收器的光量将发生变化。光接收器的敏感元件将检测出这种变化，并将其转换为电气信号输出。

在智能生产线中，在选用传感器时应当综合考虑各项指标的内在要求。首先检测要求应在传感器的应用范围内，然后综合考虑传感器的一些参数，包括传感器的检测距离、工作电压、负载电流、负载形式（直流、交流、电阻）、输出类型等。负载和传感器的输出类型要匹配，如 NPN 型输出的传感器，PLC 的输入端应为漏型接法，否则很容易损坏传感器。其他的辅助参数，如工作频率、环境温度等，在选用传感器时也应综合考虑。

2）气动技术在智能生产线中的应用

气动技术是以压缩空气作为动力源，进行能量传递或信号传递的工程技术。它是实现各种生产控制、自动控制的重要手段之一。气动技术在工业生产中应用非常广泛，一般智能生产线上都安装有许多气动元件，可归为气源及其处理装置、控制元件、气动执行元件等。气源及其处理装置用于向设备提供气源，控制元件用于控制气动执行元件的动作，气动执行元件用于完成机械动作。

（1）气动执行元件。

气动执行元件是将气体能转换成机械能以实现往复运动或回转运动的执行元件，在智能生产线中有着广泛应用，是实现机械运动的执行机构，有气缸、气动发动机等。通过气动执行元件的型号和铭牌参数可以查到其空间尺寸、动力特性、控制特性、安装方式和配件信息等相关设计要素。因此，在使用时，应考虑整体设备的机械结构、控制信号特性、功能特性等各方面内容。

在实际设计或学习中使用气缸时，可参考如下步骤进行选择。

①根据操作形式选定气缸类型。

气缸操作方式有双动、单动弹簧压入及单动弹簧压出 3 种。在输出力和运动速度要求不高的场合（价格低、耗能少），可考虑用单动气缸，在其他的情况下一般采用双动气缸。在体积相同的情况下，采用单动气缸所获得的行程会偏小（内部有弹簧），因此更适合小行程。

因此，单动气缸多用于行程较短以及对活塞杆输出力和运动速度要求不高的场合。

②根据用途选定气缸类别。

基于气缸在动力特性或空间布局方面的应用特长，在选用气缸时，首先从空间要求、输出力要求和精度要求等方面确定基本类别。

一般在精度要求高时还可以采用滑台气缸（将滑台与气缸紧凑组合的一体化的气动组件），工件可安装在滑台上，通过气缸推动滑台运动。滑台气缸适用于精密组装和定位、传送工件等。既要求精度高又要求承接负载力大时，可以选用导杆气缸。

（2）方向控制阀。

能改变气体流向或通断的控制阀称为方向控制阀，方向控制阀有电磁控制、气压控制、机械控制等类型。气缸动作方向的改变是通过方向控制阀来实现的，如气缸的伸出和缩回。气缸活塞的运动是依靠气缸一端进气，并从另一端排气，再反过来，从另一端进气，一端排气来实现的。气体流动方向的改变由方向控制阀控制。

①方向控制的通口与位置。

方向控制阀与系统相连的通口包括供气口、进气口和排气口。方向控制阀按通口的数目可分为三通阀、四通阀、五通阀等。例如，控制一个单动气缸，只需要实现进（排）气口气流方向的改变即可，因此可以用三通阀实现。

方向控制阀的切换状态称为位置，有几个切换状态就称为几位阀。方向控制阀的静止位置（即未加控制信号时的状态）称为零位。方向控制阀根据工作位置数目的不同可分为一位阀、两位阀、三位阀等。

②方向控制阀的选用。

一般选用方向控制阀时，要考虑使用现场的条件，包括提供的气源压力大小、电源（直流、交流及其大小）和环境条件等，了解常用方向控制阀的性能及其使用范围，然后根据所配套的不同气动执行元件选择不同功能系列的方向控制阀，尽量选用标准化产品，设计大型控制系统时，要尽可能使用集成阀和信号的总线控制形式。在价格方面，在保证系统先进、可靠、使用方便的前提下，力求价格合理，不能不顾质量而追求低成本。

目前，在我国广泛应用的方向控制阀为板式安装方式，它的优点是便于装拆和维修，ISO 标准也采用了板式安装方式，并发展了集装板式安装方式。因此，推荐优先采用板式安装方式的方向控制阀。但由于元件质量和可靠性不断提高，管式安装方式的方向控制阀占用空间小，也可以集成安装，故也得到了应用。因此，应根据实际情况选用方向控制阀。

（3）单向节流阀。

气缸的运行速度主要取决于气缸输入压缩空气流量（一般为 50~500 mm/s），气缸进、排气口大小及导管内径的大小。为保障气缸的运行均匀和平稳，气缸的运行速度常应用单向节流阀进行控制。其通常安装在气缸和方向控制阀之间，即气缸的快速接头连接处。

单向节流阀的连接方式有两种：一种是排气节流型，一种是进气节流型。两种连接方式的主要区别在于内部单向阀的方向不同，两种连接方式控制气缸运行速度的特性和效果也是不同的。

排气节流型即在气缸排气时单向阀截止，气流通过节流阀流出，通过阀上的限流螺母控制气流排出的大小，达到调速目的。这种连接方式对排出气流有所限制，不会造成活塞杆急速伸出或缩回，因此这种连接方式一般比较保险，广泛应用在气路设计中。

3）网络通信技术

随着工厂自动化技术的飞速发展，将工业控制计算机、PLC、变频器、人机界面、机器人等不同设备连接在一个网络上，使其相互之间进行数据通信，再集中管理，已经是企业实现自动化、数字化、网络化必须考虑的问题。

工业数据通信系统可将不同地址位置的计算机、PLC、变频器、人机界面以及其他数字设备连接起来，高效地进行信息交换和通信处理任务。在 PLC 控制系统中，根据通信对象的不同，PLC 通信可分为 PLC 与外部设备、PLC 与 PLC 之间、PLC 与 PLC 及外部设备之间的通信等基本类型。

4）智能制造生产线集成技术

（1）智能制造生产线的概念和基本构成。

①智能制造的概念。

智能制造（Intelligent Manufacturing，IM）是基于新一代信息通信技术与先进制造技术的深度融合，贯穿于设计、生产、管理、服务等制造活动的各个环节，具有自感知、自学习、自决策、自执行和自适应等功能的新型生产方式。

②智能制造生产线的概念。

智能制造生产线不等同于智能生产线，它在智能生产线的基础上融入信息通信技术、人工智能技术，具备自感知、自学习、自决策、自执行、自适应等功能，从而具备了制造柔性化、智能化和高度集成化的特点。

③智能制造生产线的基本构成。

智能制造生产线基于先进控制技术、工业机器人技术、视觉检测技术、传感技术以及射频识别（Radio Frequency Identification，RFID）技术等，集成了多功能控制系统和顶尖检索设备，可以实现产品多样化定制和批量生产。在智能制造生产线上，工人、加工件与机器可以进行智能通信和协同作业，同一条生产线能够同时生产各种不同的产品。智能制造生产线主要由智能产品（装备）、智能生产和智能服务3个系统组成。

（2）智能产品（装备）。

智能产品（装备）是指用在智能制造生产线上的自动化设备，是发展智能制造的基础与前提。智能产品（装备）具有监测、控制、优化和自主4个方面的功能。智能产品（装备）主要有以下几种。

①自动化传送设备。它是指在智能制造生产线上按照生产任务要求，自动完成物料从原位置移动、搬运、传送到指定位置的自动化设备，主要包括托盘式、悬挂式、传输带式传送设备以及自动导引车（Automated Guided Vehicle，AGV）等。其中，自动导引车是自动化程度比较高的传送设备，是指装备具有电磁或光学等自动导引装置，能够沿规定的导引路径行驶，具有安全保护以及各种移载功能的搬运车。它以可充电的蓄电池作为动力来源，可通过计算机控制其行进路线和行为，或利用贴于地面的电磁轨道来设计其行进路线，使其通过电磁轨道的信息进行移动和动作。

②工业机器人。工业机器人是面向工业领域的多关节机械手或多自由度的机器装置，是靠自身动力和控制能力来实现各种功能的一种自动执行工作的机器。工业机器人按功能划分，主要有焊接机器人、搬运机器人、装配机器人、打磨机器人、码垛机器人和机械加工机器人等。

③产品条码读写设备。射频识别是一种通信技术，它可通过无线电信号识别特定目标并读写相关数据，无须在识别系统与特定目标之间建立机械或光学接触的设备。

④CNC（Computer Numerical Control）自动化加工设备。CNC自动化加工设备，一般是指数控机床，其是装有程序控制系统的自动化机床。数控机床根据功能的不同，可分为数控加工中心、数控车床和数控冲床等。

⑤各种传感器及自动开关。传感器是一种检测装置，能感受到被测量的信息，并能将感受到的信息按一定规律转换为电信号或其他所需的信息输出形式，以满足信息的传输、处理、存储、显示、记录和控制等要求。

⑥SCADA模块。SCADA即数据采集与监视控制（Supervisory Control And Data Acquisition）的简称。SCADA系统是以计算机为基础的自动化监控系统。数据采集卡、数据采集仪表、数据采集模块均是数据采集工具。其中，数据采集模块由传感器和控制器等组

成,它将通信、存储芯片集成到一块电路板上,具有近程或远程收发信息、数据传输等功能。

⑦自动化立体仓库。自动化立体仓库为自动化的原材料及加工成品的存取仓库,是物流仓储中出现的新概念,主要由立体货架、有轨巷道堆垛机、出入库托盘输送机系统、尺寸检测条码阅读系统、通信系统、自动控制系统、计算机监控系统、计算机管理系统以及其他辅助设备组成。它具有仓库高层合理化、存取自动化、操作简便化等特点。

(3)智能生产。

智能生产是指智能制造信息化系统,它以智能工厂为载体,通过在工厂和企业内部、企业之间以及产品的全生命周期形成以数据互连互通为特征的制造网络,最终实现生产过程的实时管理和优化。智能制造信息化系统主要包括企业经营管理系统、制造执行系统(MES)和自动化系统。

(4)智能服务。

智能服务的载体是通信技术,其基于互联网、物联网平台,通过采集设备运行数据、车间环境数据、仓储物流数据、工人数据等信息并将信息上传至企业数据中心(企业云),来实现系统软件对设备的实时在线监测、控制,并能够通过数据分析提前进行设备维护。

5)智能制造生产线的典型应用

(1)海尔集团的"黑灯车间"空调外机智能装配生产线。

海尔集团作为家电制造业的领导企业,率先探索出了一条智能制造的发展新路。海尔集团的佛山工厂彻底实现了"黑灯车间"。空调外机智能装配生产线采用 MES 全程订单执行管理系统,装配了 200 多个射频识别装置,4 300 多个传感器和 60 个设备控制器,全面实现了设备与设备互连、设备与物料互连、设备与人互连,是真正意义上的智能制造生产线,从冲片、串片、胀管到装配完全实现了无人化作业,显著提高了产品精度和生产效率,大大提高了产品质量。

空调外机前装部分由 5 套机器人协同装配,结合射频识别身份证实现产品—机器人、机器人—机器人之间的智能自交互、自换行和柔性生产。其装配了自动智能联机测试系统,能自动识别产品,自交互调研设备参数程序测试,实现自判定,不合格不放行;还能结合物联网技术自动关联测试数据,并存储可追溯信息,该技术实现了制冷制热性能零误判。海尔集团的用户可以通过个性化定制平台,根据个人喜好自由选择产品的机身材质、用料、喷涂颜色、图案等,这些个性化定制订单可以通过该智能装配生产线进行柔性批量生产。用户可以通过个性化定制平台掌握产品生产过程。

(2)华晨宝马公司的焊装智能生产线。

华晨宝马公司的焊装智能生产线上拥有 150 多台机器人,整条生产线融合了物联网、大数据技术的应用,实现了柔性生产,通过电子标签识别系统可以追踪和分析车辆的每个零部件和每台机器的每一次作业。基于这种物联网架构,生产效率得以提高;先进设备辅以大数据监测和分析,使生产线的品质管理更加高效,产品更接近"零缺陷"。

5. 任务评价

任务评价见表 1-1。

表 1-1 任务评价

评分内容	配分	评分标准		分值	自评	他评
认识智能生产线	80 分	查找任务相关知识	查找任务相关知识，该任务知识能力掌握度达到 60% 扣 5 分，达到 80% 扣 2 分，达到 90% 扣 1 分	20 分		
		确定方案编写计划	1. 制定整体设计方案，在实施过程中修改 1 次扣 2 分。 2. 制定实施方法，在实施过程中修改 1 次扣 2 分	20 分		
		记录实施过程步骤	在实施过程中，步骤记录不完整度达到 10% 扣 2 分，达到 20% 扣 3 分，达到 40% 扣 3 分	20 分		
		检查评价	1. 自我评述完成情况。 2. 检查资料收集整理情况	20 分		
职业素养	20 分	团队协调与合作		10 分		
		用专业语言正确流利地简述任务成果		10 分		
综合				100 分		
完成用时						

任务 1.2　了解柔性制造与智能生产线

1. 任务引入

制造是人类按照所需目的，利用所掌握的知识与技能，借助手工或工具，采用有效的方法将原材料转化为最终物质产品，并投放市场的全过程。制造不仅指单独的加工过程，还包括市场调研与预测、产品设计、选材与工艺设计、生产加工、质量保证、生产过程管理、营销和售后服务等产品寿命周期内的一系列活动。制造出来的产品用于满足顾客的需要，因此为了使顾客心甘情愿地消费，并使自己的产品占据越来越大的市场份额，获得最大的利润，就必须想方设法地满足顾客的要求，不断地改进制造技术，降低生产成本，提高产品质量和改善售后服务。

2. 任务目标

1）知识目标

了解柔性制造的概念和智能生产线的发展。

2）技能目标

理解柔性制造系统的特点。

3）素养目标

加深学生对柔性制造概念的理解，激发学生的爱国主义情怀。

3. 任务分析

在当今的买方市场中，"顾客第一"已成为制造业的共识，也就是说，为了提高企业竞争力，必须提高人员素质，改进组织机构与经营管理水平，以及提高产品设计制造水平等，在"竞争五要素"上狠下功夫。

第一，能够开发市场急需的、功能实用的和满足用户要求的产品。在这里强调功能的实用性，不片面追求高科技和功能的全面先进性，因为先进并不等于实用。

第二，能够在最短的时间内将产品投放市场或送到用户手中。这是衡量竞争力的一个重要指标。

第三，能够制造出品质优秀的产品。只有质量好的产品才能得到顾客的青睐。产品质量的内容主要是指工作性能、外观造型、噪声、振动、能耗、可维修性、可回收性及宜人性等。

第四，能够向市场提供价格低廉的产品。价格往往是顾客购物时首先考虑的因素。为了降低产品的价格，除了减少"冗余"功能外，还应该在经营管理水平及产品设计等方面采取措施。

第五，能够向用户提供优良的服务。这包括售前的技术咨询、产品性能演示及售后周到的培训与维修，应该努力提高产品销售人员的业务素质，建立完善的销售、培训和维修网络。

制造技术的发展与人类文明的进步密切相关并互相促进。在石器时代，人类利用天然石料制作劳动工具，以采集自然资源为主要生活手段。到了青铜器、铁器时代，人们开始采矿、冶炼、铸锻、织布及打造工具，满足以农业为主的自然经济的需要，这时的生产方式是作坊式手工业。1765年，瓦特改良蒸汽机，纺织业和机械制造业发生了革命性的变化，引发了第一次工业革命，开始出现近代工业化大生产。1820年，奥斯特发现了电磁效应，安培提出了电流相互作用定律；1831年，法拉第提出了电磁感应定律；1864年，麦克斯韦建立了电磁场理论，这些技术进步都为发电机、电动机的发明奠定了基础，从而开启了电气化时代。以电作为动力源改变了机器的结构，开拓了机电制造的新局面。19世纪末、20世纪初，内燃机的发明使汽车进入欧美家庭，引发了制造业的又一次革命。流水线及泰勒管理方法应运而生，工业进入大批量生产时代，尤其是汽车工业和兵器工业，其为第二次世界大战的大规模军工生产奠定了物质基础和技术基础，并积累了管理经验。第二次世界大战后市场需求的多样化、个性化、高品质趋势推动了微电子技术、计算机技术和自动化技术的飞速发展，导致了制造技术向程序控制的方向发展，柔性制造单元、柔性生产线、计算机集成制造及精益生产等相继问世，制造技术由此进入了面向市场多样需求柔性生产的新阶段，引发了生产模式和管理技术的革命。20世纪50—60年代以来，一些工业发达的国家和地区在达到了高度工业化的水平以后，就开始了从工业社会向信息社会的转变，形成了从工业社会向信息社会过渡的时期。这个时期的主要特征是电子计算机、遗传工程、光导纤维、激光和海洋开发等技术的应用日益广泛且深入。

4. 相关知识

对机械制造业发展影响最大的是电子计算机的应用，由此出现了机电一体化的新概念，出现了一系列诸如机床数字控制、计算机数字控制、计算机直接控制（又称为"计算机群控管理"）、计算机辅助制造、计算机辅助设计、成组技术、计算机辅助工艺规程设计、计算机辅助几何图形设计和工业机器人等新技术。

这些新技术的产生有多种内在的和外部的因素,但最根本的是以下两个。

第一,市场发展的需要。

从市场的特点来看,20世纪初,在工业化形成的初期,市场对产品有充分的需要。这一时期的特点是产品品种单一、生命周期长,产品数量迅速增加,各类产品的开发、生产和出售主要由少数企业控制,促使制造企业通过采用自动机或自动生产线提高生产率来满足市场的需求。

20世纪60年代以后,世界市场发生了很大的变化,对许多产品的需求呈现饱和趋势。在这种饱和的市场中,制造企业面临着激烈的竞争,企业为了赢得竞争,必须按照用户的不同要求开发新产品。这个时期市场的变化,归纳起来有以下特征。

(1)产品品种日益增多。为了竞争的需要,生产企业必须根据用户的不同要求开发新产品。为了适应品种的多变,企业必须改变旧有的适用于大批量生产的生产方式,代之以应变能力强的、能很快适应新产品生产的生产方式,寻求一条有效的途径解决单件小批量生产的自动化问题。

(2)产品生命周期明显缩短。生产生活的需要对产品的功能不断提出新的要求,同时技术的进步为产品的不断更新提供了可能,从而使产品的生命周期越来越短。

(3)产品交货期缩短。缩短从订货到交货的周期是赢得竞争的重要手段。

第二,科学发展到一个新阶段,为新技术的出现提供了一种可能。

从科学技术的发展条件来看,近年来,科学技术在各个领域发生了深刻变化,出现了新的飞跃。

计算机的发展和应用给制造业带来了深刻的变化,出现了一系列新技术,如计算机辅助制造系统、柔性制造系统和计算机集成制造系统等。经过多年的发展,这些技术日益成熟,已部分或全部应用于实际生产。与此同时,自动控制理论、制造工艺及生产管理科学也都有日新月异的变化,这为柔性制造系统的产生提供了基础。

计算机辅助制造技术的发展应从数控机床的发展算起,自美国麻省理工学院成功研制第一台数控铣床以来,计算机辅助制造技术就被公认为解决单件小批量生产自动化的有效途径。此后,随着控制元器件的不断革新,电子管、晶体管和大规模集成电路的相继出现,仅在20年间就发生了4次根本性的变革。与此同时,机床本身也在机械结构和功能方面有了极大的发展,滚珠丝杠、滚动导轨和变频变速主轴的应用,加工中心的出现,都给机床结构带来了极大的变化。伺服系统也从步进电动机、直流伺服电动机发展到交流伺服电动机,在控制理论方面有了长足的进步。

20世纪70年代初期出现了计算机数控系统,它使计算机软件的发展出现了一个极大的转机,过去的硬件数控系统要进行某些改变或增加一些功能,都要重新进行结构设计,而计算机数控系统只要对软件进行必要的修改,就可以适应新的要求。与此同时,工业机器人和自动上下料机构、交换工作台和自动换刀装置都有很大的发展,于是出现了自动化程度更高、柔性更强的柔性制造单元,又由于自动编程技术和计算机通信技术的发展而出现了一台大型计算机控制若干台机床或由中央计算机控制若干台计算机数控机床的计算机直接控制系统,即分布式数控系统。

20世纪70年代末、80年代初,随着计算机辅助管理物料自动搬运、刀具管理和计算机网络数据库的发展及CAD/CAM技术的成熟,出现了更加系统化、规模更大的柔性制造系统。

20世纪60—80年代，以数控机床应用为基础的柔性制造技术在汽车、飞机及其他行业得到发展，其应用结果表明，柔性制造适用于多品种、变批量产品的生产。20世纪80年代末，随着柔性制造技术的发展，以数控加工中心，数控加工模块及多轴加工模块组成的柔性自动生产线也得到了发展，给单一品种的大量生产方式带来了转机，正在不断发展和进步的柔性制造方式将是适应21世纪工业生产的主导方式。自改革开放以来，中国的制造业有了很大的进步，产品的外观和包装有了很大的改善，产品的种类也增加了很多，已有不少产品打入国际市场。但与工业发达国家相比，除了价格优势外，国内产品在功能、质量、投放市场时间和售后服务等方面均存在一定的差距。中国政府及社会各界人士已充分认识到这个问题，积极商量对策，采取多种措施，以便赶上世界潮流。在2002年12月召开的中国机械工程学会年会就把"制造业与未来中国"作为主题。放眼世界，随着经济全球化进程日益加快，新一轮的世界产业结构调整正在不断推进，国际分工正在更为宽广的领域中展开。如何在全球经济格局中占据有利位置、如何应对高科技时代的激烈竞争、如何化解全球化这把双刃剑可能带来的伤害、如何赢得未来世界对自己国家和民族的尊重，已经成为各国必须回答的命题。

从制造业的发展历程可以看出，制造技术沿革总是在市场需求和科技发展这两方面的推动作用下演化的，当前制造技术的前沿已发展到以信息密集的柔性自动化生产方式满足多品种、变批量的市场需求，并开始向知识密集的智能自动化方向发展。

1）柔性制造系统的特征

柔性制造系统（Flexible Manufacture System，FMS）是由数控加工设备、物料运储装置和计算机控制系统等组成的自动化制造系统，其包括多个柔性制造单元，能根据制造任务或生产环境的变化迅速进行调整，适用于多品种、中小批量生产。柔性制造系统的工艺基础是成组技术，它按照成组的加工对象确定工艺过程，可以按照计算机辅助工艺过程的派生法组织生产，选择与数控加工设备、工件和工具等相适应的物料储运系统，并由计算机进行控制，能自动调整并实现一定范围内多种工件的成批高效生产（即具有"柔性"），可以及时地改变产品以满足市场需求。柔性制造系统兼有加工制造功能和部分生产管理功能，因此能综合地提高生产效益。柔性制造系统的两个主要特点就是柔性和自动化，其他特点如下。

第一，柔性高，适应多品种、中小批量生产。

第二，系统内的机床工艺能力是相互补充和相互替代的。

第三，可混流加工不同的零件。

第四，对系统局部调整或维修时，整个系统的运作不中断。

第五，采用多层计算机控制，可以和上层计算机联网。

第六，可进行三班无人干预生产。

（1）柔性。

"柔性"是相对于"刚性"而言的，传统的刚性自动化生产线主要实现单一品种的大批量生产，其优点是生产率很高，由于设备是固定的，所以设备利用率也很高，单件产品的成本低。但刚性自动化生产线只能加工一个或几个类似的零件，难以应付多品种、中小批量的生产。一个理想的柔性制造系统应具备8种柔性：设备柔性、工艺柔性、产品柔性、工序柔性、运行柔性、批量柔性、扩展柔性和生产柔性。

①设备柔性。

设备柔性是指系统中的加工设备具有适应加工对象变化的能力。其衡量指标是当加工对象的类、族和品种变化时，加工设备所需刀、夹、铺具的准备和更换所需的时间；硬、软件的交换与调整所需的时间；加工程序的准备与调校所需的时间等。

②工艺柔性。

工艺柔性是指系统能以多种方法加工某一族工件的能力，也称为"加工柔性"或"混流柔性"。其衡量指标是系统不采用成批生产方式而同时加工的工件品种数。

③产品柔性。

产品柔性是指系统能够经济而迅速地转向生产一族新产品的能力，也称为"反应柔性"。衡量产品柔性的指标是系统从加工一族工件转向加工另一族工件所需的时间。

④工序柔性。

工序柔性是指系统改变每种工件加工工序的能力。其衡量指标是系统以实时方式进行工艺决策和现场调度的水平。

⑤运行柔性。

运行柔性是指系统处理其局部故障，并维持继续生产原定工件族的能力。其衡量指标是系统发生故障时生产率的下降程度或处理故障所需的时间。

⑥批量柔性。

批量柔性是指系统在成本核算方面适应不同批量的能力。其衡量指标是系统保持经济效益的最小运行批量。

⑦扩展柔性。

扩展柔性是指系统能根据生产需要方便地模块化进行组建和扩展的能力。其衡量指标是系统可扩展的规模大小和难易程度。

⑧生产柔性。

生产柔性是指系统适应生产对象变换的范围和综合能力。其衡量指标是前述7项柔性的总和。

在综合性的专业实验室里，主要传授与实践有关的教学内容和实际的操作技能，在建立综合性的专业实验室时，必须考虑使学习的内容与劳动过程紧密结合。因此，所要建立的模块化柔性制造系统应具备下述重要特性。

第一，工业标准化特性。在系统中绝大部分设备和元器件都符合工业标准，尽可能不使用过分简化的教学设备与元器件，使学生可以在一个能反映真实生产过程的系统中学到专业知识与操作技能。

第二，模块化特性。系统具有模块化特性，即系统中的每个功能部件都能独立运行，重要的功能部件应该是分布式控制的。在学习过程中，学生不仅可以对各个功能部件进行操作，还可以根据不同的教学内容增减功能部件，同时功能部件的增减又不影响系统中其他功能部件的运行。

第三，结构的开放性和兼容性。基于电子技术、信息技术和自动化技术的快速发展，所建系统必须与变化的技术要求匹配。在设计系统时，需要充分考虑其硬件结构与软件系统的开放性和兼容性，使组成该系统的设备不仅能与现今其他设备组合和匹配，而且具有进一步开发的可能性，为将来的技术更新留有余地。

第四，学习的实践特性。学生在综合性的专业实验室中学习时应该具有创造性劳动的可能性，也就是允许学生对某些设备进行拆装、更改，使他们能够真正学到生产实际所需的专业技能。系统中的元器件虽然是工业用的，但是在设计这些元器件时需要充分考虑拆装的方便性。这样，学生就能较容易地把建好的系统拆开，然后重新组装起来，还可以通过增减元器件对系统的配置进行重构。

第五，现代教学特性。在现代职业劳动中，劳动组织形式是以小组劳动为特征的，在职业技术教育中，学生在学校就应该了解并习惯这种劳动组织形式。模块化柔性制造实验系统为学生提供了这种可能性，这是因为每个功能部件都能独立运行，各功能部件又通过局域网络互相连接，通过协调控制连成一个系统。当学生在该系统中学习时，可以将"构建系统"作为一个学习课题，先构思出整个系统的方案，然后各小组分别对各功能部件进行设计、安装、编程和调试。在各功能部件调试通过之后，对组合系统进行整体调试。

（2）自动化。

①按零件加工顺序配置机床的系统。

根据被加工零件的加工顺序选择机床，并用一个物料储运系统将机床连接起来，机床间在加工内容方面相互补充。工件借助一个装卸站送入系统，并由此开始，在计算机的控制下，由一个加工站送至另一个加工站，连续完成各加工工序。通常工件在系统中的输送路径是固定的，但是不同的机床也能加工不同的工件。

②机床可相互替换的系统。

柔性制造系统在设备出现故障时，能用替换机床保持整个系统继续工作。在一个由几台加工中心、一个存储系统和一个穿梭式物料输送线组成的柔性制造系统中，工件可以被送至任何一台加工中心，它们都有相应的刀具来加工零件。计算机具有记忆每台机床的状态，并能在机床空闲时分配工件去加工的能力。每台机床都配有能根据指令选用刀具的换刀机械手，能完成部分或全部加工工序。该系统中还具有机床刀库的更换和存储系统，以保证加工多种零件所需的刀具量。柔性制造系统的最大优点是设备发生故障时，只有部分系统停工，工件的班产量有所降低，但不会造成停产。

③混合型系统。

在实际生产中常常采用既按工序选择，又具有替换机床的柔性制造系统，这就是混合型系统。混合型系统内同类机床具有相互替换的能力。

④具有集中式刀具储运装置的系统。

这种集中式刀具储运装置可以是与机载刀库交换的备用刀库，也可以是与机床多轴主轴箱交换的备用主轴箱。系统中的刀具都按工件的加工要求集中布置在若干个刀具储运装置中，当加工任务确定后，控制系统选出相应的多轴箱或备用刀库送至机床，来完成工序的加工要求。

在对柔性制造系统基本概念和定义进行分析后，接着对该系统的指标进行分析。柔性制造系统的主要指标为生产柔性、生产效率、技术利用率、系统可靠性和投资强度比。

①生产柔性。针对自动化生产线，如果通过重新组合和调整容易完成其他类型产品的生产，就称为柔性好；只能适应单一产品的生产就称为不具有柔性。

②生产效率。生产效率指固定投入量下，制造的实际产出与最大产出两者的比例。它可反映达成最大产出、预定目标或最佳营运服务的程度，亦可衡量经济个体在产出量、成本、

收入和利润等目标下的绩效。

③技术利用率。技术利用率反映在柔性制造系统中一些新技术、新元器件的加入等。

④系统可靠性。随着科学技术的发展,现代化的机器、技术装备、交通工具和探索工具越来越复杂。这些机器和设备的可靠性受到了人们的广泛重视。

⑤投资强度比。投资强度比简单地说就是投入资金与该系统功能和效率的比例。

2）柔性制造系统构成单元

柔性制造技术（FMT）是建立在数控设备应用的基础上,正在随着制造企业技术进步而不断发展的新兴技术,是一种主要用于多品种、中小批量或变批量生产的制造自动化技术,它是对各种不同形状的加工对象进行有效加工且转化为成品的各种技术的总称。

柔性制造技术是电子计算机技术在生产过程及其装备上的应用,是将微电子技术、智能化技术与传统加工技术融合在一起,具有先进性、柔性化、自动化和高效率特点的制造技术。柔性制造技术在机械转换、刀具更换、夹具可调和模具转位等硬件柔性化的基础上发展成为以自动变换、人机对话转换和智能变换形式对不同加工对象进行程序化柔性制造加工的一种崭新技术,它是智能制造系统的基本单元技术。

柔性制造技术有多种不同的应用形式,按照其规模、柔性和其他特征,柔性自动化可分为以下形式：柔性制造单元（FMC）、柔性生产线（FMIL）、柔性制造系统和以柔性制造系统为主体的自动化工厂。概括地说,凡是在计算机辅助设计、辅助制造系统支持下,采用数控设备、分布式数控设备、柔性制造单元、柔性制造系统、柔性自动生产线和柔性装配系统等具有一定制造柔性的制造自动化技术,都属于柔性制造技术。柔性制造技术是在数控机床研制和应用的基础上发展起来的,考察其背景,则离不开计算机技术、微电子技术的发展。

为了获得较明确的技术概念,对柔性制造系统各构成单元说明如下。

（1）数控设备是一种机床或工业加工设备（包括焊机、金属成形及钣金加工设备等）,其加工运动的轨迹或加工顺序是由数字代码指令确定的,它通常是用计算机辅助制造软件工具生成的。

（2）计算机数控系统是一种具有内装式专用小型计算机的数控系统。

（3）计算机直接数控系统是将一组数控设备连接到一个公共计算机存储器的系统,该存储器能按需要在线分配数控指令给数控设备的控制器。

（4）分布式数控系统是能将主控计算机存储器中存储的各个零件加工的计算机数控程序,通过分布式前端控制器（也称"工作站"）分配、发送到数控设备的控制器,并能采集数控设备上报的工况信息的系统。

（5）加工中心是一种带有刀库和自动换刀功能的多工序加工数控机床,如钻、镗、铣、车削和车铣加工中心等。

（6）柔性制造系统是一个在中央计算机控制下由两台以上配有自动换刀及自动换工件托盘的数控机床与为之供应刀具和工件托盘的物料运送装置组成的制造系统,它具有生产负荷平衡调度和对制造过程实时监控功能及制造多种零件族的柔性自动化。

（7）柔性制造单元通常是由一台加工中心、一组公共工件托盘及其传送装置组成的,工件托盘按单一方向传送,传送装置的循环起点是工件装卸工位,控制系统没有生产调度功能（少数柔性制造单元由多台加工中心组成,具有初步的调度功能）。

（8）柔性自动生产线由多台柔性加工设备及一套自动工件传送装置和控制管理计算机

组成。柔性加工设备可以是1~3坐标数控加工模块、多轴加工模块（转塔式或自动换箱式）或数控加工中心的组合，工件按传送线流向顺序加工。柔性自动生产线适用于大批量生产，并具有加工零件品种在一定范围内变化的制造柔性。

（9）柔性装配系统由控制计算机、若干工业机器人、专用装配机及自动传送线和线间运载装置（包括自动导引车、滚道式传送器）组成。柔性装配系统用于印制电路板插装电子器件、各种电动机和机械部件等的自动装配。

3）柔性制造系统的分类

由于柔性制造系统还在发展中，所示目前柔性制造系统的概念还没有统一的定义，它作为一种新的制造技术的代表，在零件的加工以及与加工有关的领域得到了越来越广泛的应用，这就决定了柔性制造系统组成和机理的多样性。

柔性制造系统具有较好的柔性，但是这并不意味着柔性制造系统能生产所有类型的产品。事实上，现有的柔性制造系统只能制造一定种类的产品。据统计，从工件形状来看，95%的柔性制造系统用于加工箱体类或回转体类工件。从工件种类来看，很少有加工20种产品以上的柔性制造系统，多数柔性制造系统只能加工10多个品种。现有的柔性制造系统大致可分为3种类型。

（1）专用型柔性制造系统。

专用型柔性制造系统是指以一定产品配件为加工对象的专用柔性制造系统，如汽车底盘柔性加工系统。

（2）监视型柔性制造系统。

监视型柔性制造系统是指具有自我检测和校正功能的柔性制造系统。其主要功能如下。

①工作进度监视。包括运动程序、循环时间和自动电源切断的监视。

②运动状态的监视。包括刀具破损检测、工具异常检测、刀具寿命管理和工夹具的识别等。

③精度监视。包括镗孔自动测量、自动曲面测量、自动定位中心补偿、刀尖自动调整和传感系统。

④故障监视。包括自动诊断监控和自动修复。

⑤安全监视。包括障碍物、火灾的预检。

（3）随机任务型（可同时加工多种相似工件的）柔性制造系统。

加工小批量相似工件（如回转体类、箱体类及一般对称体工件等）的柔性制造系统具有不同的自动化传送方式和存储装置，配备高速数控机床、加工中心和加工单元，有的柔性制造系统可以加工近百种工艺相近的工件。与传统加工系统相比，该类型柔性制造系统的优点如下。

①生产效率可提高140%~200%。

②工件传送时间可缩短40%~60%。

③生产面积利用率可提高20%~40%。

④设备（数控机床）利用率每班可达95%。

4）柔性制造系统的组成及发展趋势

（1）柔性制造系统的组成。

各种定义的描述方法虽然不同，但它们都反映了柔性制造系统的以下特征。

第一，从硬件的形式看它由三部分组成：①两台以上的数控机床或加工中心及其他加工设备，包括测量机、各种特种加工设备等；②一套能自动装卸的运储系统，包括刀具的运储和工件原材料的运储，具体可采用传送带、有轨小车、无轨小车、搬运机器人、上下料托盘和交换工作站等；③一套计算机控制系统及通信网络控制系统。

第二，软件内容主要包括：①柔性制造系统的运行控制；②柔性制造系统的质量保证；③柔性制造系统的数据管理和通信网络。

第三，柔性制造系统的功能主要包括：①自动进行零件的批量生产，自动控制制造质量，自动进行故障诊断及处理，自动进行信息收集及传输；②简单地改变软件，便能制造出某一零件族的任何零件；③物料的运输和存储必须是自动的（包括刀具等工装和工件）；④能解决多种机床条件下零件的混流加工且无须额外增加费用；⑤具有优化调度管理功能，能实现无人化或少人化加工。

根据实际情况，某些企业实施的柔性制造系统与上述柔性制造系统的特征有些差别，称为准柔性制造系统，也有些人称为 DNC 系统。一般可以认为缺少自动化物流系统的是 DNC 系统，否则可称为柔性制造系统。因为 DNC 系统与柔性制造系统的主要区别在于是否具有自动物流系统，所以两者在系统的调度与管理上存在一些差别。

由于柔性制造系统将硬件、软件、数据库与信息集成在一起，融合了普通数控机床的灵活性和专用机床及刚性自动化系统效率高、成本低的特点，所以具有许多优点：①在计算机直接控制下实现产品的自动化制造，大大提高了加工精度和生产过程的可靠性；②使生产过程的控制和流程连续，并且达到最佳，有效提高了生产效率；③实现系统内材料、刀具、机床、运储装置、夹具及测量检查站的理想配置，具有良好的柔性；④可直接调整物流（即工件流、工具流）和制造中的各项工序，从而制造不同品种的产品，大大提高了设备的利用率。

近年来，在制造自动化技术领域，以柔性制造单元和柔性制造系统为代表的柔性制造技术得到了快速发展和应用，其用于实现高柔性、高生产率、高质量和低成本的产品制造，使企业生产经营能力整体优化，适应产品更新和市场快速变化，保持企业在市场上的竞争优势。

柔性制造技术包含柔性制造系统的 4 个基本部分中的自动化技术，即自动化加工设备、自动化刀具系统、自动化物流系统及自动化控制与管理系统；还包括各组成部分之间的有机结合和配合，即物流和信息流集成技术及人与系统集成技术。柔性制造技术大致包含下列内容：规划设计自动化、设计管理自动化、作业调度自动化、加工过程自动化、系统监控自动化、离散事件动态系统的理论与方法、柔性制造系统的体系结构、柔性制造系统管理软件技术、柔性制造系统中的计算机通信和数据库技术。

柔性制造技术及柔性制造系统发展之所以如此迅猛，是因其集高效率、高质量和高柔性三者于一体，解决了近百年来中小批量、中大批量多品种生产和生产自动化的技术难题。柔性制造系统的问世和发展确实是机械制造业生产及管理上的历史性变革，柔性制造技术及柔性制造系统能有力地支持企业实现优质、高效、低成本和短周期的竞争优势，已成为现代集成制造系统必不可少的基石和支柱。半个世纪以来，柔性制造技术的出现、发展、进步和广泛应用，对机械加工行业及工厂自动化技术发展产生了重大的影响，并开创了工厂自动化技术应用的新领域，大大促进了计算机集成制造技术的发展和应用。

20世纪90年代后，尽管柔性制造系统的发展遇到了一些困难，由于机床制造业出现了世界性的滑坡，影响了柔性制造系统的发展和应用速度，但工业界经长期实践，积累了丰富的经验和教训，已超越了早期柔性制造系统概念的约束，不再盲目追求实现加工过程的全盘自动化，而是更加注重信息集成和人在计算机集成制造系统和柔性制造系统中的积极作用。对柔性制造系统而言，如果系统规模小些，并允许人更多地能动介入，系统运行往往会更有成效。现在柔性制造技术已朝着更加正确的方向发展，并开发了新的柔性制造设备，如由高性能柔性加工中心构成的柔性制造单元、柔性自动生产线得到广泛的应用。

当今，"柔性""敏捷""智能"和"集成"是制造设备和系统的主要发展趋势。柔性制造技术仍在继续发展之中，并将更趋于成熟和实用。柔性制造系统的构成和应用形式将更加灵活和多样，为越来越多的企业所接受。特别是随着工业机器人技术的成熟和应用，小型柔性制造系统在吸取了应用实践经验后发展迅速，其总体结构通常采用模块化、通用化、硬/软件功能兼容和可扩展的设计技术。这些模块具有通用功能化特征，相对独立性好，配有相应硬/软件接口，按不同需求进行组合和扩展。与大型柔性制造系统相比，小型柔性制造系统投资较低，运行可靠性好，成功率较高。这种小型化柔性制造系统伴随着DNC、柔性制造技术发展而附带生产的柔性制造单元将得到快速发展和广泛应用，并可能形成商品化的柔性制造设备，成为制造业先进设备的主要发展趋势和面向21世纪的先进生产模式。

（2）柔性制造的发展趋势。

①利用技术相对成熟的标准化模块构造不同用途的系统。

②柔性制造单元的功能进一步发展和完善。柔性制造单元比传统制造单元功能全，比柔性制造系统规模小、投资少、可靠，也便于连接成能可扩展的柔性制造系统。

③柔性制造系统效益显著，有向小型化、多功能化方向发展的趋势。

④在已有的传统组合机床及其自动线基础上发展起来的柔性自动生产线，用计算机控制管理，保留了组合机床的模块结构和高效特点，又加入了数控技术的有限柔性。

⑤向集成化、智能化的方向发展。

5）工业机器人在柔性制造系统中的应用

（1）工业机器人的应用及性能简介。

工业机器人由控制系统、机械手及手持操作编辑器组成。相较于人工，工业机器人具有快速精准、自由灵活、工作空间要求低、工作范围广、成本低和效率高等优点，因此工业中机器人常被用来代替人工做码垛拆垛、焊接、喷涂和搬运等工作。

工业机器人综合实训装置由5个模块组成，分别为模拟焊接、模拟搬运、模拟注塑、码垛拆垛及七巧板拼图。这5个模块由浅入深，包括工业机器人的控制、运动以及工业机器人的编程、算法。

RRK-1410工业机器人综合实训平台是以工业生产中的工业机器人自动化生产线为原型开发的教学、实验和实训综合应用平台。该综合实训平台包含工业机器人、智能码垛系统、模拟注塑机系统、模拟焊接系统、计算机视觉系统和工装夹具系统，实训装置涉及工业机器人技术、PLC控制技术、触摸屏技术、传感器检测技术、气动技术、运动控制技术，机械结构与系统安装调试、故障检测技术、计算机控制技术及系统工程等。

该综合实训平台可满足汽车制造、机械加工和物流等行业对工业机器人应用训练的需求（如工件搬运、码垛、弧焊、装配和喷涂等），可用于学员学习工业机器人示教操作、编程及维护等。

(2) 工业机器人控制技术。

工业机器人主要是应用于工业生产环节的控制系统，目前以其智能程度只能大范围应用于较为系统、规律的工作流程，还无法进行高难度的工程操作，因此需要针对工业机器人的运动控制系统进行着重研究。

①运动控制技术。

工业机器人最核心的价值体现为运动控制，运动控制系统在工业机器人体内的地位相当于大脑在人体内的地位，运动控制系统的好坏直接决定了工业机器人的性能和功能。运动控制技术的关键内容主要包括开放性、模块化的运动控制系统体系结构，工业机器人的故障诊断和安全维护技术，模块化、层次化的控制器软件系统和网络化的工业机器人控制器技术等。

运动控制方面的主要技术就是开放性、模块化的运动控制系统体系结构，该结构采用了分布式的 CPU 计算机结构，大致分为运动控制器、工业机器人控制器、光电隔离 I/O 控制板、编程式示教器和传感器处理板等。其中工业机器人控制器通过计算机，可以进行相关的运动规划；编程式示教器可以完成相关信息的显示和输入等工作，插补和位置伺服及主控逻辑、数字 I/O 和传感器处理等。从上述信息，可以看到工业机器人运动控制在工业生产中是极其重要的。

在研究领域，还没有一个针对工业机器人运动控制系统开放性的、权威公认的定义。对于开放性，IEEE 曾经做出过这样的定义表述：在不同平台之间，系统在应用的时候能够自由地进行移植，而且能够与其他系统实现交互，为用户提供的交互方式是一致的。对于开放性系统，库卡机器人集团创始人也曾经进行过定义：对于开放性系统，计算机和操作系统运行环境采用商业化的标准，同时计算机和操作系统硬件及软件接口具有开放性，而且计算机与操作系统的控制器也应当具备开放式的结构，呈现标准化、模块化的特征。也就是说，用户在使用工业机器人的过程中，仅需通过简单的指令就能够操作工业机器人。与此同时，在工序发生变化的情况下，也能够以最小的代价、最短的时间对工业机器人系统进行修改，通过这种修改，能够使新的需求得到满足。

在与工业机器人有关的研究课题中，运动控制系统一直以来都是一个非常热门的研究课题。近年来，对工业机器人的研究主要聚焦于其自身技术及功能。在工业生产过程中，工业机器人的应用的广泛性不断增大，对于工业生产系统而言，工业机器人已经成了一个非常重要的标准部件，它将生产线上的各种设备的控制系统通过互联网或者工业总线进行有效的连接。对于现在的生产装备而言，形成一个综合、全面的运动控制系统，成为重要的发展趋势。这对于运动控制系统信息数据的流通、传递和共享产生了显著的影响。但是，在现代工业生产过程中，生产设备由不同厂家的部件组成，当前要将大部分设备综合在一起，形成一个综合全面的自动化的系统存在比较大的困难。因此，在当前的工业生产过程中，设备的开放性是一个备受关注的话题。除了受自身技术发展的影响之外，工业机器人运动控制系统的开放性还受到其他因素的影响和制约。整体上来看，主要有两个因素会影响到工业机器人运动控制系统开放性。

第一，开放的自动化设备。在工业生产系统中，控制器会给生产者带来诸多好处，包括可扩展、可联网和可移植等。

第二，运动控制系统开放程度提高的可行性随着当前计算机互联网技术商品化水平的提升而不断增大。

迄今为止，针对工业机器人运动控制系统的开放性还没有形成一个明确的具有权威性、统一性的定义。从整体来看，开放性主要体现在可扩展性、互操作性、可移植性和可增减性4个方面。

第一，可扩展性指的是第三方设备生产者能够增加硬件设备和软件设备，使功能得到扩充。

第二，互操作性指的是控制器的核心部分能够与外界的一台或者多台计算机进行信息交换。

第三，可移植性指的是在不同的环境下，工业机器人的应用软件能够相互移植。

第四，可增减性指的是在实际需求的基础上，工业机器人系统的性能及功能能够非常便捷化地进行增减。

如果要实现上述特性和要求，那么运动控制系统的硬件应当采用标准化的体系结构，具有开放性界面。

工业机器人运动控制系统的开放性是必须的，其原因如下。

第一，这是工业机器人技术的发展趋势决定的。

第二，这是工业机器人应用领域自动化发展的需求决定的。

不论从技术实现的可能性角度来看，还是从技术成本角度来看，追求严格意义上的开放性体系结构是没有必要的。目前，在工业生产过程中，工业机器人运动控制系统的数量不仅非常庞大，而且技术进步速度也是令人瞠目结舌。要制定一个完全的、绝对的开放标准，是根本没有办法实现的。现阶段在工业机器人运动控制系统领域，探讨和研究的重点是可行的运动控制系统开放式结构，使运动控制系统的开放程度在现有计算机技术及信息技术发展成果的基础上进一步提升。

② 运动规划技术。

工业机器人运动学需要从工业机器人的几何结构和正向、逆向运动学等方面研究工业机器人的运行特性，而不考虑力和力矩在运行过程中的影响。

工业机器人的正向运动学问题是指在已知工业机器人各个连杆的长度和关节变量的条件下，对工业机器人末端执行器的位置和姿态进行求解；工业机器人的逆向运动学问题是指在已知工业机器人末端执行器的位置和姿态及各个连杆长度的情况下，对工业机器人所有的关节变量（关节角度或移动距离）进行求解。

通过D-H参数法求解工业机器人的正向运动学问题，需要建立运动学模型；工业机器人的逆向运动学问题，需要通过解析法进行逆向推导，建立运动学模型。工业机器人运动学建模需要处理以下几个问题：由杆件间关系确定扭角、连杆长度、相邻杆法线间距离及进行坐标系转换；进行基于多项式的轨迹规划，即已知初始点和终止点关节角度参数，利用三次多项式插值算法或五次多项式插值算法，确定各关节变量与时间关系的平滑插值函数。

③ 视觉分析技术。

视觉分析技术是工业机器人获取未知环境信息的主要途径。视觉分析技术可以使工业机器人通过视觉传感器获取一些二维图像，并通过视觉传感器对图像进行分析和计算，把图像转变为某个符号或者相应的数据再通过计算机显示出来，让工业机器人识别相应的物体和物体所在坐标进而对其进行操作。现在的视觉分析技术基本上都是根据图像的明暗来处理信息，而不是对距离信息进行分析处理，这种视觉分析技术是二维的。随着科技的不断进步，三维的视觉分析系统逐渐被开发出来，供工业机器人使用。从视觉传感器传出的图像，一般都是下载到计算机中，计算机对传输的数据进行分析计算再回馈给工业机器人。通过计算机的一些编程软件对工业机器人进行开发，最终让工业机器人获得一个完美的视觉分析系统。

工业机器人的视觉分析技术的一个发展趋势就是融合三维技术和嵌入式处理器。三维视觉分析技术最初诞生于实验室，如今三维视觉分析技术已经被应用于多个领域，比如通过三维视觉分析系统使工业机器人进行高精度的行走和零件拾取等。嵌入式处理器则让三维视觉系统更加精准。在医疗方面，通过三维技术和嵌入式处理器的双重组合已可以使机器人进行高精度的激光手术。目前，工业机器人的视觉分析技术需要根据不同的领域和不同的环境进行设计实现，需要科研人员共同努力，争取早日实现工业机器人视觉分析的真正智能化。

④工业机器人与 PLC 连接。

a. PLC 控制下的工业机器人系统设计包括两个方面的内容：系统总体设计、系统结构设计。工业机器人系统有较多组成部分，如执行系统、运动控制系统和感知系统等，不同的系统发挥着不同的作用，其中运动控制系统发挥着不可替代的作用，决定着工业机器人的运行状况。

b. 系统结构设计分为三个方面的内容，分别是驱动系统设计、控制器选择和运动控制系统设计。驱动系统一般情况下需要借助电动机来完成运行工作；控制器的运行状况在很大程度上决定了工业机器人本身的性能；运动控制系统可以满足工业机器人的作业要求。系统总体设计与系统结构设计可以解决工业机器人在运行过程中出现的问题。PLC 技术的不断发展改进，使工业机器人与互联网的结合更加紧密。

c. 基于 PLC 控制的工业机器人的应用两个方面的内容：完善工业机器人硬件设计工作、合理科学地运用 PLC 技术。工业机器人在工作的过程中，其搬运或者装配的能力只有借助 PLC 技术才可以有更大程度地发展。在 PLC 技术发挥作用的情况下，各个装置会更加默契地配合。

d. 科学合理地运用 PLC 技术可以从三个方面考虑：在工业机器人具有一定独立性的情况下，可以借助 PLC 技术推动工业机器人的合理发展；对工业机器人的运行进行一定的设计编制，以使工业机器人更好地完成任务；将 PLC 技术应用于工业机器人系统，实现具体的控制。

5. 任务评价

任务评价见表 1-2。

表 1-2　任务评价

评分内容	配分	评分标准	分值	自评	他评
了解柔性制造与智能生产线	80 分	查找任务相关知识	查找任务相关知识，该任务知识能力掌握度达到 60% 扣 5 分，达到 80% 扣 2 分，达到 90% 扣 1 分	20 分		

续表

评分内容	配分	评分标准		分值	自评	他评
了解柔性制造与智能生产线	80 分	确定方案编写计划	1. 制定整体设计方案，在实施过程中修改一次扣 2 分。 2. 制定实施方法，在实施过程中修改一次扣 2 分	20 分		
		记录实施过程步骤	在实施过程中，步骤记录不完整度达到 10% 扣 2 分，达到 20% 扣 3 分，达到 40% 扣 3 分	20 分		
		检查评价	1. 自我评述完成情况。 2. 检查资料收集整理情况	20 分		
职业素养	20 分	团队协调与合作		10 分		
		用专业语言正确流利地简述任务成果		10 分		
综合				100 分		
完成用时						

知识评测

1. 填空题

（1）智能生产线是由_____和_____，将一组自动机床和辅助设备按照工艺顺序连接起来，自动完成产品全部或部分制造过程的生产系统，简称智能线。

（2）传感器是能感受到被测量并按照一定的规律将被测量转换成可用输出信号的器件或装置，通常由_____、_____和_____组成。

2. 简答题

柔性制造系统出现故障后该如何处理？

项目二

智能生产线的关键技术

任务 2.1　PLC 控制变频器调速

1. 任务引入

变频器的发展历史如下。

(1) 1831 年，英国的物理学家法拉第发现电磁感应原理，这使人类使用电力成为可能。

(2) 1832 年，法国的皮克西研制出世界上第一台永磁式直流发电机，这标志着电气时代的开始。

(3) 1873 年，比利时的古拉姆研制出世界上第一台环形电枢直流电动机，结束了蒸汽机时代。

直流电动机调速方便，控制灵活，但直流电动机带有机械换向器和电刷，给直流调速系统带来了以下缺点。

①维修困难。

②使用环境受限制，不适用于易燃、易爆及环境恶劣的场合。

③制造大容量、高转速及高电压的直流电动机比较困难。

(4) 1882 年，塞尔维亚的特斯拉（后加入美国籍）继爱迪生发明直流电（DC）后不久发明了交流电（AC），制造出世界上第一台交流发电机，并于 1888 年发明了交流多相电力传输系统并因此获得美国专利。但是，交流电动机的调速性能较差，这促使人们研究交流系统的调速技术。

(5) 1920 年后，人们发现了变频调速的优越性。

(6) 20 世纪 60 年代，电力电子技术得到快速发展，1957 年，美国通用电气公司发明了晶闸管，并于 1958 年投入商用，晶闸管的诞生为变频调速提供了可能。

2. 任务目标

1) 知识目标

(1) 了解变频器的发展历史和分类。

(2) 理解变频器的定义和工作原理。

2) 技能目标

能够设计简单的变频器系统。

3) 素养目标

引导学生加深对变频器的理解，拓展知识面。

3. 任务分析

1）变频器技术的发展阶段

按照变频器的控制方式，变频器技术的发展可划分为以下几个阶段。

（1）第一阶段：U/f 控制技术。

U/f 控制就是保证输出电压与频率成正比的控制，这样可以使电动机的磁通保持恒定，避免弱磁和磁饱和现象的产生，多用于风机、泵类节能型变频器。日本于 20 世纪 80 年代开发出电压空间矢量控制技术，后引入频率补偿控制。电压空间矢量的频率补偿方法不仅能消除速度控制的误差，而且可以通过反馈估算磁链幅值，消除低速时定子电阻的影响，将输出电压、电流闭环，以提高动态的准确度和稳定度。

（2）第二阶段：矢量控制技术。

矢量控制技术的基本原理是通过测量和控制异步电动机定子电流矢量，根据磁场定向原理分别对异步电动机的励磁电流和转矩电流进行控制，从而达到控制异步电动机转矩的目的。1992 年，西门子公司开发出了 6SE70 系列矢量控制的变频器，它是矢量控制模型的代表产品。

矢量控制方式有基于转差频率控制的矢量控制方式、无速度传感器的矢量控制方式和有速度传感器的矢量控制方式等。这样就可以将一台三相异步电动机等效为直流电动机来控制，从而获得与直流调速系统同样的静、动态性能。矢量控制算法已被广泛地应用在西门子、ABB、GE、Fuji 和 SAJ 等国际化大公司的变频器上。

（3）第三阶段：直接转矩控制技术。

直接转矩控制（Direct Torque Control，DTC）技术是在 20 世纪 80 年代中期继矢量控制技术之后发展起来的一种高性能异步电动机变频调速技术。不同于矢量控制，直接转矩控制具有鲁棒性强、转矩动态响应速度快及控制结构简单等优点，在很大程度上解决了矢量控制中结构复杂、计算量大以及对参数变化敏感等问题。直接转矩控制技术的主要问题是低速时转矩脉动大，其低速性能还不能达到矢量控制的水平。

2）变频器的发展趋势

随着节约环保型社会发展模式的提出，人们开始更多地关注生活环境的品质，因此，节能型、低噪声变频器是今后一段时间发展的总趋势。我国变频器的生产厂家虽然不少，但是缺少统一的、具体的规范标准，产品差异性较大，且大部分采用了 U/f 控制技术和矢量控制技术，其准确度较低，动态性能不高，稳定性能较差，这些方面与国外同等产品相比有一定的差距。变频器的发展趋势主要表现在以下方面。

第一，变频器将朝着高压大功率和低压小功率、小型化和轻型化的方向发展。

第二，工业高压大功率变频器、民用低压中小功率变频器潜力巨大。

第三，目前，IGBT、IGCT 以及 SGCT 仍将扮演主要的角色，SCR、GTO 将会退出变频器市场。

第四，无速度传感器的矢量控制、磁通控制和直接转矩控制等技术的应用趋于成熟。

第五，全面实现数字化和自动化，参数自设定技术、过程自优化技术及故障自诊断技术趋于成熟。

第六，高性能单片机的应用优化了变频器的性能，实现了变频器的高准确度和多功能。

第七，相关配套行业正朝着专业化、规模化的方向发展，社会分工逐渐明显。

第八，伴随着节约型社会的发展，变频器在民用领域的使用会逐步得到推广。

4. 相关知识

1）变频器的分类

变频器发展到今天，生产厂家已经研制出多种适合不同用途的变频器，以下详细介绍变频器的分类。

（1）按变换的环节分类。

①交-直-交变频器。

它先将工频交流电通过整流器变成直流电，然后将直流电变换成频率、电压可调的交流电，又称为间接式变频器，是目前广泛应用的通用变频器。

②交-交变频器。

它将工频交流电直接变换成频率、电压可调的交流电，又称为直接式变频器。它主要用于大功率（500 kW 以上）低速交流传动系统中，目前已经应用在轧机、鼓风机、破碎机、球磨机和卷扬机等设备中。这种变频器可用于异步电动机和同步电动机的调速控制。

（2）按直流电源性质分类。

①电压型变频器。

电压型变频器的特点是中间直流环节的储能元件采用大电容，负载的无功功率由它缓冲，直流电压比较平稳，直流电源内阻较小，相当于电压源，故称为电压型变频器，常用于负载电压变化较大的场合。这种变频器应用广泛。

②电流型变频器。

电流型变频器的特点是中间直流环节采用大电感作为储能环节，缓冲无功功率，即扼制电流的变化，使电压接近正弦波，由于其直流内阻较大，相当于电流源，故称为电流型变频器。电流型变频器的特点（优点）是能扼制负载电流频繁而急剧的变化。其常用于负载电流变化较大的场合。

（3）按用途分类。

变频器按照用途可以分为通用变频器、高性能专用变频器、高频变频器、单相变频器和三相变频器等。

（4）按调压方法分类。

①PAM 变频器。

它是通过改变电压源或电流源的幅值进行输出控制的。这种变频器已很少使用。

②PWM 变频器。

它是将变频器输出波形的每半个周期分割成许多脉冲，通过调节脉冲宽度和脉冲周期之间的占空比调节平均电压，其等值电压为正弦波，波形较平滑。

（5）按控制方式分类。

①U/f 控制（VVVF 控制）变频器。

U/f 控制是保证输出电压与频率成正比的控制。低端变频器都采用这种控制原理。

②SF 控制（转差频率控制）变频器。

转差频率控制是通过控制转差频率来控制转矩和电流，属于高准确度的闭环控制。SF 控制变频器的通用性差，一般用于车辆控制。与 U/f 控制变频器相比，SF 控制变频器的加减速特性和限制过电流的能力得到提高。另外，SF 控制变频器具有速度调节器，利用速度反馈构成闭环控制，速度的静态误差小。

③矢量控制（Vectory Control，VC）变频器。

矢量控制的基本原理是通过测量和控制异步电动机定子电流矢量，根据磁场定向原理分别对异步电动机的励磁电流和转矩电流进行控制，从而达到控制异步电动机转矩的目的。矢量控制变频器一般用在准确度要求高的场合。

④直接转矩控制变频器。

简单地说，直接转矩控制就是将交流电动机等效为直流电动机进行控制。

（6）按品牌区域分类。

①中国品牌变频器。

中国的变频器品牌有安邦信，汇川，浙江三科，欧瑞传动，森兰，英威腾，蓝海华腾，迈凯诺，伟创，易泰帝以及我国港台地区的台达、普传、台安、东元、美高等，已超过 200 种。

②欧美品牌变频器。

欧美的变频器品牌有西门子、科比、伦茨、施耐德、ABB、丹佛斯、罗克韦尔、伟肯、AB 及西威等。

③日本品牌变频器。

日本的变频器品牌有富士、三菱、安川、三垦、日立、欧姆龙、松下电器、松下电工、东芝以及明电舍等。

④韩国品牌变频器。

韩国的变频器品牌有 LG、现代、三星和收获等。

（7）按电压等级分类。

①高压变频器：3 kV、6 kV 及 10 kV。

②中压变频器：660 V、1 140 V。

③低压变频器：220 V、380 V。

（8）按电压性质分类。

①交流变频器：AC – DC – AC（交 – 直 – 交）、AC – AC（交 – 交）。

②直流变频器：DC – AC（直 – 交）。

2）西门子 MM440 变频器原理

（1）初识变频器。

变频器一般是利用半导体器件的通断作用将工频电源变换为另一频率的电能控制装置。变频器有"现代工业维生素"之称，在节能方面的效果显著。随着各界对变频器节能技术和应用等方面认识的逐渐加深，我国变频器市场变得异常活跃。

变频器的最初目的是控制速度，应用于印刷、电梯、纺织、机床和生产流水线等行业。而目前相当多的变频器是以节能为目的。由于中国是能源消耗大国，而中国的能源储备又相对贫乏，所以国家大力提倡各种节能措施，其中着重推荐变频器调速技术。在水泵和中央空调等领域，变频器可以取代传统的限流阀和回流旁路技术，充分发挥节能效果；在火电、冶金、矿山及建材行业，高压变频调速的交流电动机系统的经济价值正在得以体现。

变频器是一种高技术含量、高附加值且高效益回报的高科技产品，符合国家产业发展政策。在过去的多年间，我国变频器行业从起步阶段到目前的趋于成熟，发展十分迅速。进入

21世纪以来，我国中、低压变频器市场的增长速度超过了20%，远远高于近几年的GDP增长水平。

从产品优势的角度看，通过变频器可以高质量地控制电动机转速以提高制造工艺水准，变频器不但有助于提高制造工艺水平（尤其在精细加工领域），而且可以有效地节约电能，是目前最理想、最有前途的电动机节能设备。

从变频器行业所处的宏观环境看，无论是国家中长期规划、短期的重点工程、政策法规和国民经济整体运行趋势，还是人们节能环保意识的增强、技术的创新及发展高科技产业的要求，变频器都受到了广泛的关注，市场吸引力巨大。

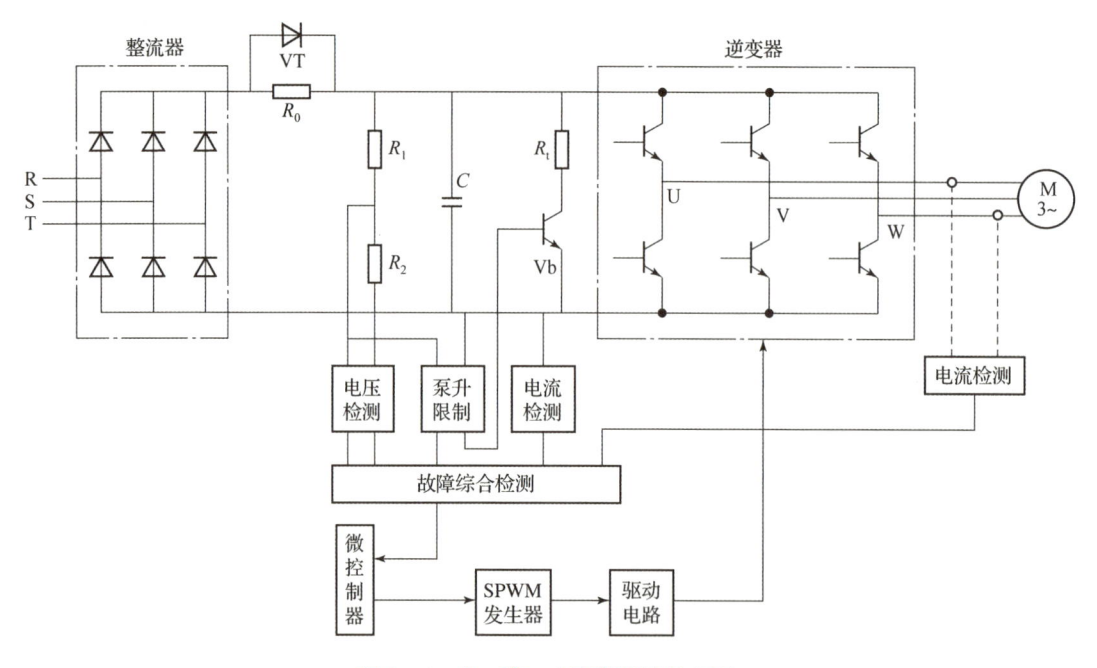

（2）交－直－交变频调速的原理。

交－直－交变频调速的原理如图2－1所示。交－直－交变频调速就是变频器先将工频交流电整流成直流电，逆变器在微控制器（如DSP）的控制下，将直流电逆变成不同频率的交流电。目前市面上的变频器大多采用这种工作原理。

图2－1 交－直－交变频调速的原理

图2－1中的 R_0 起限流作用，当R、S和T端子上的电源接通时，R_0 接入电路，以限制启动电流。延时一段时间后，晶闸管VT导通，将 R_0 短路，以避免造成附加损耗。R_t 为能耗制动电阻，当制动时，异步电动机进入发动机状态，逆变器向电容 C 反向充电，当直流回路的电压，即电阻 R_1、R_2 上的电压升高到一定的值时（图中实际上测量的是电阻 R_2 的电压），通过泵升电路使开关器件 Vb 导通，这样电容 C 上的电能就消耗在 R_t 上。通常为了散热，能耗制动电阻 R_t 安装在变频器外侧。电容 C 除了参与制动外，在电动机运行时，主要起滤波作用。通过电容器起滤波作用的变频器称为电压型变频器；通过电感器起滤波作用的变频器称为电流型变频器。比较常见的是电压型变频器。

微控制器经运算输出控制正弦信号后，经过SPWM（正弦脉宽调制）发生器调制，再由驱动电路放大信号，放大后的信号驱动 6 个功率晶体管，产生三相（U、V、W）交流电压驱动电动机运转。

3）西门子低压变频器简介

西门子公司生产的变频器品种较多，以下简单介绍西门子低压变频器的产品系列。

（1）MM4 系列变频器。

MM4 系列变频器分为 4 个子系列，分别如下。

①MM410：解决简单驱动问题，功率范围小。

②MM420：I/O 点数少，不支持矢量控制，无自由功能块，功率范围小。

③MM430：风机水泵专用，不支持矢量控制。

④MM440：支持矢量控制，有制动单元，有自由功能块，功能相对强大。

MM4 系列变频器有一定的市场占有率，但有被 SINAMICS G120 系列变频器取代的趋势。

（2）SIMOVERT Master Drives，6SE70 工程型变频器。

其控制面板采用 CUVC，可实现变频调速、力矩控制和四象限工作，但有被 SINAMICS S120 系列变频器取代的趋势。

（3）SINAMICS 系列变频器。

SINAMICS 系列变频器的子系列较多，功能也较强大，简介如下。

①SINAMICS G120：MM4 系列变频器的升级版，包含控制单元（CU）和功率模块（PM）两部分，可四象限工作，功能强大。

②SINAMICS S120：6SE70 系列变频器的升级版，控制面板是 CU320，功能强大。可以驱动交流异步电动机、交流同步电动机和交流伺服电动机。

③SINAMICS G120D：提高了 SINAMICS G120 系列变频器的防护等级，可以达到 IP65，但功率范围有限。

④SINAMICS V50：MM4 系列变频器的柜机。

⑤SINAMICS G150：V50 系列变频器的升级版，功率范围大。

⑥SINAMICS V60 和 V80：是针对步进电动机而推出的两款产品，当然也可以驱动伺服电动机。只能接收脉冲信号。有人称其为简易的伺服驱动器。

⑦SINAMICS V90：是针对步进电动机而推出的产品，当然也可以驱动伺服电动机。能接收脉冲信号，也支持 USS 和 MODBUS 总线。运动控制时配合西门子的 S7－200 SMART 使用很方便。

4）西门子 MM440 变频器使用简介

西门子 MM440 变频器由微处理器控制，并采用具有现代先进技术水平的绝缘栅双极型晶体管（IGBT）作为功率输出器件，它具有很高的运行可靠性和功能多样性。其脉冲宽度调制的开关频率是可选的，降低了电动机运行的噪声。

MM440 变频器的核心部件是 CPU。它根据设定的参数，经过运算，输出正弦波信号，正弦波信号再经过 SPWM、放大，输出正弦交流电，驱动三相异步电动机运转。

MM440 变频器是一个智能化的数字变频器，在基本操作面板上可进行参数设置，参数可分为 4 个级别。

①标准级：可以访问经常使用的参数。

②扩展级：允许扩展访问参数范围，例如变频器的 I/O 功能。

③专家级：只供专家，即高级用户使用。

④维修级：只供授权的维修人员使用，具有密码保护。

(1) 变频器多段频率给定。

变频器频率给定一般有 4 种方法：操作面板频率给定、模拟量频率给定、多段频率给定和通信频率给定。

用基本操作面板进行手动频率给定方法简单，资源消耗少，但这种频率给定方法对于操作者来说比较麻烦，而且不容易实现自动控制，而 PLC 控制的多段频率给定和通信频率给定则容易实现自动控制。

(2) 变频器的模拟量频率给定。

虽然操作面板频率给定简单易行，但每次改变频率需要手动设置，不易实现自动控制，而模拟量频率给定可以比较方便地实现自动控制和无级调速，因此在工程中比较常用，但模拟量频率给定一般要用到模拟量模块，相对而言控制成本稍高。

由于使用 S7 - 200 PLC，绝大部分时候需要用到通信系统，所以通信频率给定较为常用，但是一旦通信系统中断，变频器也随之停止运行。在某些场合，如通风场合，风机长时间停机是不允许的，这是通信频率给定的弱点，而模拟量频率给定可以克服这个缺点，当通信系统中断后，只要把变频器用"手/自转换"开关切换到"手动"挡，变频器仍可照常工作。

(3) 变频器的通信频率给定。

通信频率给定既可实现无级调速，也可实现自动控制，应用灵活方便。S7 - 200 PLC 与 MM440 变频器可进行 USS 和 PROFIBUS 通信。MM440 变频器也只能作 PROFIBUS - DP 从站，不能作 PROFIBUS - DP 主站，而且 MM440 变频器用作 PROFIBUS - DP 从站时要配置通信模板。

5. MM440 变频器通信的基本知识

MM440 变频器既支持和主站的周期性数据通信，也支持和主站的非周期性数据通信，也就是说 S7 - 200 PLC 可以使用功能块 SFC14/SFC15 读取和修改 MM440 变频器的参数，调用一次可以读取或者修改一个参数。同时也可以使用功能块 SFC58/SFC59 或者 SFB52/SFB53 读取或者修改 MM440 变频器的参数，一次最多可以读取或者修改 39 个参数。

有效的数据块分成两个区域，即 PKW 区（参数识别 ID - 数值区）和 PZD 区（过程数据区），有效数据字符如图 2 - 2 所示。

|<---		PKW区		--->| |<---		PZD区		--->|
PKE	IND	PWE1	PWE2	……	PWEn	PZD1	PZD2	……	PZDn

图 2 - 2 有效数据字符

PKW 区说明 PKW 接口的处理方式。PKW 接口并非物理意义上的接口，而是一种机理。这一机理确定了参数在两个通信伙伴之间（例如控制装置与变频器）的传输方式，例如参数的读和写。

PKW 区前两个字（即 PKE 和 IND）的信息是关于主站请求的任务（任务识别标记 ID）或应答报文的类型（应答识别标记 ID）。PKW 区的第三、第四个字规定报文中要访问的变频器的参数号（PNU）。PNU 与 MICROMASTER4 的参数号对应。

6. 任务准备

有一台设备，由 CPU314C-2DP 控制一台 MM440 变频器，CPU314C-2DP 通过 PROFIBUS-DP 控制 MM440 变频器，实现电动机的"正-停-反"和无级调速，频率数值在人机界面（HMI）中设定。启动系统后，默认的频率为 40 Hz。已知电动机的技术参数：功率为 0.75 kW，额定转速为 1 400 r/min，额定电压为 380 V，额定电流为 2.05 A，额定频率为 50 Hz。请设计此系统，并编写程序。

7. 任务实施

1）软硬件配置

（1）1 套 STEP 7 V5.5 SP4O。

（2）1 台 MM440 变频器（含 PROFIBUS 模板）。

（3）1 台 CPU 314C-2DP。

（4）1 台电动机。

（5）1 根编程电缆。

（6）1 根 PROFIBUS 屏蔽双绞线。

（7）1 台 HMI 设备（触摸屏）。

硬件配置如图 2-3 所示，接线图如图 2-4 所示。

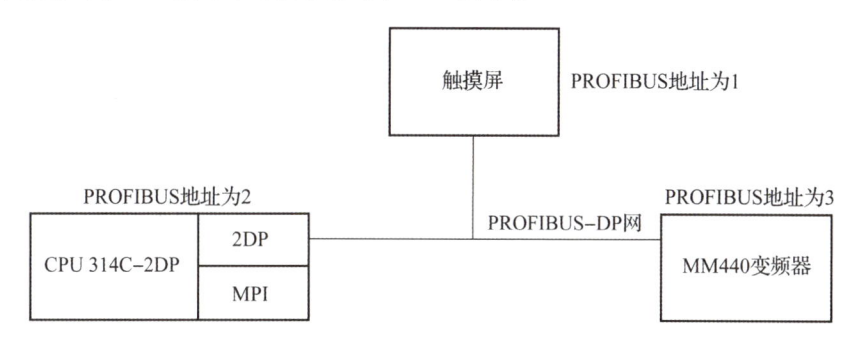

图 2-3 硬件配置

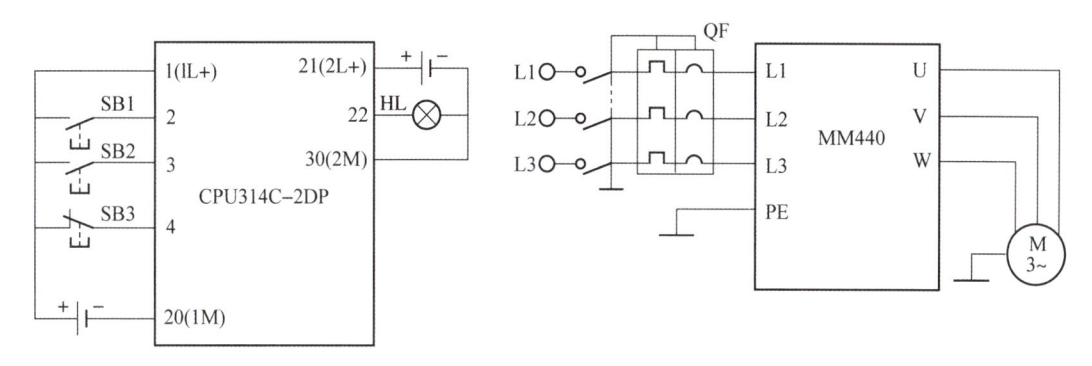

图 2-4 接线图

2）MM440 变频器的设置

MM440 变频器的参数见表 2-1。

表 2-1　MM440 变频器的参数

序号	变频器参数	出厂值	设定值	功能说明
1	P0304	380 V	380 V	电动机的额定电压
2	P0305	3.25 A	2.05 A	电动机的额定电流
3	P0307	0.75 kW	0.75 kW	电动机的额定功率
4	P0310	50.00 Hz	50.00 Hz	电动机的额定频率
5	P0311	1 400 r/min	1 400 r/min	电动机的额定转速
6	P0700	2	6	选择命令源（COM 链路的通信板 CB 设置）
7	P1000	2	6	频率源（COM 链路的通信板 CB 设置）
8	P2009	0	1	USS 规格化

3）S7-300 PLC 通过 PROFIBUS 现场总线控制 S120

（1）STARTER 软件概述。

STARTER 软件用于西门子传动装置的现场调试，能够实现在线监控、装置参数修改、故障检测和复位以及跟踪记录等强大的调试功能。

（2）SINAMICS S120 AC/AC 单轴驱动器概述。

SINAMICS S120 AC/AC 单轴驱动器是西门子公司推出的新一代交流驱动产品——集整流和逆变于一体的新型驱动器，既能实现通常的 U/f 控制和矢量控制，又能实现高准确度、高性能的伺服控制功能。它不仅能控制普通的三相异步电动机，还能控制异步和同步伺服电动机、扭矩电动机及直线电动机。其强大的定位功能可以实现进给轴的绝对、相对定位。

SINAMICS S120 产品包括用于共直流母线的 DC/AC 逆变器和单轴控制的 AC/AC 变频器。共直流母线的 DC/AC 逆变器通常又称为 SINAMICS S120 多轴驱动器，其结构形式为电源模块和电动机模块分开，一个电源模块将三相交流电整流成 540 V 或 600 V 的直流电，将电动机模块（一个或多个）都连接到该直流母线上，特别适用于多轴控制，尤其适用于造纸、包装、纺织、印刷、钢铁等行业。其优点是各电动机轴之间的能量共享、接线方便、简单。单轴控制的 AC/AC 变频器通常又称为 SINAMICS S120 AC/AC 单轴驱动器，其结构形式为电源模块和电动机模块集在一起，特别适用于单轴的速度和定位控制。

这里只介绍 SINAMICS S120 AC/AC 单轴驱动器。SINAMICS S120 AC/AC 单轴驱动器由 2 个部分组成：控制单元和功率模块。具体如下。

①控制单元有 3 种形式：CU310DP、CU310 PN 和 CUA31。

CU310DP 是驱动器通过 PROFIBUS-DP 与上位的控制器相连。

CU310PN 是驱动器通过 PROFINET 与上位的控制器相连。

CUA31 是控制单元的适配器，通过 Drive-CLiQ 与 CU320 或 Simotion D 相连。

②功率模块有模块型和装机装柜型两种形式。

模块型：其功率范围为 0.12~90 kW，其进线电压有单相（200~240 V）及三相（380~

480 V）两种规格。

装机装柜型：其功率范围为 110~250 kW，其进线电压为三相（380~480 V）。

4）MM440 变频器的调试

MM440 变频器的标准供货方式装有状态显示板（SDP），状态显示板的内部没有任何电路，因此要对变频器进行调试，通常采用基本操作面板（BOP）、高级操作面板（AOP）和计算机（PC）等方法进行调试。基本操作面板和高级操作面板是可选件，需要单独订货。使用计算机调试时，计算机中需要安装 DriveMonitor、Starter 或者 Scout。Scout 软件功能强大，包含 Starter 软件。

使用基本操作面板调试变频器在前面已经讲解，以下仅介绍使用 Starter 软件调试变频器。

Starter 软件与传动装置可以通过以下 3 种常用的通信方式建立连接。

（1）RS-232 串口通信（USS 通信协议）。

需要使用 PC to MM440 组件（订货号：SSE6400-1PC00-0AA0），组件通过基本操作面板的插孔安装（使用 BOP 链路），使用计算机的 RS-232C 接口即可，如果笔记本电脑没有 RS-232C 接口，也可以在笔记本电脑上使用 USB 转换器。上位机软件使用 Drive Monitor 或者 Starter。

（2）RS-485 串口通信（USS 通信协议）。

MM440 变频器的 29（P+）和 30（N-）控制接线端子用于 RS-485 串行通信的通信口（COM 链路）。采用这种连接方式调试时，切不可将 29 号接线端子和 30 号接线端子接反，否则将产生烧毁接口的严重后果。上位机软件使用 Drive Monitor 或者 Starter。

（3）PROFIBUS 通信。

采用 PROFIBUS 通信协议调试 MM440 变频器时，变频器上需要安装 PROFIBUS 通信模块（订货号：6SE6400-1PB00-0AA0），计算机上需要安装 CP5611 或者 CP5621（此模块是目前新型号模块）等通信模块。CP5611（或 CP5621）与 PROFIBUS 通信模块的电缆就是购买 CP5611（或 CP5621）卡时配置的通信电缆，CP5611（或 CP5621）与 PROFIBUS 通信模块均有 PROFIBUS 接口。

8. 任务评价

任务评价见表 2-2。

表 2-2 任务评价

评分内容	配分	评分标准		分值	自评	他评
PLC 控制变频器调速	80 分	查找任务相关知识	查找任务相关知识，该任务知识能力掌握度达到 60% 扣 5 分，达到 80% 扣 2 分，达到 90% 扣 1 分	20 分		
		确定方案编写计划	1. 制定整体设计方案，在实施过程中修改一次扣 2 分。 2. 制定实施方法，在实施过程中修改一次扣 2 分	20 分		

续表

评分内容	配分	评分标准		分值	自评	他评
PLC控制变频器调速	80分	记录实施过程步骤	在实施过程中，步骤记录不完整度达到10%扣2分，达到20%扣3分，达到40%扣3分	20分		
		检查评价	1. 自我评述完成情况。2. 检查资料收集整理情况	20分		
职业素养	20分	团队协调与合作		10分		
		用专业语言正确流利地简述任务成果		10分		
综合				100分		
完成用时						

任务 2.2　PLC 对步进电动机的控制

1. 任务引入

步进电动机是一种将脉冲信号变换成相应的角位移或线位移的电磁装置，是一种特殊的电动机。一般电动机都是连续转动的，而步进电动机则有定位和转动两种状态，当有脉冲输入时，步进电动机一步一步地转动，每给它一个脉冲信号，它就转过一定的角度。步进电动机的角位移量和输入脉冲的个数严格成正比，在时间上与输入脉冲同步，因此，只要控制输入脉冲的数量、脉冲及电动机绕组通电的时序，便可获得所需的转角、转速及转动方向。

2. 任务目标

1）知识目标

（1）了解步进电动机的基本控制原理。

（2）学会步进电动机的控制和驱动方法。

2）技能目标

能够使用 PLC 进行步进电动机控制。

3）素养目标

引导学生加深对步进电动机控制的理解，培养奋发向上的积极心态。

3. 任务分析

1）步进电动机运动的基本控制

步进电动机是一种感应电动机，其工作的基本原理在于将电脉冲转化为角位移进行输出。在通常情况下，电动机的转速以及停止的位置只与脉冲信号的频率和脉冲数有关，而不受负载变化的影响。当步进驱动器接收到一个脉冲信号时，它就驱动步进电动机按设计的方向转动一个固定的角度。因此，可通过控制脉冲输出信号的频率和个数来实现步进电动机的速度、方向、定位等功能。

现在比较常用的步进电动机包括反正式步进电动机（VR）、永磁式步进电动机（PM）、混合式步进电动机（HB）和单相式步进电动机等。

2）步进电动机的主要参数

（1）步进电动机的步距角：它表示控制系统每发出一个步进脉冲信号时步进电动机所转动的角度。

（2）步进电动机的相数：它是指步进电动机内部的线圈组数，目前常用的有二相、三相、四相、五相步进电动机。步进电动机的相数不同，其步距角也不同。一般情况下，二相步进电动机的步距角为0.9°/1.8°，三相步进电动机的步距角为0.75°/1.5°，五相步进电动机的步距角为0.35/70.72°。

4. 相关知识

1）步进电动机的工作原理

步进电动机在结构上由定子和转子主成。通常电动机的转子为永磁体，当电流流过定子绕组时，定子绕组产生矢量磁场，该磁场会带动转子旋转一定角度，使转子的一对磁场方向与定子的磁场方向一致。当定子的矢量磁场旋转一个角度，转子也随着该磁场转一个角度。每输入一个电脉冲，电动机转动一个角度前进一步。它输出的角位移与输入的脉冲数成正比，转速与脉冲频率成正比。改变绕组通电的顺序，电动机就会反转。因此，可通过控制脉冲的数量、频率及电动机各相绕组的通电顺序来控制步进电动机的转动。

下面以一台简单的三相反应式步进电动机为例来介绍步进电动机的工作原理。

图2-5所示是三相反应式步进电动机的工作原理示意。定子铁芯为凸极式，共有3对（6个）磁极，每两个空间相对的磁极上绕有一相控制绕组。转子用软磁性材料制成，也是凸极结构，只有4个齿，齿宽等于定子的极宽。

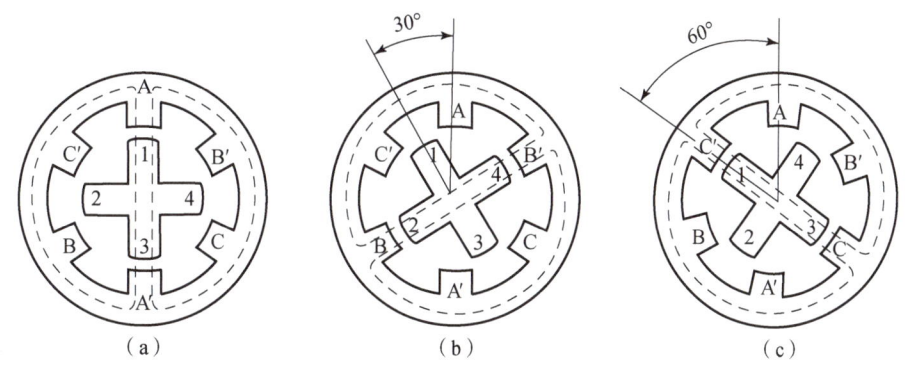

图2-5 三相反应式步进电动机的工作原理示意
(a) A相通电；(b) B相通电；(c) C相通电

当A相控制绕组通电时，其余两相均不通电，电动机内建立以定子A相极为轴线的磁场。由于磁通具有力图走磁阻最小路径的特点，所以使转子齿1、3的轴线与定子A相极轴线对齐，如图2-5（a）所示。若A相控制绕组断电，B相控制绕组通电，则转子在反应转矩的作用下逆时针转过30°，使转子齿2、4的轴线与定子B相极轴线对齐，即转子走了一步，如图2-5（b）所示。若断开B相，使C相控制绕组通电，则转子逆时针方向又转过30°，使转子齿1、3的轴线与定子C相极轴线对齐，如图2-5（c）所示。如此按A→B→C→A的顺序轮流通电，转子就会一步一步地按逆时针方向转动。三相单三拍工作方式时序图如图2-6所示。

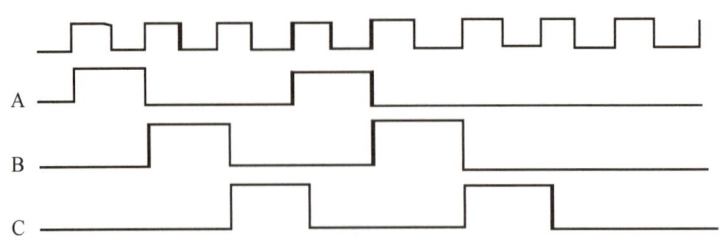

图 2-6 三相单三拍工作方式时序图

步进电动机的转速取决于各相控制绕组通电与断电的频率，旋转方向取决于控制绕组轮流通电的顺序。若按 A→C→B→A 的顺序通电，则电动机按顺时针方向转动。

上述通电方式称为三相单三拍。"三相"是指三相步进电动机；"单三拍"是指每次只有一相控制绕组通电；控制绕组每改变一次通电状态称为一拍，"三拍"是指改变三次通电状态为一个循环。把每一拍转子转过的角度称为步距角。三相单三拍运行时，步距角为30°。显然，这个角度太大，不能付诸实用。把控制绕组的通电方式改为 A→AB→B→BC→C→CA→A，即一相通电接着二相通电，间隔地轮流进行，完成一个循环需要经过 6 次通电状态的改变，称为三相单、双六拍通电方式。当 A，B 两相绕组同时通电时，转子齿的位置应同时考虑到两对定子极的作用，只有 A 相极和 B 相极对转子齿所产生的磁拉力平衡的中间位置，才是转子的平衡位置。这样，三相单、双六拍通电方式下转子平衡位置增多了一倍，步距角为 15°。三相双三拍工作方式（AB→BC→CA→AB）时序图如图 2-7 所示，三相六拍工作方式（A→AB→B→BC→C→CA→A）时序图如图 2-8 所示。

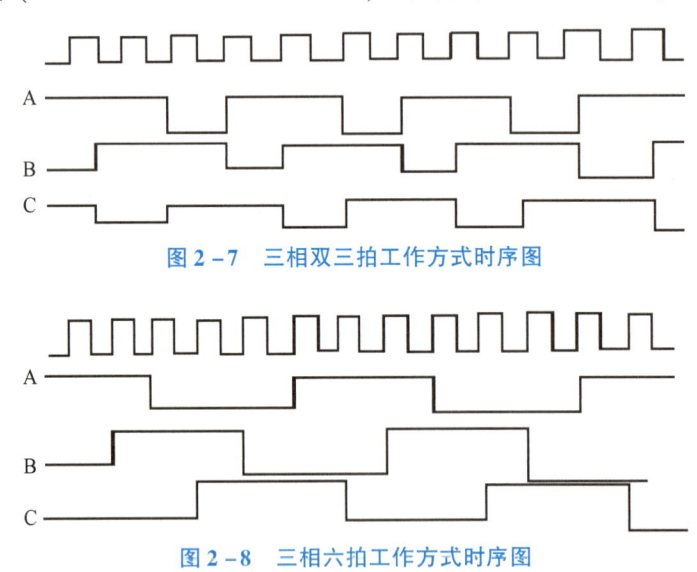

图 2-7 三相双三拍工作方式时序图

图 2-8 三相六拍工作方式时序图

进一步减小步距角的措施是采用定子磁极带有小齿、转子齿数很多的结构。分析表明，这种结构的步进电动机，其步距角可以做得很小。一般来说，实际的步进电动机产品都采用这种方法实现步距角的细分。例如，输送单元所选用的 Kinco 三相步进电动机 3S57Q-04056，它的步距角在整步方式下为 1.8°，在半步方式下为 0.9°。

2）步进电动机的驱动装置

步进电机的控制和驱动方法很多，按照其使用的控制装置可以分为：普通集成电路控制、单片机控制、工业控制机控制、可编程序控制器控制等几种；按照控制结构可分为：硬脉冲生成器硬脉冲分配器结构（硬－硬结构）、软脉冲生成器软脉冲分配器结构（软－软结构）和软脉冲生成器硬脉冲分配器结构（软－硬结构）。

步进电动机由驱动装置（驱动器）供电，驱动器和电动机是一个有机的整体，步进电动机的运行性能是步进电动机及其驱动器二者配合所反映的综合效果。

一般来说，每一台步进电机都有其对应的驱动器。例如，与 Kinco 3M458 三相步进电机 3S57Q-04056 配套的驱动器是 Kinco 3M458 三相步进电机驱动器，图 2-9 所示是其典型接线图。驱动器可采用直流 24~40 V 电源供电。该电源由输送单元专用的开关稳压电源（DC24 V，8 A）供给。输出电流和输入信号规格如下。

（1）输出相电流为 3.0~5.8 A，输出相电流通过拨动开关设定；驱动器采用自然风冷的冷却方式。

（2）控制信号输入电流为 6~20 mA，控制信号的输入电路采用光耦隔离。输送单元 PLC 的输出公共端 VCC 使用的是直流 24 V 电压，所使用的限流电阻为 2 kΩ。

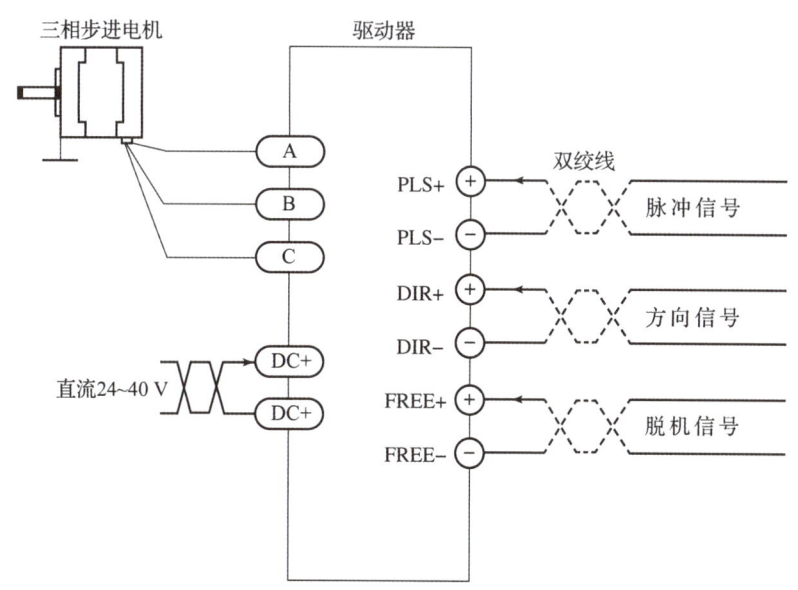

图 2-9　Kinco 3M458 三相步进电动机及其驱动器的典型接线图

由图 2-9 可见，步进电动机驱动器的功能是接收来自控制器（PLC）的一定数量和频率的脉冲信号以及电动机旋转方向的信号，为步进电动机输出三相功率脉冲信号。

步进电动机驱动器的组成包括脉冲分配器和脉冲放大器两部分，主要解决向步进电动机的各相绕组输出脉冲分配和功率放大两个问题。

脉冲分配器是一个数字逻辑单元，它接收来自控制器的脉冲信号和转向信号，把脉冲信号按一定的逻辑关系分配到每一相脉冲放大器上，使步进电动机按选定的运行方式工作。由于步进电动机各相绕组是按一定的通电顺序并不断循环来实现步进功能的，所以脉冲分配器也称为环形分配器。实现这种分配功能的方法有多种，例如，可以由双稳态触发器和门电路组成脉冲分配器，也可由可编程逻辑器件组成脉冲分配器。

脉冲放大器进行脉冲功率放大。因为从脉冲分配器输出的电流很小（毫安级），而步进电动机工作时需要的电流较大，所以需要进行功率放大。此外，输出脉冲的波形、幅度、波形前沿陡度等因素对步进电动机的运行性能有重要的影响。Kinco 3M458 步进电动机驱动器采取如下一些措施,大大改善了步进电动机的运行性能。

(1) 细分驱动方式。不仅可以减小步进电机的步距角,提高分辨率,而且可以减少或消除低频振动,使步进电动机的运行更加平稳均匀。

(2) 在 Kinco 3M458 步进电动机驱动器的侧面连接端子中间有一个红色的 8 位 DIP 功能设定开关,可以用来设定驱动器的工作方式和工作参数,包括细分设置、静态电流设置和运行电流设置。图 2-10 所示是该 DIP 开关的功能划分说明,表 2-3 所示为其细分设置和输出电流设置。

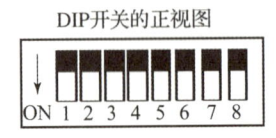

开关序号	ON功能	OFF功能
DIP1~DIP3	细分设置	细分设置
DIP4	静态电流全流	静态电流半流
DIP5~DIP8	输出电流设置	输出电流设置

图 2-10 DIP 开关的功能划分说明

表 2-3 DIP 开关的细分设置和输出电流设置

细分设置					输出电流设置				
DIP1	DIP2	DIP3	细分/(步·r^{-1})	DIP5	DIP6	DIP7	DIP8	输出电流/A
ON	ON	ON	400	OFF	OFF	OFF	OFF	3.0
ON	ON	OFF	500	OFF	OFF	OFF	ON	4.0
ON	OFF	ON	600	OFF	OFF	ON	ON	4.6
ON	OFF	OFF	1 000	OFF	ON	ON	ON	5.2
OFF	ON	ON	2 000	ON	ON	ON	ON	5.8
OFF	ON	OFF	4 000	—	—	—	—	—
OFF	OFF	ON	5 000	—	—	—	—	—
OFF	OFF	OFF	10 000	—	—	—	—	—

步进电动机传动组件的基本技术数据如下。

(1) 3S57Q-04056 步进电动机的步距角为 1.8°,即在无细分的条件下 200 个脉冲电动机转一圈(通过驱动器设置细分精度最高可以达到 10 000 个脉冲电动机转一圈)。

(2) 输送站传动采用同步轮和同步带,同步轮齿距为 4.67 mm,共 12 个齿,即旋转一周搬运机械手位移 56 mm。

(3) 设备在出厂时,驱动器细分设置为 10 000 步/r,即每步机械手位移 0.005 6 mm;电动机驱动电流设为 5.2 A;静态锁定方式为静态电流半流。

3) 使用步进电动机应注意的问题

控制步进电动机运行时,应注意考虑步进电动机运行中失步的问题。

步进电动机失步包括丢步和越步。丢步时,转子前进的步数小于脉冲数;越步时,转子前进的步数多于脉冲数。丢步严重时，转子将停留在一个位置上或围绕一个位置振动；越步严重时，设备将发生过冲。

使机械手返回原点的操作常常会出现越步情况。当机械手回到原点时，原点开关动作，使指令输入 OFF。但如果机械手到达原点前速度过高，惯性转矩将大于步进电动机的保持转矩而使步进电动机越步。因此，回原点的操作应确保足够低速。当步进电动机驱动机械手高速运行时紧急停止，则出现越步情况不可避免，因此，急停复位后应采取先低速返回原点重新校准，再恢复原有操作的方法（注：所谓保持扭矩是指电动机各相绕组通过额定电流，且处于静态锁定状态时，步进电动机所能输出的最大转矩，它是步进电动机最主要的参数之一）。

由于电动机绕组本身是感性负载，所以输入频率越高，励磁电流就越小。频率高，磁通量变化加剧，涡流损失加大。因此，输入频率增高，输出力矩减小。最高工作频率的输出力矩只能达到低频转矩的 40%~50%。进行高速定位控制时，如果指定频率过高，会出现丢步现象。

此外，如果机械部件调整不当，会使机械负载增大。步进电动机不能过负载运行，哪怕是瞬间，都会造成失步，严重时会造成步进电动机停转或不规则原地反复振动。

4）步进电动机运动的 PTO/PWM 控制

（1）S7-200 PLC 的数据传送指令。

数据传送指令用于在各个编程元件之间进行数据传送。根据每次传送数据的数量多少可分为单个数据传送指令和块数据传送指令。

单个数据传送指令每次传送一个数据，根据传送数据的类型分为字节传送指令、字传送指令、双字传送指令和实数传送指令。

①字节传送指令。

字节传送指令又分为：普通字节传送指令、立即读字节传送指令和立即写字节传送指令。

MOVB：普通字节传送指令，指令格式如图 2-11 所示。

BIR：立即读字节传送指令，指令格式如图 2-12 所示。

图 2-11 普通字节传送指令
(a) 梯形图指令；(b) STL 指令

图 2-12 立即读字节传送指令
(a) 梯形图指令；(b) STL 指令

BIW：立即写字节传送指令，指令格式如图 2-13 所示。

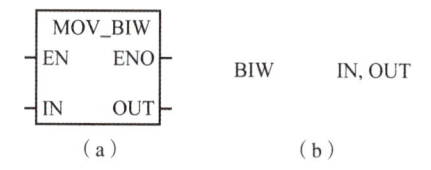

图 2-13 立即写字节传送指令
(a) 梯形图指令；(b) STL 指令

②字传送指令。

MOVW：字传送指令，指令格式如图2-14所示。

```
  MOV_W
─┤EN   ENO├─
 │        │          MOVW   IN, OUT
─┤IN   OUT├─
     (a)                    (b)
```

图2-14　字传送指令

(a) 梯形图指令；(b) STL指令

③双字传送指令。

MOVD：双字传送指令，指令格式如图2-15所示。

```
  MOV_DW
─┤EN   ENO├─
 │        │          MOVD   IN, OUT
─┤IN   OUT├─
     (a)                    (b)
```

图2-15　双字传送指令

(a) 梯形图指令；(b) STL指令

④实数传送指令。

MOVR：实数传送指令，指令格式如图2-16所示。

```
  MOV_R
─┤EN   ENO├─
 │        │          MOVR   IN, OUT
─┤IN   OUT├─
     (a)                    (b)
```

图2-16　实数传送指令

(a) 梯形图指令；(b) STL指令

(2) S7-200 PLC的中断指令。

所谓中断，是当控制系统执行正常程序时，系统中出现了某些急需处理的异常情况或特殊请求，这时系统暂时中断现行程序，转去对随机发生的更紧迫的事件进行处理（执行中断服务程序），当该事件处理完毕后，系统自动回到原来被中断的程序继续执行。

①中断源。

中断源是中断事件向PLC发出中断请求的来源。

S7-200 CPU最多可以有34个中断源，每个中断源都分配一个编号用于识别，称为中断事件号。这些中断源大致分为3大类：通信中断源、输入/输出中断源和时基中断源。

②中断优先级。

在PLC应用系统中通常有多个中断源。当多个中断源同时向CPU申请中断时，要求CPU能将全部中断源按中断性质和处理的轻重缓急进行排序，并给予优先权。给中断源指定处理的次序就是给中断源确定中断优先级。

③中断控制。

经过中断判优后，将优先级最高的中断请求送给CPU，CPU响应中断后自动保存逻辑堆栈、累加器和某些特殊标志寄存器位，即保护现场。中断处理完成后，自动恢复这些单元保存起来的数据，即恢复现场。

④中断程序。

中断程序也称为中断服务程序，是用户为处理中断事件而事先编制的程序。

5）高速处理指令

高速处理指令有高速计数器指令和高速脉冲输出指令两类。

(1) 高速计数器。

高速计数器（High Speed Counter，HSC）在现代自动控制的精确定位控制领域中有较高的应用价值。高速计数器用来累计比 PLC 扫描频率高得多的脉冲输入（30 kHz），利用产生的中断事件完成预定的操作。普通计数器受 CPU 扫描速度的影响，按照顺序扫描的方式进行工作。在每个扫描周期中，对计数脉冲只能进行一次累加。当脉冲信号的频率比 PLC 的扫描频率高时，如果仍采用普通计数器进行累加，必然会丢失很多输入脉冲信号。在 PLC 中，对比扫描频率高的输入信号的计数可使用高速计数器指令来实现。

在 S7-200 PLC 的 CPU22X 中，高速计数器的数量及其地址编号见表 2-4。

表 2-4 高速计数器的数量及其地址编号

CPU 类型	CPU221	CPU222	CPU224	CPU226
高速计数器数量	4	4	6	6
高速计数器编号	HC0，HC3~HC5	HC0，HC3~HC5	HC0~HC5	HC0~HC5

(2) 高速计数器指令。

高速计数器指令包括定义高速计数器指令 HDEF 和执行高速计数指令 HSC。

①定义高速计数器指令 HDEF。

HDEF 指令的功能是为某个要使用的高速计数器选定一种工作模式。每个高速计数器在使用前，都要用 HDEF 指令来定义工作模式，并且只能定义一次。它有两个输入端：HSC 为要使用的高速计数器编号，数据类型为字节，数据范围为 0~5 的常数，分别对应 HC0~HC5；MODE 为高速计数器的工作模式，数据类型为字节，数据范围为 0~11 的常数，分别对应 12 种工作模式。当使能端输入有效时，为指定的高速计数器定义工作模式 MODE。

②执行高速计数指令 HSC。

HSC 指令的功能是根据与高速计数器相关的特殊继电器确定控制方式和工作状态，使高速计数器的设置生效，按照指令的工作模式执行计数操作。它有一个数据输入端 N；N 为高速计数器的编号，数据类型为字，数据范围为 0~5 的常数，分别对应 HC0~HC5。当使能端输入有效时，启动 N 号高速计数器工作。

(3) 高速计数器的输入端。

高速计数器的输入端不像普通输入端那样由用户定义，而是由系统指定的输入点输入信号，每个高速计数器对它所支持的脉冲输入端、方向控制、复位和启动都有专用的输入点，通过比较或中断完成预定的操作。高速计数器的输入点见表 2-5。

表 2 – 5　高速计数器的输入点

高速计数器标号	输入点	高速计数器标号	输入点
HC0	10.0，10.1，10.2	HC3	10.1
HC1	10.6，10.7，11.0，11.1	HC4	10.3，10.4，10.5
HC2	11.2，11.3，11.4，11.5	HC5	10.4

（4）高速计数器的状态字节。

系统为每个高速计数器在特殊寄存器区 SMB 都提供了一个状态字节，这是为了监视高速计数器的工作状态，执行由高速计数器引用的中断事件，见表 2 – 6。

表 2 – 6　高速计数器的状态字节

HC0	HC1	HC2	HC3	HC4	HC5	描述
SM36.0	SM46.0	SM56.0	SM36.0	SM146.0	SM156.0	不用
SM36.1	SM46.1	SM56.1	SM36.1	SM146.1	SM156.1	
SM36.2	SM46.2	SM56.2	SM36.2	SM146.2	SM156.2	
SM36.3	SM46.3	SM56.3	SM36.3	SM146.3	SM156.3	
SM36.4	SM46.4	SM56.4	SM36.4	SM146.4	SM156.4	
SM36.5	SM46.5	SM56.5	SM36.5	SM146.5	SM156.5	当前计数的状态位：0 = 减计数，1 = 增计数
SM36.6	SM46.6	SM56.6	SM36.6	SM146.6	SM156.6	当前值等于设定值的状态位：0 = 不等于，1 = 等于
SM36.7	SM46.7	SM56.7	SM36.7	SM146.7	SM156.7	当前值大于设定值的状态位：0 = 小于等于，1 = 大于

（5）高速计数器的工作模式。

高速计数器有 12 种不同的工作模式（0~11），分为 4 类。每个高速计数器都有多种工作模式，可以通过编程的方法，使用定义高速计数器指令 HDEF 来选定工作模式。

（6）高速计数器的控制字节。

系统为每个高速计数器都安排了一个特殊寄存器 SMB 作为控制字节，可也通过对控制字节指定位的设置，确定高速计数器的工作模式。S7 – 200 PLC 在执行 HSC 指令前，首先要检查与每个高速计数器相关的控制字节，在控制字节中设置了启动输入信号和复位输入信号的有效电平、正交计数器的计数倍率（计数方向采用内部控制的有效电平）、是否允许改变计数方向、是否允许更新设定值、是否允许更新当前值以及是否允许执行高速计数器指令。

（7）高速计数器的当前值寄存器和设定值寄存器。

每个高速计数器都有 1 个 32 位的经过值寄存器 HC0~HC5，同时每个高速计数器还有 1 个 32 位的当前值寄存器和 1 个 32 位的设定值寄存器，当前值和设定值都是有符号的整数，见表 2 – 6。为了向高速计数器装入新的当前值和设定值，必须利用数据线传送指令，先将当前值和设定值以双字的数据类型装入表 2-7 所列的特殊寄存器中，然后执行 HSC 指令，才能将新的值传送给高速计数器。

表 2-7 高速计数器的当前值和设定值

HC0	HC1	HC2	HC3	HC4	HC5	说明
SMD38	SMD48	SMD58	SMD138	SMD148	SMD158	新当前值
SMD42	SMD52	SMD62	SMD142	SMD152	SMD162	新设定值

（8）高速计数器的初始化。

由于高速计数器的 HDEF 指令在进入 RUN 模式后只能执行 1 次，为了减少程序运行时间，优化程序结构，一般以子程序的形式进行初始化。下面以 HC2 为例，介绍高速计数器各个工作模式的初始化步骤。

①利用 SM0.1 调用一个初始化子程序。

②在初始化子程序中，根据需要向 SMB47 装入控制字节。例如，SMB47 = 16#F8，其意义是：允许写入新的当前值，允许写入新的设定值，计数方向为正计数，启动和复位信号为高电平有效。

③执行 HDEF 指令，其输入参数为：HSC 端为 2（选择 2 号高速计数器），MODE 端为 0/1/2（对应工作模式 0、工作模式 1、工作模式 2）。

④将希望的当前计数值装入 SMD58（装入 0 可进行高速计数器的清零操作）。

⑤将希望的设定值装入 SMD62。

⑥如果希望捕获当前值等于设定值的中断事件，编写与中断事件号 16 关联的中断服务程序。

⑦如果希望捕获外部复位中断事件，编写与中断事件号 18 关联的中断服务程序。

⑧执行 ENI 指令。

⑨执行 HSC 指令。

⑩退出初始化子程序。

6）高速脉冲输出

高速脉冲输出功能是在 PLC 的某些输出端产生高速脉冲，用来驱动负载实现高速输出和精确控制。

（1）高速脉冲输出的方式。

高速脉冲输出可分为：高速脉冲串输出（Pulse Train Output，PTO）和宽度可调脉冲输出（Pulse Width Modulation，PWM）两种方式。

（2）输出端子的连接。

每个 CPU 有两个 PTO/PWM 发生器产生高速脉冲串和脉冲宽度可调的波形，一个发生器分配在数字输出段 Q0.0，另一个分配在 Q0.1。

PTO 提供方波（50% 占空比）输出，配备周期和脉冲数用户控制功能。

PWM 提供连续性变量占空比输出，配备周期和脉宽用户控制功能。

注意：当 Q0.0 或 Q0.1 设定为 PTO 或 PWM 功能时，其他操作均失效。不使用 PTO/PWM 发生器时，Q0.0 或 Q0.1 作为普通输出端子使用。通常在启动 PTO 或 PWM 操作之前，用复位指令 R 将 Q0.0 或 Q0.1 清零。

(3) 相关的特殊功能寄存器。

每个 PTO/PWM 发生器都有 1 个控制字节、16 位无符号的周期时间值和脉宽值各 1 个、32 位无符号的脉冲计数值 1 个。这些字节都占有一个指定的特殊功能寄存器,一旦这些特殊功能寄存器的值被设成所需操作,可通过执行脉冲指令 PLS 来执行这些功能。

Q0.0 和 Q0.1 输出端子的高速输出功能通过对 PTO/PWM 寄存器的不同设置来实现。PTO/PWM 寄存器由 SM66~SM85 特殊存储器组成,它们的作用是监视和控制 PTO 和 PWM 功能。PTO/PWM 寄存器各字节值和位值的意义见表 2-8。

表 2-8 PTO/PWM 寄存器各字节值和位值的意义

Q0.0	Q0.1	说明	寄存器名
SM66.4	SM76.4	PTO 包络由于增量计算错误异常终止 0:无错;1:异常终止	PTO 状态寄存器
SM66.5	SM76.5	PTO 包络由于用户命令异常终止 0:无错;1:异常终止	
SM66.6	SM76.6	PTO 流水线溢出 0:无溢出;1:溢出	
SM66.7	SM76.7	PTO 空闲 0:运行中;1:空闲	
SM67.0	SM77.0	PTO/PWM 刷新周期值 0:不刷新;1:刷新	PTO/PWM 控制寄存器
SM67.1	SM77.1	PWM 刷新脉冲宽度值 0:不刷新 1:刷新	
SM67.2	SM77.2	PTO 刷新脉冲计数值 0:不刷新 1:刷新	
SM67.3	SM77.3	PTO/PWM 时基选择 0:1;1:1 ms	PTO/PWM 控制寄存器
SM67.4	SM77.4	PWM 更新方法 0:异步更新;1:同步更新	
SM67.5	SM77.5	PTO 操作 0:单段操作;1:多段操作	
SM67.6	SM77.6	PTO/PWM 模式选择 0:选择 PTO;1:选择 PWM	
SM67.7	SM77.7	PTO/PWM 允许 0:禁止;1:允许	

续表

Q0.0	Q0.1	说明	寄存器名
SMW68	SMW78	PTO/PWM 周期时间值（范围：2~65 535）	周期值设定寄存器
SMW70	SMW80	PWM 脉冲宽度值（范围：0~65 535）	脉宽值设定寄存器
SMD72	SMD82	PTO 脉冲计数值（范围：1~4 294 967 295）	脉冲计数值设定寄存器
SMB166	SMB176	段号（仅用于多段 PTO 操作），即多段流水线 PTO 运行中的段的编号	多段 PTO 操作寄存器
SMW168	SMW178	包络表起始位置，用距离 V0 的字节偏移量表示（仅用于多段 PTO 操作）	

（4）脉冲输出指令。

脉冲输出指令可以输出两种类型的方波信号，在精确位置控制中有很重要的应用。脉冲输出指令的功能及说明如下。

功能：当使能端输入有效时，PLC 首先检测为脉冲输出位（X）设置的特殊存储器位，然后激活由特殊存储器位定义的脉冲操作。

说明：

①PTO 和 PWM 都由 PLC 指令来激活输出。

②操作数 Q 为字型常数 0 或 1，0 为 Q0.0 输出，1 为 Q0.1 输出。

③PTO 可采用中断方式进行控制，而 PWM 只能由指令 PLS 激活。

5. 任务准备

通过步进电动机运动的位置控制任务，明确 S7-200 PLC 的位控向导指令。

S7-200 PLC 有两个内置 PTO/PWM 发生器，用以建立 PTO 或 PWM 信号波形。一个发生器指定给数字输出点 Q0.0，另一个发生器指定给数字输出点 Q0.1。

当组态一个输出为 PTO 操作时，生成一个 50% 占空比的脉冲串，用于步进电动机的速度和位置的开环控制。内置 PTO 功能提供了脉冲串输出，脉冲周期和数量可由用户控制，但应用程序必须通过 PLC 内置 I/O 提供方向和限位控制。

为了简化应用程序中位控功能的使用，PLC 提供位控向导指令以帮助用户在很短的时间内全部完成 PWM、PTO 或位控模块的组态。用户可以用位控向导指令在其应用程序中对速度和位置进行动态控制。

PTO 功能提供的周期与脉冲数目可以由用户控制的占空比为 50% 的方波脉冲输出。PWM 功能提供的周期与脉冲宽度也可以由用户控制输出。

1）最大速度（MAX_SPEED）和启动/停止速度（SS_SPEED）

MAX_SPEED 是允许的操作速度的最大值，它应在电动机力矩能力的范围内。驱动负载所需的力矩由摩擦力、惯性以及加速/减速时间决定。

SS_SPEED 的数值应满足电动机在低速时驱动负载的能力，如果 SS_SPEED 的数值过小，电动机和负载在运动的开始和结束时可能摇摆或颤动。如果 SS_SPEED 的数值过大，电动机会在启动时丢失脉冲，并且负载在试图停止时会使电动机超速。通常，SS_SPEED 值是 MAX_SPEED 值的 5%~15%。

2）加速时间和减速时间

加速时间（ACCEL_TIME）：电动机从 SS_SPEED 加速到 MAX_SPEED 所需的时间。

减速时间（DECEL_TIME）：电动机从 MAX_SPEED 减速到 SS_SPEED 所需要的时间。

加速时间和减速时间的默认设置都是 1 000 ms。通常，电动机可在小于 1 000 ms 的时间内工作。设定这 2 个值时要以毫秒（ms）为单位。

注意：电动机的加速和减速时间要经过测试确定。开始时，应输入一个较大的值。逐渐减小这个值直至电动机开始减速，从而优化应用中的设置。

3）移动包络设置

移动包络是一个预先定义的移动描述，它包括一个或多个速度，影响从起点到终点的移动。移动包络由多段组成，每段包含一个达到目标速度的加速/减速过程和以目标速度匀速运行的一串固定数量的脉冲。

位控向导提供移动包络定义界面，应用程序所需的每一个移动包络均可在这里定义。PTO 支持最大 100 个移动包络。

定义移动包络的步骤如下：①选择操作模式；②为移动包络的各步定义指标；③为移动包络定义一个符号名。

（1）选择移动包络的操作模式。

PTO 支持相对位置和单一速度的连续转动，相对位置模式指的是运动的终点位置是从起点侧开始计算的脉冲数量。单速连续转动则不需要提供终点位置，PTO 一直持续输出脉冲，直至有其他命令发出（例如，到达原点要求停发脉冲）。

（2）移动包络中的步。

步是工件运动的一个固定距离，包括加速和减速时间内的距离。PTO 的每一移动包络最大允许 29 个步。每一步包括目标速度和结束位置或脉冲数目等几个指标。注意：一步包络只有一个常速段，两步包络有两个常速段，依此类推。步的数目与包络中常速段的数目一致。

6. 任务实施

移动包络组态完成后，位控向导会为所选的配置生成 4 个项目组件（子程序），分别是：PTOx_CTRL 子程序（控制）、PTOx_RUN 子程序（运行包络）、PTOx_LDPOS（装载）和 PTOx_MAN 子程序（手动模式）子程序。

1）PTOx_CTRL 子程序

该子程序（控制）启用和初始化 PTO。它在用户程序中只使用一次，并且确定在每次扫描时被执行，即始终使用 SM0.0 作为 EN 的输入。

（1）输入参数。

I_STOP（立即停止）输入（BOOL 型）：当此输入为低时，PTO 功能会正常工作；当此输入变为高时，PTO 立即终止脉冲的发出。

D_STOP（减速停止）输入（BOOL 型）：当此输入为低时，PTO 功能会正常工作；当此输入变为高时，PTO 会产生将电动机减速至停止的脉冲串。

（2）输出参数。

Done（完成）输出（BOOL 型）：当"完成"位被设置为高时，它表明上一个指令也已执行。

Error（错误）参数（BYTE 型）：包含本子程序的结果。当"完成"位为高时，错误（字节）会存储无错误或有错误代码，即 VB500 中的数据（无错误为 0，如有错误即错误代码）。

C_Pos（DWORD 型）：如果 PTO 的高速计数器功能已启用，则此参数包含以脉冲数表示的当前位置；否则，当前位置将一直为 0。

2）PTOx_RUN 子程序（运行包络）

该子程序命令 PLC 执行存储于配置/包络表的指定包络操作。

（1）输入参数。

EN 位：子程序的使能位。在"完成"位发出子程序执行已经完成的信号前，应使 EN 位保持开启。

START（BOOL 型）：包络执行的启动信号。对于在 START 参数已开启，且 PTO 当前不活动时的每次扫描，此子程序会激活 PTO。为了确保仅发送一个命令，一般用上升沿以脉冲方式开启 START 参数。

Abort（终止）命令（BOOL 型）：命令为 ON 时，位控模块停止当前包络，并减速至电动机停止。

Profile（包络）（BYTE 型）：输入为此移动包络指定的编号或符号名。

（2）输出参数。

Done（完成）（BOOL 型）：本子程序执行完成时，输出 ON。

Error（错误）（BYTE 型）：输出本子程序执行结果的错误信息。无错误时输出 0。

C_Profile（BYTE 型）：输出位控模块当前执行的包络。

C_Step（BYTE 型）：输出目前正在执行的包络步骤。

C_Pos（DINT 型）：如果 PTO 的高速计数器功能已启用，则此参数包含以脉冲数作为模块的当前位置；否则，当前位置将一直为 0。

3）PTOx LDPOS 指令（装载位置）

该子程序改变 PTO 脉冲计数器的当前位置值为一个新值。可用该指令为任何一个运动命令建立一个新的零位置。

（1）输入参数。

EN 位：子程序的使能位。在"完成"位发出子程序执行已经完成的信号前，应使 EN 位保持开启。

START（BOOL 型）：装载启动。接通此参数，以装载一个新的位置值到 PTO 脉冲计数器。在每一循环周期，只要 START 参数接通且 PTO 当前不忙，该指令就装载一个新的位置给 PTO 脉冲计数器。若要保证该命令只发一次，使用边沿检测指令即可。

New_Pos（DINT 型）：输入一个新的值替代 C_Pos 报告的当前位置值。位置值用脉冲数表示。

（2）输出参数。

Done（完成）（BOOL 型）：模块完成该指令时，参数 Done 输出 ON。

Error（错误）（BYTE 型）：输出本子程序执行结果的错误信息。无错误时输出 0。

C_Pos（DINT 型）：此参数包含以脉冲数作为模块的当前位置。

4）PTOx_MAN 子程序（手动模式）

将 PTO 置于手动模式。执行这一子程序允许电动机启动、停止和按不同的速度运行，但当 PTOx_MAN 子程序已启用时，除 PTO$_X$ – CTRL 外，任何其他 PTO 子程序都无法执行。

RUN（运行/停止）：命令 PTO 加速至指定速度（Speed 参数），从而允许在电动机运行中更改 Speed 参数的数值。停用 RUN 参数，PTO 减速至电动机停止。

当 RUN 已启用时，Speed 参数确定速度。速度是一个用每秒脉冲数计算的 DINT（双整数）值。可以在电动机运行中更改此参数。

Error（错误）：输出本子程序的执行结果的错误信息。无错误时输出 0。

如果 PTO 的高速计数器功能已启用，则 C_Pos 参数包含用脉冲数目表示的模块；否则，此数值始终为 0。

由上述 4 个子程序的梯形图可以看出，为了调用这些子程序。编程时应预置一个数据存储区，用于存储子程序执行时间参数，存储区所存储的信息可根据程序的需要调用。

7. 任务评价

任务评价见表 2 – 9。

表 2 – 9　任务评价

评分内容	配分	评分标准		分值	自评	他评
PLC 对步进电动机的控制	80 分	查找任务相关知识	查找任务相关知识，该任务知识能力掌握度达到 60% 扣 5 分，达到 80% 扣 2 分，达到 90% 扣 1 分	20 分		
PLC 对步进电动机的控制	80 分	确定方案编写计划	1. 制定整体设计方案，在实施过程中修改一次扣 2 分 2. 制定实施方法，在实施过程中修改一次扣 2 分	20 分		
		记录实施过程步骤	在实施过程中，步骤记录不完整度达到 10% 扣 2 分，达到 20% 扣 3 分，达到 40% 扣 3 分	20 分		
		检查评价	1. 自我评述完成情况 2. 检查资料收集整理情况	20 分		
职业素养	20 分	团队协调与合作		10 分		
		用专业语言正确流利地简述任务成果		10 分		
综合				100 分		
完成用时						

任务 2.3　PLC 与触摸屏的组合应用

1. 任务引入

PLC 指的是可编程控制器,它借助数字运算的作用开展相关系统操作。其中编程存储器在 PLC 中占据着十分重要的地位,它凭借自身在内部程序存储、算术操作、逻辑运行、顺序控制等方面的作用,有效保障电子设备的运行,满足其各方面的运行需求。在技术革新的时代背景下,PLC 不仅具有良好的逻辑控制功能,同时在计算机集成制造系统、工业自动化控制等领域也发挥着极为重要的作用,应用范围十分广泛。西门子 PLC 控制系统如图 2-17 所示。

图 2-17　西门子 PLC 控制系统

触摸屏又称为触控面板,是目前最新颖的计算机数字信息输入设备,它通过接收触头发出的输入信号来实现更为便捷、简单的人机交互功能。它能在预先数据编程的作用下实现对各种连接装置的有效驱动,并在液晶显示器的作用下展现生动的影音画面。触摸屏为人们提供了一种极具多媒体吸引力的人机交互界面,代替传统的机械按钮面板,使人们可以实现有效的信息查询、多媒体教学、工业控制等。

2. 任务目标

1)知识目标

(1)了解 PLC 和触摸屏组合控制系统的构成。

(2)掌握 PLC 和触摸屏组合控制系统的应用。

2)技能目标

通过实验能够学会 PLC 和触摸屏组合应用的技能。

3)素养目标

鼓励学生掌握技能,培养学生奋发向上的积极心态。

3. 任务分析

在实际操作中,将 PLC 与触摸屏进行组合,能极大地实现 PLC 功能的扩展,并在触摸屏的作用下减少按钮、开关的使用,提高系统操作的灵活度与可视化程度,满足人们多样化的系统操作需求。PLC 与触摸屏组合控制系统主要通过 PLC 与触摸屏的有效组合可以实现对电动机、电动阀、温度控制器、电磁阀的有效控制，并在传感器的支持下采集信号，触摸屏根据信号获取相关信息，显示现场温度和压力数值。

这里采用的系统为 S7-200 PLC 与 Wincc 摸屏组成的系统。S7-200 PLC 在压力传感器以及模拟输入量温度模块的作用下，实现对系统压力、温度信号的有效采集，并借助本身的信号转换功能进行 A/D 转换，将相关变换数值传送到触摸屏。届时触摸屏会通过对接收信号的分析，显示现场的具体温度、压力数值，并展示 PID、温度、压力曲线。在这个过程中，还可以通过触摸屏对 PID 参数进行设置，PLC 通过接收触摸屏发送的指令内容，在存储器的作用下进行相关命令的执行，由此实现对系统现场执行机构的有效控制。此外，PLC 与触摸屏各自的接口不同，在系统的构建中，还需要在二者之间添加接口转换线。

4. 相关知识

1) PLC 和触摸屏组合控制系统的应用

PLC 和触摸屏组合控制系统是一种应用较为便捷且操作简单的操作系统。基于系统本身强大的人机交互性能，计算机与用户能实现有效沟通。这使 PLC 和触摸屏组合控制系统在银行、工业控制、电信系统、军事指挥、多媒体教学等领域中都有广泛的应用前景，并根据行业需求起到数据传输、自由通信、触摸控制等作用。

（1）触摸屏数据传输。

触摸屏串口数据帧结构主要由帧头数据、数据模块、指令数据、帧尾数据构成。其中帧尾结束符主要为十六进制数，触摸屏所有数据以及指令则都为十六进制格式并采用 2 字节形式，字节之间采取高字节先传送的顺序。传送方向主要分为下行和上行两种。在下行传送的情况下，数据由 PLC 传输给触摸屏，并在触摸屏串行接口输入；在上行传送的情况下，数据由触摸屏传输给 PLC，并在触摸屏串行接口的另一位置输出。

（2）触摸屏触控对策。

触摸屏控制在 PLC 和触摸屏组合控制系统的应用中是极为关键的，必须在确保触摸控制可靠性、灵活性的基础上，满足用户的多样化操作需求。当用户触动触摸屏按钮时，触摸屏会给 PLC 发送按钮位置坐标，PLC 收到数据后判断按钮位置坐标是否正确。若数据正确，则 PLC 继续执行后续命令，并对实时参数显示、曲线显示、电磁阀、电动阀等实施指令控制。

2) PLC 和触摸屏组合控制系统应用中应注意的问题

虽然 PLC 和触摸屏组合控制系统的构建与应用对实现人机交互、增强机器操作的便捷性等都有极为重要的促进作用，但受各方面现实因素的影响和限制，PLC 和触摸屏组合控制系统在应用过程中仍存在一些不完善之处，有待进一步的改善。为此，结合目前该系统应用的现实情况，在其应用过程中应注意以下问题。

（1）注重外部环境产生的物理影响。

虽然 PLC 程序本身有着较为良好的抗干扰性，但难以摆脱恶劣环境对其造成的不良物理影响。外部环境对 PLC 所造成的物理影响主要包括以下方面。

①温度。

一般来讲 PLC 运行的最佳温度为 0~55 ℃，一旦超过这个温度范围就会对 PLC 程序运行以及准确性造成不良的影响。在现实中，基于 PLC 程序运行的需要，PLC 周围往往需要放置许多电子设备，这些电子设备具有较高的发热功率，导致 PLC 运行空间温度过高。在实际的工作中，需要对 PLC 运行环境的散热情况予以高度的重视，注重室内通风，通过增设空调等一系列办法来确保室内温度适宜。

②湿度。

PLC 的绝缘性能情况对其质量产生最为直接的影响，而绝缘性能受到室内空气湿度的影响。需要使室内空气湿度保持在 85% 以下，以确保 PLC 的绝缘性能。

（2）触摸屏出现故障。

除了受到外部环境的影响外，PLC 和触摸屏组合控制系统在应用过程中也会面临系统本身故障所导致的一系列问题。以触摸屏故障为例，无论是其在运行过程中无反应还是出现偏差，都将对系统的应用产生极大的阻碍作用。无反应故障较为常见，其诱因多是触摸屏灵活性较差、与计算机主机断接、连接信号弱等。具体的判断依据为触摸屏指示灯闪烁，若存在触摸屏指示灯异常闪烁的情况，就需要对计算机主机串口、触摸屏清洁情况等依次进行检查。触摸屏偏差故障往往是由于其长久积尘导致触摸迟钝。在日常工作中，只需定期做好触摸屏以及 PLC 的清洁工作即可有效避免这一故障的产生。需要注意，在清洁之前一定要切断电源，以避免联电事故的发生。

3）PLC 和触摸屏在实践教学中的组合应用

随着工业控制技术的发展，很多工业控制设备（PLC、变频器、直流调速器等）都具备串口通信的能力，从而解决了 PLC 等设备的人机交互问题，使触摸屏这种主流人机交互设备广泛应用于工业控制。

5. 任务准备

将触摸屏技术应用于 PLC 实验教学，通过 PLC 与触摸屏的通信，在触摸屏上可以直观地显示 PLC 程序运行的结果。这一方面可以解决 PLC 实验的难题，另一方面可以使学生多学习触摸屏知识，了解实际的工业生产知识，学会综合应用知识，有利于培养学生分析问题、解决问题的能力。

6. 任务实施

1）十字路口交通信号灯仿真实验

在正常情况下，信号灯系统开始工作时，先南北方向红灯亮 30 s，东西方向绿灯亮 25 s，闪烁 3 s（1 s 内，通 0.5 s，断 0.5 s），然后东西方向黄灯亮 2 s，30 s 后东西方向红灯亮，南北方向绿灯亮，黄灯闪烁，即周期为 60 s。南北和东西采取对称接法（有些路口根据流量的不同采取非对称接法，即同一方向的通行时间和停止时间不对称）。南北方向出现紧急情况时，南北方向绿灯常亮，而东西方向红灯常亮。东西方向出现紧急情况时，东西方向绿灯常亮，而南北方向红灯常亮。

2）行李传送带的 PLC 控制实验

行李传送带的 PLC 控制实验主要模拟机场的行李装卸传送带。在起始位置（货物在地面）按启动按钮，行李慢速上升，到顶端（机舱门）碰到限位开关 1，停止 10 s，卸下行李，然后快速下降，至限位开关 3 处变为慢速，下降至最低点（地面）碰到限位开关 SQ2，停止 20 s，装载货物，再慢速上升，以上过程循环往复。要求无论正反向运行都能进行手动启停操作。

3）锅炉水位的 PLC 控制实验

当锅炉水位低于低水位界时，液面传感器的开关 S3 接通，电磁阀 Y 打开，锅炉进水；

当锅炉水位高于低水位界时，液面传感器的开关 S3 断开。当水位升高到高于高水位界时，液面传感器的开关 S4 接通，电磁阀 Y 关闭，停止进水。

如果锅炉水位低于低水位界，液面传感器的开关 S2 接通，此时电动机不会启动；如果锅炉中水不满，启动电动机低速运行（慢速抽水）；如果锅炉中水满，启动电动机先高速运行 5 s（快速抽水），再转为低速运行（慢速抽水）；锅炉水位上升到高于高水位界时，液面传感器的开关 S1 接通，电动机停止。

4）升降机的 PLC 控制实验

在地面按启动按钮，正转启动，低速上升；至上限开关处，由低速转为高速，再上升 5 s 后高速下降；最后至地面，再低速上升，以上过程循环往复。要求无论正反向运行都能进行手动启停操作。

PLC 与触摸屏组合控制系统的出现是技术革新的结果，二者的结合能在有效发挥二者优势的基础上，实现控制系统功能、作用的增强，为控制系统在社会生活以及生产中的广泛应用打下坚实的基础。在未来的工作中，要加大对 PLC 和触摸屏组合控制系统的研究力度，在不断的尝试和实验中，总结更多应用经验和教训，并将应用情况直接反馈给技术研究人员，实现 PLC 和触摸屏组合控制系统功能的不断完善。PLC 与触摸屏组合控制系统的应用是一个较大的研究体系，由于个人能力有限，本任务只对其中几个主要的方面进行探讨。

7. 任务评价

任务评价见表 2-10。

表 2-10　任务评价

评分内容	配分	评分标准		分值	自评	他评
PLC 与触摸屏的组合应用	80 分	查找任务相关知识	查找任务相关知识，该任务知识能力掌握度达到 60% 扣 5 分，达到 80% 扣 2 分，达到 90% 扣 1 分	20 分		
		确定方案编写计划	1. 制定整体设计方案，在实施过程中修改一次扣 2 分。2. 制定实施方法，在实施过程中修改一次扣 2 分	20 分		
		记录实施过程步骤	在实施过程中，步骤记录不完整度达到 10% 扣 2 分，达到 20% 扣 3 分，达到 40% 扣 3 分	20 分		
		检查评价	1. 自我评述完成情况。2. 检查资料收集整理情况	20 分		
职业素养	20 分	团队协调与合作		10 分		
		用专业语言正确流利地简述任务成果		10 分		
综合				100 分		
完成用时						

任务 2.4　工业机器人技术

1. 任务引入

工业机器人是机器人家族中的重要一员，也是目前技术发展最成熟、应用最广泛的一类机器人。世界各国对工业机器人的定义不尽相同。

美国工业机器人协会（RIA）的定义：工业机器人是用来搬运物料、部件、工具或专门装置的可重复编程的多功能操作机器，并可通过改变程序的方法完成各种不同的任务。

日本工业机器人协会（JIRA）的定义：工业机器人是一种装备有记忆装置和末端执行器的能够完成各种移动并代替人类劳动的通用机器。

德国工程师协会（VDI）的定义：工业机器人是具有多自由度的能进行各种动作的自动机器，它的动作是可以顺序控制的。轴的关节角度或轨迹可以不靠机械调节，而由程序或传感器进行控制。工业机器人具有执行器、工具及制造用的辅助工具，可以完成材料搬运和制造等操作。

国际标准化组织（ISO）的定义：工业机器人是一种能自动控制，可重复编程，多功能、多自由度的操作机器，它能搬运材料、工件或操持工具，完成各种作业。

目前国际上大都遵循 ISO 的定义。

国际上第一台工业机器人产品诞生于 20 世纪 60 年代，当时其作业能力仅限于上、下料这类简单的工作。此后工业机器人进入了一个缓慢的发展期。直到 20 世纪 80 年代，工业机器人产业才得到了巨大的发展。

进入 20 世纪 90 年代以后，装配机器人和柔性装配技术得到了广泛的应用，并进入快速发展时期。现在工业机器人已发展成为一个庞大的家族，并与数控、可编程控制器一起成为工业自动化的三大技术支柱和基本手段，广泛应用于制造业的各个领域。

2. 任务目标

1）知识目标

（1）了解工业机器人的基本组成和技术参数。

（2）掌握工业机器人的运动轴及坐标系。

2）技能目标

能够使用工业机器人示教器进行简单的编程。

3）素养目标

培养学生注重细节、精益求精的工作作风。

3. 任务分析

一台完整的工业机器人由以下几个部分组成：工业机器人本体、驱动系统、控制系统以及可更换的末端执行器，如图 2-18 所示。

1）工业机器人本体

工业机器人本体是工业机器人的机械主体，是用来完成各种作业的执行机械。它因作业任务不同而有各种结构形式和尺寸。工业机器人的"柔性"除体现在其控制装置可重复编程外，还和其操作机的结构形式有很大关系。工业机器人普遍采用的关节型结构，具有类似人体腰、肩和腕等的仿生结构。

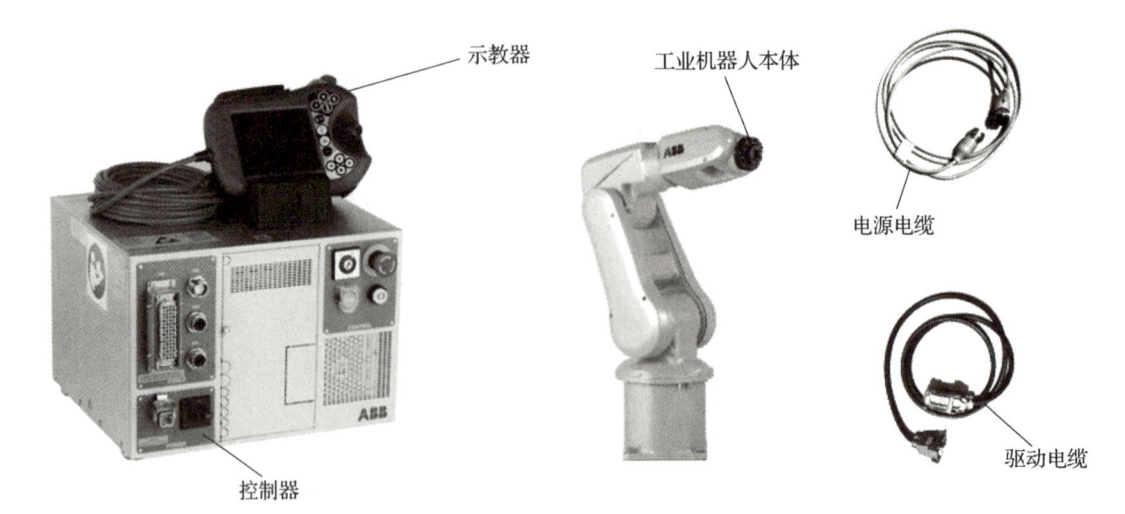

图 2-18　工业机器人的基本组成

2）驱动系统

工业机器人的驱动系统是指驱动操作机运动部件动作的装置，也就是工业机器人的动力装置。工业机器人使用的动力源有压缩空气、压力油和电能。相应的动力驱动装置就是气缸、油缸和电动机。这些动力装置大多安装在操作机的运动部件上，所以要求其结构小巧紧凑、质量小、惯性小、工作平稳。

3）控制系统

控制系统是工业机器人的"大脑"，它通过各种控制电路硬件和软件的结合来操纵工业机器人，并协调工业机器人与生产系统中其他设备的关系。普通机器设备的控制装置多注重其自身动作的控制，而工业机器人的控制系统还要注意建立自身与作业对象之间的控制联系。一个完整的控制系统除了作业控制器和运动控制器外，还包括控制驱动系统的伺服控制器以及检测工业机器人自身状态的传感器反馈部分。现代工业机器人的电子控制装置由PLC、数控控制器或计算机构成。控制系统是决定工业机器人功能和水平的关键部分，也是工业机器人系统中更新和发展最快的部分。

4）末端执行器

工业机器人的末端执行器是指连接在操作机腕部的直接用于作业的机构，它可能是用于抓取、搬运的手部（爪），也可能是用于喷漆的喷枪，用于焊接的焊枪、焊钳，或用于打磨砂轮以及用于检测的测量工具等。工业机器人操作机腕部有用于连接各种末端执行器的机械接口，可按作业内容选择不同的手爪或工具装在其上，这进一步扩大了工业机器人的作业空间。

4. 相关知识

1）工业机器人的技术参数

（1）自由度。

自由度是指工业机器人所具有的独立运动坐标轴的数目，不包括末端执行器的开合自由度。在完成某一特定作业时具有多余自由度的工业机器人，称为冗余自由度工业机器人，亦可简称冗余度机器人。

(2) 定位精度和重复定位精度。

工业机器人的工作精度主要指定位精度和重复定位精度。定位精度也称为绝对精度,是指工业机器人末端执行器实际到达位置与目标位置之间的差异。重复定位精度(或简称重复精度)是指工业机器人重复定位其末端执行器于同一目标位置的能力,可以用标准偏差来表示,它用于衡量一列误差值的密集度,即重复度。

工业机器人具有绝对精度低、重复精度高的特点。一般而言,工业机器人的绝对精度要比重复精度低1~2个数量级,造成这种情况的原因主要是控制系统根据工业机器人的运动学模型来确定末端执行器的位置,而这个理论上的模型与实际工业机器人的物理模型存在一定误差。大多数商品化工业机器人都是以示教再现的方式工作,这是因为重复精度高,示教再现方式可以使工业机器人很好地工作。而对于采用其他编程方式(如离线编程方式)的工业机器人来说,绝对精度就成为其关键指标。

(3) 工作空间。

工作空间是指工业机器人操作机的手臂末端或手腕中心所能到达的所有点的集合,也称为工作区域、工作范围。因为末端执行器的形状和尺寸是多种多样的,所以为了真实反映工业机器人的特征参数,工作空间是指不安装末端执行器时的工作区域。工作空间的形状和大小是十分重要的,工业机器人在执行某种作业时可能由于存在末端执行器不能到达的作业死区而不能完成任务。

(4) 最大工作速度。

对于最大工作速度,有的厂家指主要自由度上最大的稳定速度,有的厂家指操作机手臂末端最大的合成速度,通常都在技术参数中加以说明。很明显,工作速度越大,工作效率越高。但是,工作速度越大就要花费越多的时间去升速或降速,或者对工业机器人最大加速度的要求越高。

(5) 承载能力。

承载能力是指工业机器人在工作空间内的任何位姿上所能承受的最大重量。承载能力不仅取决于负载的重量,还与工业机器人运动的速度和加速度的大小和方向有关。为了安全起见,承载能力这一技术指标是指高速运行时的承载能力。通常,承载能力不仅指负载的重量,还包括了工业机器人末端执行器的重量。

2) 工业机器人的分类

(1) 按作业用途分类。

根据具体的作业用途,工业机器人可分为点焊机器人、搬运机器人、喷漆机器人、涂胶机器人以及装配机器人等。

(2) 按操作机运动部件的运动坐标分类。

按操作机运动部件的运动坐标,工业机器人可分为直角坐标式机器人、极(球)坐标式机器人、圆柱坐标式机器人和关节式机器人。另外,还有少数复杂的工业机器人是采用以上方式组合的组合式机器人。

(3) 按工业机器人的承载能力和工作空间分类。

按照这种分类方法,工业机器人分以下几种。

①大型工业机器人——承载能力为1000~10 000 N,工作空间为10 m^3 以上。

②中型工业机器人——承载能力为100~1 000 N,工作空间为1~10 m^3。

③小型工业机器人——承载能力为1～100 N，工作空间为0.1～1 m³。

④超小型工业机器人——承载能力小于1 N，工作空间小于0.1 m³。

（4）按工业机器人的自由度数目分类。

操作机各运动部件的独立运动只有两种形态：直线运动和旋转运动。工业机器人腕部的任何复杂运动都可由这两种运动合成。工业机器人的自由度数目一般为2～7，简易型的为2～4，复杂型的为5～7。自由度数目越大，工业机器人的柔性越大，但结构和控制也越复杂。

（5）按工业机器人控制系统的编程方式分类。

①直接示教工业机器人——工作人员手把手示教或用示教器示教。

②离线示教（或离线编程）工业机器人——不对实际作业的工业机器人直接示教，而是脱离实际作业环境生成示教数据，间接地对工业机器人进行示教。

（6）按工业机器人控制系统的控制方式分类。

①点位控制工业机器人——只控制到达某些指定点的位置精度，而不控制其运动过程。

②连续轨迹控制工业机器人——对运动过程的全部轨迹进行控制。

（7）按工业机器人控制系统的驱动方式分类。

按这种分类方法，工业机器人可分为气动工业机器人、液压工业机器人和电动工业机器人。

（8）其他分类。

在工业机器人发展史上，还有一种按其发展阶段进行分类的方式。

①第一代工业机器人——不具备传感器反馈信息的工业机器人，如固定程序的机械手或主从式操作机。从严格意义上讲，这类设备不是工业机器人而是机械手。

②第二代工业机器人——具有传感器反馈信息的可编程的示教再现式工业机器人。这种工业机器人目前在工业应用中占统治地位。

③第三代工业机器人——智能工业机器人。它除装有内部传感器外，还装有各种检测外部环境的传感器，使工业机器人可识别、判断外部条件，对自身的动作做出规划，合理高效地完成作业。

3）工业机器人的应用

工业机器人主要应用在以下三个方面。

（1）恶劣、危险的工作场合。

这个领域的作业一般有害健康甚至危及生命或不安全因素很多而不适合人工操作，用工业机器人去完成是最适宜的。比如核电站蒸汽发生器检测机器人，可在有核污染的环境下代替人进行作业。又如，爬壁机器人特别适合超高层建筑外墙的喷涂、检查、修理工作。

（2）特殊作业场合。

这个领域对人来说是力所不及的，只有工业机器人才能进行作业。如航天飞机上用来回收卫星的操作臂可在狭小容器内（人和一般设备是无法进入的）进行检查、维护和修理作业（具有7个自由度的机械臂）。尤其是微米级电动机、减速器、执行器等机械装置及显微传感器组装的微型机器人的出现，更拓宽了工业机器人特殊作业场合的工作范围。

（3）自动化生产领域。

早期工业机器人在生产上主要用于机床上/下料、点焊和喷漆作业。随着柔性自动化技术的出现，工业机器人扮演了更重要的角色，如焊接机器人，搬运机器人，检测机器人，装配机器人，喷漆和喷涂机器人以及其他用于诸如密封和黏合、清砂和抛光、熔模铸造和压铸、锻造等作业的工业机器人。

综上所述，工业机器人的应用给人类带来了许多好处，如减少劳动力费用、提高生产效率、改进产品质量、增大制造过程的柔性、减少材料浪费、控制和加快库存的周转、降低生产成本、消除危险和恶劣的劳动岗位等。

我国工业机器人的应用前景十分广阔，只有开发符合我国国情的工业机器人，才能推动和加快我国工业机器人的发展和应用。

4）工业机器人本体

工业机器人的结构类型繁多，关节型工业机器人在相同的几何参数和运动参数条件下具有较大的工作空间，因此是商用工业机器人的优选形式。下面以新时达公司的工业机器人为例进行介绍。

工业机器人本体是用来完成各种作业的执行机构，类似人的手臂。它主要由机械臂、驱动装置、传动单元及内部传感器等部分组成。由于工业机器人需要实现快速而频繁的启停、精确的到位和运动，所以必须采用位置传感器、速度传感器等检测元件实现位置、速度和加速度闭环控制。为了适应不同的用途，工业机器人本体最后一个轴的机械接口通常为一个连接法兰，用以装接不同的末端执行器，如夹紧爪、吸盘、焊枪等。

新时达公司的 SD 系列、SA 系列、SR 系列工业机器人是六关节串联型工业机器人，SP 系列工业机器人是四关节串联型工业机器人。六关节串联型工业机器人由 6 根旋转轴组成。

新时达公司的 SA1400 工业机器人本体中，底座是基础部分，起支撑作用。整个执行机构和驱动装置都安装在底座上。对于固定式工业机器人，底座直接连接在地面上；对于移动式工业机器人，底座则安装在移动机构（如导轨、滑台）上。

旋转座是工业机器人的腰部，是手臂的支撑部分。根据坐标系的不同，旋转座可以在底座上转动。

欧大臂是连接机身和手腕的部分，由动力关节和连接杆件构成。它是执行机构中的主要运动部件，也称为主轴，主要用于改变手腕和末端执行器的空间位置。

手腕是连接末端执行器和手臂的部分，主要用于改变末端执行器的空间姿态。

5）工业机器人的运动轴及坐标系

（1）工业机器人运动轴。

工业机器人在生产应用中，除了本身的性能特点要满足作业要求外，一般还需要配置相应的外围设备，如工件的工装夹具，转动工件的回转台、翻转台，移动工件的移动台等。这些外围设备的运动和位置控制都要与工业机器人配合，并具有相应的精度。通常工业机器人运动轴可以分为机器人轴、基座轴和工装轴。基座轴和工装轴统称为外部轴。机器人轴是工业机器人操作机的轴，属于工业机器人本体；基座轴是使工业机器人移动的轴的总称，主要指行走轴（移动滑台或导轨）；工装轴是除机器人轴、基座轴之外的轴的总称，指使工件、工装夹具翻转和回转的轴，如回转台、翻转台等。

STEP 六轴工业机器人有 6 个可活动的关节，分别定义为 A1、A2、A3、A4、A5、A6。其中 A1、A2、A3 用于保证末端执行器末端点到达工作空间中的任意位置，A4、A5、A6 用于实现工具末端点的任意空间姿态。

(2) TCP。

TCP（Tool Centre Point）为工业机器人系统的控制点，出厂时默认位于法兰的中心。安装末端执行器后，TCP 将发生变化。为了实现精确的运动控制，在更换末端执行器或者末端执行器碰撞时，都需要重新进行末端执行器示教。

(3) 关节坐标系。

工业机器人的运动实质是根据不同的作业内容、轨迹的要求，在各种坐标系下的运动，即对工业机器人进行示教或者手动操作时，其运动方式是在不同的坐标系下进行的。因此，在工业机器人系统中，可使用关节坐标系、世界坐标系、基坐标系、工具坐标系、工件坐标系。而世界坐标系、基坐标系、工具坐标系、工件坐标系都属于笛卡儿坐标系。

①世界坐标系。

世界坐标系是工业机器人示教与编程中经常使用的坐标系。工业机器人如果固定在地面上，则世界坐标系的原点是底座的中心点，向前为 X 轴正向，向上为 Z 轴正向，Y 轴正向按照右手定则确定。不管工业机器人在什么位置，TCP 均可沿着设定的 X 轴、Y 轴、Z 轴平行移动和绕着 X 轴、Y 轴、Z 轴旋转。

②基坐标系。

基坐标系以工业机器人底座中心为原点，向前为 X 轴正向，向上为 Z 轴正向，Y 轴正向按照右手定则确定。当工业机器人固定在地面上不动时，规定基坐标系与世界坐标系是重合的。

③工具坐标系。

工具坐标系的原点定义为 TCP，X 轴、Y 轴、Z 轴由用户自己定义，在示教器上进行工具示教可确认。由于工具装在法兰上，所以随着工业机器人 6 个轴的移动，工具坐标系是时刻在变化的。

④用户自定义坐标系。

为了作业方便，用户可自行定义坐标系，如工作台坐标系和工件坐标系，且可以根据需要定义多个坐标系。当工业机器人配备多个工作台时，选择用户自定义坐标系可使操作更为简单。在用户自定义坐标系下，TCP 将沿着用户自定义的坐标轴方向运动。

综上所述，可得出以下结论。

第一，不同工业机器人的坐标系的功能是等同的，即工业机器人在关节坐标系下完成的动作同样可以在笛卡儿坐标系下完成。

第二，工业机器人在关节坐标系下的动作是单轴运动，而在笛卡儿坐标系下是多轴联动的。

第三，定点时被工业机器人记录下来的过程称为示教。

(4) 工业机器人示教器的简单编程。

①变量分为系统变量、全局变量、工程变量、程序变量。

②系统变量是不能编辑的，目前有两个系统变量：WORLD 和 ROBOTBASE。

③全局变量是可以被所有工程的所有程序调用的变量。

④工程变量是可以被某工程下的所有程序调用的变量。

⑤程序变量是可以被某工程下某程序调用的变量。

6）工业机器人工作站

工业机器人工作站是指使用一台或多台工业机器人，配以相应的周边设备，用于完成某一特定工序作业的独立生产系统，也可称为工业机器人工作单元。它主要由工业机器人及其控制系统、辅助设备以及其他周边设备构成。在这种构成中，工业机器人及其控制系统应尽量选用标准装置，对于个别特殊的场合，需要设计专用工业机器人（如冶金行业的热钢坯的搬运机器人）。末端执行器等辅助设备以及其他周边设备则因应用场合和工件特点的不同而存在较大差异，这里只阐述一般的工业机器人工作站的构成和设计原则，并结合实例加以简要说明。

（1）工业机器人工作站的构成。

工业机器人工作站的特点在于人工装卸工件的时间小于工业机器人焊接工件的时间，可以充分地利用工业机器人，生产效率高；操作者远离工业机器人工作空间，安全性好；采用转台交换工件，整个工作站占用面积相对较小，整体布局也利于工件的物流。

在一般情况下，工业机器人工作站由以下几个部分构成。

①工业机器人。

工业机器人是工业机器人工作站的组成核心，应尽可能选用标准工业机器人，其控制系统根据随工业机器人型号确定。若有某些特殊要求，如希望再提供几套外部联动控制的控制单元、视觉系统、传感器等，可以单独提出，由工业机器人生产厂家提供配套装置。

②末端执行器。

末端执行器也称为工具，是工业机器人的主要辅助设备，也是工业机器人工作站的重要组成部分。同一台工业机器人安装不同的末端执行器，可完成不同的作业，用于不同的生产场合。在多数情况下，末端执行器需要专门设计，它与工业机器人的机型、总体布局、工作顺序都有直接关系。

③夹具和变位机。

夹具和变位机是固定作业对象并改变其相对于工业机器人的位置和姿态的设备，它可在工业机器人规定的工作空间和灵活度条件下进行高质量作业。

④底座。

工业机器人必须牢固地安装在底座上，因此底座必须具有足够的刚度。对不同的作业对象，底座可以是标准正立支撑座、侧支座或倒挂支座。有时为了扩大工业机器人的工作空间，底座往往设计成移动式。

⑤配套及安全装置。

配套及安全装置是工业机器人及其辅助设备的外围设备及配件。它们各自相对独立，且比较分散，但每一部分都是不可缺少的。配套及安全装置包括配套设备、电气控制柜、操作箱、安全保护装置和走线走管保护装置等。例如，弧焊机器人工作站中的焊接电源、焊枪和送丝机构是一套独立的配套设备，安全栅以及操作区的对射型光电管等起安全保护作用。

⑥动力源。

工业机器人的周边设备多采用气体或液体作为动力，因此，常需配置气压站或液压站以及相应的管线、阀门等装置。

⑦作业对象的储运设备。

作业对象常需在工业机器人工作站中暂存、供料、移动或翻转，因此工业机器人工作站也常配置装置台、供料器、移动小车或翻转台架等设备。

⑧检查、监视和控制系统。

检查和监视系统对于某些工业机器人工作站来说是非常必要的，特别是用于生产线的工业机器人工作站。工业机器人工作站多是一个自动化程度相当高的工作单元，有自己的控制系统。目前工业机器人工作站的控制系统多使用 PLC 系统，该系统既能管理本站有序地正常工作，又能和上级管理计算机相连，向它提供各种信息，比如产品件数等。

（2）工业机器人工作站的一般设计原则。

由于工业机器人工作站的设计是一项灵活多变、关联因素较多的技术工作，所以这里将共同因素抽取出来，得出一些一般的设计原则。以下归纳的 10 条设计原则，共同体现了工业机器人工作站用户的多方面需要。

①设计前必须充分分析作业对象，拟定最合理的作业工艺。

②必须满足作业的功能要求和环境条件。

③必须满足生产节拍要求。

④整体及各组成部分必须全部满足安全规范及标准。

⑤各设备及控制系统应具有故障显示及报警装置。

⑥应便于维护、修理。

⑦操作系统应简单明了，便于操作和人工干预。

⑧操作系统应便于联网控制。

⑨应便于组线。

⑩应经济实惠，可快速投产。

（3）工业机器人工作站的作业对象及其技术要求。

对作业对象（工件）及其技术要求进行认真细致的分析，是工业机器人工作站设计的关键环节，它直接影响工业机器人工作站的总体布局，机器人型号的选定，末端执行器和变位机等的结构以及其他周边设备的型号等。一般来说，对工件对象及其技术要求的分析包括以下几个方面。

第一，工件的形状决定了末端执行器和夹具的结构及其定位基准。

第二，工件的尺寸及精度对工业机器人工作站的使用性能有很大的影响。

第三，当工件安装在夹具体上时，需要特别考虑工件的质量和夹紧时的受力状况。当工件需要由工业机器人搬运或抓取时，工件质量是选择工业机器人型号最直接的技术参数。

第四，工件的材料和强度对工业机器人工作站的动力形式、夹具的结构设计、末端执行器的结构以及其他辅助设备的选择都有直接的影响。

第五，工作环境也是工业机器人工作站设计中需要引起注意的一个方面。

第六，技术要求是用户对设计人员提出的技术期望，它是可行性研究和系统设计的主要依据。

（4）工业机器人工作站的功能要求。

工业机器人工作站的生产作业是由工业机器人连同它的末端执行器、夹具和变位机以及其他周边设备等共同完成的，其中起主导作用的是工业机器人，因此工业机器人工作站的功能要求在选择工业机器人时必须首先满足。选择工业机器人时，可从以下三个方面满足功能要求。

①确定工业机器人的持重能力。

工业机器人手腕所能抓取的重量是其重要性能指标。

②确定工业机器人的工作空间。

工业机器人手腕基点的动作范围就是工业机器人的名义工作空间,它是工业机器人的另一个重要性能指标。需要指出的是,末端执行器装在手腕上后,作业的实际工作点会改变。

③确定工业机器人的自由度。

工业机器人在持重和工作空间上满足工业机器人工作站的功能要求后,还要分析它是否可以满足作业的姿态要求。自由度越多,工业机器人的机械结构与控制就越复杂,因此在通常情况下,少自由度能完成的作业,就不要盲目选用更多自由度的工业机器人去完成。

总之,为了满足功能要求,选择工业机器人时必须从持重、工作空间、自由度等方面来分析,只有同时满足或增加辅助装置后满足,所选用的工业机器人才是可用的。工业机器人的选用也常受市场供应因素的影响,因此还需要考虑成本及可靠性等问题。

(5) 工业机器人工作站对生产节拍的要求。

生产节拍是指完成一个工件规定的处理作业内容所要求的时间,也就是用户规定的年产量对工业机器人工作站工作效率的要求。生产周期指工业机器人工作站完成一个工件规定的处理作业内容所需要的时间。

在总体设计阶段,首先要根据计划年产量计算出生产节拍,然后对具体工件进行分析,计算各个处理动作的时间,以确定工件的生产周期。将生产周期与生产节拍进行比较,当生产周期小于生产节拍时,说明该工业机器人工作站可以完成预定的生产任务;当生产周期大于生产节拍时,说明该工业机器人工作站不具备完成预定生产任务的能力,这时就需要重新研究该工业机器人工作站的总体设计构思。

7) 安全规范及标准

工业机器人工作站的主体设备——工业机器人,是一种特殊的机电一体化装置,它与其他设备的运行特性不同。工业机器人在工作时是以高速运动的形式掠过比其底座大很多的空间,其手臂各杆的运动形式和启动难以预料,有时会随作业类型和环境条件而改变。同时,在其关节驱动器通电的情况下,维修及编程人员有时需要进入工作空间,且工业机器人的工作空间常与其周边设备工作区重合,从而极易产生碰撞、夹挤或手爪松脱使工件飞出等危险,特别是在工业机器人工作站内多台工业机器人协同工作的情况下产生危险的可能性更大。因此在工业机器人工作站的设计中必须充分分析可能的危险情况,估计可能的事故风险,制定相应的安全规范和标准。

8) 工业机器人生产线

工业机器人生产线是由两个或两个以上的工业机器人工作站、物流系统和必要的非工业机器人工作站组成,用于完成一系列作业(以工业机器人作业为主)的连续生产自动化系统。

工业机器人生产线一般由以下几部分构成。

(1) 工业机器人工作站。

在工业机器人生产线中,工业机器人工作站是既相对独立,又与外界有着密切联系的部分。它在作业内容、周边装置、动力系统方面往往是独立的,但在控制系统、生产管理和物流等方面又与其他工作站以及上位管理计算机系统成为一体。

可见，工业机器人工作站与工业机器人生产线的联系就在于采用了各站工件同步移动的传送装置，使工件运动起来，不断地自动输入、送出工件。另外，工业机器人工作站中工业机器人及运动部件的工作状态必须经控制系统与上位管理计算机系统建立联系，从而使各站的工作协调起来。

（2）非工业机器人工作站。

在工业机器人生产线中，工业机器人工作站之外的其他工作站统称为非工业机器人工作站。它也是工业机器人生产线的一个重要组成部分，具体可分为3类：专用装置工作站、人工处理工作站和空设站。

①专用装置工作站。

在某些工件的作业工序中，有些作业不需要使用工业机器人，只需要使用专用装置就可以完成。由专用装置组成的工作站称为专用装置工作站。

②人工处理工作站。

在工业机器人生产线中，有些工序一时难以使用工业机器人完成，或使用工业机器人会花费很大的投资，而效果并不十分显著，这就产生了必不可少的人工处理工作站。目前的大多数工业机器人生产线上或多或少都设有人工处理工作站，尤其在汽车总装生产线上较为常见。

③空设站。

在工业机器人生产线上，有一些工作站上并没有具体的作业，工件只是经过此站，这种工作站起着承上启下的桥梁作用，把各工作站连接成一条"流动"的生产线，被称为空设站。空设站的设置，有时是为了满足生产线中各站之间一定的节距、相同生产节拍等要求，有时也起一定的其他方面的作用，如干燥工作站也是一种空设站，起干燥作用。

（3）工业机器人子生产线。

大规模生产企业的大型工业机器人生产线（如汽车的总装线）往往包含若干条小生产线，称为工业机器人子生产线。工业机器人子生产线是一个相对独立的系统，一条大规模的工业机器人生产线可看作由一条工业机器人主生产线和若干条工业机器人子生产线组成的。这些工业机器人子生产线和工业机器人主生产线在其输出端和输入端用某种方式建立起联系，形成树状结构。

（4）中转仓库。

根据生产的要求，某些工业机器人生产线需要存储各种零部件或成品。它们有的是外线转来的零部件，由操作者或无人搬运车存入库内。作为工业机器生产线和工业机器子生产线的源头，或作为工业机器工作站的散件库，或在工业机器生产线的作业过程中起暂放、中转作用，或用于将工业机器生产线的成品分类入库的所有用于存储的装置统称为中转仓库（也称为暂存仓库或缓存仓库）。随着工厂自动化水平的不断提高，在工业机器生产线上设立各种中转仓库的需求会越来越多。

（5）物流系统。

物流系统是工业机器人生产线的一个重要组成部分，它担负着各工业机器工作站之间工件的转运、定位、夹紧，工件的出库入线或出线入库，各工业机器人工作站的散件入线等工作。物流系统将各个独立的工业机器工作站连接起来，成为一条流动的工业机器生产线系统。工业机器生产线规模越大，自动化程度越高，物流系统就越复杂。它常用的运输方式有链式运输、带式运输、专用搬运机运输、无人小车运输和同步移动机构运输等。

密封胶涂刷工业机器人生产线中的物流系统采用的是同步移动装置。各站中工件是用固定于本站的真空吸盘定位的，2～5 站还有供工件移动的真空吸盘，它们安装在同一个框架上，框架在气缸和齿轮装置的驱动下，整体向前移动一个站距，完成工件的传送。工件入线由人工完成。1 站向 2 站的传送使用了专用搬运装置。工件出线则由工业机器人完成。

（6）动力系统。

动力系统是工业机器人生产线必不可少的一个组成部分，它驱动各种装置和机构运动，实现预定的动作。动力系统可分为 3 种类型，即电动、液动和气动。一条工业机器生产线既可单独使用其中一种类型，也可混合使用。

（7）控制系统。

控制系统是工业机器人生产线的神经中枢，它接收外部信息，经过处理后发出指令，指导各职能部门按照规定的要求协调作业。一般工业机器生产线的控制系统可以分为 3 层，即工业机器主生产线控制、工业机器子生产线控制、工业机器工作站控制，并构成相互联系的信息网络。

（8）辅助设备及安全装置。

工业机器人生产线的一些辅助设备是必不可少的，甚至是至关重要的。

安全装置是工业机器人生产线上最为重要的组成部分，它直接关系到人身和设备的安全以及工业机器生产线的正常工作。

5. 任务评价

任务评价见表 2-11。

表 2-11 任务评价

评分内容	配分	评分标准		分值	自评	他评
工业机器人技术	80 分	查找任务相关知识	查找任务相关知识，该任务知识能力掌握度达到 60% 扣 5 分，达到 80% 扣 2 分，达到 90% 扣 1 分	20 分		
		确定方案编写计划	1. 制定整体设计方案，在实施过程中修改一次扣 2 分。 2. 制定实施方法，在实施过程中修改一次扣 2 分	20 分		
工业机器人技术	80 分	记录实施过程步骤	在实施过程中，步骤记录不完整度达到 10% 扣 2 分，达到 20% 扣 3 分，达到 40% 扣 3 分	20 分		
		检查评价	1. 自我评述完成情况。 2. 检查资料收集整理情况	20 分		

续表

评分内容	配分	评分标准	分值	自评	他评
职业素养	20 分	团队协调与合作	10 分		
		用专业语言正确流利地简述任务成果	10 分		
综合			100 分		
完成用时					

知识评测

1. 填空题

（1）变频器按照控制方式可分为_____、_____、_____。

（2）变频器按直流电源性质分类，可分为_____、_____。

（3）变频器一般是利用半导体器件的通断作用将_____变换为另一频率的电能控制装置。

（4）一台完整的工业机器人由以下几个部分组成：_____、_____、_____以及_____。

2. 判断题

（1）交－直－交变频调速就是变频器先将工频交流电整流成直流电，逆变器在微控制器（如 DSP）的控制下，将直流电逆变成不同频率的交流电。（ ）

（2）步进电动机是一种感应电动机，其工作的基本原理是将电脉冲转化为相位移进行输出。（ ）

（3）步进电动机在结构上由定子和转子组成。（ ）

项目三

工业机器人工作站系统

任务 3.1　工业机器人工作站及生产线

1. 任务引入

1）工业机器人工作站

工业机器人工作站是指使用一台或多台工业机器人,配有控制系统、辅助装置及周边设备,进行简单生产作业,从而完成特定工作任务的生产单元。工业机器人工作站一般由以下部分组成：工业机器人本体,工业机器人末端执行器,夹具和变位机,工业机器人架座,配套及安全装置,动力源,工件储运设备,检查、监视和控制系统。

2）工业机器人生产线

工业机器人生产线是指使用两台或多台机器人,配有物流系统及自动控制同步系统,能够进行工序内容多且复杂的作业,同时完成几项工作任务的生产体系。在工业机器人生产线上,工业机器人工作站是相对独立,又与外界有着密切联系的部分。其在作业内容、周边装置、动力系统方面往往是独立的,但在控制系统、生产管理和物流系统等方面,又与其他工作站及上位计算机管理系统成为一体。工业机器人生产线由多个工业机器人工作站、物流系统和必要的非工业机器人工作站等组成。工业机器人生产线一般包括：工业机器人工作站、非工业机器人工作站、专用装置工作站、人工处理工作站、空设站、中转仓库、工业机器人子生产线、物流系统、动力系统、控制系统、辅助设备及安全装置。

2. 任务目标

1）知识目标

（1）了解工业机器人工作站的分类和应用。

（2）理解工业机器人性能评判指标。

2）技能目标

通过工业机器人性能评判指标判别工业机器人的特性。

3）素养目标

培养爱国情怀,树立良好的职业观,培养正确的职业精神。

3. 任务分析

工业机器人工作站也称为工业机器人工作单元。它主要由工业机器人及其控制系统、辅助设备以及其他周边设备构成。在这种构成中,工业机器人及其控制系统应尽量选用标准装置,对个别特殊的场合（如冶金行业的热钢坯的搬运机器人）需设计专用工业机器人。而末端执行器等辅助设备以及其他周边设备，则随应用场合和工件特点的不同存在较大差异。

4. 相关知识

1）工业机器人工作站的分类

工业机器人工作站主要有以下几种。

（1）焊接工业机器人工作站。

焊接工业机器人工作站包括控制系统、驱动器和执行元器件（如电动机、机械机构、焊机系统）。其可以独立完成焊接工作，也可以使用在自动化生产线上，作为焊接工序的一个工艺部分，成为生产线上具有焊接功能的一个"站"。焊接工业机器人工作站由焊接工业机器人安装底座、全数字化焊接电源、送丝系统、水冷焊枪和变位机等组成。

焊接工业机器人工作站是生产线的一部分，这部分依存于生产线系统的控制，是生产线流程协调性的需要；它又是一个相对独立的控制系统，因为焊接工业机器人的所有操作或动作均由其本身的控制系统完成。主控系统和工作站之间通过信号、数据交换完成生产线的协调工作。焊接工业机器人各部件密封和防护可靠，不会出现渗漏现象；线路和管道配置合理、美观，标记清楚，便于安装使用和维护，具有良好的电磁兼容性和抗振性；机构设计符合人机工程学原理，操作方便。

在焊接工业机器人工作站中，焊接工业机器人前方设有举升机构，举升机构的举升臂分别位于焊接线两侧；举升臂上方空间设有固定于支架上的变位机，变位机上设有夹持随行夹具的夹紧装置，夹紧装置与举升臂的举升高度适配。采用上述技术方案的焊接机器人工作站，保证了全面有效地完成工件焊接，解决了随行焊接夹具的精确定位和重复定位问题，不但改善了焊接质量，提高了焊接效率，而且大大提高了焊接的自动化水平，完全可以实现焊接工业机器人工作站与焊接生产线的有效配合。

（2）搬运、码垛工业机器人工作站。

搬运、码垛工业机器人工作站一般具有如下特点：具有物品的传送装置，其形式根据物品的特点选用或设计；可使物品准确地定位，以便于工业机器人抓取；在多数情况下设有码垛的托板，可机动或自动地交换托板；有些物品在传送过程中还要经整形装置整形，以此保证码垛质量；根据被报物品设计专用末端执行器；选用适合码垛作业的工业机器人；有时设置有空托板库。

在码垛作业中，最常见的作业对象是袋装物品和箱装物品，一般来说箱装物品的外形整齐、变形小，其抓取的末端执行器多用真空吸盘和爪手；而袋装物品外形柔软，极易发生变形，因此在定位和抓取之前，应经过 2~3 次的整形处理，末端执行器也要根据物品特点专门设计，多用叉板式和夹钳式结构。另外，磁吸式末端执行器也是常见的一种形式。

（3）喷涂工业机器人工作站。

喷涂工业机器人工作站包括喷涂防爆工业机器人、喷枪和自动换色系统。其特征是具有十字旋转台和控制系统。喷涂防爆工业机器人上安设有喷枪；自动换色系统通过管道与喷枪相连，自动换色系统包括供漆装置和设在管道上并设于供漆装置之后的换色阀组；供漆装置有多套，分别供应第一颜色漆、第二颜色漆等清洗溶剂，换色阀组至少包括第一颜色阀、第二颜色阀等溶剂清洗阀，并分别与各套供漆装置一一对应，用于在控制系统的控制下进行选色、供漆。

十字旋转台包括一个在水平面上旋转的公转轴，公转轴上连有 T 形转台，T 形转台两侧分别设有一个自转轴，自转轴上分别连有一个工件夹持夹具，用于夹持喷涂工件，喷涂工件随自转轴同步转动。控制系统用于在十字旋转台将喷涂工件运动至喷涂工位时，控制自动换色系统自动选色喷涂，喷涂完成后，控制十字旋转台公转，卸料，并在喷涂需要时控制十字旋转台自转进行喷涂；在需要换色喷涂时，控制自动换色系统供应清洗溶剂进行自动清洗，然后根据目标漆色选色，供漆喷涂。

（4）抛光、打磨工业机器人工作站。

抛光、打磨工业机器人工作站配置有工业机器人本体、自动输送线系统、喷涂/打磨抛光工装及转台、喷涂/打磨抛光系统、集尘装置、半自动机械手上/下料机构和控制系统。该工作站可以对卫浴五金，如水龙头、卫浴挂件、花洒等进行自动打磨、抛光、拉丝等。

抛光、打磨工业机器人工作站采用多关节工业机器人，配置动力主轴和打磨工具等，可以完成复杂形状铸件外形和内腔的直边与圆边的打磨、去毛刺加工，实现传统去毛刺机床所不能承担的打磨工作，可以在计算机的控制下实现连续轨迹控制和点位控制。抛光、打磨工业机器人工作站需根据被加工零部件光洁度要求配置不同的打磨机和磨头，具有可长期进行打磨作业、保证产品的高生产率、高质量和高稳定性等特点，不仅可以提高工作效率和质量，避免操作者受伤，还可以完成很多手工无法完成的打磨和抛光工作，特别是对各种规格、各种复杂形状的钢类铸件进行打磨。其主要优点如下。

①提高打磨质量和产品光洁度，保证其一致性。
②提高生产率，一天可 24 h 连续生产。
③改善工人劳动条件，可在有害环境下长期工作。
④降低对工人操作技术的要求。
⑤缩短产品改型换代的周期，减少相应的设备投资。
⑥具有可再开发性，用户可根据不同样件进行二次编程。
⑦解决长期以来的"用工荒"问题以及降低劳动成本。

（5）装配工业机器人工作站。

装配工业机器人工作站中使用的装配工业机器人是专门为装配而设计的工业机器人。与其他工业机器人相比，它具有精度高、柔性好、工作范围小、能与其他系统配套使用等特点，目前广泛运用于各种电器，以及汽车、计算机、玩具、机电产品及其组件的装配等。装配工业机器人工作站由工业机器人操作机、控制器、末端执行器、传感系统、传送设备、外围设备以及相关装置组成。其中，工业机器人操作机的结构类型有水平关节型、直角坐标型、多关节型和圆柱坐标型等；控制器一般采用多 CPU 或多级计算机系统，实现运动控制和运动编程；末端执行器为适应不同的装配对象而设计成各种手爪和手腕等；传感系统用于获取装配工业机器人与环境和装配对象之间相互作用的信息。

装配工业机器人工作站每个环节的控制都必须具备高可靠性和一定的灵敏度，以保证生产的连续性和稳定性。装配工业机器人是工业生产中用于生产线上对零件或部件进行装配的工业机器人。它属于高、精、尖的机电一体化产品，是集光学、机械、微电子、自动控制和通信技术于一体的高科技产品，具有很高的功能和附加值。合理地规划装配线可以更好地实现产品的高精度、高效率、高柔性和高质量。装配线主要包括总装线、分装线、工位器具及线上工具等。在总装线和分装线上，采用柔性输送线输送工件，并在线上配置自动化装配设备以提高效率。装配工业机器人工作站的运用对于工业生产的意义如下。

第一，装配工业机器人工作站可以提高生产效率和产品质量。装配工业机器人在运转过程中不停顿、不休息，产品质量受人的因素影响较小，产品质量更稳定。

第二，可以降低企业成本。在规模化生产中，一台装配工业机器人可以替代2~4名产业工人；装配工业机器人不会疲劳，一天可24 h连续生产。

第三，装配工业机器人工作站生产线容易安排生产计划。

第四，装配工业机器人工作站可缩短产品改型换代的周期，减少相应的设备投资。

第五，装配工业机器人工作站所用的装配工业机器人可以把工人从各种恶劣、危险的环境中解放出来，拓宽企业的业务范围。

2）工业机器人性能评判指标

评判工业机器人特性的基本参数和性能指标主要有工作空间、自由度、有效负载、运动精度、运动特性和动态特性等。

(1) 工作空间。

工作空间是指工业机器人臂杆的特定部位在一定条件下所能到达空间的位置集合。工作空间的形状和大小反映了工业机器人工作能力的大小。理解工业机器人的工作空间时，要注意以下几点。

①通常工业机器人说明书中表示的工作空间指的是手腕上机械接口坐标系的原点在空间能达到的范围，即手腕端部法兰的中心点在空间所能达到的范围，而不是末端执行器端点所能达到的范围。因此，在设计和选用工业机器人时，要注意安装末端执行器后，工业机器人实际所能达到的工作空间。

②工业机器人说明书上提供的工作空间往往小于运动学意义上的最大空间。这是因为在可达空间中，手臂位姿不同时有效负载、允许达到的最大速度和最大加速度都不一样，在臂杆最大位置允许的极限值通常比其他位置的小一些。此外，在工业机器人的最大可达空间边界上可能存在自由度退化的问题，此时的位姿称为奇异位形，而且在奇异位形周围相当大的范围内都会出现自由度退化现象，这部分工作空间在工业机器人工作时不能被利用。

③除了工作空间边缘，在实际应用中工业机器人还可能由于受到机械结构的限制，在工作空间的内部也存在臂端不能达到的区域，这就是常说的空洞或空腔。空腔是指在工作空间内臂端不能达到的完全封闭空间，而空洞是指在沿转轴周围全长上臂端都不能达到的空间。

(2) 自由度。

自由度指工业机器人操作机在空间运动所需的变量数，是表示工业机器人动作灵活程度的参数，一般以沿轴线移动和绕轴线转动的独立运动的数目来表示。

自由物体在空间中有6个自由度（3个转动自由度和3个移动自由度）。工业机器人往往是开式连杆系统，每个关节运动副只有1个自由度，因此通常工业机器人的自由度等于其关节数。工业机器人的自由度越多，功能就越强。目前工业机器人通常具有4~6个自由度。当工业机器人的关节数（自由度）增加到对末端执行器的定向和定位不再起作用时，便出现了冗余自由度。冗余自由度的出现增加了工业机器人工作的灵活性，但也使控制变得更加复杂。

工业机器人在运动方式上，可以分为直线运动（简记为P）和旋转运动（简记为R）两种，应用 P 和 R 可以表示操作机运动自由度的特点，如 RPRR 表示工业机器人操作机具有 4 个自由度，从基座开始到臂端，关节运动的方式依次为旋转→直线→旋转→旋转。此外，工业机器人的自由度还受运动范围的限制。

（3）有效负载。

有效负载是指工业机器人操作机在工作时臂端可能搬运的物体重量或所能承受的力或力矩，用以表示操作机的负荷能力。

工业机器人在不同位姿时，允许的最大可搬运质量是不同的，因此机器人的额定可搬运质量是指其臂杆在工作空间中任意位姿时腕关节端部能搬运的最大质量。

（4）运动精度。

工业机器人的精度主要涉及位姿精度、重复位姿精度、轨迹精度和重复轨迹精度等。

位姿精度是指指令位姿和从同一方向接近该指令位姿时与实到位姿中心之间的偏差。重复位姿精度是指对同指令位姿从同一方向重复响应 n 次后实到位姿的不一致程度。

轨迹精度是指工业机器人机械接口从同一方向 n 次跟随指令轨迹的接近程度。重复轨迹精度是指对一给定轨迹在同方向跟随 n 次后实到轨迹之间的不一致程度。

（5）运动特性。

速度和加速度是表明工业机器人运动特性的主要指标。工业机器人说明书通常提供了主要自由度的最大稳定速度，但在实际应用中单纯考虑最大稳定速度是不够的，还应注意其最大允许加速度。

（6）动态特性。

动态特性参数主要包括质量、惯性矩、刚度、阻尼系数、固有频率和振动模态。

设计时应该尽量减小质量和惯量。若工业机器人的刚度差，则工业机器人的位姿精度和系统固有频率将下降，从而导致系统动态不稳定；但对于某些作业（如装配操作），适当地增加柔性是有利的，最理想的情况是工业机器人臂杆的刚度可调。增加系统的阻尼对于缩短振荡的衰减时间、提高系统的动态稳定性是有利的。提高系统的固有频率，避开工作频率范围，也有利于提高系统的稳定性。

5. 任务评价

任务评价见表 3-1。

表 3-1 任务评价

评分内容	配分	评分标准		分值	自评	他评
工业机器人工作站及生产线	80 分	查找任务相关知识	查找任务相关知识，该任务知识能力掌握度达到 60% 扣 5 分，达到 80% 扣 2 分，达到 90% 扣 1 分	20 分		
		确定方案编写计划	1. 制定整体设计方案，在实施过程中修改一次扣 2 分。 2. 制定实施方法，在实施过程中修改一次扣 2 分	20 分		

续表

评分内容	配分	评分标准		分值	自评	他评
工业机器人工作站及生产线	80 分	记录实施过程步骤	在实施过程中，步骤记录不完整度达到 10% 扣 2 分，达到 20% 扣 3 分，达到 40% 扣 3 分	20 分		
		检查评价	1. 自我评述完成情况。 2. 检查资料收集整理情况	20 分		
职业素养	20 分	团队协调与合作		10 分		
		用专业语言正确流利地简述任务成果		10 分		
综合				100 分		
完成用时						

任务 3.2　焊接工业机器人工作站

1. 任务引入

自 1962 年世界上第一台 Unimate 型和 Versatra 型工业机器人诞生以来，到 1996 年年底全世界已有 68 万台工业机器人投入生产领域，其中约有 1/2 是焊接工业机器人。随着科学技术的不断发展，焊接自动化技术有了飞跃性的进步，从焊接刚性自动化的传统方式过渡到柔性自动化生产方式。刚性自动化一般适用于中、大批量的生产，柔性自动化适用于单件小批量的生产，焊接工业机器人使小批量产品也能实现自动化生产。

2. 任务目标

1）知识目标

了解焊接工业机器人工作站的组成和分类。

2）技能目标

学会焊接工业机器人的使用方法。

3）素养目标

激励学生掌握一流的技能，培养严谨治学的科学态度。

3. 任务分析

焊接工业机器人是一种高度自动化的焊接设备，采用焊接工业机器人代替手工焊接作业是焊接制造业的发展趋势，是提高焊接质量、降低成本及改善工作环境的重要手段。采用焊接工业机器人进行焊接，还必须配备外围设备，即组成焊接工业机器人工作站。

焊接工业机器人工作站广泛用于汽车及其零部件制造，以及摩托车、五金交电、工程机械、航空航天、化工等行业的焊接工程。焊接工业机器人工作站如图 3-1 所示。

4. 相关知识

1）焊接工业机器人工作站的组成和分类

（1）焊接工业机器人工作站的组成。

图3-1 焊接工业机器人工作站

焊接工业机器人工作站是以焊接工业机器人为核心,控制器、安全防护系统、操作台、回转工作台、变位机、焊接夹具和焊接系统(焊接电源、焊枪、送丝系统、水箱)等设备相结合的系统。焊接系统结构合理,操作方便,适合大批量、高效率、高质量和柔性化的生产。焊接工业机器人工作站通常由以下几部分组成。

①焊接工业机器人。它一般是伺服电动机驱动的六轴关节式操作机,由驱动器、传动机构、机械手臂、关节以及内部传感器等组成。焊接工业机器人的任务是精确地保证机械手臂末端(焊枪)所要求的位置、姿态和运动轨迹。

②控制器。它是焊接工业机器人工作站的神经中枢,包括计算机硬件、软件和一些专用电路,负责处理焊接工业机器人工作过程中的全部信息和控制全部动作。

③焊接电源系统,包括焊接电源、专用焊枪等。焊枪清理装置主要包括剪丝、沾油、清渣以及喷嘴外表面的打磨装置。剪丝装置主要用于用焊丝进行起始点检出的场合,以保证焊丝的伸长度一定,提高检出精度;沾油装置的作用是使喷嘴表面的飞溅易于清理;清渣装置用于清除喷嘴内表面的飞溅,以保证保护气体的通畅;喷嘴外表面的打磨装置主要用于清除喷嘴外表面的飞溅。

④焊接安全保护设施,用于降低焊接过程中有毒有害气体、粉尘和噪声等对身体的危害程度,提高作业安全系数。

⑤焊接工装夹具及变位机等,用于装夹和承载工件,使其回转和倾斜,以得到最佳的焊接姿势和位置。

焊接变位机是通过倾斜和回转动作,将工件置于便于实施焊接作业位置的机械或机器。焊接变位机与焊接工业机器人连用可缩短辅助时间,提高劳动生产率,改善焊接质量。焊接变位机在焊接工业机器人的焊接作业中是不可缺少的周边设备。根据实际生产的需要,焊接变位机可以有多种形式。从驱动方式来看,有普通直流电动机驱动、普通交流电动机驱动及可以与焊接工业机器人同步协调运动的交流伺服驱动。

(2)焊接工业机器人的构成。

人操作机是焊接工业机器人的执行机构,它由驱动器、传动机构、机械手臂、关节以及内部传感器（编码盘）等组成。它的任务是精确地保证机械手臂末端所要求的位置、姿态并实现其运动。根据定义，焊接工业机器人操作机在结构上应具有3个以上的可自由编程的运动关节，分为主要关节和次要关节2个层次，不同数目和层次的关节组合决定了相应的工作空间。具有6个旋转关节的铰接开链式焊接工业机器人操作机，从运动学上已被证明，能以最小的结构尺寸获取最大的工作空间，并且能以较高的位置精度和最优的路径达到指定位置，因此这种类型的焊接工业机器人操作机在焊接领域得到广泛运用。

变位机作为焊接工业机器人生产线及焊接柔性加工单元的重要组成部分，其作用是将被焊工件旋转（平移）到最佳的焊接位置。在焊接作业前和焊接过程中，变位机通过夹具来装卡和定位被焊工件，对工件的不同要求决定了变位机的负载能力及其运动方式。为了使焊接工业机器人操作机充分发挥效能，通常采用2台变位机，当其中的一台进行焊接作业时，另一台则完成工件的上装和卸载，从而使整个工作站获得最高的费用效能比。

控制器是整个焊接工业机器人工作站的神经中枢，它由计算机软件、硬件和一些专用电路构成，其软件包括控制器系统软件、工业机器人运动学软件、工业机器人控制软件、工业机器人自诊断及自保护软件等。控制器负责处理焊接工业机器人工作过程中的全部信息和控制其全部动作。所有现代工业机器人的控制器都是基于多处理器的，根据操作系统的指令，工业控制计算机通过系统总线实现对不同组件的驱动及协调控制。

焊接系统是焊接工业机器人完成作业的核心装备，主要由焊钳（点焊机器人），焊枪（弧焊机器人），焊接控制器，以及水、电、气等辅助部分组成。焊接控制器是由微处理器及部分外围接口芯片组成的控制系统，它可根据预定的焊接监控程序，完成焊接参数输入、焊接程序控制及焊接系统的故障自诊断，并实现与本地计算机及手控盒的通信联系。用于弧焊机器人的焊接电源及送丝设备，由于参数选择的需要，必须由控制器直接控制，电源在其功率和接通时间上必须与自动过程相符。

在焊接过程中，尽管操作机、变位机、装夹设备和工具能达到很高的精度，但由于存在被焊工件几何尺寸和位置误差，以及焊接过程中热输入引起工件的变形，传感器仍是焊接过程中（尤其是焊接大厚工件时）不可缺少的设备。传感器的任务是实现工件坡口的定位、跟踪以及焊缝熔透信息的获取。

中央控制计算机在工业机器人向系统化、PC化和网络化的发展过程中发挥着重要的作用。中央控制计算机通过串行接口与控制器连接，主要用于在同一层次和不同层次的计算机之间形成网络，同时与传感系统配合，实现焊接路径和参数的离线编程、焊接专家系统的应用及生产数据的管理。

安全设备是焊接工业机器人工作站安全运行的重要保障，主要包括驱动系统过热自断电保护、动作超限位自断电保护、超速自断电保护、焊接工业机器人工作空间干涉自断电保护及人工急停断电保护等，起到防止机器人伤人或损坏周边设备的作用。在焊接工业机器人的工作部还装有各类触觉和接近传感器，可以使焊接工业机器人在过分接近工件或发生碰撞时停止工作。

（3）焊接工业机器人工作站的分类。

焊接工业机器人工作站有多种，现简单介绍以下几种。

①箱体焊接工业机器人工作站。

箱体焊接工业机器人工作站是专门针对箱体类工件生产量大、结构复杂、焊接质量及尺寸要求高等特点而开发的专用装备。

箱体焊接工业机器人工作站由弧焊机器人、焊接电源、焊枪、送丝机构、回转双工位变位机、工装夹具和控制系统组成。该工作站适用于各式箱体类工件的焊接，在同一工作站内通过使用不同的工装可实现多品种的箱体类工件焊接，焊接的相对位置精度高，双工位的设计大大提高了生产效率。

②轴类工件焊接工业机器人工作站。

轴类工件焊接工业机器人工作站是专门针对轴类工件焊接而开发的专用装备。

轴类工件焊接工业机器人工作站多采用单轴单工位配置，外部轴采用卧式机床结构，尾座轴向可调，头尾双气动卡盘夹紧方式，设置辅助中心托架。该工作站的特点是焊接机械手选用综合性能好的工业机器人为系统核心，控制器、安全防护系统、操作台、回转工作台、变位机、焊接夹具和焊接系统等可采用进口设备，既保证了系统先进可靠，又降低了成本。

焊接机械手结构合理，操作方便，适合大批量、高效率、高质量及柔性化生产，可以焊接低碳钢、不锈钢、铝材和铜材等轴类工件。轴类工件焊接工业机器人能够灵活调整焊接状态，对于结构复杂的零部件配以各种辅助工装夹具，形成焊接流水线，能够实现最佳的焊接效果。

(4) 螺柱焊接工业机器人工作站。

螺柱焊接工业机器人工作站采用 PLC 总控制方式，主要包括：对工业机器人进行控制，实现手动、自动的操作方式，并保持和工业机器人的实时通信，在工业机器人出现故障时能及时反馈信号并停止后续操作；与采用的人机控制界面（触摸屏）进行通信，实现对焊接夹具等工装的控制要求，满足人工操作和工件的装夹。

针对系统单元不同的工作程序，如主程序、夹具子程序及螺柱焊枪导电嘴更换程序等，通过 I/O 端口设计不同的信号，在按下启动按钮后，PLC 将相应信号发送给工业机器人，由其调用执行不同的子程序，实现相应的动作。

(5) 激光焊接工业机器人工作站。

激光焊接的特点是被焊接工件变形极小，几乎没有连接间隙，焊接深宽比大，因此焊接质量比传统焊接方法高。激光焊接过程监测与质量控制是激光利用领域的一个重要内容，包括利用电感、电容、声波和光电等各种传感器，通过电子计算机处理，针对不同焊接对象和要求，实现诸如焊缝跟踪、缺陷检测和焊缝质量监测等项目，通过反馈控制调节焊接参数，从而实现自动化激光焊接。

2) 焊接工业机器人的分类

焊接工业机器人是从事焊接操作的工业机器人。根据 ISO 的定义，工业机器人是一种多用途的、可重复编程的自动控制操作机，具有 3 个或更多可编程的轴，用于工业自动化领域。为了适应不同的用途，工业机器人最后一个轴的机械接口通常是一个连接法兰，可接装不同工具（或称为末端执行器）。焊接工业机器人就是在末轴法兰装接焊钳或焊（割）枪的工业机器人，可进行焊接、切割或热喷涂。

焊接工业机器人可按用途、结构坐标特点、受控运动方式和驱动方式等分类。

(1) 按用途分类。

①弧焊工业机器人。

由于弧焊工艺早已在诸多行业中得到普及，所以弧焊工业机器人在通用机械、金属结构等许多行业中得到广泛运用。弧焊工业机器人是包括各种电弧焊附属装置在内的柔性焊接系统,而不只是一台以规划的速度和姿态携带焊枪移动的单机,因此对其性能有特殊的要求。在弧焊作业中,焊枪应跟踪工件的焊道运动,并不断填充金属形成焊缝。因此,在运动过程中速度的稳定性和轨迹精度是两项重要指标。在一般情况下,焊接速度取 5~50 mm/s,轨迹精度为 ±0.2~±0.5 mm。由于焊枪的姿态对焊缝质量有一定影响,所以在跟踪焊道的同时,焊枪姿态的可调范围应尽量大。一些基本性能要求为:①设定焊接条件(电流、电压和速度等);②摆动功能;③坡口填充功能;④焊接异常功能检测;⑤焊接传感器(起始点检测、焊道跟踪)的接口功能。

②点焊工业机器人。

汽车工业是点焊工业机器人的一个典型应用领域。在装配每台汽车车体时,大约 60% 的焊点由点焊工业机器人完成。最初,点焊工业机器人只用于增强焊作业(往已拼接好的工件上增加焊点),后来为了保证拼接精度,又让点焊工业机器人完成定位焊接作业。其具体优点有:①安装面积小,工作空间大;②快速完成小节距的多点定位(例如每 0.3~0.4 s 移动 30~50 mm 节距后定位);③定位精度高(±0.25 mm),以确保焊接质量;④持重大(50~100 kg),以便携带内装变压器的焊钳;⑤内存容量大,示教简单,节省工时;⑥定位焊速度与生产线匹配,同时安全可靠性好。

(2) 按结构坐标特点分类。

①直角坐标型机器人[图 3-2 (a)]。

直角坐标型机器人主要以直线运动轴为主,各个运动轴通常对应直角坐标系中的 X 轴、Y 轴和 Z 轴,一般 X 轴和 Y 轴是水平面内运动轴,Z 轴是上下运动轴。在一些应用中 Z 轴上带有一个旋转轴,或带有一个摆动轴和一个旋转轴。在绝大多数情况下直角坐标型机器人的各个直线运动轴间的夹角为直角。

直角坐标型机器人可以在 3 个互相垂直的方向上做直线伸缩运动,其各个方向的运动是独立的,计算和控制比较方便,但占地面积大,限于特定的应用场合,有较大的局限性。

②圆柱坐标型机器人[图 3-2 (b)]。

圆柱坐标型机器人有一个围绕基座轴的旋转运动和两个在相互垂直方向上的直线伸缩运动。它适用于液压(或气压)驱动机构,在操作对象位于其四周的情况下操作最为方便。

③球坐标型机器人[图 3-2 (c)]。

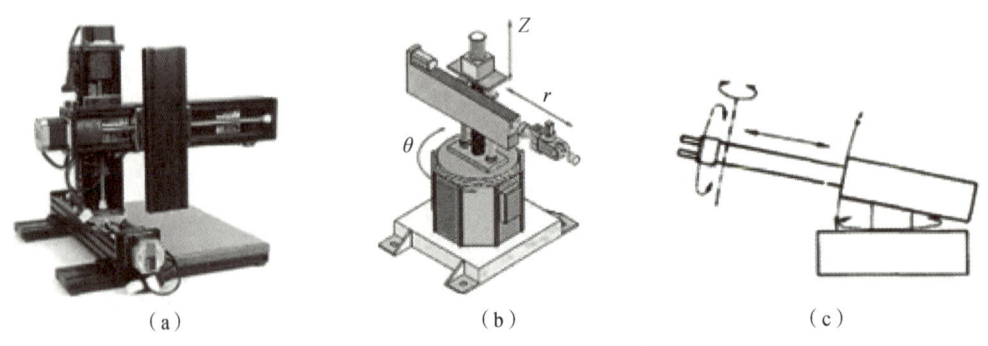

图 3-2 按结构坐标特点分类

(a) 直角坐标型机器人;(b) 圆柱坐标型机器人;(c) 球坐标型机器人

球坐标型机器人的动作形态包括围绕基座轴的旋转、一个回转和一个直线伸缩运动,其特点类似圆柱坐标型机器人。

(3) 按受控运动方式分类。

①点位控制(PTP)型机器人。

点位控制型机器人的受控运动方式为自一个点位目标移向另一个点位目标,只在目标点上完成操作。点位控制要求工业机器人在目标点上有足够的定位精度,相邻目标点间的运动方式之一是各关节驱动机以最快的速度趋近终点,各关节视其转角不同而到达终点有先有后;另一种运动方式是各关节同时趋近终点,由于各关节运动时间相同,所以角位移大的运动速度较大。点位控制型机器人主要用于点焊作业。

②连续轨迹控制(CP)型机器人。

连续轨迹控制型机器人的各关节同时做受控运动,使工业机器人终端按预期的轨迹和速度运动,为此各关节的控制系统需要实时获取驱动机的角位移和角速度信号。连续轨迹控制型机器人主要用于弧焊作业。

(4) 按驱动方式分类。

①气压驱动。

气压驱动使用压力通常为 0.4~0.6 MPa,最高可达 1 MPa。气压驱动的主要优点是气源方便(一般工厂都由压缩空气站供应压缩空气),驱动系统具有缓冲作用,结构简单,成本低,易于保养。其主要缺点是功率质量比小,装置体积大,定位精度不高。气压驱动工业机器人适用于易燃、易爆和灰尘大的场合。

②液压驱动。

液压驱动系统的功率质量比大,驱动平稳,且系统的固有效率高,快速性好。液压驱动调速比较简单,能在很大范围内实现无级调速。其主要缺点是易漏油,不仅影响工作稳定性与定位精度,而且污染环境。液压驱动系统需配备压力源及复杂的管路系统,因此成本较高。液压驱动工业机器人多用于要求输出力较大、运动速度较低的场合。

③电气驱动。

电气驱动是利用各种电动机产生的力或转矩,直接或经过减速机构驱动负载,以获得要求的工业机器人运动。由于具有易于控制、运动精度高、使用方便、成本低廉、驱动效率高、不污染环境等诸多优点,电气驱动是最普遍、应用最广泛的驱动方式。电气驱动又可细分为步进电动机驱动、直流电动机驱动、无刷直流电动机驱动和交流伺服电动机驱动等多种方式。无刷直流电动机驱动和交流伺服电动机驱动有最大的转矩质量比,由于没有电刷,其可靠性极高,几乎不需任何维护。20 世纪 90 年代后生产的工业机器人大多采用这种驱动方式。

3) 工业机器人焊接的特点及注意事项

(1) 工业机器人焊接的特点。

工业机器人是由计算机控制的、具有高度柔性的可编程自动化装置,工业机器人焊接具有以下特点。

①工业机器人能适应产品多样化,有柔性,在一条生产线上可以混流生产若干种类型的产品,同时,对于生产量的变动和型号的更改,能迅速地改进生产线的编组更替,发挥投资的长期效果,这是专用的自动化生产线不能比拟的。

②使用工业机器人焊接，可提高产品质量。为了使焊接作业机器人化，需要改变装配方法和加工工序，因此要提高诸如供给设备的零件、夹具和搬运工具等的精度，这些关系到产品的精度和焊接质量的提高。通过焊接作业机器人化可得到稳定的高质量产品。

③使用工业机器人焊接可提高生产率。工业机器人的作业效率不随作业者变动，可以稳定生产计划，从而提高生产率。

（2）工业机器人焊接的注意事项。

①必须进行示教作业。

在工业机器人进行自动焊接前，操作人员必须示教工业机器人焊枪的轨迹和设定焊接条件等。因为必须示教，所以工业机器人不面向多品种、少量生产的产品焊接。

②必须确保工件的精度。

工业机器人没有眼睛，只能重复相同的动作。工业机器人轨迹精度为±0.1 mm，以此精度重复相同的动作。焊接偏差大于焊丝半径时，有可能焊接不好，因此工件精度应保持在焊丝半径之内。

③焊接条件的设定取决于进行示教的操作人员的技术水平。

操作人员进行示教时必须输入焊接程序，焊枪姿态和角度，以及电流、电压、速度等焊接条件。操作人员必须充分掌握焊接知识和焊接技巧。

④必须充分注意安全。

工业机器人是一种高速运动的设备，在其自动运行时绝对不允许人靠近（必须设置安全护栏）。操作人员必须接受安全方面的专门教育，否则不准操作。

4）焊接工业机器人工作站周边设备

焊接工业机器人工作站周边设备通常是指焊接工业机器人移动滑轨、变位机和工作台等。焊接工业机器人本体和这些周边设备组合，确保焊接工业机器人处于最佳的焊接姿态，从而减少飞溅和焊接缺陷，实现高质量焊接和高速焊接，提高操作的安全性等。

（1）周边设备的驱动方式。

周边设备的驱动方式有空气驱动方式、伺服电动机驱动方式及以工业机器人外部轴驱动方式。

（2）使用变位机的优点。

使用变位机主要可以避免干涉，实现最佳焊接姿态。

①使用变位机使工件旋转可以避免干涉，提高焊接效率。左侧系统工件前端即使可以焊接到，但反面焊接时焊接工业机器人手臂会有干涉，不易取得好的焊接姿势。右侧系统通过变位机使工件回转的同时进行焊接，因此可以实现无接缝的高质量焊接。

②使用变位机可将工件调整到不受引力影响的船形焊接位置，减少焊接缺陷的发生，实现高质量的焊接，提高焊接速度。左侧水平角焊接和船形焊接相比，由于受重力影响会发生熔融金属流溢，在对有间隙和位置偏移等对焊接不利情况的接头进行焊接时，容易产生咬边或满溢等焊接缺陷。右侧由于熔融金属处于稳定状态，能够实现焊缝美观的高品质焊接，容易得到更大的焊脚尺寸。使用变位机可以提高焊接速度，整体上焊接速度可以提高20%。

（3）周边设备的控制。

进行船形焊接时，要通过周边设备，边改变工件的姿态边进行焊接，因此需要让焊接工业机器人和周边设备进行协调动作。

同时控制是指焊接工业机器人本体和变位机、焊接工业机器移位滑轨不考虑焊接速度和姿态，分别进行移动。协调软件控制是指焊接工业机器人本体和变位器、焊接工业机器移动滑轨按照各自示教的姿态进行协调动作。另外，焊接速度也按照示教进行协调动作。

协调软件控制在焊接中可以改变工件姿态，并控制焊接工业机器人和周边夹具的相对速度，保持船形焊姿态，实现高品质且高速的焊接，减少容易出现缺陷的起弧部分和结束部分，形成漂亮的外观。总之，协调软件控制可以提高焊接品质，减少手工修补作业和示教作业，提高作业效率。

5. 任务评价

任务评价见表3–2。

表3–2 任务评价

评分内容	配分	评分标准		分值	自评	他评
焊接工业机器人工作站系统	80分	查找任务相关知识	查找任务相关知识，该任务知识能力掌握度达到60%扣5分，达到80%扣2分，达到90%扣1分	20分		
		确定方案编写计划	1. 制定整体设计方案，在实施过程中修改一次扣2分。2. 制定实施方法，在实施过程中修改一次扣2分	20分		
		记录实施过程步骤	在实施过程中，步骤记录不完整度达到10%扣2分，达到20%扣3分，达到40%扣3分	20分		
		检查评价	1. 自我评述完成情况。2. 检查资料收集整理情况	20分		
职业素养	20分	团队协调与合作		10分		
		用专业语言正确流利地简述任务成果		10分		
综合				100分		
完成用时						

任务3.3 搬运、码垛工业机器人工作站

1. 任务引入

搬运、码垛工业机器人适用于物流、电子、食品、饮料、化工、医药、军工和包装等行业，满足企业对板材、桶装、罐装、瓶装和钣金等各种形状的工件进行搬运的要求，动作灵活，可进行人机对话，全天候不间断作业，大大提高了生产效率，使货物搬运智能化，减少人力劳动，实现全面智能化管理。

搬运、码垛工业机器人工作站具有如下优点。

(1) 可全天候不间断作业，比人工搬运效率高得多。

(2) 结构简单，故障率低，易于保养及维修。

(3) 可以设置在狭窄的空间中使用，场地使用效率高，应用灵活。

(4) 全部操作可在控制柜屏幕上手触式完成，操作非常简单。

(5) 一台搬运、码垛工业机器人可以同时处理多条生产线的不同产品，节省企业成本。

2. 任务目标

1）知识目标

(1) 了解搬运、码垛工业机器人工作站的构成及技术标准。

(2) 理解搬运、码垛工业机器人工作站的应用。

2）技能目标

熟练进行搬运、码垛工业机器人工作站的操作。

3）素养目标

培养学生对专业及以后从事的职业和岗位的认同感，树立职业自信。

3. 任务分析

工业机器人工作站的生产作业是由工业机器人连同它的末端执行器、夹具和变位机以及其他周边设备等完成的，其中起主导作用的是工业机器人，因此在选择工业机器人时必须满足作业的功能要求。可从三方面加以保证：有足够的持重能力、有足够大的工作空间和有足够多的自由度。环境条件可由工业机器人产品样本的推荐使用领域加以确定。

搬运、码垛工业机器人工作站如图 3-3 所示。

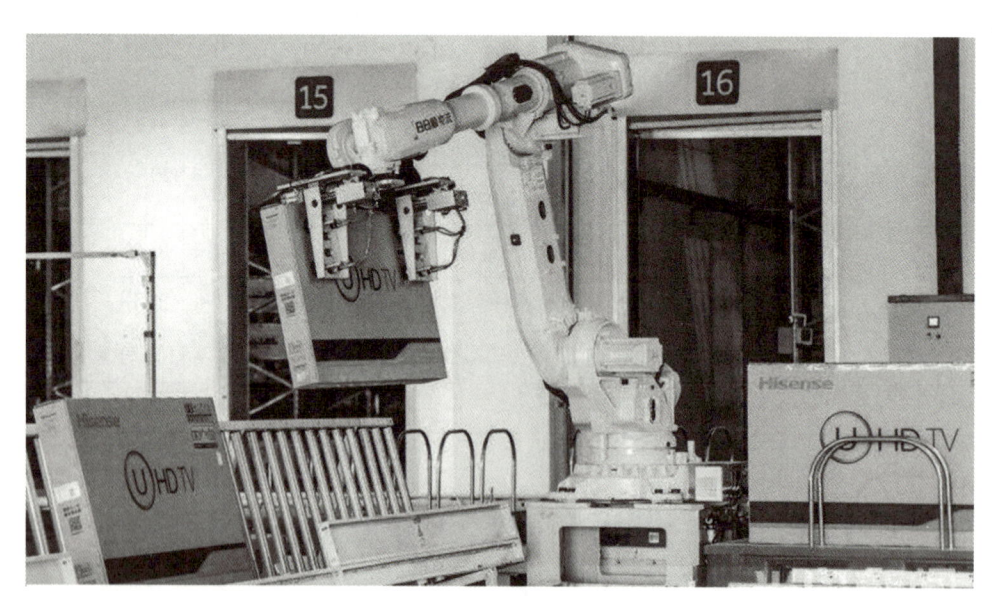

图 3-3 搬运、码垛工业机器人工作站

码垛工业机器人与搬运工业机器人的异同点如下。

(1) 两种工业机器人的硬件组成以及控制方式是相同的，硬件结构都是由驱动器、电动机、减速器和控制系统等组成，当然在轴数上，码垛工业机器人一般为 4 轴，常规搬运工业机器人为 6 轴，但每轴的结构组成是相同的。

（2）二者的不同点为：码垛工业机器人属于工业机器人中的一个独立系列，应用比较专一，一般只能进行平面的搬运，不能像 6 轴工业机器人那样进行空间旋转，这种运动形式是由轴数决定的。工业机器人用于码垛时一般会在软件上增加码垛应用，通过设置向导进行必要的设置即可自动生成码垛程序。

4. 相关知识

1）搬运、码垛工业机器人工作站的构成及技术标准

搬运、码垛工业机器人工作站由工业机器人、工业机器人末端执行器、工夹具和变位器、架座等几部分组成。

（1）工业机器人。

工业机器人是搬运、码垛工业机器人工作站的核心，应尽可能选用标准工业机器人。工业机器人控制系统一般根据工业机器人的型号确定。搬运、码垛工业机器人工作站中工业机器人的确定，从下面几个方面着手。

①确定工业机器人的持重能力。

工业机器人手腕所能抓取的质量是工业机器人的一个重要指标，习惯上称为工业机器人的可搬质量。可搬质量的作用线垂直于地面（工业机器人基准面）并通过工业机器人手腕点基 P。一般来说，同一系列的工业机器人，其可搬质量越大，外形尺寸、手腕基点（P）的工作空间、自身质量以及所消耗的功率也就越大（高）。

末端执行器重心的位置对工业机器人的可搬质量有影响。同一质量的末端执行器，其重心位置偏离手腕基点（P）越远，对该点形成的弯矩越大，所选择的工业机器人可搬质量要更大一些。在工业机器人的技术资料中，可以查阅各种规格工业机器人的安装尺寸界限图，检查末端执行器的重心落在哪个搬重范围内。以工业机器人手腕基点（P 点）为一边界，在大约 500 mm×500 mm 的正方形区域内，该工业机器人可搬起 30 kg 重物。末端执行器的重心位置越向外移，工业机器人所能搬起的质量就越小，在 x 方向超出 500 mm 或在 y 方向超出 250 mm 后，工业机器人只能搬起 20 kg 的重物；当重心位置距 P 点约 750 mm 时，这台工业机器人只能按可搬质量为 10 kg 的工业机器人使用。

质量参数是选择工业机器人的基本参数，决不允许工业机器人超负荷运行。例如，使用可搬质量为 60 kg 的工业机器人携带总重为 65 kg 的末端执行器及负载长时间运转，必定会大大降低工业机器人的重复定位精度，影响工作质量，甚至损坏机械零件，或因过载而损坏工业机器人控制系统。

②确定工业机器人的工作空间。

工业机器人的手腕基点（P）的动作范围就是工业机器人的名义工作空间。它是工业机器人的另一个重要性能指标。在搬运、码垛工业机器人工作站的设计中，首先根据质量大小和作业要求，初步设计或选用末端执行器，然后通过作图找出作业范围，只有作业范围完全落在所选工业机器人的 P 点工作空间之内，该工业机器人才能满足作业的范围要求，否则就要更换工业机器人型号，直到满足作业范围要求为止。

③确定工业机器人的自由度。

工业机器人在持重和工作空间方面满足搬运、码垛工业机器人工作站或生产线的功能要求之后，还要分析是否可以在作业范围内满足作业的姿态要求。对于简单堆垛作业，作为末

端执行器的夹爪只需绕垂直轴的1个旋转自由度,再加上工业机器人本体的3个圆柱坐标自由度即可满足要求。若用垂直关节式工业机器人,由于其上臂常向下倾斜,又需手腕摆动的自由度,故需5个自由度。对于复杂工件,一般需要6个自由度。如果是简单的工件,又使用变位机,在很多情况下5个自由度的工业机器人即可满足要求。

(2) 工业机器人末端执行器。

工业机器人末端执行器(又称为工具)是安装在工业机器人手腕上进行预定作业的一套独立的装置,它是工业机器人工作站的核心部件。

①工业机器人末端执行器按照要求分类。

工业机器人末端执行器的分类方法很多,按照操作要求可以分为搬运类末端执行器、加工类末端执行器和测量类末端执行器等。

搬运类末端执行器是指各种夹持装置,其用来抓取或吸附被搬运的物体。搬运类末端执行器的用途广泛、结构各异,多数需要进行专门设计。

加工类末端执行器是带有焊枪、喷枪、加工刀具或砂轮等加工工具的工业机器人附加装置,其用来完成各种加工作业。加工类末端执行器的多数工具是外购商品,通过相应的连接构件将工具与工业机器人手腕连成一体。

测量类末端执行器是装有测量头或传感器的工业机器人附加装置,其用来进行测量及检验作业。测量装置必须选用经国家标准检验合格证的产品。

②工业机器人末端执行器按照结构分类。

工业机器人末端执行器按照结构可分为机构型末端执行器、吸附型末端执行器和专用型末端执行器。

a. 机构型末端执行器,包括楔块、杠杆、连杆、齿轮、齿条和钢丝柔性链等基本机构,配以气动、液动或电动驱动元件,组成各种机械夹持器,即工业机器人工具。机构型末端执行器抓取物体所需要的手指夹紧力 N,是根据被夹持物体的重量 Q 及被夹持物体与手指接触面间的摩擦系数 f 来确定的。手指夹紧力 N 在两指接触面上所产生的摩擦力的和要大于被夹持物体的重量 Q,即要满足

$$N > \frac{Q}{2f}$$

在计算夹紧驱动力 P_c 时,除了重力因素外,还要考虑被夹持物体在运动中产生的惯性力、振动及传动效率等因素的影响。P_c 的计算式如下:

$$P_c = \frac{K_1 K_2}{\eta} P$$

式中　P——理论驱动力;

　　　K_1——安全系数,一般取 1.2~2.5;

　　　K_2——工作条件系数,主要考虑惯性力及振动等因素,一般取 1.1~2.5;

　　　η——机构的机械效率,一般取 0.85~0.9。

b. 吸附型末端执行器,又称作吸附工具或吸盘,有气吸式和磁吸式两种。利用吸盘内的负压将工件吸住并搬运的末端执行器叫作气吸式吸附手。利用电磁吸盘的磁力将工件吸住并搬运的末端执行器叫作磁吸式吸附手。

Ⅰ. 气吸式吸附手由吸盘、吸盘架及气路系统组成,可用于吸附较为平整光滑、不漏气

的各种板材、箱体和薄壁零件,如玻璃、陶瓷、搪瓷制品,钢板和包装纸箱等制品。

吸盘是用橡胶或塑料制成的,它的边缘很柔软,以紧密贴附在被吸附物体表面而形成密封的内腔。当吸盘内抽成负压时,吸盘外部的大气压力将吸盘紧紧地压在被吸物体上。吸盘的吸力是由吸盘皮碗的内、外压差造成的,吸盘的吸力 F(单位为 N)可按下式求得:

$$F = \frac{S}{K_1 K_2 K_3}(P_0 - P)$$

式中 P_0——大气压力,单位为 N/cm^2;

P——内腔压力,单位为 N/cm^2;

S——吸盘负压腔在工件表面上的吸附面积,单位为 cm^2;

K_1——安全系数,一般取 1.2~2;

K_2——工作条件系数,一般取 1~3;

K_3——姿态系数,当吸附表面处于水平位置时,取 1,当吸附表面处于垂直位置时,取 $1/f$,f 为吸盘与被吸物体的摩擦系数。

吸盘内腔负压的产生方法有 3 种。

- 挤压排气式。如图 3-4(a)所示,靠外力将吸盘皮腕压向被吸物体表面,吸盘内腔空气被挤压出去,形成吸盘内腔负压,从而吸住物体。这种方式所形成的吸力不大,而且也不可靠,但结构简单、成本低。
- 真空泵排气式。如图 3-4(b)所示,当控制阀将吸盘与真空泵连通时,真空泵将盘内空气抽出,形成吸盘内腔负压,吸盘吸住物体。当控制阀将吸盘与大气连通时,吸盘失去吸力,被吸附的物体靠自重脱离吸盘。
- 气流负压式。如图 3-4(c)所示,控制阀将来自气泵的压缩空气接通至喷嘴,压缩空气通过喷嘴形成高速射流,吸盘腔内的空气被带走,在吸盘内腔形成负压,吸盘吸住物体。当控制阀切断通往喷嘴的压缩空气,并使吸盘内腔与大气相通时,吸盘便失去吸力,与工件分离。

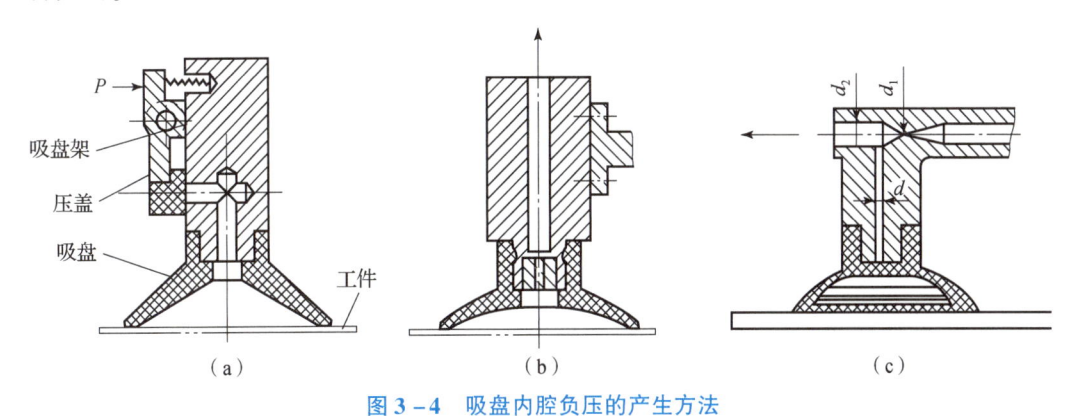

图 3-4 吸盘内腔负压的产生方法
(a)挤压排气式;(b)真空泵排气式;(c)气流负压式

在搬运、码垛工业机器人工作站中,常用气流负压式方法。目前,国外许多气动元件公司已生产出结构紧凑、性能优良的真空发生器组件。其构造如图 3-4(c)所示。它是由真空发生器、消声器、抽吸过滤器和真空开关等组成的。这些组件可以根据需要随意组合,而且安装连接都相当简单。只要在组件的一端通入一根压缩空气管路,便可从另一端的接管中得到真空负压。

Ⅱ. 磁吸式吸附手是用接通或切断电磁铁电流的方法来吸、放具有磁性的物体。磁吸式吸附手所用电磁铁，有交流电磁铁与直流电磁铁两种。交流电磁铁吸力有波动、振动和噪声，且有涡流损耗。直流电磁铁吸力稳定，无噪声和涡流损耗，但需要整流电源。

c. 专用型末端执行器。专用型末端执行器是用于特殊作业场合，针对特殊工件而专门设计的末端执行器，它在整个工业机器人应用领域占有相当的比例。在许多新开发的领域，不能简单地使用上面所讲的机构型末端执行器或吸附型末端执行器，必须根据工件类型、作业要求开发新的专用型末端执行器。其开发难度较大，还要做大量的模拟试验，反复修改设计，最后确定具体结构形式。随着工业机器人技术在各个领域的不断渗透，人们必将提出各种各样专用型末端执行器的新课题。由于工业机器人应用范围广，作业形式千差万别，所以几乎很难提出一种规定的设计思想，也没有统一的设计方法。

2）搬运、码垛工业机器人工作站的应用与操作

（1）工艺分析。

在工业、物流等行业经常会用纸箱盛装产品，例如矿泉水、啤酒、饮料等。这里以普通饮料包装箱为例进行说明。纸箱由工业机器人码放在托板上，托板排列规律，每块托板上码放 2 层纸箱。

（2）部件及组成设备。

①高速码垛工业机器人。

为了节约成本，这里选用广州数控 RB08 工业机器人，该型号工业机器人是 6 自由度工业机器人。纸箱的最大质量约为 1 kg，末端执行器的总质量小于 5 kg，而在托板上码放 2 层纸箱的总高度为 400 mm，工业机器人在高度方向的行程是 1 300 mm，从质量及动作范围上均满足使用要求。

②工业机器人末端执行器。

根据纸箱的特点，专门设计研制了机构型末端执行器，其由气缸和夹手两部分组成。

③输送带。

输送带与摩擦轮、张紧轮和托轮间产生较大的摩擦力，电动机经调速器和链传动器驱动输送带运动。纸箱在输送带上停留的位置由光电开关检测。

（3）应用与操作基础。

①平移功能介绍。

平移是指对象物体从指定位置进行移动时，对象物体各点均保持等距离移动。

对工业机器人进行示教时，可以通过此功能来减少工作量。平移功能特别适用于进行一组有规律的运动的情况，例如工件的堆垛等。平移功能用到的指令主要有 SHIFTON、SHIFTOFF 和 MSHIFT。

②建立平移量。

运用平移功能前，首先要建立一个平移量。建立平移量的方法有两种，一种是进入笛卡儿位姿变量编辑界面手动进行编辑，另一种是采用 MSHIFT 指令获取偏移量，这里采用第一种方式。

5. 任务评价

任务评价见表 3-3。

表 3-3 任务评价

评分内容	配分	评分标准		分值	自评	他评
搬运、码垛工业机器人工作站系统	80 分	查找任务相关知识	查找任务相关知识，该任务知识能力掌握度达到 60% 扣 5 分，达到 80% 扣 2 分，达到 90% 扣 1 分	20 分		
		确定方案编写计划	1. 制定整体设计方案，在实施过程中修改一次扣 2 分。2. 制定实施方法，在实施过程中修改一次扣 2 分	20 分		
		记录实施过程步骤	在实施过程中，步骤记录不完整度达到 10% 扣 2 分，达到 20% 扣 3 分，达到 40% 扣 3 分	20 分		
		检查评价	1. 自我评述完成情况。2. 检查资料收集整理情况	20 分		
职业素养	20 分	团队协调与合作		10 分		
		用专业语言正确流利地简述任务成果		10 分		
综合				100 分		
完成用时						

任务 3.4　喷涂工业机器人工作站

1. 任务引入

喷涂工业机器人是可进行自动喷涂的工业机器人，在 1969 年由挪威 Trallfa 公司发明。

喷涂工业机器人工作站主要包括工业机器人本体、控制系统、喷涂系统、安全系统、应用系统以及辅助部分。

（1）工业机器人包括工业机器人本体、工业机器人控制柜和示教器。

（2）控制系统是连接整个工作站的主控部分，由 PLC、继电器、输入/输出端子组成一个控制柜，接收外部指令后进行判断，然后给工业机器人本体信号，从而完成信号的过渡、判断和输出，属于整个喷涂工业机器人工作站的主控单元。

（3）喷涂系统包括喷涂电源、喷涂喷头、喷涂料存储罐和运送机构。

（4）安全系统包括挡光帘、外围工作房和安全光栅。

（5）应用系统包括变位机、喷涂工装和喷涂相关装置。

（6）辅助部分包括喷涂材料、除尘装置等。

2. 任务目标

1）知识目标

了解喷涂工业机器人工作站的组成。

2）技能目标

熟练使用喷涂工业机器人。

3）素养目标

培养学生对专业及以后从事的职业和岗位的认同感，树立职业自信。

3. 任务分析

喷涂工业机器人工作站（图3-5）主要由工业机器人本体、计算机和相应的控制系统组成。液压驱动的喷涂工业机器人还包括液压油源，如液压泵、油箱和电动机等。喷涂工业机器人多采用5个自由度或6个自由度的关节式结构，手臂有较大的运动空间，并可做复杂的轨迹运动，其腕部一般有1~3个自由度，可灵活运动。较先进的喷涂工业机器人腕部采用柔性手腕，既可向各个方向弯曲，又可转动，其动作类似人的手腕，能方便地通过较小的孔伸入工件内部，喷涂其内表面。

图3-5 喷涂工业机器人工作站

喷涂工业机器人的大量运用极大地解放了在危险环境下工作的劳动力，也极大地提高了制造企业的生产效率，并带来稳定的喷涂质量，提高了产品的合格率，同时提高了油漆利用率，减少了废油漆、废溶剂的排放，有助于构建环保的绿色工厂。

4. 相关知识

1）喷涂工业机器人工作站的组成[①]

（1）工业机器人本体。

工业机器人本体即机座、臂部、腕部和终端执行机构，是一个带有旋转连接和交流伺服电动机的6轴或7轴联动的一系列的机械连接，使用轮系（齿轮传动链）和旋转向量（RV）型减速器。大多数喷涂工业机器人有3~6个自由度（对于带轨道式工业机器人，一般将工业机器人本体在轨道上的水平移动设置为扩展轴，称为第7轴），其中腕部通常有1~3个自由度。

驱动系统包括动力装置和传动机构，使执行机构产生相应的动作，即每个轴的运动由安

---

① 注：本任务以汽车制造企业的喷涂工业机器人工作站为例进行说明。

装在工业机器人手臂内的伺服电动机驱动传动机构来控制。执行机构为静电喷涂雾化器，不同品牌、不同型号的工业机器人手臂末端的接口不同，根据生产工艺可选择不同的静电喷涂雾化器。

对于采用溶剂型油漆喷涂的系统，必须配备废油漆、废溶剂清洗回收装置，避免污染环境，达到环保生产的目的。

（2）工业机器人控制器。

每一台工业机器人都可以独立地动作，而工业机器人控制器（RC）就是按照输入的程序对驱动系统和执行机构发出指令信号，控制单台工业机器人运动轨迹的装置。工业机器人控制器内的主要部件为与工业机器人手臂内的伺服电动机连接的伺服放大器及CPU模块。不同型号的工业机器人配备不同内存的CPU，CPU内存储有用户自定义数据及程序。

CPU将程序数据转换成伺服驱动信号传给伺服放大器，伺服放大器启动伺服电动机来控制工业机器人的运动。通常CPU模块还具备通过与不同类型的I/O模块连接实现与其他外部设备或工业机器人通信的作用。例如，CPU模块与PLC连接，可以通过系统操作控制台（SCC）来控制工业机器人的动作。一般一台控制器独立控制一台工业机器人，随着技术的发展和低成本化的进程，已出现可同时控制两台机器人运动的控制器。

工业机器人示教器通过单根电缆与工业机器人控制器内的CPU连接，不同品牌工业机器人的示教器内安装了不同的应用软件，功能有所差异。通过示教器操作面板上的按键来操作软件界面上的菜单。可以实现的主要功能为：直接编程、显示用户程序、操作工业机器人运动、预定义工业机器人的位置、自定义程序和编辑系统变量等。

（3）系统操作控制台。

系统操作控制台的主要功能是集成整个喷房硬件，实现系统自动化功能，它包含系统所有与管理喷涂工业机器人活动相关的硬件及整合每个喷房单元的相关硬件，例如与喷房系统相关的安全互锁继电器、隔离光栅等。柜内安装有一个PLC，以上硬件通过各种类型的I/O模块与PLC通信。PLC通过I/O模块接收喷房单元内每一台工业机器人及外围设备的实时信号，包括与工厂主信息系统、其他工业机器人系统单元的数据交换，然后根据预先编制好的逻辑判断程序，对所收集接收到的信号做出相应的处理并发送结果变量给各相关系统。

系统操作控制台的另一个主要功能就是提供一个友好的操作界面实现人机交互，使整个系统在人的监控下按人的意愿有序而稳定地连续工作。一般将人机图形交互系统，即一部计算机主机和显示器整合到系统操作控制台内，计算机主机通过各种上层控制网络与PLC连接。不同厂家的人机图形交互系统计算机上装有不同的用户软件，该软件的人机界面上显示了整个区域内工业机器人系统的时实状态和用户操作菜单，可查寻相关的生产信息、报警信息等。大部分设备操作都可通过操作系统操作控制台上的按钮或选择开关及人机交互界面上的菜单完成。

（4）工艺控制柜。

应用喷涂工业机器人的最主要的目的是将不同种类、不同颜色的油漆，通过工业机器人的运动，均匀地涂抹在车身表面。工艺控制柜（PCE）是电信号与潜在的挥发性油漆和溶剂间的相对安全接口，它将电信号转换为气动信号。来自PLC的电信号触发工艺控制柜内的电磁阀，打开空气（或真空）回路，通过一定的气压驱动各个油漆或溶剂管路接口上的气动阀，将各种不同颜色的油漆或溶剂供给工业机器人喷涂作业或清洗管路等动作使用。

工艺控制柜的主要功能为控制喷涂工艺的各种动作（如换色、清洗等），控制各种工艺参数，如油漆流量、雾化器旋杯转速等。随着工业机器人技术的不断发展，大部分品牌的喷涂工业机器人均采用闭环流控制系统，通过在靠近终端执行器的工业机器人手臂上安装流量计或计量泵，精确控制油漆或溶剂实际输出流量值和设定值之间的误差。不同型号的喷涂工业机器人可能会设计将工艺控制柜的功能部件分别集成到其他系统空间内，而不是单独形成一个工艺控制柜，这样可以节约生产场地，美化生产环境。

（5）车型检测系统。

喷涂工业机器人具有很强的柔性生产能力，可同时喷涂各种不同形状的车身。出于保护系统的原因，在车身进入喷房单元前对车身类型进行检测是非常必要的。一般采取在擦净功能区前安装若干对光电开关，并在离最近的一对光电开关 1 m 左右的输送链基架上，安装一个接近开关。根据不同的生产现场及所生产的车型间的差异程度，通过 PLC 程序设置不同的检测位置，并调整好光电开关的安装位置。

当即将进入喷房的车身到达检测位置时，不同车型会触发不同组合的电子眼，以此检测来自工厂信息系统的车型信息与车型检测系统所检测到的车型是否一致。如果不一致，系统会产生报警并停止运行，需由操作员人工确认车型并在系统操作控制台的相应界面上输入正确的车型信息，PLC 再将正确的车型信息分别发送到各个工业机器人控制器内的 CPU 模块。CPU 模块将车型信息转化为各种指令，工业机器人根据指令执行不同的程序，从而达到根据不同的车型执行不同的喷涂轨迹的目的。

需要注意的是，要将相邻两对电子开关的发射端和接收端错开安装，以避免产生错误信息。

（6）设置安全的、隔离的生产区域。

由于工业机器人在正常的生产过程中是连续运行的，所以必须与人工区域严格隔离，以防止人身伤害事故的发生，实现安全生产。通常可在工业机器人自动喷涂区域的入口和出口处分别安装一对安全光栅，在生产过程中，若有人误闯入工业机器人自动喷涂区域，在安装光栅的位置就会触发光栅，系统产生相应的报警并立即停止运行，防止发生人身伤亡及损坏设备的事故。但是，车身也必须通过安装安全光栅的区域进入自动喷涂区域，在这个过程中也会触发光栅。为了解决这个矛盾的问题，可在安装安全光栅位置前的输送链基架边上安装一个屏蔽安全光栅的屏蔽开关，当运送车身的撬体运行到开关处就会触发屏蔽开关，发给系统 PLC 一个信号，这个信号用来屏蔽安全光栅。为了确保更严格的区分是人还是车身进入自动喷涂区域，更好的做法是在输送链基架的两侧各安装一个屏蔽开关，只有两个屏蔽开关都被触发才能起到屏蔽安全光栅的作用。若有人误闯也不会同时触发两端的屏蔽开关，安全光栅依然处于工作状态，当人处于安全光栅的位置时仍会触发安全光栅。

（7）车身直线跟踪系统。

在整车自动喷涂线上，为了提高生产效率，在喷涂作业过程中车身一直跟随输送链按照设定速度前进，而不会脱离输送链固定在某处供工业机器人喷涂作业。因此，每一台工业机器人都必须知道在工作范围内每一台车身的实时位置信息。车身直线跟踪系统的硬件主要包括脉冲编码器、检测开关和编码器转发器。根据用户的要求可以选择不同的检测开关、触点开关或光学开关，也可以是接近开关。当车身随着地面输送链运动到检测开关的位置时触发检测开关，脉冲编码器开始计数，计算车身的实时位置。脉冲编码器的输入轴与地面输送链的中心轴机械地相连，以获取地面输送链运动的同步信息。输出轴连接到编码器转发器上。编码器转发器整合到系统操作控制台内，通过编码器转发器，可将车身的实时位置信息发送到 PLC 及各个工业机器人控制器。

（8）电源分配柜。

电源分配柜用于分电配源，即引入工厂总电源，根据工业机器人系统及其外围设备所需电源值的不同，分配相应的电压、电流。可以选择标准通用的 EDS 电源分配柜，也可根据用户需求自行设计非标准的电源分配柜。

2）喷涂工业机器人

（1）喷涂工业机器人概述。

喷涂工业机器人一般采用液压驱动，具有动作速度快、防爆性能好等特点。喷涂工业机器人广泛应用于汽车、仪表、电器和搪瓷等工艺生产部门。

喷涂工业机器人的主要优点如下。

① 柔性大。

第一，工作范围大。

第二，可实现内表面及外表面的喷涂。

第三，可实现多种车型的混线生产，如轿车、旅行车和皮卡车等的混线生产。

② 提高喷涂质量和材料使用率。

第一，仿形喷涂轨迹精确，提高了涂膜的均匀性等外观喷涂质量。

第二，减小了喷涂量和清洗溶剂的用量，提高材料利用率。

③ 易操作和维护。

第一，可离线编程，大大缩短了现场调试时间。

第二，采用可插件结构和模块化设计，可快速安装和更换元器件，极大地缩短了维修时间。

第三，所有部件的维护可接近性好，便于维护保养。

④ 设备利用率高。

往复式自动喷涂机的利用率一般仅为 40%～60%，喷涂工业机器人的利用率可达 90%～95%。

（2）喷涂工业机器人的分类。

按是否具有沿着车身输送链运行方向水平移动的功能，可分为带轨道式和固定安装式；按安装位置的不同，可分为落地式和悬臂式。落地式喷涂工业机器人具有易于维护清洁的优点。带轨道式喷涂工业机器人具有工作范围相对较大的优点。悬臂式喷涂工业机器人可减小喷房宽度尺寸，达到减少能耗的作用。

按有无气喷涂，喷涂工业机器人可分为以下两种。

① 有气喷涂工业机器人。

有气喷涂也称为低压有气喷涂，喷涂机构依靠低压空气使油漆在喷出枪口后形成雾化气流作用于物体表面，有气喷涂相对于手刷而言无刷痕，而且平面相对均匀，单位工作时间短，可有效地缩短工期。但有气喷涂有飞溅现象，存在漆料浪费，在近距离查看时，可见到极细微的颗粒。一般有气喷涂采用装修行业通用的空气压缩机，相对而言一机多用、投资成本低，市面上也有抽气式有气喷涂机、自落式有气喷涂机等专用机械。

②无气喷涂工业机器人。

无气喷涂工业机器人可用于高黏度油漆的施工,而且边缘清晰,甚至可用于一些有边界要求的喷涂项目。根据机械类型,喷涂机构可分为气动式无气喷涂机、电动式无气喷涂机、内燃式无气喷涂机和自动喷涂机等多种。另外要注意的是,如果对金属表面进行喷涂处理,最好选用金属漆(磁漆类)。

按能否移动来分,喷涂工业机器可分为以下两种。

第一,仿形喷涂工业机器人。

仿形喷涂工业机器人根据被喷涂工件的外形特点,简化了工业机器人本体的结构与控制方式,造价低廉,维修简便,喷涂质量基本上能满足工业需求。国外公司统计的数字显示,采用仿形喷涂工业机器人进行作业,喷房内部尺寸可减小 2/3,排风量减少 3/5,漆雾处理的冲水流量减少 1/3,涂料节省 30%~50%。仿形喷涂工业机器人广泛应用于汽车、铁路机车等机械制造业的喷涂作业,用于完成工件顶部与侧面的喷涂。有一种用于汽车车身喷涂的仿形喷涂工业机器人,该工业机器人模仿汽车车身的形状,同时在顶部与侧面各安装喷头,喷头固定在机架上,喷头与车身的距离、角度可以调节,以满足不同型号车身的喷涂需要。它采用 PLC 控制方式,整个系统可靠性高,组态可灵活调整,编程方便,调试维护简单,对不同车型的车身通过编程即可达到仿形编程目的。

第二,移动式喷涂工业机器人。

移动式喷涂工业机器人主要用于高空喷涂作业,如大楼、桥梁的高空喷涂等,配备缆绳、真空或磁吸附装置,充当工业机器人的下肢,使工业机器人能够在高空喷涂作业的同时进行移动。有一种缆索工业机器人,用于斜拉桥的高空喷涂,利用 PLC 作为控制系统,该工业机器人运行稳定,可靠性高,可满足斜拉桥高空喷涂的需要。还有一种用于高层建筑喷涂作业的移动工业机器人,以真空吸附的方式进行高层建筑物的喷涂作业,其由支援系统、工业机器人本体和控制系统组成。其中支援系统包括移动小车、卷缆部件和悬挂装置;控制系统采用 PLC 控制。喷涂机械手采用往复运动的方式,同时在喷涂机械手上安装了两套 CCD 摄像系统,可从支援小车的监视器实时监视喷涂作业情况和墙面喷涂的质量。该工业机器人的推广应用提高了高层建筑喷涂作业的质量、工作效率和安全可靠性,减小了工人的工作量。

(3)喷涂工业机器人工作站设计因素。

①工业机器人的工作轨迹范围。

在选择工业机器人时需保证工业机器人的工作轨迹范围必须能够完全覆盖所需施工工件的相关表面或内腔。工业机器人的配置可满足车身表面的喷涂需求。间歇输送方式的工业机器人用于对静止的共建施工,除工件断面上,还需保证在工件俯视面上工业机器人的工作范围能够完全覆盖所需施工的工件相关表面。当工业机器人的工作轨迹范围在输送运动方向上无法满足时,则需要增加工业机器人的外部导轨,以扩展其工作范围。

②工业机器人的重复精度。

对于涂胶工业机器人而言,一般重复精度达到 0.5 mm 即可。而对于喷涂工业机器人,重复精度要求可低一些。

③工业机器人的运动速度及加速度。

工业机器人的最大运动速度或最大加速度越大,意味着工业机器人空行程所需的时间越短，在一定节拍内工业机器人的绝对施工时间越长，可提高工业机器人的使用率。因此，工业机器人的最大运动速度及加速度是一项重要的技术指标。需要注意的是，在喷涂过程中（涂胶或喷涂），喷涂工具的运动速度与喷涂工具的特性及材料等因素直接相关，需要根据工艺要求设定。此外，由于工业机器人的技术指标与其价格直接相关，所以应根据工艺要求选择性价比高的工业机器人。

④工业机器人手臂可承受的最大荷载。

对于不同的喷涂场合，在喷涂过程中配置的喷涂工具不同，要求工业机器人手臂的最大承载载荷也不同。

5. 任务评价

任务评价见表 3-4。

表 3-4 任务评价

评分内容	配分	评分标准		分值	自评	他评
喷涂工业机器人工作站系统	80 分	查找任务相关知识	查找任务相关知识，该任务知识能力掌握度达到 60% 扣 5 分，达到 80% 扣 2 分，达到 90% 扣 1 分	20 分		
		确定方案编写计划	1. 制定整体设计方案，在实施过程中修改一次扣 2 分。2. 制定实施方法，在实施过程中修改一次扣 2 分	20 分		
		记录实施过程步骤	在实施过程中，步骤记录不完整度达到 10% 扣 2 分，达到 20% 扣 3 分，达到 40% 扣 3 分	20 分		
		检查评价	1. 自我评述完成情况。2. 检查资料收集整理情况	20 分		
职业素养	20 分	团队协调与合作		10 分		
		用专业语言正确流利地简述任务成果		10 分		
综合				100 分		
完成用时						

任务 3.5　抛光、打磨工业机器人工作站

1. 任务引入

抛光、打磨工业机器人工作站基本概念

抛光、打磨工业机器人工作站（图 3-6）代替人工处理工件表面毛刺，不仅省时，而

且抛光、打磨效果好，效率极高，避免了抛光、打磨作业对操作工人的身体伤害，以及空气污染和噪声对操作工人身心健康的影响。目前抛光、打磨工业机器人工作站集成应用于压铸工作站及硬模浇注、砂型铸造和制芯等工序的常规作业。随着经济及技术的发展，抛光、打磨工业机器人工作站集成产品和柔性工业机器人自动化解决方案具有巨大的应用潜力，目前已经广泛应用于卫浴、IT 元件、汽车零部件、工业零件、医疗器械和民用产品等高精度的抛光、打磨作业，主要用于锯割、磨削、抛光、凿边、铣削、去飞边、磨光和去毛刺等。

图 3-6 抛光、打磨工业机器人工作站

抛光、打磨工业机器人工作站采用 6 关节工业机器人，配置动力主轴和抛光、打磨工具等，完成复杂形状铸件的外形和内腔的直边与圆边的抛光、打磨，实现传统去毛刺机床不能承担的抛光、打磨工作，可以在计算机的控制下实现连续轨迹控制和点位控制。

（1）抛光。

抛光是通过电动机带动海绵或羊毛抛光盘高速旋转，抛光盘和抛光剂共同作用并与待抛表面进行摩擦，达到去除漆面污染、氧化层和浅痕的目的，使产品表面变得光洁透亮，增加美观性。很多家电产品表面光洁透亮，就是经过抛光达到的效果。

抛光可分为机械抛光、化学抛光、电解抛光几种。目前抛光、打磨工业机器人使用的抛光方法主要是机械抛光。

（2）打磨。

打磨是对工件表面进行加工处理，以便去除工件尖角、毛刺等多余材料，使工件表面更加平整光洁。打磨对加工表面的要求不如抛光的要求高。

常见的抛光、打磨包括机械加工后处理，如内腔、内孔去毛刺，孔口、螺纹口去毛刺；焊缝抛光、打磨，如去除焊缝尖角，增加平整度；铸件抛光、打磨，如去除铸造毛刺、飞边等。

抛光与打磨的工艺过程是类似的，因此，在使用工业机器人进行抛光与打磨时，对工业机器人的要求、工作站的形式与结构都非常类似。在很多情况下，抛光、打磨工业机器人能同时完成这两项工作。抛光与打磨的主要不同在于抛光工具与打磨工具不同。打磨要求去除的材料较多，需要的力量较大，打磨工具是硬性工具，能快速切除工件多余材料，因此常使用各种形式的砂轮；抛光时产品表面本身已经很平整，抛光主要是为了得到高质量的表面效果，因此抛光工具多为以海绵或羊毛类材料制成的盘类、带类工具，是软性工具，通过调整摩擦，让产品表面更加光亮。

2. 任务目标

1）知识目标

（1）了解抛光、打磨工业机器人工作站的基本概念。

（2）理解抛光、打磨工业机器人的特点与分类。

2）技能目标

熟练使用抛光、打磨工业机器人。

3）素养目标

培养学生对专业及以后从事职业、岗位的认同感，树立职业自信。

3. 任务分析

使用工业机器人进行抛光、打磨的优点如下。

（1）稳定和提高抛光、打磨质量和产品光洁度，保证抛光、打磨产品的一致性。

（2）提高生产率，一天可24 h连续生产。

（3）改善工人劳动条件，可在有害环境下长期工作。

（4）降低对工人操作技术的要求。

（5）缩短产品改型换代的周期，减少相应的设备投资。

（6）具有可再开发性。用户可根据不同样件进行二次编程，以便同一工业机器人能完成不同产品的抛光、打磨工作，增强产品适应能力。

抛光、打磨工业机器人工作站中的工业机器人按照对工件处理方式的不同可分为工具型抛光、打磨工业机器人和工件型抛光、打磨工业机器人两种。

工具型抛光、打磨工业机器人工作时，使用不同的抛光、打磨工具对固定位置的产品进行抛光、打磨。该种工业机器人包括工业机器人本体和抛光、打磨工具系统，力控制器，刀库和工件变位机等外围设备，由总控制柜连接工业机器人和外围设备，总控制柜系统分别调控工业机器人和外围设备的各个子控制系统，使工业机器人按照加工需要，分别从刀库调用各种抛光、打磨工具，完成工件各个部位的不同抛光、打磨工序和工艺加工。

工件型抛光、打磨工业机器人是一种通过工业机器人抓手夹持工件，把工件分别送到各种位置固定的抛光、打磨机床设备，分别完成抛光、打磨等不同工艺和各种工序的抛光、打磨加工的抛光、打磨工业机器人自动化加工系统。其中砂带抛光、打磨工业机器人最为典型。

抛光、打磨工业机器人工作站主要由示教器、控制柜、工业机器人本体、压力传感器、磨头组件及周边设备等组成，可以在计算机的控制下实现连续轨迹控制和点位控制，广泛应用于卫浴五金、IT元件、汽车零部件、工业零件、医疗器械、木材建材、家具和民用产品等行业。

4. 相关知识

1）工具型抛光、打磨工业机器人

工具型抛光、打磨工业机器人与一般工业机器人的要求不完全相同，抛光、打磨工艺要求在抛光、打磨过程中，工业机器人要不断变换位置，以便能将需要抛光、打磨的部件全部抛光、打磨到位，同时，还需要对工件做进给运动，以便抛光、打磨适当的深度。在抛光、打磨一遍后，可能需要进行更加精细的抛光、打磨，因此，进给的准确性要求较高。同时，对于精密抛光、打磨，还要求重复精度较高，这就为工业机器人的选择提出了要求。一般工具型抛光、打磨工业机器人应该满足以下要求。

第一，工具型抛光、打磨工业机器人一般选用5关节工业机器人。这样的工业机器人有5个或5个以上自由度，可以通过改变工业机器人的姿态，使抛光、打磨工具从各种角度完成工件不同部位的抛光、打磨加工。

第二，工具型抛光、打磨工业机器人应选用具有一定刚度的工业机器人，以适应工具抛光、打磨形成的冲击力。

第三，工具型抛光、打磨工业机器人应有一定精度，以保持工件抛光、打磨的一致性。

第四，工具型抛光、打磨工业机器人的工作范围要能满足工件加工要求，防止抛光、打磨工具干涉。

工具型抛光、打磨工业机器人工作站主要包括工业机器人系统，控制系统，抛光、打磨系统，安全系统，应用系统以及周边辅助设备。

第一，工业机器人系统包括工业机器人本体、工业机器人控制柜和示教器。

第二，控制系统是连接整个工作站的主控部分，它由PLC、继电器、输入/输出端子组成一个控制柜，接收外部指令后进行判断，然后发给工业机器人本体信号，从而完成信号的过渡、判断和输出，属于整个工作站的主控单元。

第三，抛光、打磨系统包括抛光、打磨电源，抓取夹具，抛光、打磨转轮和运送机构。选择一个好的抛光、打磨电源是关键，它能保证稳定和可靠地进行抛光、打磨。

第四，安全系统包括挡光帘、外围工作房和安全光栅。

第五，应用系统包括变位机，抛光、打磨工装，抛光、打磨相关装置。

第六，辅助设备包括抛光、打磨片，排烟装置等。

（1）示教器。

示教器是在可编程工业机器人中用来注册和存储机械运动或处理过程与线路的记忆设备。当加工一个产品时，示教器收集相应的工艺路线、旋转度数、前进速度和进给力量等参数并写入内存。当这些数据被读取时，工业机器人就会以示教时的特定顺序、特定程度和速度重复执行示教时的动作。因此，示教器是一种智能自动设定系统参数的工具，可以减少用户编程与系统设置的工作量，提高工作效率。

（2）控制系统。

控制系统是工业机器人的控制核心，主要包括控制计算机、传感器、存储设备、通信与网络接口等，完成记忆、示教、与外围设备联系、坐标设置、人机交互、位置伺服及故障诊断等作用，通过编程，可以控制操作机完成指定的工作任务。工具型抛光、打磨工业机器人控制系统能按照输入程序，对驱动系统和执行机构发出指令信号，进行控制；通过示教和离线编程，控制工业机器人的位置、腰部姿态、腕部角度和抓手位置，充分满足各类工件的不同位置要求，完成抛光、打磨工艺加工。

（3）工业机器人本体。

工业机器人本体是工业机器人的支承基础与执行机构，包括传动部件、机身及行走机构、臂部、腕部及手部。工具型抛光、打磨工业机器人可以像人一样通过变换身体和手腕姿态，完成一系列的抛光、打磨工作。

（4）压力传感器。

压力传感器是工业实践中最为常用的一种传感器，广泛应用于各种工业自控环境，涉及水利水电、铁路交通、智能建筑、生产自控、航空航天、军工、石化、油井、电力、船舶、机床和管道等众多行业。压力传感器的作用是将压力转换为电信号输出，从而方便控制。工具型抛光、打磨工业机器人通过压力传感器，将作用在抛光、打磨工件上的力量转换成电信号，反馈到控制计算机，控制计算机通过分析，确定对抛光、打磨工件施加力量的大小，及其他进给参数。以确保抛光、打磨力量适中，保护抛光、打磨工具和被加工件不被损坏。压力传感器如图3-7所示。

图3-7 压力传感器

（5）磨头。

工具型抛光、打磨工业机器人所用的磨头是切除多余材料的工具。磨头的形状与材料种类与加工对象有关，如抛光表面，可能用纱布磨头；加工金属表面，可能用砂轮或金刚石磨头。按材质可将磨头分为陶瓷磨头、橡胶磨头、金刚石磨头、合金钢磨头、砂面轮磨头和树脂轮磨头等。磨头的形状根据抛光、打磨工件的情况不同而五花八门，有柱形、球形、锥形和盘形等。

（6）抛光轮。

抛光轮分为缝合轮、非缝合轮、整布轮和皱褶轮。缝合轮多用粗平布、麻布及细平布等缝合而成；非缝合轮、整布轮多用细软棉布制作而成；皱褶轮（也称为风冷布轮）将布轮卷成45°角的布条，缝成连续的、有偏压的布卷，再把布卷装在带沟槽的中间圆盘上，形成皱褶状。

（7）工具系统。

①对工具系统的要求。

第一，工具型抛光、打磨工业机器人的刀库系统能储存3~5把抛光、打磨工具，以方便对不同部位、不同要求的表面进行抛光、打磨。不同的工业机器人的刀库系统不同，这主要与工作性质有关。比如抛光、打磨一些形状与结构复杂的零件,为了能完成每个部位的抛光、打磨工作,需要使用不同大小和形状的刀具,这就要求刀库系统能储存更多种类的抛光、打磨刀具。当被加工件形状简单时,就可以减少刀具的数量和种类。

第二,抛光、打磨工具包括进行铣削、磨削、抛光工艺加工的铣刀、磨头和抛光轮等,以满足粗、细、精等工艺加工要求。当加工余量极大时,可以使用铣刀进行抛光、打磨,去除大量多余材料;当加工余量较大时,可用磨削工具进行粗磨与精磨;当加工余量极小时,可用抛光工具进行抛光。根据被加工件表面要求的不同,抛光分粗抛光、半精抛光和精抛光等多道工序。

②抛光、打磨工具。

a. 气动工具。

气动抛光、打磨机主要是利用压缩空气带动气动电动机对外输出动能的一种气动工具。

气动抛光、打磨机广泛应用于铁板、木材、塑料件和轮胎表面研磨,船舶、汽车和飞机零部件的精细抛光,去毛边、除锈和去油漆等。

气动抛光、打磨机的主要特点:有多种外形结构,适合各种角度操作,体积小,转速高,研磨效率高,噪声低,振动小,具有强力的吸尘效果,长时间使用不疲劳。其缺点是在工作过程中需要添加空气压缩机等制气设备。

气动抛光、打磨工具可以直接或通过改造后安装到工具型抛光、打磨工业机器人的末端执行器上,完成抛光、打磨任务。

b. 电动工具。

电动抛光、打磨机是使用电动机来驱动抛光、打磨头的一种工具,是一种新型的可以用在木板、竹子、塑料、金属、石材、玉器、陶瓷和玻璃等软、硬材料上雕刻抛光、打磨的机器。

电动抛光、打磨机的主要特点如下。

第一,用电源提供动力,无须提供气泵,摆脱气源等因素的困扰,可为用户节约生产成本。

第二,行程长,效率高,节能,环保,质量小,噪声小,携带方便。

第三,经济实用,配件充足,维修方便。

(8) 末端执行器。

末端执行器是一个安装在移动设备或者工业机器人手臂上,能够拿起一个对象,并且具有处理、传输、夹持、放置和释放对象到一个准确的离散位置等功能的机构。末端执行器是直接执行作业任务的装置,大多数末端执行器的结构和尺寸都是根据不同的作业任务要求来设计的,形成了多种多样的结构形式。通常,根据其用途和结构的不同可以分为机械式夹持器、吸附式末端执行器和专用工具(如焊枪、喷嘴和电磨头等)3类。工业机器人的末端执行器安装在操作机手腕(在配置有手腕的情况下)或手臂的机械接口上。在多数情况下,末端执行器是为特定的用途而专门设计的,也可设计成用途稍微多一点的低通用型末端执行器。

工具型抛光、打磨工业机器人的末端执行器需要抓住一些抛光、打磨工具,如磨头,并传递动力使抛光、打磨工具高速旋转,完成抛光、打磨的任务。工具型抛光、打磨工业机器人的末端执行器属于专用工具类的末端执行器。其磨头动力由手部电动机提供,属于电动工具。在抛光、打磨工业机器人中，气动工具也较常用，液压工具使用较少。

（9）导轨。

工具型抛光、打磨工业机器人可以通过导轨行走，以扩大工作范围，有利于不同车间场地的工业机器人单元的布局。导轨相当于给工业机器人增加了一个自由度。导轨行程大，可扩展工业机器人的工作空间。导轨的形式可以是直线型、半圆形等。

（10）工件变位机。

在抛光、打磨过程中，由于工件的不同部位需要抛光、打磨，如果只靠工业机器人的自由度变位，可能有些部位的抛光、打磨难以实现，因此，可以配置工件变位机，通过工件变位机的回转或翻转，达到抛光、打磨所有工件部位的作用。工件变位机的形式多种多样，目前市场上的工件变位机多用于焊接工业机器人，工具型抛光、打磨工业机器人可以使用这些设备，如果抛光、打磨零件特殊，可以自行设计工件变位机。

2）工件型抛光、打磨工业机器人

工件型抛光、打磨工业机器人主要适用于中小零部件的自动化抛光、打磨加工，还可以根据需要，配置上料和下料的工业机器人，完成抛光、打磨的前后道工件自动化输送。

（1）工件型抛光、打磨工业机器人概述。

①工件型抛光、打磨工业机器人的基本要求。

a. 工件型抛光、打磨工业机器人的负载和臂载必须满足工件质量需要，有足够的工作范围，防止工件在抛光、打磨过程中与抛光、打磨设备发生干涉。被抛光、打磨的工件由夹持器夹持后，在不同的抛光、打磨设备上抛光、打磨，抓手应能承受一定的力量，有一定的刚度，不至于将工件损坏或使工件变形；抓持工件的部位要合适，保证不损坏工件，能方便地将需要抛光、打磨的部位加工到位。

b. 工件型抛光、打磨工业机器人根据车间场地情况可按"一"字形排列，通过导轨，分别在各种抛光、打磨设备上完成不同的抛光、打磨工序。也可以按"品"字形布局，成为抛光、打磨加工岛，工业机器人在各类抛光、打磨设备中回转完成工件的各种抛光、打磨工艺和工序。

②工件型抛光、打磨工业机器人配备的抛光、打磨设备。

工件型抛光、打磨工业机器人配备的抛光、打磨设备主要根据抛光、打磨要求进行设计，目前市场上存在大量不同类型的抛光、打磨设备。在进行抛光、打磨工作时，要根据抛光、打磨材料类型，抛光、打磨工件的形状及大小，抛光、打磨工艺要求，选择不同的抛光、打磨设备。机械零件的抛光、打磨常用配置如下。

第一，按抛光、打磨工艺要求，分别配置砂带机、毛刷机、砂轮机和抛光机等。

第二，按精度要求，分别配置粗加工、半精加工和高精加工等各种工艺的抛光、打磨设备。

（2）工件型抛光、打磨工业机器人的主要组成。

工件型抛光、打磨工业机器人主要由工业机器人本体、砂带、毛刷等抛光、打磨设备组成，还包括控制柜、抓手和力控制器等外围设备。控制柜分别控制工业机器人及抛光、打磨设备，从而实现工件的一次装夹，可以完成不同抛光、打磨工艺和工序，使加工效率大幅提高，并能保持工件抛光、打磨的一致性，保证加工质量。

工件型抛光、打磨工业机器人本体、控制柜和力控制器等设备与前面介绍的工具型抛光、打磨工业机器人基本相同，不同之处在于工件型抛光、打磨工业机器人要求强度高，能支承的质量大。工件型抛光、打磨工业机器人能举起质量较大的工件，而工具型抛光、打磨工业机器人只需要举起抛光、打磨工具即可。下面对工件型抛光、打磨工业机器人特有的设备进行介绍。

①工件型抛光、打磨工业机器人的抓手。

a. 工件型抛光、打磨工业机器人的抓手，根据工件质量，采用单手爪、双手爪或四手爪。

b. 工件型抛光、打磨工业机器人的抓手，根据工件形状，采用真空吸附式或电磁吸附式等。

②工件型抛光、打磨工业机器人的力控技术。

工件型抛光、打磨工业机器人可根据抛光、打磨需要配置力传感器，通过力传感器及时反馈在抛光、打磨过程中工件与抛光、打磨设备的附着力以及抛光、打磨程度，防止工业机器人过载。力控技术可确保工件抛光、打磨适度，保证工件抛光、打磨的一致性，防止产生废品。

5. 任务评价

任务评价见表3-5。

表3-5 任务评价

评分内容	配分	评分标准		分值	自评	他评
抛光、打磨工业机器人工作站系统	80分	查找任务相关知识	查找任务相关知识，该任务知识能力掌握度达到60%扣5分，达到80%扣2分，达到90%扣1分	20分		
		确定方案编写计划	1. 制定整体设计方案，在实施过程中修改一次扣2分。 2. 制定实施方法，在实施过程中修改一次扣2分	20分		
		记录实施过程步骤	在实施过程中，步骤记录不完整度达到10%扣2分，达到20%扣3分，达到40%扣3分	20分		
		检查评价	1. 自我评述完成情况。 2. 检查资料收集整理情况	20分		
职业素养	20分	团队协调与合作		10分		
		用专业语言正确流利地简述任务成果		10分		
综合				100分		
完成用时						

任务3.6　装配、包装工业机器人工作站

3.6.1　装配工业机器人工作站

1. 任务引入

装配工业机器人是为完成装配作业而设计的工业机器人，是工业机器人应用种类中适用范围较为广泛的产品之一。装配工业机器人工作站是指使用一台或多台装配工业机器人，配有控制系统、辅助装置及周边设备，进行装配生产作业，完成特定工作任务的生产单元，如图3-8所示。

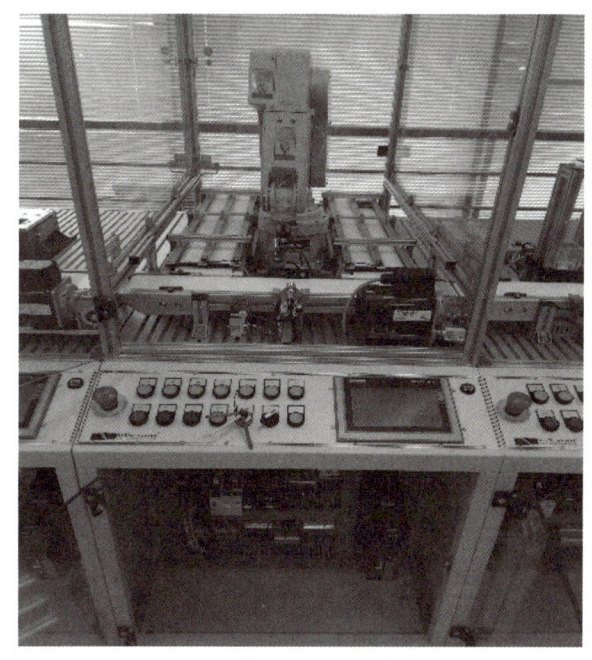

图3-8　装配工业机器人工作站

根据装配任务的不同，装配工业机器人工作站也不同。一个复杂机器系统的装配，可能需要一个或多个装配工业机器人工作站共同工作，形成一个装配工业机器人生产线，才能完成整个装配过程。比如汽车装配，其零件数量及种类众多，装配过程非常复杂，每个装配工业机器人工作站完成规定的装配工作，由很多个装配工业机器人工作站组成一条装配工业机器人生产线完成一个项目的装配，由多个装配工业机器人生产线共同作用，完成一个极为复杂的汽车装配任务。

与其他工业机器人比较，装配工业机器人除了具有精度高、柔性好、工作范围小、能与其他系统配套使用等特点外，其结构也与其他工业机器人有所不同。装配工业机器人广泛用于电器制造，以及汽车、计算机、玩具、机电产品的装配等。

2. 任务目标

1）知识目标

（1）了解装配工业机器人的分类与组成。

（2）理解装配工业机器人的结构。

2）技能目标

熟练使用装配工业机器人。

3）素养目标

培养学生对专业及以后从事职业、岗位的认同感，树立职业自信。

3. 任务分析

装配工业机器人工作站每个环节的控制都必须具备高可靠性和一定的灵敏度，才能保证生产的连续性和稳定性。合理地规划装配线可以更好地保证产品的高精度、高效率、高柔性和高质量。装配线主要包括总装线、分装线、工位器具及线上工具等。在总装线和分装线上，采用柔性输送线输送工件，并在线上配置自动化装配设备以提高效率。

装配工业机器人工作站的运用对于工业生产的意义如下。

（1）装配工业机器人工作站可以提高生产效率和产品质量。装配工业机器人在运转过程中不停顿、不休息，产品质量受人的因素影响较小，产品质量更稳定。

（2）装配工业机器人工作站可以降低企业成本。在规模化生产中，一台装配工业机器人可以替代 2~4 名产业工人，一天可 24 h 连续生产。

（3）装配工业机器人工作站可缩短产品改型换代的周期，减少相应的设备投资。

（4）装配工业机器人工作站可以把工人从各种恶劣、危险的环境中解放出来，拓宽企业的业务范围。

4. 相关知识

1）装配工业机器人的特征参数与组成

装配工业机器人是柔性自动化装配工作现场中的主要部分，可以在规定的时间里搬送质量从几克到上百千克的工件。装配工业机器人至少有 2 个可编程序的运动轴，用来完成自动化装配工作。装配工业机器人也可以作为装配线的一部分介入节拍自动化装配。

（1）根据运动学结构原理，装配工业机器人有各种不同的工作空间和坐标系统。以下特征参数是必须掌握的。

①工作空间的大小和形状。

②连接运动的方向。

③连接力的大小。

④能搬送工件的质量。

⑤定位误差的大小。

⑥运动速度（循环时间、节拍时间）。

（2）装配工业机器人的组成。装配工业机器人主要由手臂、手爪、控制器、示教器和传感器组成。

手臂是装配工业机器人的主机部分，由若干驱动机构和支持部分组成。为适应各种用途，手臂有不同的组成方式和尺寸。手臂各关节部分根据装配任务的需要，产生不同的自由运动，自由度越多，执行任务时越灵活，对提高装配的复杂性有好处。

驱动机构是带动手臂到达指定位置的动力源。动力一般直接或经电缆、齿轮箱或其他方法送至手臂。目前主要有液动、气动和电动 3 种驱动方式。电动驱动又分为直流电动机驱动、步进电动机驱动和交流电动机驱动等方式。关节型装配工业机器人几乎都采取电动机驱动方式。伺服电动机速度快，容易控制，现在已十分普及。只有部分廉价的装配工业机器人采用步进电动机驱动。在实际应用中，使用何种驱动方式，要根据任务情况灵活确定，以能完成装配任务为准则。

手爪安装在手臂前端，担负抓拿工件的任务，相当于人手。事实上用一种手爪很难适应形状各异的工件。通常根据抓拿对象的不同，需要设计特定的手爪。一些装配工业机器人配备有各种可换手爪，以增加通用性。手爪的动力源以压缩空气居多。使用压缩空气吸取装配对象是一种手爪形式，该形式的手爪可以抓取平面类工件；使用空气驱动机械机构模拟人手抓取工件是另一种手爪形式。电动机驱动也是手爪驱动的主要形式之一，可通过电磁吸引来抓取工件。

控制器的作用是记忆工业机器人的动作，对手臂和手爪实施控制。控制器的核心是微型计算机，它能完成动作程序设计、手臂位置的记忆、动作程序的执行、工作状态的诊断、与传感器的信息交流和状态显示等功能。

2）装配工业机器人的周边设备

装配工业机器人进行装配作业时，除前面提到的手臂、手爪、传感器外，零件供给器和输送装置也至关重要。从投资额和安装占地面积的角度看，它们往往比手臂所占的比例大。周边设备常由 PLC 控制。

（1）手爪。

双指气动手价格便宜，因此经常被使用。如果给手腕赋予柔性，便可以在一定程度上消除装配时工件的定位误差，对配合作业很有利。手爪的形式根据装配任务的不同可能是不一样的，比如，抓取大面积的板类工件时，可能用气动吸取或电磁吸引的方式；抓取特殊结构工件时可能需要特制对应的手爪。因此，手爪的外形、工作原理、结构样式等均随装配任务的不同而变化，设计者需要根据具体情况做出相应处理。

（2）传感器。

装配工业机器人经常使用的传感器有听觉传感器、视觉传感器、触觉传感器、接近传感器和力传感器等。视觉传感器主要用于工件位置补偿，工件的判别、确认等。触觉传感器和接近传感器一般固定在指端，用来补偿工件的位置误差，防止碰撞。力传感器一般装在腕部，用来检测腕部受力情况，一般在精密装配或去飞边一类需要力控制的作业中使用。恰当地配置传感器能有效地降低装配工业机器人的价格，改善它的性能。

不同的传感器的应用场合不同，设计者需要根据具体装配任务和环境来使用传感器，以能改善装配工作性能，提高装配效率，保证装配精度为准则。

（3）零件供给器。

零件供给器是为装配工业机器人不断提供需要的零件的装置，保证装配工业机器人能逐个正确地抓拿待装配零件，保证装配作业正常进行。零件供给器的形式与种类众多，应根据装配的性质进行设计。最近装配工业机器人利用视觉和触觉传感技术，已经达到能够从散堆（适度的堆积）状态把零件一一分检出来的水平，部分技术已投入使用。可以预料，不久之后在零件的供给方式可能有显著的改观。

目前多采用下述几种零件供给器。

①给料器。用振动或回转机构把零件排齐，并逐个送到指定位置。给料器以输送小零件为主。

②托盘。大零件或易磕碰划伤的零件加工完毕后一般应码放在托盘中运输。托盘能按一定精度要求把零件送到指定位置，然后装配工业机器人逐个取出。由于托盘能容纳的零件有限，所以托盘往往带有自动更换机构。

③其他。IC 零件通常排列在长形料盘内输送，对薄片状零件也有许多巧妙的办法，如码放若干层，再由装配工业机器人逐个取走等。

总之，零件供给器需要根据具体情况进行设计。

（4）输送装置。

在装配线上，输送装置承担把工件搬运到各作业地点的任务。输送装置以传送带居多，其他形式如回转式圆盘也较常用。输送装置也需要根据装配情况进行灵活设计，对于不同的装配要求有不同的输送装置。如果装配的零件大、复杂，就可以用传送带；如果装配的零件较小，工序不多，可以用回转式圆盘。从理论上说，零件随输送装置一起移动，借助传感器的识别能力，工业机器人也能实现"动态"装配。原则上，作业时工件都处于静止状态，因此最常采用的输送装置为游离式，这样，装载工件的容器容易同步停止。输送装置的技术难点是停止时的定位精度、冲击和减振。用减振器可以吸收冲击能。

3）装配工业机器人的结构

装配工业机器人的结构与装配的种类和性质有关。当被装配的工件可以通过输送装置输送时，多采用装配工业机器人不移动，被装配的工件通过输送装置移动的形式；当被装配的工件体积或质量特别大，或因其他客观原因不能移动被装配的工件时，可以采用被装配的工件不动，而装配工业机器人移动的方式。

（1）被装配工件可以输送的装配工业机器人结构。

装配工业机器人需要符合装配要求，而装配又需要多轴联动，即具有多自由度的要求，因此，装配工业机器人的结构随着装配要求的不同而不同，其主要类型如下。

①悬臂工业机器人。典型代表如意大利的 Pragma，其特点是可以控制悬臂上下及左右运动，同时能使手爪在主轴方向上回转。

②十字龙门式工业机器人。典型代表如意大利的 Olivetti，其特点是具有多个回转及移动自由度，各手臂可以直线运动。

③摆臂式工业机器人。典型代表如瑞典的 ASEA，其特点是有垂直或水平的摆动臂，摆动臂是通过一个联轴器悬挂的，它的运动速度极快。

④垂直关节工业机器人。典型代表如美国的 Puma，其特点是具有多个关节，能够实现 6 轴运动，它是专为小零件的装配而开发的。随着工业机器人技术的发展，垂直关节工业机器人的应用范围不断扩大。

⑤摆头工业机器人。典型代表如法国的 ARIA Delta，其特点是工业机器人头部可以摆动。摆头工业机器人通过丝杠的运动带动手爪运动。如果两边丝杠（螺母旋转）都以相同的速度向下运动，则手爪向下垂直运动；如果以不同的速度或方向运动，则手爪摆动。这种轻型结构只允许较小的载荷，如用于小产品的自动化包装等。同样由于运动部分的质量小，所以其运动速度相当大。

（2）被装配工件不可输送的装配工业机器人结构。

大型部件或产品的装配在节拍式的装配线上是难以实现的，因此人们想到另外一种方案：让装配者和装配对象调换位置，被装配的部件或产品位置不动，装配工或装配机械围绕被装配的部件或产品运动。人们从这一设想出发开发出行走工业机器人。其结构这里不再赘述。

5. 任务评价

任务评价见表 3-6。

表 3-6 任务评价

评分内容	配分	评分标准		分值	自评	他评
装配工业机器人工作站系统	80 分	查找任务相关知识	查找任务相关知识，该任务知识能力掌握度达到 60% 扣 5 分，达到 80% 扣 2 分，达到 90% 扣 1 分	20 分		
		确定方案编写计划	1. 制定整体设计方案，在实施过程中修改一次扣 2 分。 2. 制定实施方法，在实施过程中修改一次扣 2 分	20 分		
		记录实施过程步骤	在实施过程中，步骤记录不完整度达到 10% 扣 2 分，达到 20% 扣 3 分，达到 40% 扣 3 分	20 分		
		检查评价	1. 自我评述完成情况。 2. 检查资料收集整理情况	20 分		
职业素养	20 分	团队协调与合作		10 分		
		用专业语言正确流利地简述任务成果		10 分		
综合				100 分		
完成用时						

3.6.2 包装工业机器人工作站

1. 任务要求

近年来我国包装行业发展迅速，相关的包装机械设备和技术得到了越来越快的发展。工业机器人作为最具竞争力的自动化技术，适合重复、快速、要求准确性和危险性的工作。利用工业机器人生产线不仅能够大大增强企业的竞争力，也给用户带来了显著的效益。随着企业自动化水平的不断提高，工业机器人生产线的市场越来越大，逐渐成为自动化生产线的主要形式。食品、化工、医药、粮食、饲料、建材和物流等行业已经大量使用工业机器人生产线，以保证产品质量，提高生产效率，同时避免了大量的工伤事故。另外，生产厂商希望寻求更低的生产成本。包装工业机器人被越来越多的企业所知悉，它代替许多传统的设备，成为包装领域的重要助手。

全球诸多国家近半个世纪的包装工业机器人的使用实践表明，包装工业机器人的普及是实现自动化生产，提高社会生产效率，推动企业和社会生产力发展的有效手段。包装工业机器人自动化生产线成套设备已成为自动化装备的主流，包装工业机器人在我国的普及指日可待。

包装工业机器人技术先进、精密和智能，可增加产量、提高质量、降低成本、减少资源消耗和环境污染，是包装机械自动化水平的高度体现。包装工业机器人是全面延伸人的体力和智力的新一代生产工具，是实现生产数字化、自动化、网络化以及智能化的重要手段。包装工业机器人使用量在过去5年几乎翻了一番，由此可见包装工业机器人在工业中的发展前景可观。

2. 任务目标

1）知识目标

（1）了解包装工业机器人的分类与组成。

（2）理解包装工业机器人的结构。

2）技能目标

熟练使用包装工业机器人。

3）素养目标

培养学生对专业及以后从事职业、岗位的认同感，树立职业自信。

3. 任务分析

包装工业机器人的优点如下。

（1）适用性强。当企业生产产品的尺寸、体积、形状及托盘的外形尺寸发生变化时，只需在触摸屏上稍做修改即可，不会影响企业的正常生产。而传统机械式包装机的更改相当麻烦，甚至是无法实现的。

（2）可靠性高。包装工业机器人的重复操作能够始终维持同一状态，不会出现类似人的主观性干扰，因此其操作的可靠性比较高。

（3）自动化程度高。包装工业机器人的操作由程序控制，无须人工参与，自动化程度高，节省了大量的劳动力。

（4）准确性好。包装工业机器人的操作控制精确，其位置误差基本处于毫米级以下，准确性好。

（5）能耗低。通常机械式包装机的功率在 26 kW 左右，而包装工业机器人的功率为 5 kW 左右，大大降低了运行成本。

（6）应用范围广。包装工业机器人的用途非常广泛，可以完成抓取、搬运、装卸和堆垛等多项作业。

（7）效率高。包装工业机器人的工作速度比较快，而且没有时间间断，因此工作效率较高。

（8）占地面积小。包装工业机器人可以设置在狭窄的空间中，有利于厂房中生产线的布置，并可留出较大的库房面积。

4. 相关知识

1）包装工业机器人工作站的结构组成

包装工业机器人工作站以装箱工业机器人、码垛工业机器人为核心，将控制柜、安全防护系统、托盘库、输送轨道、平移机械手和缠绕包装机等设备结合，具有较高的生产效率和智能控制能力。

（1）装箱工业机器人。

装箱工业机器人对包装件进行抓取或吸附，然后送到指定位置的包装箱或托盘中。装箱工业机器人的方向和位置可自动调节。

（2）码垛工业机器人。

码垛工业机器人是机械与计算机程序有机结合的产物，为现代生产提供了更高的生产效率。码垛工业机器人能准确地对产品进行抓取和堆码，稳定性和平衡性较好。

（3）缠绕包装机。

缠绕包装机主要完成箱子的缠绕紧固任务，广泛应用于玻璃制品、五金工具、电子电器、造纸、陶瓷、化工、食品、饮料和建材等行业，能够有效提高物流包装效率，减少运输过程中的损耗，具有防尘等功能。

（4）平移机械手。

平移机械手主要由手爪、手臂、机身、基座、升降台和丝杠等组成，具备平移、搬运等多种功能。根据设计所需，如升降台上下移动、机身旋转、臂的伸缩等3自由度动作，需要3个电动机的驱动。利用电动机带动减速器。电动机驱动控制精度高，反应灵敏，可实现高速、高精度的连续轨迹控制。

实践证明，工业机械手可以代替人手进行繁重劳动，可以显著降低工人的劳动强度，改善劳动条件，提高劳动生产率和自动化水平。工业机械手在推动工业生产的进一步发展中所起的作用越来越重要，而且在地质勘测、深海探索和太空侦测等方面显示出其优越性，有着广阔的发展前途。

（5）安全防护系统。

安全防护系统的作用是减少包装过程对工作人员和周边环境的伤害，提高作业安全系数。安全防护系统可与工业机器人通信，完全以自动模式工作，保护工作人员与工业机器人所产生有害物质隔离。

安全防护系统一般由以下部分组成。

①门体结构。

采用高强度抗氧化工业铝合金导轨，门头罩及电动机罩采用2 mm冷钢板，表面经高温粉末喷涂处理。

②驱动装置。

高速变频制动电动机效率更高，频率设定在最低点6 Hz即可达到输出额定转矩；大孔径输出轴直径为35 mm，适合超宽门自重过大的情况，可增加运转过程中滚筒的承受力。

③电控系统。

采用变频控制元件，具有高性能、高可靠性、高稳定性及高精准定位等特点；运用变频控制技术，有软启动、缓停止功能，保证门体运转平稳，延长使用寿命；可与工业机器人通信；以航空插头连接，安装方便，调试简单。

④限位控制装置。

采用旋转式编码器，整体调试无须登高攀梯，在地面即可完成门体上下到位动作定位。

⑤安全装置。

a. 门帘底端装有安全气囊，门体在下降过程中与物体轻微的碰撞会使门体停止并反向上升。

b. 门框下部可选装红外线光电保护开关一对，当门体下面停留人与物体，挡住光电保护开关时，门体不下落。

2) 包装工业机器人的功能与分类

(1) 包装工业机器人的功能。

包装工业机器人主要用于体积大而笨重物件的搬运、装卸和堆码等，人体不能接触的洁净产品（如食品、药品），特别是生物制品和微生物制剂及对人体有害的化工原料的包装。随着工业机器人技术的成熟和产业化的实现，包装工程领域中应用工业机器人的范围越来越广，主要如下。

①集合包装装箱：将多个包装件进行一次装箱。

②粉料大袋的装袋：一次性将粉料装入特定软袋，同时完成特定位置的堆码，例如水泥及化工产品粉剂的集装袋包装。

③高速装盒装箱、折边封合的多工位包装：对一些大型纸箱和托盘进行多工位快速包装，如在纸箱中装填货物后的折边、压边及封合等。

④重物的搬运捆扎：靠人工搬运难以实现的重型产品的包装、搬运和捆扎，如金属铸件的堆码、捆扎及包裹，尤其是贵重有色金属中的铝锭、铜锭和锌锭等，还有大型冷库中的冻肉及制品的搬运与堆码等。

⑤易脆物品的包装：一次性将成组的瓶装产品进行装箱，如瓶装啤酒、瓶装汽水饮料等物品的装填包装等。

⑥有害液体的包装：化学和农药等有害液体的灌装。

⑦识别和检测：对一些包装产品和包装货物进行不同条件下不同部位的自动识别和多种信息检测（同时还具有分级和分类的功能）。

(2) 包装工业机器人的分类。

工业机器人技术在包装工程领域的应用有很长的历史。在美国、日本及德国等国家，许多包装工序是用工业机器人来完成的。每年一度的国际包装机器展览会上，都会推出新的包装工业机器人。包装工业机器人的作业内容有很多方面，其中最为成熟的是堆码、装箱和灌装工业机器人。其配合多功能手爪可以适用于组合工作，如抓瓶式、夹钳式、抓纸箱的真空吸盘式、装瓶和码垛一体式手爪等。根据实际生产过程的需求，工业机器人可以更换安装不同的手爪，以满足柔性生产的需要。包装工业机器人还可以配合激光视觉检测系统，识别工件种类，进行定位。

包装工业机器人分类如下。

①装袋工业机器人。

装袋工业机器人是代替装袋的工人进行工作的工业机器人，它是一种智能化较高的包装工业机器人。

a. 技术指标。

包装物料：化肥、乙烯和碱等物料。

额定称量：25.000～50.000 kg/包，连续可调。

称量显示分辨率：0.001 kg。

累计误差：趋于零。

定量包装精度：≤±50 g，占95%以上。

称量精度：±0.01%。

上袋速度：18~20 包/min。

上袋成功率：≥99%。

b. 主要部件介绍。

机械手：磁林公司发明的机械手包括多级嵌套式防旋转气缸技术、弹簧气缸技术、气关节技术和包装专用吸头技术等，可依次连续完成吸取袋、张袋口和套袋的工作，具有先进性、实用性和可靠性。

全新的技术路线、颠覆性的技术创新，使包装速度更高、设备维护量更小、环境适应能力更强。

整袋机构可实现不同规格包装袋的逐一整理工作，为后续机械手上袋做好准备。

控制器主要由主板、触摸屏构成，实现装袋工业机器人的智能自动控制、故障监测和部件运行状态监测等功能。各个信号的状态在触摸屏上指示，警告和故障提示代码以图文并茂的形式体现，使用户的操作与维护变得轻松简单。

推包机为全自动定量包装设备，不影响机械手抓袋与套袋时间，且能将包装袋平稳、高速地送入折边机中。

c. MF2012SD 机器人上袋装置主要技术创新。

磁林公司独创的 MF2012SD 机器人自动上袋装置，有效解决了目前包装行业存在的问题，其实现的技术创新有：一是不覆膜的软包装袋也能自动上袋；二是实现了腐蚀性粉尘环境的实用化；三是大幅度简化系统。

②装箱工业机器人。

与装袋工业机器人类似，装箱工业机器人对包装件进行抓取或吸附，然后送入指定位置上的包装箱或托盘中。它具有方向性和位置自动调节的功能，可实现无箱（托盘）不卸货和方向调节。装箱工业机器人是一种较为成熟的包装工业机器人，应用很广，可用于饮料、啤酒、化妆品和香烟等的装箱。

装箱工业机器人应用范围广，占地面积小，性能可靠，操作简便，机身小巧，能集成于紧凑型包装机械中，满足到达距离和有效载荷方面的所有要求。它具有运动控制和跟踪性能，非常适合应用于柔性包装系统，大大缩短了包装周期。装箱工业机器人具有极高的精度和卓越的输送带跟踪性能，在固定位置和运动中操作，拾放精度均为一流；体积小、速度快，专门根据包装应用进行优化；配有全套辅助设备（从集成式空气与信号系统至抓料器），可配套使用包装软件，机械方面集成简单，编程方便；采用先进的 4 轴、6 轴设计，最高具有 3.15 m 到达距离和 250 kg 有效载荷，适合在恶劣环境中应用，防护等级达到 IP67；通用性、到达距离以及承重能力几乎可满足任何装箱应用的需求。

装箱工业机器人更换抓手夹具就能适用于化工、医药、制盐、食品、糖酒和饮料等行业的各种产品的全自动装箱。

③堆码工业机器人。

堆码工业机器人是一种功率较大的包装工业机器人，能够准确地对产品进行抓取和堆码，稳定性和平衡性较高。

堆码工业机器人是一种专业化、集成化的工业设备，它将包装袋按照预定的编组方式，逐个逐层码放在托盘或箱体内，通常作为包装线的后续设备，能提高生产能力和转运能力。

堆码工业机器人的特点为：结构简单，专业化程度高；故障率低，性能可靠；保养维修简单，所需库存零部件少；占地面积小，节省空间；操作简单，适用性强；编组方式灵活。

④罐装工业机器人。

罐装工业机器人是一种将包装容器充满液体物料后，进行计量、输盖、压盖（旋盖）和识别的包装工业机器人。它具有无瓶不输料、无盖不输瓶、破瓶报警和自动剔除等功能。

⑤包装输送工业机器人。

包装输送工业机器人在包装工业中主要用于包装输送，广泛应用于化工、水泥、饲料和食品等行业的粉料/粒料产品的自动包装、输送和码垛，可大大提高生产效率并降低用工成本，也可通过计算机远程控制，避免产品气味、粉尘对环境及工人健康的影响，实现清洁环保的自动化生产。其目前可实现 600~1 200 包/h 的作业能力，也可据用户需求定制，如双包抓取等。

⑥识别检测工业机器人。

识别检测工业机器人是一种智能化系统，具有包装成品的识别检测和产品（如水果等）分级识别检测功能。识别检测工业机器人使用了许多先进技术，主要是识别与检测技术。

在工业 4.0 智能工厂实验室中，工业机器人将杂乱无章的待检部件按便于自动处理的空间方位自动定向排列，随后顺利输送到后续的检测机构中。装有射频识别读写装置的工业机器人在进行夹取、装配等过程前先对物料状态进行识别，再自行判断下一步动作，可以做到真正的智能化。控制系统通常采用 PLC 控制，PLC 要接收各种输入信号，向各执行机构发出指令。各模块配备多种传感器来监视每个执行机构的运行情况，经判断后发出下一步执行指令。

5. 任务评价

任务评价见表 3-7。

表 3-7　任务评价

评分内容	配分	评分标准		分值	自评	他评
包装工业机器人工作站系统	80 分	查找任务相关知识	查找任务相关知识，该任务知识能力掌握度达到 60% 扣 5 分，达到 80% 扣 2 分，达到 90% 扣 1 分	20 分		
		确定方案编写计划	1. 制定整体设计方案，在实施过程中修改一次扣 2 分。 2. 制定实施方法，在实施过程中修改一次扣 2 分	20 分		
		记录实施过程步骤	在实施过程中，步骤记录不完整度达到 10% 扣 2 分，达到 20% 扣 3 分，达到 40% 扣 3 分	20 分		
		检查评价	1. 自我评述完成情况。 2. 检查资料收集整理情况	20 分		
职业素养	20 分	团队协调与合作		10 分		
		用专业语言正确流利地简述任务成果		10 分		

续表

评分内容	配分	评分标准	分值	自评	他评
		综合	100 分		
		完成用时			

任务 3.7 KUKA 工业机器人搬运工作站应用

1. 任务引入

KUKA 工业机器人在现代自动化生产中得到了广泛的应用，包括执行打磨、装配、搬运、喷涂等工作任务。本项目通过对 KUKA 工业机器人在模拟实际工业生产中复杂控制过程的自动化生产线教学平台中的应用，学习 KUKA 工业机器人的工作原理、自动生产线的组成以及系统调试和编程方法。

2. 任务目标

1）知识目标

了解 KUKA 工业机器人搬运工作站的组成和功能。

2）技能目标

能够对 KUKA 工业机器人搬运工作站进行安装。

3）素养目标

培养学生对专业及以后从事职业、岗位的认同感，树立职业自信。

3. 任务分析

该教学平台由物料供给系统单元、物料检测系统单元、多工位加工单元、工业机器人搬运工作单元、加处理工作单元、自动仓储单元和总控台单元 7 个部分组成，综合应用了工业机器人、PLC、伺服系统、变频器、多种传感器、射频识别系统，模拟实现了工业 4.0 环境下货物的供给、搬运、检测、分类、识别、传输、加工、装配、加热、仓储和管理等过程。其中，KUKA 工业机器人在生产线上执行工件搬运的任务，将完成装配的工件从装配工作台搬运到加热工作区的传送带上，从而将检测、装配和加工仓储衔接起来。

4. 相关知识

1）KUKA 工业机器人搬运工作站的组成

在自动化生产线教学平台中，KUKA 工业机器人搬运工作站是一个可以独立移动和拼装的工作单元。

KUKA 工业机器人搬运工作站由铝合金框架式底板及支架提供支撑，KUKA 工业机器人安装于铝合金型材的操作面板上。为了减小 KUKA 工业机器人搬运工作站的体积，在设计中将 KUKA 工业机器人的控制器置于移动安装支架的下方。除 KUKA 工业机器人本体和控制器之外，KUKA 工业机器人搬运工作站还包括 KUKA SmartPAD 示教器、西门子 S7-1200 PLC 及其接口单元、西门子直流电源以及 KUKA 工业机器人搬运工作站的空气电源开关。

（1）KUKA 工业机器人。

KUKA KR6 R900 sixx WP 工业机器人本体具体介绍如下。

KUKA KR6 R900 sixx WP（以下简称"KUKA 工业机器人"）是由 KUKA 公司推出的一种额定负载为 6 kg 的轻型 6 轴关节型工业机器人，每个关节的驱动电动机均有电磁制动器，并且由防水密闭外壳进行保护，起到防水、防尘的作用。在使用气动抓手时，抓手所需的压缩空气经由 A1 关节处的气动接口连接到抓手的气动接口，避免工业机器人外部气动布局带来的成本增加和安全隐患。

KUKA 工业机器人由手腕、手臂、底座以及电气接口等组成。KUKA 工业机器人共有 6 个关节。A4~A6 关节组成了手腕，就像人的手腕一样可以灵活地控制 KUKA 工业机器人法兰上安装的各种工具。手腕还具有 3 个阀门和 1 条 CAT5 数据线用于控制抓手等工具的开合等动作。

手臂关节位于连接臂和手腕之间，用于控制手腕的位置，由 A3 关节的电动机进行驱动。连接臂处于手臂和转盘之间，由 A2 关节进行驱动。KUKA 工业机器人工具操作的气路部分和 A3~A6 关节的 4 个电动机连线都经过连接臂汇总到电气接口处，电气接口提供 KUKA 工业机器人本体与控制器连接线缆的标准接口。

转盘对应的是 KUKA 工业机器人的第一个关节，即 A1 关节，它通过与基座的相对运动带动 KUKA 工业机器人本体的转动。转盘同样与转盘相连。与转盘另一侧相连的基座是 KUKA 工业机器人的固定部分，起到支撑 KUKA 工业机器人本体的作用。KUKA 工业机器人的安装形式可以分正向安装、倒置安装、倾斜安装、墙壁安装等多种方式，它们都是通过改变底座固定位置的方式实现的。

（2）KUKA 工业机器人基本参数。

KUKA 工业机器人是 6 轴可控的工业机器人，其工作参数如下。

①工作空间：2.85 m^3；

②定位精度：±0.03 mm；

③默认工作点位置：6 轴法兰中心；

④质量：53 kg；

⑤防水等级：IP67；

⑥安装位置：墙面、地面、顶部；

⑦基座安装面积：320 mm × 320 mm；

⑧工作噪声：<70 dB；

⑨标准颜色：固定部分为黑色，移动部分为 KUKA 橙色；

⑩内部气路压力：0.3 MPa；

⑪内部气路流速：0.1 m^3/h；

⑫气路接口：6 mm 标准外径软管；

⑬工作温度：+5 ℃ ~ +45 ℃；

⑭储存和运输温度：-40 ℃ ~ +60 ℃；

⑮额定负载：3 kg；

⑯吸附最大负载：6 kg。

2）KUKA KR C4 Compact 控制器

KUKA 工业机器人控制器包含 5 种不同的规格，其中 KR C4 Compact 控制器体积最小，适用于 KUKA KR6 系列等额定负载和功率较小的工业机器人。

KUKA KR C4 Compact 控制器是一种专门面向小型 KUKA 工业机器人的控制器，主要由控制 PC、电力部件、安全逻辑系统、手持式编程器 SmartPAD 和接线面板 5 个部分组成。

（1）KUKA KR C4 Compact 控制器的组成。

KUKA KR C4 Compact 控制器从结构上可以分为上、下 2 部分，分别为控制部分和电力驱动部分。

KUKA KR C4 Compact 控制器主要由 5 个部分组成。下面介绍其中 4 个部分。

①控制 PC：负责 KUKA 工业机器人控制系统的操作界面，程序的生成、修正、存档及维护，流程控制，轨道设计。驱动电路的控制、监控，与外围设备的通信等。

②电力部件：负责 KUKA 工业机器人生产中间回路电压，控制电动机、制动器，检查制动器运行中的中间回路电压等。

③安全逻辑系统：用于控制器执行安全的判断，在发生过流、过载、过热等情况下可以保护控制器，在多工业机器人协作时避免工业机器人之间的碰撞和互相干扰等。

④手持式编程器 smart PAD：具有 KUKA 工业机器人操作和编程所需的各种操作和显示功能。

（2）KUKA KR C4 Compact 控制器的属性。

①工业机器人控制系统（完成轨迹规划）：可控制工业机器人的 6 个轴及多个附加轴（附加轴是指不属于工业机器人机械系统，但由工业机器人控制器控制的运动轴，例如 KUKA 的线性滑轨、双轴转台、Posiflex）。

②流程控制系统：符合 IEC61131 标准的集成式 soft PLC。

③安全控制系统：是控制 PC 的一个内部单元，主要用于把与安全相关的信号以及与安全相关的监控联系起来，负责关断驱动器、触发制动、监控制动斜坡、进行停机监控、进行 T1 速度监控、评估与安全相关的信号、触发与安全相关的输出端的工作。

④运动控制系统：用于控制工业机器人各关节的运动等。

⑤通过 PLC、其他控制系统，传感器和执行器完成总线系统的通信。

⑥通过主机或其他控制系统完成网络通信。

（3）KUKA KR C4 Compact 控制器的接口。

KUKA KR C4 Compact 控制器提供 4 种标准接口，包括 KUKA 工业机器人本体连接接口、电动机驱动线缆接口、手持式编程器 SmartPAD 接口和外围设备接口。接口在 KR C4 Compact 控制器面板上的分布可以由用户根据需求进行定制，具有很大的灵活性。

3）KUKA 工业机器人搬运工作站的功能

使用 KUKA 工业机器人进行搬运和上、下料是一种成熟的机械加工辅助手段，可在自动生产线上进行自动工件搬运和中转，适用于大批量、重复性强的工作或者在工作环境恶劣的条件下进行搬运。KUKA 工业机器人搬运工作站所在的自动化生产线教学平台可以实现零件分拣、装配、模拟加入和产品仓储管理等功能，与 KUKA 工业机器人共同组成柔性自动化生产线。

相对于人工操作，工业机器人具有更加明显的优势，如可以实现 24 h 不间断自动运行，具有精度高、速度快、生产稳定、功率大等特点，而且具有较高的安全性，可以在提升产品质量、扩大产品产量的同时降低经济成本。另外，工业机器人柔性大，可以经过简单示教编程完成不同的任务，节约企业的培训成本。

在该教学平台中，KUKA 工业机器人搬运工作站的任务是将上一工作单元装配完成的工件搬运到下一工作单元进行下一个工序。在系统开始运行时，KUKA 工业机器人如果不在原点位置，则在系统自检以后回到原点，等待上一单元完成装配的信号。在完成一次搬运后，KUKA 工业机器人仍需要回到原点等待搬运下一个产品。

4）KUKA 工业机器人搬运工作站的安装

自动化生产线教学平台由物料供给系统单元、物料检测系统单元、多工位加工单元、工业机器人搬运工作单元、热处理工作单元、自动仓储单元、总控台单元 7 个部分组成，其中总控台单元相当于整个工作站的大脑，负责调度和协调其余 6 个单元有序工作。

（1）物料供给系统单元的组成及功能。

物料供给系统单元由铝合金框架式底板及支架、操作面板、PLC 及其接口单元、双通道井式供料机、带式输送机构、气路控制装置和电源装置等组成。

①双通道井式供料机。

供料机构为双通道井式供料机，两个供料塔提供可以交替供料的两条供料通道。双通道井式供料机由供料塔、货料检测传感器、供料塔移动气缸、推料气缸、磁性开关、限位开关和型材基体等组成。在供料塔有料时，货料检测传感器信号有效，加工程序自动运行；在供料塔出现缺料时，货料检测传感器信号失效，程序控制供料塔移动气缸切换到另一个供料塔继续供料，并发出警报信号通知操作人员执行加料操作；当两个供料塔都缺料时，生产线停止运行并发出故障警告。

磁性开关属于接近型开关，用于检测物料被推料气缸从供料塔推出后是否到达供料位置。限位开关属于接触型开关，用于检测供料塔切换时是否到达预定位置。两种开关都属于安全确定性开关，主要功能是确保生产线中的操作是否执行正确。

②带式输送机构。

带式输送机构由同步齿形带、直流电动机、同步带张紧装置、动力驱动装置、型材基体等组成，主要实现货料的传送运输。由于该教学平台采用独立工作单元设计，因此物料供给系统单元传送带的行程未超出该单元工作台边界，外部的运输部分通过相邻单元的物料运输机构与其传送带对接来实现。

带式输送机构采用直流电动机驱动，可提供 900 μN·m 的转矩；直流电动机转速为 4 000 r/min，经过减速后转速为 60 r/min。为避免直流电动机驱动信号对传感器信号传输的影响，设计中采用独立中继接口对直流电动机进行 24 V 直流供电。

③单元功能。

在系统运行之前，物料供给系统单元需要手动装入不同类型的物料。在运行中教学平台给出缺料信号之后需要操作人员重新手动装填物料。

当系统处于自动运行状态时，推料气缸在原点，如果仓位 1 内货料检测传感器检测到料块，则在需要供料时系统自动将其推出。如果仓位 1 内货料检测传感器未检测到料块，仓位 2 内货料检测传感器检测到料块，则在需要供料时系统自动控制推料气缸将物料推出。当推料气缸在原点时，如果仓位 2 内未检测到料块，而仓位 1 内检测到有料块，则推料气缸动作，达到仓位 1 处将料块推出。

当料块从仓位被推出时，传送带工作，将料块运送到下一单元。

(2) 物料检测系统单元的组成及功能。

物料检测系统单元用于检测料块的颜色、位置和形状，可以根据要求判断料块属于有用工件还是废料。

①传感器检测单元。

传感器检测单元由传感器检测组及传感器安装支架等组成。传感器检测组包括光纤传感器、色标传感器和回归反射式传感器，可以实现传送带上的工件位置检测，高、低长短形状检测以及颜色检测。传感器的安装位置水平可调，可以在使用中根据需求调整传感器和废料回收槽之间的距离。

②废料回收槽。

废料回收槽由推料气缸及和斜滑道模块单元组成，主要功能是将传送带上的工件推入废料回收槽，用于收集传感器检测单元判定为废料的料块。废料的推料气缸行程为 60 mm，可以将废料准确地推入倾斜的滑道。

斜滑道模块单元由滑道支架、滑道等组成。滑道支架呈直角梯形，滑道支架的高度可调整，滑道呈倾斜状，滑道截面呈凹形。滑道经过减小摩擦力的工艺处理。

③传送带。

物料检测系统单元的传送带规格与物料供给系统单元相同，同样采用 24 V 直流电动机驱动。在物料检测系统单元与物料供给系统单元拼装之后，两个单元的传送带可以实现紧密对接，保证物料的平稳传送。

④单元功能。

当系统处于自动运行状态时，物料供给系统单元的传送带开始转动，同时物料检测系统单元的传送带也同步动作。

物料供给系统单元将物料推出之后，物料经由传送带到达物料检测系统单元，其中最先到达的传感器是光纤传感器。当光纤传感器检测到物料后，进入检测区。光纤传感器用于检测物料的位置，根据光纤传感器的测量信号对物料的位置进行确认。在确认物料经过光纤传感器之后，物料检测系统单元开启色标传感器，等待物料到达时对物料颜色进行检测。

回归反射式传感器则用于检测物料的形状。该单元使用的回归反射式传感器用于检测物料是否为空芯。

对物料进行位置检测、颜色检测和形状检测，即可根据检测结果判定物料是否为废料。默认设置模式为：如果物料为黄色空芯料块或带有金属料芯的料块，则在其到达废料回收槽处后将其推入进槽内；如果物料为蓝色空芯料块，则直接进入下一单元。

对色标传感器和回归反射式传感器进行重新校准和设置，可以根据需要定义废料和有效工件的颜色与形态。

(3) 多工位加工单元的组成及功能。

多工位加工单元用于完成原料工件的组装，即将一个料芯装入物料检测系统单元，筛选出待加工工件。

①供料装置。

供料装置由一个井式供料塔存放待装配的小铁芯，由物料检测传感器对供料塔的存料情况进行检测，在供料塔为空时，物料检测传感器发出警告信号，并通过该单元 PLC 将信号传入总站，停止系统的运行。

推料气缸的作用是在供料塔有料芯时，由系统控制在需要装配时将料芯推到装配位置。推料气缸有效行程为 60 mm，在应用中调整安装位置使推料气缸动作时准确地将料芯推到装配位置。

②多工位旋转工作台。

多工位旋转工作台具有 4 个装配工位，可以同时进行装配和工位填料的任务。多工位旋转工作台由转盘原点检测传感器、加工定位机构、井式供料装置、四工位旋转装配台、工件检测装置、型材基体、步进电动机及驱动系统、线槽、电磁阀组、接线端子等组成。

工件检测装置能同时检测工件及工件中的料芯，可以检测到工位的工件中有无料芯。系统自动运行时根据当前工位上工件中是否有料芯，来为下面的动作任务做出判断。

转盘原点检测传感器采用电感传感器，主要任务是判断原点，为多工位转盘确定一个相对零点，为后面的定位做好准备。转盘原点检测利用电感传感器的非接触测量特性，在 4 个工位中的 1 个旋转到电感传感器上方时，工位的机械结构引起电感传感器的变化，从而确定转盘原点。

多工位旋转工作台采用混合式步进电动机驱动，步进角度为 1.8°，多工位旋转工作台由步进电动机通过外啮合齿轮传动机构带动旋转。步进电动机选择与其配套的驱动器，由该单元的 PLC 控制起停和旋转方向。

③冲压装置。

冲压装置由冲压气缸及其安装支架、冲压到位检测传感器、电磁阀、型材基体等组成，主要功能是把料芯装配到工件中。

该单元在确认供料塔不为空，而且工件检测装置确认多工位旋转工作台工位上的工件没有料芯时，启动冲压装配程序。在多工位旋转工作台运送物料进入装配位置后，料芯由供料机构的推料气缸推出到装配位置，由冲压装置将料芯压入工件。

冲压到位检测传感器选用霍尔开关，在料芯被压入工件时，由于料芯靠近霍尔开关从而触发料芯到位信号，完成冲压过程。

④带式传输机。

为了学习多种不同形式的电动机使用方法，多工位加工单元的带式传输机选择同步齿形带和伺服电动机的组合，伺服电动机由 V90 伺服驱动器进行驱动和控制。该单元的传送带与物料检测系统单元的传送带同步运行，而且在完成系统装配时实现紧密衔接，保证物料在两个单元之间平稳传输。

⑤单元功能。

在系统处于自动运行状态时，系统启动后如果多工位旋转工作台不在原点，系统自动找寻原点，到达原点后停止旋转，等待转盘进料口的光电传感器检测到有物料时，推料气缸动作将其推入转盘的仓位。

随后转盘旋转 180°到工件检测仓位处，检测仓位上是否有工件及工件中是否有料芯，若工件中有料芯，则转盘顺时针旋转 90°，并通知下一站将工件搬运到下一单元；若工件中没有料芯，则转盘逆时针旋转 90°，转到装配位置，将料芯冲压到工件中。

在工件进入冲压工位后，供料机构将料芯推送到装配位置，由冲压装置进行冲压操作，完成后转盘顺时针旋转 90°到工件检测仓位处，检测工件中的料芯是否完成装配。当加工完成后的工件达到要求后，转盘顺时针旋转 90°，并通知下一站将工件搬运到下一单元。如加工完成后的工件未达到要求，转盘逆时针旋转90°，转到冲压工位进行重新加工处理，重复装配和检测任务。

（4）热处理工作单元的组成及功能。

物料工件装配料芯之后，需要经过热处理加工成产品才能入库保存，因此在自动化生产线教学平台中设置热处理工作单元对装配后的产品进行热处理。

①加热炉。

加热炉由炉体、屏蔽炉丝、温度传感器、隔热层和型材基体等组成，主要是模拟工厂中PID调节恒温加热控制，内部有温度加热执行元件和温度采集检测元件。产品的热处理具有较高的工艺要求，因此要求温度控制具有较高的精度。

②传送带。

热处理工作单元的传送带与物料供给系统单元的传送带规格相同，传送带的行程为890 mm，同样使用直流电动机进行驱动。

为了节省能源，加热炉除在对产品进行热处理时处于高温加热状态外，其余时间均设定在温度较低的等待状态。为了实现该功能，传送带上加装了加热起始位置检测传感器和货物移出到位检测传感器，两个位置的传感器都采用非接触的光电传感器。

在起始位置检测传感器检测到产品到达加热区域后，加热炉开始工作，最后产品经过货物移出到位检测传感器后加热炉退出热处理工作状态，进入等待状态。

③单元功能。

当系统处于自动运行状态时，在工业机器人搬运工作单元将多工位加工单元完成装配的产品移至传送带后，传送带开始运行。当光电传感器检测到有工件进入时，延迟一段时间后传送带停止运行，工件进入热处理工位。系统根据触摸屏上设定的加热温度值，自动进行PID调节，当温度达到指定值或达到由触摸屏设定的加热时间后，传送带启动运行，将物料送到出料口。

（5）自动仓储单元的组成及功能。

自动仓储单元负责经过热处理工序之后的成品的入库和仓库管理，由仓储管理机器人将传送带上的产品放到仓库的空位上。在每次系统开始运行时，仓储管理机器人首先对仓库进行检测，标记仓储位置的存储状态。

①立体仓库。

立体仓库用于存放产品，共有3层15个仓位，每个仓位都有适合产品的底座，以保证产品稳固摆放。立体仓库由直角坐标型仓储管理机器人进行管理，可以对仓库进行理货、清点、整理和产品出/入库操作。

②仓储管理机器人。

仓储管理机器人是一种直角坐标型机器人，由滚珠丝杠、滑轨、同步带、气缸、卷道等机械元件组成。步进电机驱动滚珠丝杠带动仓储管理机器人沿滑轨进行水平运动和垂直运动。为了防止仓储管理机器人的气管和电线在移动中受损，在设计中使用卷道对气管和电线进行保护。

滚珠丝杠的传动结构可以使仓储管理机器人在任意水平位置和垂直位置停止，从而实现对整个立体仓库的管理。但仓储管理机器人与仓库之间的距离是固定不变的，在进行出/入库操作时不需要抓手在中间位置停留，因此该动作由气缸的推出和收回来实现，这使结构更加简单。

③单元功能。

当系统处于自动运行状态时,如果系统启动时仓储管理机器人不在原点,系统自检并回到原点。

系统开始运行时不知道仓位中有无产品,需要进行盘库处理,仓储管理机器人以S形运动方式对立体仓库的各个仓位进行扫描,根据扫描结果判断出哪个仓位有产品并记忆结果,在触摸屏上对仓位信息进行显示。

热处理工作单元处理过的产品会由传送带运送到入库位,在入库位检测到产品后,仓储管理机器人运行到取料位置,并将夹紧气缸张开,仓储管理机器人的Z轴伸缩气缸将抓手推出到入库,夹紧气缸夹紧产品,此时仓储管理机器人的Z轴气缸收回。

仓储管理机器人运行到相应放料仓位后停止,Z轴气缸伸出,抓手到达放料仓位,只有夹紧气缸张开,放下产品,之后仓储机器人的Z轴气缸收回,巷道起重机返回取料位置,等待新的产品到达入库位。仓储管理机器人在夹产品和放产品时进行相应短距离的相对运动,以避免与立体仓库发生机械碰撞。

(6) 总控台单元。

总控台单元是自动生产线教学平台的核心控制部分,其余各部分的运行都是在总控台单元的调度下有序进行的。除自动运行时对整个自动生产线教学平台进行控制外,总控台单元还可以对整个系统进行组态和编写 PLC 程序,并由工业以太网将程序下载到各单元的 PLC 中。

5. 任务评价

任务评价见表 3-8。

表 3-8 任务评价

评分内容	配分	评分标准		分值	自评	他评
KUKA 工业机器人搬运工作站应用	80 分	查找任务相关知识	查找任务相关知识,该任务知识能力掌握度达到 60% 扣 5 分,达到 80% 扣 2 分,达到 90% 扣 1 分	20 分		
		确定方案 编写计划	1. 制定整体设计方案,在实施过程中修改一次扣 2 分。 2. 制定实施方法,在实施过程中修改一次扣 2 分	20 分		
		记录实施过程步骤	在实施过程中,步骤记录不完整度达到 10% 扣 2 分,达到 20% 扣 3 分,达到 40% 扣 3 分	20 分		
		检查评价	1. 自我评述完成情况。 2. 检查资料收集整理情况	20 分		

续表

评分内容	配分	评分标准	分值	自评	他评
职业素养	20 分	团队协调与合作	10 分		
		用专业语言正确流利地简述任务成果	10 分		
综合			100 分		
完成用时					

任务 3.8　ABB 工业机器人基本操作

1. 任务引入

1）ABB 公司简介

ABB 公司总部位于瑞士苏黎世，它是全球电力和自动化技术领域的领导企业，致力于为电力、工业、交通和基础设施客户提供解决方案，帮助客户提高生产效率和能源效率，同时减小对环境的不良影响。

ABB 公司致力于研发工业机器人已有 50 多年，拥有全球 200 000 多套工业机器人的安装经验。作为工业机器人的先行者和世界领先的工业机器人制造厂商，ABB 公司在瑞典、挪威和中国等多地设有工业机器人研发、制造和销售基地。ABB 公司于 1969 年售卖出全球第一台喷涂工业机器人，后于 1974 年发明了世界上第一台电动工业机器人，并拥有当今最多种类、最全面的工业机器人产品、技术和服务。

2）ABB 工业机器人的中国化历程

随着中国工业行业的迅猛发展，第二产业对工业机器人的需求量也日益增加。ABB 公司通过不断研发适合市场需求的工业机器人自动化解决方案，帮助客户提高生产效率、改善产品质量、提升安全水平。在我国，ABB 公司不仅服务于诸多知名跨国公司，而且正与越来越多的本土优秀企业，如吉利、长城汽车、比亚迪上汽集团、一汽集团、富士康、娃哈哈、蒙牛等建立起密切的联系。

ABB 公司与中国的关系可以追溯到 20 世纪初的 1907 年，当时 ABB 公司向中国提供了第一台蒸汽锅炉。1974 年，ABB 公司在中国香港设立中国业务部；1979 年，在北京设立办事处；1992 年，在厦门投资建立第一家合资企业。1994 年，ABB 公司将中国总部迁至北京，并于 1995 年正式注册了投资性控股公司 ABB（中国）有限公司。2005 年，ABB 公司在中国建立了全球七大研发中心之一。

经过多年的快速发展，ABB 公司在中国已拥有 40 多家企业，在近 150 个城市设有销售与服务分公司及办事处，拥有研发、生产、工程、销售与服务等全方位业务。2015 年，ABB 公司在中国的销售收入超过 330 亿元人民币，中国保持 ABB 公司全球第二大市场的地位。秉持"在中国，为中国和世界"的发展战略，ABB 公司积极推动技术研发的本土化，通过持续投入和优化研发布局，不断提高本土研发与创新能力。

凭借全球领先的产品技术和解决方案，ABB 公司参与了南水北调、西电东送、青藏铁路、北京奥运会和上海世博会等众多国家重点项目的建设。ABB 公司不断帮助客户节能增效，为实现电力、工业、交通和基础设施的升级做出贡献，实现产业链高附加值和建设美好生态环境的智慧跨越。ABB 工业机器人也在中国市场得到越来越广泛的应用。

2. 任务目标

1）知识目标

（1）了解 ABB 工业机器人的型号和特点。

（2）掌握 ABB 工业机器人的指令应用。

2）技能目标

能够对 ABB 工业机器人进行示教操作。

3）素养目标

培养学生对专业及以后从事职业、岗位的认同感，树立职业自信。

3. 任务分析

典型 ABB 工业机器人介绍如下。

1）IRB 140 工业机器人

IRB 140 是一种动力强劲的紧凑型 6 轴工业机器人，其显著特点是加速快、工作空间大和承载能力强，在弧焊、装配、切割/去毛刺、模铸、上胶密封、注塑、机械管理、物料搬运、拾料、包装、喷涂领域应用。

可靠性强——正常运行时间长。自 1999 年成功投入市场以来，IRB 140 如今已成为以平均故障间隔时间（MTBF）长、维护要求低、维护时间短而著称的工业机器人。

速度快——操作周期短，在同类工业机器人中操作速度最快。IRB 140 机器人配备 ABB 公司独有的运动控制功能 QuickMove，操作速度快、加速性能好，显著缩短了工作循环时间。

精度高——零件生产质量稳定，具有极高的重复定位精度（±0.03 mm）和轨迹精度。

功率大——适用范围广，具高达 5 kg 的有效载荷和长达 810 mm 的到达距离。

坚固耐用——适合恶劣生产环境。IRB 140 工业机器人具有标准版、铸造专家型、洁净室版（10 级）和清洗版等多种版本，所有机械臂均全面采用 IP67 级防护。

通用性佳——可进行柔性化集成和生产。标准旋转功能以及多种安装选项等都有效扩大了 IRB 140 工业机器人的工作区域半径。

IRB 140 工业机器人能够以任意角度安装在地面上或墙体上，也可以进行悬挂安装，使生产线总体布局具有很大的灵活性。

2）IRB 1410 工业机器人

IRB 1410 工业机器人在弧焊、物料搬运和过程应用领域历经考验，自 1992 年以来，全球安装数量已超过 14 000 台。IRB 1410 工业机器人性能卓越、经济效益显著、资金回收周期短。应用于弧焊、上胶、注塑、包装、机械管理、物料搬运领域。

可靠性强——IRB 1410 工业机器人以其坚固可靠的结构著称，而由此带来的其他优势是噪声水平低、例行维护间隔时间长、使用寿命长。

准确性好——卓越的控制水平和循径精度（+0.05 mm）确保了出色的工作质量。

IRB 1410 工业机器人工作范围大、到达距离长（最长 1.44 m），承重能力为 5 kg，上臂可承受 18 kg 的附加载荷，这在同类工业机器人中绝无仅有。

其配备的快速精确的 IRC5 控制器有效缩短了工作周期。

3）IRB 1600 工业机器人

IRB 1600 是一种通用的高性能工业机器人，共有 4 种版本。由于有效载荷较大，IRB 1600 工业机器人在市场上所有同级别工业机器人中结构最牢固、动力最强劲。除此之外，IRB 1600 工业机器人还非常适合在许多应用领域执行灵活性强且极具成本效益的操作任务，如弧焊、装配、压铸、注塑、机械管理、物料搬运、包装等领域。

可靠性强——正常运行时间长。IRB 1600 工业机器人集成熟技术和经严格测试的创新技术于一身，具有平均故障间隔时间（MTBF）长、维护要求低、维护时间短等多项优点。

速度快——工作循环时间短，在同类工业机器人中操作速度最快。

精度高——零件生产质量稳定，具有极高的重复定位精度（±0.05 mm）和轨迹精度。

功率大——适用范围广，有效载荷选项为 5 kg 或 7 kg（"无手腕"时可达 10 kg）。

坚固耐用——适合恶劣生产环境，具有 IP67 防护等级，可蒸汽清洗，有"铸造专家型"备选。

通用性佳——可进行柔性化集成和生产，采用后弯式设计，提供多种安装选项（墙面安装、地面安装、倒置安装和倾斜安装）。

4）IRB 2400 工业机器人

IRB 2400 工业机器人有多种不同版本备选，拥有极高的作业精度，在物料搬运、机械管理和过程应用等方面均有出色表现。IRB 2400 工业机器人可提高生产效率、缩短生产提前期、加快交货速度，应用于弧焊、装配、铸件清洗、切割/去毛刺、模铸、上胶/密封、研磨/抛光、机械管理、物料搬运、包装领域。

可靠性强——正常运行时间长。IRB 2400 工业机器人是全球应用最广泛的工业机器人，该工业机器人坚固耐用，使用零部件数量降至最少，可靠性强、维护间隔时间长。

速度快——操作周期短。采用 ABB 公司独有的运动控制技术，优化了加减速性能，使工作循环时间降至最短。

精度高——零件生产质量稳定，具有最佳的轨迹精度和重复定位精度（0.06 mm）。

功率大——适用范围广，有效载荷选项为 7~20 kg，最大到达距离达 1.810 m。

坚固耐用——适合恶劣生产环境，具有 IP67 防护等级，可蒸汽清洗，备有洁净室型（100 级）和"铸造专家型"备选。

通用性——可行性柔性化集成和生产，所有型号均可倒置安装。

5）IRB 4600 工业机器人

IRB 4600 工业机器人是目前市场上速度最快、可到达距离最长、最精确、精简度高、防护等级高的工业机器人，应用于材料搬运、弧焊、切割、注塑机上/下料、数控机床上/下料、压铸等领域。

IRB 4600 工业机器人采用尖端工作站设计，设计精密，活动架高度灵活，具有突出的可到达性，有效使用地面空间，周期短、产出高、精确度高、加工组件质量高，使用户得到最优生产力。

第二代 QuickMove & TrueMove 能有效缩短 20% 的生产周期，同时使长臂工业机器人具有更大的有效载荷。落地式、倾斜式、下探式和倒置式的固定设计概念以及平稳简洁的底部设计,提高了车间地面利用率。

4. 相关知识

1) ABB 工业机器人控制柜简介

ABB 工业机器人主要可以分为工业机器人本体、控制柜和示教器 3 个部分。在此对控制柜作简要介绍。控制柜是工业机器人的控制系统,主要包括主计算机、串口测量板、I/O 电源板、电源分配板、轴计算机、安全面板、6 轴驱动器、电容等部分。

(1) 主计算机:用于存放系统和数据。

(2) 串口测量板:一般是工业机器人标配的 I/O 板,通常挂在控制柜的门上,可以直接把输出点或输入点接到外部设备上,从而与工业机器人进行交互和对工业机器人进行控制。

(3) I/O 电源板:给 I/O 板提供电源。

(4) 电源分配板:给工业机器人各轴运动提供电源。

(5) 轴计算机:进行各轴的转数计算。

(6) 安全面板:当控制柜正常工作时,其上所有指示灯点亮,急停按钮从此接入。

(7) 6 轴驱动器:用于驱动各轴的电动机。

(8) 电容:用于关闭电源,保存数据后再断电,相当于延时断电。

2) ABB 工业机器人的示教操作

在生产线现场,工业机器人的重复作业是按照人们赋予它的指令执行的。人们赋予工业机器人指令的过程就是编制程序的过程。编程技术分为在线编程技术和离线编程技术两种。

(1) 用示教器控制 ABB 工业机器人。

示教器实际上是一个以微处理器为核心的手持操作单元,它用电缆与控制装置相连,一般采用串行通信方式。示教器面板有数字显示字符和许多按键,以便操作人员移动工业机器人手臂或输入各种功能、数据,手持操作时如同使用电视遥控器。

示教器用于手动控制工业机器人时的示教、编程、调试和运行。通过示教器手动控制工业机器人运动的方式主要有 3 种,分别是手动关节操纵、手动线性操纵以及手动重定位操纵。下面以 IRB 120 工业机器人为例说明。

① 手动关节操纵。

IRB 120 工业机器人共有 6 个运动关节,而示教器的操纵杆同一时刻只能控制最多 3 个变量,因此在手动操纵关节运动时需要选择轴 1~3 或轴 4~6。

手动关节操纵情况下,操作人员通过示教器的操纵杆控制对应轴的动作,这是一种绝对运动。

② 手动线性操纵。

手动线性操纵是指手动控制工业机器人沿设定坐标系的 X 轴、Y 轴和 Z 轴方向进行直线运动。

手动线性操纵时,线性运动的方向也可以通过选择不同的参考坐标系来改变,常用的坐标系有基坐标系、工具坐标系、工件坐标系等。

③ 手动重定位操纵。

工业机器人在工作时,很多时候不仅需要调整工具的位置,也需要重新定位工具的方向，使其与工件保持特定的角度，如在焊接、切割、铣削等应用中，工具的方向与产品的加工精度等息息相关。

（2）示教编程。

把作业要求预先教给工业机器人，这种操作叫作示教。工业机器人把示教的内容保存下来叫作存储或记忆。工业机器人按照示教的内容进行动作叫作再现。

示教编程是目前采用的主要编程方法。示教时操作人员按照工艺要求仔细移动工业机器人手臂到最佳位置，同时协调有关外部设备，以达到作业步骤的统一。这种方法容易满足现场作业要求，操作简便，容易掌握。

示教编程的缺点是需要"在线"，即在编程时必须停工。

目前给工业机器人示教有两种办法，一种是用示教器示教，另一种是手把手示教。

在示教中，工业机器人的控制装置要起到学习作用，其任务如下。

第一，标记运动点的坐标，并存储到工业机器人的控制器中。这些坐标可以是工业机器人的关节坐标、机座坐标或工具坐标。

第二，在适当的点标记要执行的功能，如运动速度、输入和输出信号、定时等待、跳步和调用子程序的步号及中断子程序等。

①用示教器示教。

操作示教器编程时，一般是边移动工业机器人手臂边逐步完成位置和功能示教，这个过程除了向控制装置提供所需的点坐标外，还要对许多编程点输入相应的功能数据，即在示教的同时利用示教器按键移动工业机器人手臂到所需位置，然后输入示教器上所示的功能数据，最后用记录键把该步的位置和功能信息全部存储在控制装置的程序存储器中。如果有分支程序，示教时要示教全部分支程序。

对于有些工业机器人，也可以通过控制柜上的键盘进行以上操作。

②手把手示教。

操作人员手把手引导工业机器人末端执行器通过所要求轨迹的示教称为手把手示教。

工业机器人在接受手把手示教时，各关节上的位置传感器就检测其坐标或角度，控制装置则记录这些信息。当自动再现这些数字化的信息时就能精确地再现操作人员示教的连续运动、轨迹和操作技能。

手把手示教主要用于连续轨迹控制的工业机器人，它适用于喷漆、弧焊、密封和抛光等作业。手把手示教也能使工业机器人实现 P–T–P 运动控制，但在这种示教模式中，只记录每个轨迹程序段的端点位置。轨迹速度一般作为与每个轨迹程序段对应的功能数据输入。

手把手示教与用示教器示教相比，其主要优点是编程容易、易学、能直接由从事生产作业的人员进行。其缺点是示教时操作工业机器人手臂很费劲，因此要在制造工业机器人时采用平衡机构对工业机器人手臂进行运动学平衡。也有些工业机器人生产厂在制造工业机器人时，同时制造了质量小的编程手臂，其运动同实际的操作手一样，操作人员操纵编程手臂时，相应的关节位置数据就被记录下来。

手把手示教编程软件系统包含了基本的程序编辑的特点，所要求的轨迹程序可以分解为许多轨迹程序段，而每个轨迹程序段可分开示教，然后并入所要求的程序。由于工业机器人控制装置保持每个轨迹程序段为分开的实体，所以用户可以删除不需要的轨迹程序段，再编制适当的轨迹程序段。

3) ABB 工业机器人的基本指令应用

(1) 点位控制方式 (point to point)。

这种控制方式的特点是只控制工业机器人末端执行器在作业空间中某些规定的离散点上的位姿。控制时只要求工业机器人快速、准确地实现相邻各点之间的运动，而对达到目标点的运动轨迹则不做任何规定。这种控制方式主要应用于工业机器人在工作站中的大范围点位移动，其主要技术指标是定位精度和运动所需的时间。该控制方式由于易于实现、定位精度要求不高，所以常被应用在上/下料、搬运、点焊和在 PCB 上安插元件等只要求目标点处末端执行器位姿准确的作业中。一般来说，这种控制方式比较简单，但是要达到 2~3 μm 的定位精度是相当困难的。

(2) 连续轨迹控制方式 (continuous point)。

这种控制方式的特点是连续地控制工业机器人末端执行器在作业空间中的位姿。要求其严格按照预定的轨迹和速度在一定的精度范围内运动，而且速度可控，轨迹光滑，运动平稳。工业机器人各关节连续、同步地进行相应的运动，其末端执行器即可形成连续的轨迹。这种控制方式的主要技术指标是工业机器人末端执行器位姿的轨迹跟踪精度及平稳性。通常进行弧焊、喷漆、去毛边和检测作业的工业机器人都采用这种控制方式。

(3) 常用轨迹运动控制指令。

①MoveL——让工业机器人做直线运动。

MoveL 指令用来让工业机器人 TCP 直线运动到给定的目标位置。当 TCP 仍固定的时候，该指令也可以重新给工具定方向。该指令只能用于主任务 T_ROB1，或者多运动系统的运动任务。

在使用飞点时，该指令可以用来避免由 CPU 过载引起的不想要的停止。当需要高速度并且编程点相距较近时这是很有用的。当不要求工业机器人与外部设备通信或外部设备和工业机器人通信同步的时候，该指令也很有用。使用项目 "\Conc" 的时候，连续的运动指令的数量限制为 5 个。在包括 StorePath – RestorcPath 的程序段中不允许使用带有 "\Conc" 项目的运动指令，如果不使用该项目，并且 ToPoint 不是停止点，在工业机器人到达程序区域之前的一段时间，后续指令就开始执行了。

MoveL 指令各项目如下。

ToPoint：数据类型为 roblarget。

该项目用来指定工业机器人和外部轴的目标位置。定义为一个命名的位置或者直接存储在指令中（在指令中用 "＊" 标记）。

[\ID]：同步 ID，数据类型为 identno。

该项目必须使用在多运动系统中，如果并列了同步运动，则不允许在其他任何情况下使用。指定的 ID 号在所有协同的程序任务中必须相同，该 ID 号保证在 routine 中运动不会混乱。

Speed：数据类型为 speeddaia。

该项目用来指定应用到运动中的速度数据，定义 TCP、工具重新定向或者外部轴的速度。

[\V]：速度，数据类型为 num。

该项目用来在指令中直接指定 TCP 的速度，单位为 mm/s。它用来代替速度数据中相应的速度。

［\T］：时间，数据类型为 num。

该项目用来指定外部轴运动的总时间，单位为 s。它代替相应的速度数据。

Zone：数据类型为 zonedata。

该项目用来指定运动的 Zone 数据。它描述产生的转角路径的大小。

［\Z］：Zone，数据类型为 num。

该项目用来在指令中直接指定工业机器人 TCP 的位置精度。转角路径的长度单位是 mm，它代替 Zone 数据中相应的 Zone。

［\Inpos］：到位，数据类型为 stoppointdata（停止点数据）。

该项目用来指定工业机器人 TCP 在停止点位置的收敛性判别标准。该停止点数据代替在 Zone 参数中指定的 Zone。

Tool：数据类型为 tooldata。

该项目说明当工业机器人运动的时候使用的工具 TCP 是移动到指定目标的点。

［\Wob］：工作对象，数据类型为 wobjdata。

该项目用来指定指令中与工业机器人位置相关的工作对象（坐标系）。该项目可以忽略，如果忽略，则位置相关到世界坐标系。另外，如果使用了静态 TCP 或者并列了外部轴，该项目必须指定。

［\Corr］：改正，数据类型为 switch。

如果使用该项目，则通过 CorrWrite 指令写到改正入口的改正数据将被添加到路径和目标位置。

工业机器人和外部设备按照下列步骤运动。

a. 工具的 TCP 按照程序中的速度匀速直线运动；

b. 工具沿着路径以相等的间隔重新定向；

c. 为了和工业机器人的轴在同一时间到达目标位置，非并列的外部轴匀速运动。

当重新定向或外部轴不能达到程序中的速度时，TCP 的速度将减小。

当运动路径转到下一段时，通常会产生转角路径。如果在 Zone 数据中指定了停止点，只有当工业机器人和外部轴到达合适的位置时，程序才会继续执行。

②MoveJ——通过关节移动移动工业机器人。

当运动不必是直线的时候，MoveJ 指令用来快速将工业机器人从一个点运动到另一个点。工业机器人和外部轴沿着一个非直线的路径移动到目标点，所有轴同时到达目标点。该指令只能用在主任务 T_ROB1 或者多运动系统的运动任务中。

MoveJ 指令书写格式为：

MoveJ［\Conc］ToPoint［\ID］Speed［\V］I［\T］
Zone［\Z］［\Inpos］Tool［\WObj］

相关参数说明见 MoveL 指令。

工业机器人和外部设备按照下列步骤运动。

工业机器人 TCP 用轴角度插补移动到目标点，即每一个轴都使用一个固定的轴速度并且所有轴同时到达目标点，其所走的是一个非线性的路径。

总的来说，TCP 按照大约的编程速度运动（无论是否并列了外部轴）。在 TCP 运动的同时，工具重新定向，外部轴也在运行。如果不能达到工具重新定向的速度或者外部轴的编程速度，TCP 的速度将减小。

当运动路径转到下一段时，通常会产生转角路径，如果在 Zone 数据中指定了停止点，只有当工业机器人和外部轴到达合适的位置时，程序才会继续执行。

③MoveC——让工业机器人做圆弧运动。

该指令用来让工业机器人 TCP 沿圆弧运动到一个给定的目标点。在运动过程中，相对圆的方向通常保持不变。该指令只能在主任务 T_ROB1 以及多运动系统的运动任务中使用。

MoveC 指令书写格式为：

MoveC[\Conc] CirPoim

ToPoint[\ID] Speed[\V] I[\T] Zone[\z][\Inpos]

Tool [\Wobj] [\Corr]

CirPoim 的数据类型为 robtarget。它是工业机器人的圆轴上的中间点。这是圆轴上处于起点和终点之间的点。为了获得最好的精度，尽量选择起点和终点的中间位置附近的点。如果太接近起点或者终点，工业机器人将会报警。中间点定义为一个命名的位置或者直接存储在指令中（在指令中用"＊"标记）。不使用外部轴的位置。

其他参数说明见 MoveL 指令。

工业机器人和外部设备按照下列步骤运动。

a. 工具的 TCP 按照程序中的定常速度做圆周运动。

b. 工具按照定常速度重新定向（从开始位置的方向到目标点的方向）。

c. 重新定向相对于圆周路径执行。因此，如果开始点和目标点的方向相对于路径是相同的，则在移动过程中相对方向保持不变。

圆周点的方向没有到达，它只是用来区别重新定向中两个可能的方向。沿着路径重新定向的精度只取决于开始点和目标点的方向。

圆周运动过程中的工具方向的不同模式在指令 CirPathMode 中有描述。

非并列的外部轴以定常速度执行，目的是和工业机器人的轴同时到达目标点。如果重新定向或者外部轴不能达到程序中的速度，TCP 的速度将减小。

当运动转换到路径中的下一段时，通常会产生转角路径。如果停止点在 Zone 数据中指定，则在工业机器人和外部轴到达合适的位置时，程序才会继续执行。

④MoveAbsJ——把工业机器人移动到绝对位置。

MoveAbsJ 指令中除 To Point 的数据类型为 jointtarget 外，其余项目与 MoveJ 指令相同。

MoveAbsJ 指令用来把工业机器人或者外部轴移动到一个绝对位置，该位置在轴定位中定义。工业机器人和外部轴沿着一个非直线的路径移动到目标位置，所有轴在同一时间运动到目标位置。

MoveAbsJ 指令中工业机器人的最终位置既不受工具或者工作对象的影响，也不受激活程序更换的影响，但是工业机器人要用这些数据来计算负载、TCP 速度和转角点。相同的工具可以用在相邻的运动指令中。该指令只能用在主任务 T_ROB1 或者多运动系统的运动任务中。

4）ABB 工业机器人的自动运行

（1）初识程序数据。

程序数据是在程序模块或系统模块中设定的值和定义的一些环境数据。用户创建的程序数据可以供同一个模块或其他模块中的指令引用。

（2）程序数据的类型。

ABB 工业机器人程序数据的类型目前有 102 个之多，可在示教器的"程序数据"界面查看。

下面介绍几个典型的程序数据的类型。

①变量数据 VAR。

在程序执行的过程中和程序执行停止时，变量数据会保持当前的值，但如果程序指针被移到主程序，则变量数据数的值会丢失。

举例说明：

VAR num count：=0；名称为 count 的数字类型数据

VAR string city：="Beijing"；名称为 city 的字符类型数据

VAR bool endflag：=TRUE；名称为 endflag 的布尔类型数据

*注意：VAR 表示存储类型为变量，num、string、bool 表示程序数据类型。

在工业机器人执行的 RAPID 程序中也可以对变量数据进行赋值操作。

举例说明：

MODULE testabb

VAR num count：=0；

VAR string city：="Beijing"；

VAR bool endflag；=TRUE；

PROCmain（ ）

count：=8+1；

city：="Shanghai"；

endflag：=FALSE；

ENDPROC

ENDMODULE

*注意：在定义数据时，可以定义变量数据的初始值。如 count 的初始值为 0，city 的初始值为"Beijing"，endflag 的初始值为 TRUE。

若在程序中执行变量数据的赋值操作，则在指针复位后变量数据将恢复为初始值。

②可变量数据 PERS

在程序执行过程中，无论程序的指针如何变化，可变量数据都会保持最后被赋予的值，这是可变量数据的一大特点。

举例说明：

PERS num number：=0；名称为 number 的数字类型数据

PERS string country：="China"；名称为 country 的字符类型数据

在工业机器人执行的 RAPID 程序中也可以对可变量数据进行赋值操作。

举例说明：

MODULE testabb

PERS num number：=0；

PERS string country：="China"；

PROCmain()

number：=1；

country：="Japan"；

ENDPROC

ENDMODULE

程序执行以后，赋值的结果会一直保持不变，直到对其进行重新赋值。

*注意：PERS 表示存储类型为可变量，num. string 表示程序数据类型。

③常量数据 CONST

常量数据的最大特点是在定义时已经被赋予了固定值，无法在程序中进行修改，除非手动修改。

举例说明：

CONST num gravity：=9.81；名称为 gravity 的数字类型数据

CONST string province：="Hebei"；名称为 province 的字符类型数据

*注意：存储类型为常量的程序数据，不允许在程序中进行赋值操作，如以下语句是错误的。

MODULE testabb

CONST num gravity：=9.81；

CONST string province：="Hebei"；

PROCmain()

gravity：=9.8；

province：="Shandong"；

ENDPROC

ENDMODULE

（3）3 个关键的程序数据。

在编写 RAPID 程序之前，需要构建必要的 ABB 工业机器人编程环境，其中工具数据 tooldata、工件坐标数据 wobjdata、负荷数据 loaddata 这三个必须的程序数据需要在编程前进行定义。

①工具数据 tooldata。

工具数据 tooldata 用于描述安装在工业机器人第 6 轴上的工具的工具坐标系中心、质量、重心等参数数据。一般不同工作环境下的工业机器人需要配置不同的工具，比如用于弧焊的工业机器人就使用弧焊枪作为工具，而用于搬运板材的工业机器人就使用吸盘式的夹具作为工具。

所有工业机器人在法兰盘的中心点处都有一个预定义坐标系（默认 TCP），该坐标系为 tool0。执行程序时，工业机器人将 TCP 移至编程位置，程序中所描述的速度与位置就是 TCP 在对应工件坐标系中的速度与位置，转移 TCP 实际上是将一个或多个工具中心设定为 tool0 的偏移值。

设定 TCP 的原理如下。

a. 在工业机器人的工作范围内找一个固定点作为参考点，要求此固定点要非常精确。

b. 在工具上确定一个参考点（可以选择 TCP）。

c. 在示教器上用手动操纵工业机器人的方法，移动工具上的参考点，以不同的工业机器人姿态尽可能与固定点刚好碰上，最终确定 TCP。为了获得更准确的 TCP，使用六点法进行手动操纵，其中，第四点是工具的参考点与固定点呈垂直姿态，第五点是工具参考点从固定点向将要设定为 TCP 的 X 方向移动，第六点是工具参考点从固定点向将要设定为 TCP 的 Z 方向移动。

d. 工业机器人通过前 4 个位置点的位置数据计算求得 TCP 的数据，然后把 TCP 的数据保存在 tooldata 这个程序数据中被程序调用。

*注意：TCP 取点数量的区别是：四点法不改变 tool0 的坐标方向；五点法改变 tool0 的 Z 方向；六点法改变 tool0 的 X 和 Z 方向（在焊接应用中最为常用）。使用六点法确定 TCP 时，为了提高 TCP 精度，前 3 个点的姿态相差应尽量大些。

②工件坐标数据 wobjdata。

工件坐标系定义了工件相对于大地坐标系或其他坐标系的位置。工业机器人可以拥有若干工件坐标系，或表示不同工件，或表示同一工件在不同位置的若干副本。对工业机器人进行编程就是在工件坐标系中创建目标和路径。其优点如下。

a. 重新定位工作站中的工件时，只需要更改工件坐标的位置，所有路径即刻随之更新。

b. 允许操作以外轴或传送导轨移动的工件，因为整个工件可连同其路径一起移动。

③有效载荷数据 loaddata。

对于搬运应用的工业机器人，应该正确设定夹具的质量、重心数据 tooldata 以及搬运对象的质量和重心数据 loaddata。

(4) RAPID 程序的建立。

RAPID 程序是 ABB 工业机器人自动运行时执行的程序，只有编写 RAPID 程序才能供 ABB 工业机器人执行。

①建立模块和例行程序。

RAPID 程序分为模块和例行程序两个等级。其中，模块是一个大类，一般在编程时使用模块存放完成一个任务或一套工艺的例行程序；例行程序是直接包含编程指令的程序文件，打开以后直接调用指令进行编程。

新建模块时，需要首先设置手动操纵模式，单击 ABB 菜单，选择"程序编辑器"选项，进入界面，创建新模块，命名为"Moudell"。

进入模块列表，选中新建的模块"Moudell"，然后单击"显示模块"按钮，进入模块中的例行程序列表。若当前例行程序列表为空，则单击"例行程序"按钮，进行例行程序的创建。

②添加编程指令。

通过单击"添加指令"按钮可以调出指令列表，通过对应的指令名称，对指令参数和目标点进行示教即可完成编程指令的添加。

5. 任务评价

任务评价见表 3-9。

表 3-9 任务评价

评分内容	配分	评分标准		分值	自评	他评
ABB机器人基本操作	80 分	查找任务相关知识	查找任务相关知识,该任务知识能力掌握度达到 60% 扣 5 分,达到 80% 扣 2 分,达到 90% 扣 1 分	20 分		
		确定方案编写计划	1. 制定整体设计方案,在实施过程中修改一次扣 2 分。 2. 制定实施方法,在实施过程中修改一次扣 2 分	20 分		
		记录实施过程步骤	在实施过程中,步骤记录不完整度达到 10% 扣 2 分,达到 20% 扣 3 分,达到 40% 扣 3 分	20 分		
		检查评价	1. 自我评述完成情况。 2. 检查资料收集整理情况	20 分		
职业素养	20 分	团队协调与合作		10 分		
		用专业语言正确流利地简述任务成果		10 分		
综合				100 分		
完成用时						

任务3.9　工业机器人离线编程技术

1. 任务引入

目前,工业机器人已成为现代工业不可缺少的工具,它标志着工业的现代化程度。随着计算机技术、微电子技术以及网络技术的快速发展,工业机器人技术也得到了迅猛的发展。工业机器人是一个可编程的机械装置,其功能的灵活性和智能性在很大程度上取决于工业机器人的编程能力。

工业机器人的应用范围不断扩大,所完成任务的复杂程度不断增加,工业机器人工作任务的编制已成为一个重要的问题,而传统示教方式存在一些弊端,离线编程便成为新时代的宠儿。

20 世纪 70 年代末,国外就开始了工业机器人离线编程规划和系统的研究。在众多工业机器人仿真与离线编程系统中,以色列 Tecnomatic 公司在 1986 年推出的 Robcad 工业机器人计算机辅助设计及仿真系统最具代表性,其集通用化、完整化、智能化和商品化于一体。

近年来,国内外许多大中型企业都装备了自动化加工设备和计算机辅助设备与系统。这些设备与系统为计算机编程技术的推广提供了基本的条件，使工业机器人离线编程技术的应用越来越广泛。

目前，工业机器人仿真软件可分为两类：一类是通用型离线编程软件；另一类是专用型离线编程软件。

通用型离线编程软件是第三方公司开发的，适用于多个品牌的工业机器人，能够实现仿真、轨迹编程和程序输出，但兼容性不够。常用的通用型离线编程软件有 RobotMaster、RobotWorks、Robotmove、RobotCAD、DELMIA、RobotArt、SprutCAM、RobotSim、中科川思特、亚龙、旭上、汇博等。

专用型离线编程软件是由工业机器人本厂开发或委托第三方公司开发的，其特点是只适用于其对应型号的工业机器人，也就是说，其只支持同品牌的工业机器人，其优点是功能强大、实用性更强、与工业机器人的兼容性更好。这类软件有 RobotStudio（ABB 原厂的离线编程软件）、RoboGuide（FANUC 原厂的离线编程软件）、KUKA Sim（KUKA 原厂的离线编程软件）。

国内在离线编程方面起步较晚，但因投入较大、重视程度较高，所以发展比较迅速。最值得一提的是北京华航唯实推出的 RobotArt 离线编程软件，这款软件是目前国内离线编程软件中的顶尖软件，其最大的特点是能根据虚拟场景中的零件形状自动生成加工轨迹，并且可以控制大部分主流工业机器人，为国内工业机器人提供了有力的支持。该软件可根据几何模型的拓扑信息生成工业机器人运动轨迹，其后的轨迹仿真、路径优化、后置代码一气呵成，同时集碰撞检测、场景渲染、动画输出于一体，可快速生成效果逼真的模拟动画。该软件广泛应用于打磨、去毛刺、焊接、激光切割、数控加工等领域。

2. 任务目标

1）知识目标

（1）了解工业机器人示教编程方式。

（2）理解工业机器人离线编程技术。

2）技能目标

能够使用离线编程软件进行编程。

3）素养目标

培养学生对专业及以后从事职业、岗位的认同感，树立职业自信。

3. 任务分析

工业机器人示教编程方式如下。

1）工业机器人在线示教编程

所谓在线示教编程，即操作人员通过示教器，手动控制工业机器人的关节运动，使工业机器人运动到预定的位置，同时对该位置进行记录，并传递到工业机器人控制器中，之后工业机器人可根据指令自动重复该任务，操作人员也可以选择不同的坐标系对工业机器人进行示教。

在线示教编程在实际应用中主要存在以下问题。

（1）编程过程烦琐、效率低。

（2）精度完全靠示教者目测决定，而且对于复杂的路径，在线示教编程难以取得令人满意的效果。

2）工业机器人离线编程

所谓离线编程，是通过软件，在计算机中重建整个工作场景的三维虚拟环境，软件可以根据要加工零件的大小、形状、材料，同时配合软件操作者的一些操作，自动生成工业机器人的运动轨迹，即控制指令，然后在软件中仿真与调整轨迹，最后生成工业机器人程序传输给工业机器人。

离线编程克服了在线示教编程的很多缺点，充分利用了计算机的功能，降低了编写工业机器人程序所需要的时间成本，同时也减少了在线示教编程的不便。其具体优点如下。

（1）缩短了工业机器人的停机时间，当对下一个任务进行编程时，工业机器人仍可在生产线上进行工作。

（2）使编程者远离危险的工作环境，改善了编程环境。

（3）离线编程系统使用范围广，可以对各种工业机器人编程，并能方便地实现优化编程。

（4）可对复杂任务进行编程。

（5）便于修改工业机器人程序。

目前，工业机器人离线编程广泛应用于打磨、去毛刺、焊接、激光切割、数控加工等工作中。

4. 相关知识

1）主流工业机器人离线编程软件介绍

目前的主流工业机器人离线编程软件主要有如下几种。

（1）RobotArt。

RobotArt 教育版针对教学实际情况，增加了模拟示教器、自由装配等功能，帮助初学者在虚拟环境中快速认识工业机器人，快速学会工业机器人示教器的基本操作，可大大缩短学习周期，降低学习成本。

RobotArt 软件的特点如下。

①支持多种格式的三维 CAD 模型，可导入扩展名为 step、igs、stl、x_t、prt（UG）、prt（ProE）、CATPart、sldpart 等格式的文件。

②支持多种品牌的工业机器人离线编程操作，如 ABB、KUKA、FANUC、YASKAWA、STAUBLI、KEBA 系列、新时达、广数等。

③拥有大量航空航天高端应用经验。

④能自动识别与搜索 CAD 模型的点、线、面信息，生成轨迹。

⑤轨迹与 CAD 模型特征关联，模型若移动或变形，轨迹会自动变化。

⑥能一键优化轨迹与进行几何级别的碰撞检测。

⑦支持多种工艺包，如切割、焊接、喷涂、去毛刺、数控加工。

⑧支持将整个工作站仿真动画发布到网页、手机端。

⑨不支持整个生产线仿真，对国外小品牌工业机器人也不支持。

（2）RobotMaster。

RobotMaster 来自加拿大，是目前离线编程软件国外品牌中顶尖的软件，几乎支持市场上绝大多数工业机器人品牌［如 KUKA、ABB、FANUC、Motoman、史陶比尔（STAUBLI）、柯马（COMAU）、三菱、DENSO、松下等］。

RobotMaster 软件的特点如下。

①主要功能。

RobotMaster 在 MasterCAM 中无缝集成了工业机器人编程、仿真和代码生成功能，提高了工业机器人编程速度。

②优点。

RobotMaster 可以按照产品数模生成程序，适用于切割、铣削、焊接、喷涂等作业。其具有独特的优化功能，运动学规划和碰撞检测非常精确，支持外部轴（直线导轨系统、旋转系统），并支持复合外部轴组合系统。

③缺点。

RobotMaster 暂时不支持多台工业机器人同时模拟仿真。它是在 MasterCAM 的基础上进行二次开发而成的，价格高，企业版的价格为 20 万元左右。

（3）RobotWorks。

RobotWorks 是以色列的工业机器人离线编程仿真软件，与 RobotMaster 类似，它是在 SolidWorks 的基础上进行二次开发而成的，使用时需要先购买 SolidWorks。

RobotWorks 软件的特点如下。

①具有全面的数据接口。

RobotWorks 基于 SolidWorks 平台开发，可以通过 IGES、DXF、DWG、PrarSolid、Step、VDA、SAT 等标准接口进行数据转换。

②具有强大的编程能力。

从 SolidWorks 直接创建或直接导入其他三维 CAD 数据，选取定义好的工业机器人工具与要加工的工件组合成装配体。所有装配夹具和工具均可以用 SolidWorks 自行创建调用；RobotWorks 选取工具，然后直接选取曲面的边缘或者样条曲线进行加工，产生数据点；调用所需的工业机器人数据库，进行碰撞检测和仿真，在每个数据点均可以自动修正，包含工具角度控制、引线设置、增加/减少加工点、调整切割次序以及增加工艺参数；RobotWorks 自动产生各种工业机器人代码，包含笛卡儿坐标数据、关节坐标数据、工具与坐标系数据、加工工艺等，按照工艺要求保存不同的代码。

③具有强大的工业机器人数据库。

RobotWorks 支持市场上大多数主流工业机器人，提供各大工业机器人品牌各个型号的三维数据模型。

④完美的仿真模拟。

RobotWorks 具有独特的工业机器人加工仿真系统，可对工业机器人手臂和工具与工件之间的运动进行自动碰撞检测和轴超限检测，自动删除不合格路径并调整，还可以自动优化路径，减少空跑时间。

⑤具有开放的加工工艺指令文件库。

RobotWorks 提供了完全开放的加工工艺指令文件库，用户可以按照自己的实际需求自行定义添加、设置自己的独特工艺，添加的任何指令都能输出到工业机器人加工数据中。

（4）ROBCAD。

ROBCAD 是西门子旗下的软件。2004 年，Tecnomatix 公司被美国 UGS 并购。2007 年，西门子公司收购 UGS，ROBCAD 成为西门子完整的产品生命周期管理软件 SiemensPLM

Software 中的一个重要组成部分。该软件较庞大，重点在于生产线仿真，价格也是同类软件中较高的。该软件支持离线点焊、多台工业机器人仿真、非工业机器人运动机构仿真以及精确的节拍仿真。其主要应用于产品生命周期中的概念设计和结构设计两个前期阶段。

①主要特点。

a. 可与主流的 CAD 软件（如 NX、CATIA、IDEAS）无缝集成。

b. 可实现工具工装、工业机器人和操作者的三维可视化。

c. 可实现制造单元、测试和编程的仿真。

②主要功能。

a. Workcell and Modeling：对白车身（Body – in – White）生产线进行设计、管理和信息控制。

b. Spot and OLP：完成点焊工艺设计和离线编程。

c. Human：实现人因工程分析。

d. Application 中的 Paint、Arc、Laser 等模块：实现生产制造中的喷涂、弧焊、激光加工、混边等工艺的仿真验证及离线程序输出。

e. Paint 模块：可实现喷漆的设计、优化和离线编程。其功能包括喷漆路线的自动生成、多种颜色喷漆厚度的仿真及喷漆过程的优化。

（5）DELMIA。

DELMIA 是达索旗下的 CAM 软件，它有六大模块，其中 Robotics 模块解决方案涵盖汽车领域的发动机、总装和白车身，航空领域的机身装配和维修、维护，以及一般制造业的制造工艺。

DELMIA 的工业机器人模块 Robotics 是一个可伸缩的解决方案，利用强大的 PPR（Process Product Resource）集成中枢快速进行工业机器人工作单元的建立、仿真与验证，是一个完整的、可伸缩的、柔性的解决方案。使用 DELMIA 机器人模块，用户可体验到如下功能。

①从可搜索的含有超过 400 种以上的工业机器人资源目录中下载工业机器人和其他工具资源。

②利用工厂布置规划工程师所完成的工作。

③加入工作单元中工艺所需的资源，进一步细化布局。

（6）RobotStudio。

RobotStudio 是瑞士 ABB 公司配套的软件，是工业机器人本体商中做得最好的一款软件。RobotStudio 支持工业机器人的整个生命周期，使用图形化编程、编辑和调试工业机器人系统来创建工业机器人的运行程序，并模拟优化现有的工业机器人程序。

RobotStudio 的主要功能如下。

①CAD 导入。

RobotStudio 可方便地导入各种主流 CAD 格式的数据，包括 IGES、STEP、VRML、VDAFS、ACIS 及 CATIA 等。工业机器人程序员可依据这些精确的数据编制精度更高的工业机器人程序，从而提高产品质量。

②AutoPath。

该功能通过使用待加工零件的 CAD 模型，在数分钟之内便可自动生成跟踪加工曲线所需要的工业机器人位置（路径），而这项任务以往通常需要数小时甚至数天才能完成。

③程序编辑器。

RobotStudio 可生成工业机器人程序，使用户能够在 Windows 环境中离线开发或维护工业机器人程序，可显著缩短编程时间，改进程序结构。

④路径优化。

如果程序包含接近奇异点的工业机器人动作，RobotStudio 可自动将其检测出来并发出警报，从而防止实际运行中发生这种现象。仿真监视器是一种用于工业机器人运动优化的可视工具，红色线条显示可改进之处，使工业机器人按照最有效的方式运行。RobotStudio 可以对 TCP 速度、加速度、奇异点或轴线等进行优化，缩短周期。

⑤可达性分析。

RobotStudio 通过 Autoreach 可自动进行可达性分析，使用十分方便，用户可通过该功能任意移动工业机器人或工件，直到所有位置均可到达，在数分钟之内便可完成工作单元平面布置验证和优化。

⑥虚拟示教台。

虚拟示教台（QuickTeach）是实际示教台的图形显示，其核心技术是 VirtualRobot。从本质上讲，所有可以在实际示教台上进行的工作都可以在虚拟示教台上完成，因此它是一种非常出色的教学和培训工具。

⑦事件表。

这是一种用于验证程序的结构与逻辑的理想工具。在程序执行期间，用户可通过该工具直接观察工作单元的 I/O 状态；还可将 I/O 连接到仿真事件，实现工位内工业机器人及所有设备的仿真。这是一种十分理想的调试工具。

⑧碰撞检测。

碰撞检测功能可避免设备碰撞造成的严重损失。选定检测对象后，RobotStudio 可自动监测并显示程序执行时这些对象是否发生了碰撞。

⑨VBA 功能。

用户可采用 VBA（Visual Basic for Applications）改进和扩充 RobotStudio 的功能，根据具体需要开发功能强大的外接插件、宏，或者定制用户界面。

⑩直接上传和下载。

整个工业机器人程序无须任何转换，便可直接下载到实际工业机器人系统中，该功能得益于 ABB 独有的 VirtualRobot 技术。

（7）Robomove。

Robomove 来自意大利，同样支持市面上大多数品牌的工业机器人，工业机器人加工轨迹由外部 CAM 导入。与其他软件不同的是，Robomove 可根据实际项目进行定制。

①优点。

Robomove 操作自由，功能完善，支持多台工业机器人仿真。

②缺点。

Robomove 需要操作人员对工业机器人有较为深入的理解，其策略智能化程度与 RobotMaster 有较大差距。

以上 7 款软件既有国产软件，也有国外软件。国外离线编程软件数量较多，而国内离线编程软件起步较晚，但发展非常快。

2）离线编程的发展趋势

与数控机床和 CAM 软件的发展规律类似，工业机器人应用的早期（20 世纪 80 年代）即出现了离线编程的概念。

近年来，伴随着工业机器人的大规模应用，各大工业机器人厂商（ABB、FANUC、YASKAWA、KUKA 等）均提供了适配自家品牌的工业机器人离线编程软件，这些软件可以和自家品牌设备直连，实现准确的节拍仿真，ABB 公司的 RobotStudio 更是可以进行生产线仿真。但对于轨迹的计算，大多数以离线示教为主，根据三维模型计算轨迹（CAM）的能力较弱。

数控加工领域中各大 CAM 软件厂商（NX/UG、达索、Delcam、MasterCAM 等）利用自身在 CAM 功能上多年的积累，通过收购等方式，也提供了通用工业机器人 CAM（离线编程）软件，如 MasterCAM 下发展出的 RobotMaster；西门子收购 ROBCAD 后，在自身 PLM 体系中提供了工业机器人离线编程功能。

国内的科研团队及公司也推出了离线编程软件，如由北京华航唯实公司开发的在教育市场中表现较突出的 RobotArt，在切割、抛光等实际工业应用场景中快速发展的 HiperMOs，华中数控旗下佛山机器人研究院推出的 InteRobot，等等。

无论在国外还是国内，工业机器人离线编程软件除了需要在计算轨迹和仿真方面越来越完善外，具体到工业生产中，还需要针对各种工艺应用逐步完善相应的工艺包，这样才能真正满足大多数情况下的实际生产需要。有些特殊的工艺还需要定制开发软件，在这方面，国内工业机器人离线编程软件在现场、技术沟通、性价比等方面占据了相当大的优势。

未来，工业生产对工业机器人智能化的要求越来越高，离线编程也会向着智能化和全自动化的方向发展。离线、在线的界限会模糊，人工智能、云计算也会结合各种传感器，将离线编程与工业机器人控制器共同融入车间级的智能处理系统。

5. 任务评价

任务评价见表 3-10。

表 3-10 任务评价

评分内容	配分	评分标准		分值	自评	他评
工业机器人离线编程技术	80 分	查找任务相关知识	查找任务相关知识，该任务知识能力掌握度达到 60% 扣 5 分，达到 80% 扣 2 分，达到 90% 扣 1 分	20 分		
		确定方案编写计划	1. 制定整体设计方案，在实施过程中修改一次扣 2 分。 2. 制定实施方法，在实施过程中修改一次扣 2 分	20 分		
		记录实施过程步骤	在实施过程中，步骤记录不完整度达到 10% 扣 2 分，达到 20% 扣 3 分，达到 40% 扣 3 分	20 分		
		检查评价	1. 自我评述完成情况。 2. 检查资料收集整理情况	20 分		

续表

评分内容	配分	评分标准	分值	自评	他评
职业素养	20 分	团队协调与合作	10 分		
		用专业语言正确流利地简述任务成果	10 分		
综合			100 分		
完成用时					

任务 3.10　工业机器人系统集成认识及应用

1. 任务引入

进行工业机器人系统集成的平台是各式各样的工业机器人系统集成公司。了解系统集成公司的相关特点是工业机器人系统集成电气设计学习方向的指南针，也是日后进入工业机器人系统集成行业的敲门砖。请为自己制作一张关于系统集成公司特点的表格，通过比较系统集成公司的种类、业务范围、核心技术、利润空间、基本部门及人员组成等方面的异同点，找到中意的系统集成公司作为自己以后的工作平台。

2. 任务目标

1）知识目标

了解工业机器人系统集成的相关特性。

2）技能目标

能够制作系统基层特征表。

3）素养目标

培养学生有计划、有步骤、严谨的做事态度。

3. 任务分析

制作一张系统集成公司特征表。首先需要了解整个系统集成行业中各企业所扮演的角色，以及它们的经营范围、技术特点、基本的人员结构等。要想更加全面地了解工业机器人系统集成行业中相关公司的特点，使表格内容更加详细全面，可以检索各大品牌工业机器人厂家官网和自动化产品厂家官网以获取更多信息。

4. 相关知识

第一，系统集成是指对一个组织机构内的设备、信息进行集成，并通过完整的系统来实现对应用的支持。系统集成包括设备系统集成和应用系统集成。

第二，设备系统集成也可称为硬件系统集成，在大多数场合下简称为系统集成。它利用自控技术、通信技术、网络互连技术、安全防范技术等对相关设备、软件进行集成设计、安装调试、界面定制开发和应用支持。

第三，应用系统集成即为用户提供一个全面的系统解决方案。应用系统集成已经深入用户具体业务和应用层面。在大多数场合，应用系统集成又称为行业信息化解决方案集成。

第四，系统集成商是指具备系统资质，能对行业用户实施系统集成，能为客户提供系统集成产品与服务的专业机构或企业。系统集成包括设备系统集成和应用系统集成，因此，系统集成商也分为设备系统集成商（或称为硬件系统集成商）和应用系统集成商（或称为行业信息化方案解决商）。

控制和信息系统集成商协会把系统集成商定义为一个独立的、增值的工程机构（或其中的一个利润－亏损部门）。它聚焦于工业控制和信息系统、制造执行系统以及工厂自动化系统等方面。系统集成商需要具备应用知识、销售、设计、执行、安装、调试以及支持方面的专项技能。只有能够为客户设计、建造、安装和调试一个由多个部分构成的自动化系统的公司才能被称为自动化系统集成商。情况类似的还有原始设备制造商（OEM），如果它们制造的机械设备包含自动化和控制设备，那么原始设备制造商也可以被认为是系统集成商。许多制造商和原始设备制造商也能够提供编程服务，这对任何集成的自动化系统都是一项关键的要素。

许多自动化产品的供应商和它们的分销商甚至都拥有已经达到系统集成商标准的应用工程部门。它们可能对于应用自身产品具有特别的倾向性，但是如果它们能够解决客户的自动化问题、执行自动化解决方案，那么它们就会被列为自动化系统集成商。

近几年大型的综合性公司也开始涉足工业机器人系统集成业务。实际上所有的现代化工厂都具备一定的自动化程度，也参与建造自动化系统，进行系统集成。

通过项目咨询、系统设计、编程实施、安装调试以及培训支持等系统服务，系统集成满足了用户提高生产系统自动化程度的根本需求，实现了用户的投资价值。

第五，系统集成的环境及条件如下。

（1）系统集成需要拥有一批多专业的技术人员，而且要有一定的工程经验和经济实力。

（2）从技术角度看，计算机技术、应用系统开发技术、网络技术、控制技术、通信技术、建筑技术综合运用在一个工程中是技术发展的一种必然趋势。系统集成就是要根据用户提出的要求，为用户完成一个完整的解决方案。不仅要在技术上实现用户的要求，而且要满足用户投资的实用性和有效性，对用户的技术支持、培训有所保障，遵循技术规范化、工程管理科学化。

（3）目前国内系统集成市场上，除了大型的、复杂的工程之外，也存在"搭积木"的项目。系统集成就是一个综合性的工程，其涉及的不仅是技术和设备的问题，还有各方面的关系问题。这样一个市场背景给新人留下了巨大的活动和发展空间。

（4）系统集成行业市场容量巨大，类型较多，涉及的行业也非常多，与硬件产品一样有着低、中、高档之分。

（5）一般来说，系统集成的商业利润包括硬件利润、软件利润和集成利润三部分。其中硬件的价格透明度高，利润较低，而软件利润和集成利润占整个项目利润的绝大部分。

5. 任务实施

不同的应用领域所对应的系统集成商不同，相应需要完成的工作任务、所使用的关键技术以及所取得的利润也各不相同。通过对上述内容的学习以及自己检索的典型系统集成企业的相关信息，制作自己的系统集成公司特征表。表3-11所示是系统集成公司特征表参考样例，可参照该格式拓展表中的项目和内容。

表 3-11 系统集成公司特征表（样表）

系统集成种类	代表性系统集成商	业务范围	关键技术	利润组成
设备系统集成				
应用系统集成				

1）绘制系统集成的发展方向导图

工业机器人系统集成处于机器人产业链的下游应用端，为终端客户提供应用解决方案，其负责工业机器人应用二次开发和周边自动化配套设备的集成，是工业机器人自动化应用的重要组成部分。随着工业机器人技术的日趋成熟以及智能制造相关软/硬件技术、物联网技术、工业云应用技术的飞速发展，工业机器人系统集成未来的发展将在多个方向齐头并进。

2）绘制系统集成的组织结构

（1）系统集成的组织职能划分。

系统集成运作的合理分工和各部分的协调管理可以依功能划分为市场、销售、技术、售后服务、专家机构等。

①市场。

市场指系统行销市场的分析、策划、管理，并对新产品的研发提出市场性指导意见。

②销售。

销售负责与具体客户的商务人员的接触、跟踪并运作关系。销售包含售前。售前人员对销售人员负责，为具体客户的技术人员提供产品技术介绍、具体系统解决方案。

③技术。

技术包含产品开发及工程。产品开发负责软/硬件产品的具体开发实施；工程对项目组负责，完成项目的工程实施。

④售后服务。

售后服务指完成项目的售后持续性技术维护和服务。

⑤专家机构。

专家机构负责研究跟踪新产品、新技术，提出系统模式和具体系统技术解决方案；对售前为客户提供的系统方案进行评审；对产品开发提供的系统模式、开发平台进行评审和指导。

系统集成运作也可以依据行业划分。依据行业划分，要求各级人员除了对本职工作专而精，还要对行业关系、行业业务知识进行深入了解。

可以结合以上两点，根据具体情况划分系统集成公司的各职能部门。

（2）系统集成的协调管理。

①形成塔式管理体制：各层各部门权、责明确，逐层上行协调管理，决策逐层下行发布实施。

②项目组：系统集成的外在行为表现为项目，如具体客户的项目、产品研发的项目等。项目组应由该项目相关的各平行部门指派的相应人员组成，由项目经理全权负责该项目的

管理。

行业性销售项目的项目经理要对该行业销售部门负责，并直接对各平行部门的上级管理部门负责。应将塔式管理体制和项目组结合。分工管理的层次性可充分适应企业未来的规模化发展，项目组的灵活性、平面化管理可以避免多层次管理可能带来的僵化和平行部门协调的低效。

3）制作工业机器人系统集成常见应用设备清单

工业机器人系统集成是把工业机器人本体、工业机器人控制软件、工业机器人应用软件、工业机器人周边设备结合起来成为系统，应用于焊接、打磨、上/下料、搬运、机加工等工业自动化任务。因此，除了要了解工业机器人相关软/硬件知识之外，对工业机器人各种不同工艺所涉及的外围设备的了解，对于完成相关工艺的集成也至关重要。

工业机器人工艺应用设备可分为以下几类：工业机器人及其附件、工艺设备、工装夹具、物流输送设备、水气电生产辅助设备、工业机器人末端工具、安全设备、外部控制系统、人机交互系统等。按照上述分类，结合检索到的和教材上的工业机器人应用相关设备的介绍，对每一种工业机器人应用的相关设备进行梳理，就能完成工业机器人工艺应用设备表。

(1) 弧焊工业机器人工作站。

弧焊是工业生产中应用最广泛的焊接方法。它的原理是利用电弧放电（俗称电弧燃烧）所产生的热量使焊接部位焊丝与工件熔化并在冷凝后形成焊缝，从而获得牢固接头。

工业机器人弧焊可以进行平焊、横焊和立焊等多方位焊接。但在对焊缝质量要求较高及不易焊接的场合，通常会使用变位机来安装固定焊接夹具。通过变位机旋转焊接夹具，改变工件的空间位置和姿态，使工业机器人可以获得理想的焊接姿态以保证可焊性及焊接质量。

弧焊工业机器人对工艺的主要要求之一是保证零件焊接前焊缝误差的一致性。只有焊缝误差小，焊接质量才能达到要求。夹装不当或焊接时的热变形会使焊接接头位置发生变化，容易导致弧焊工业机器人的焊接轨迹与焊缝偏离。弧焊工业机器人可以选配如下纠偏选项：接触式探测、电弧式跟踪、弧压式跟踪、激光跟踪、视觉定位跟踪。针对具体焊接情况，选择有效的定位或跟踪方式。

弧焊的安全特点：焊丝电弧焊焊接设备的空载电压一般为 50～90 V，焊接过程设备输出电压一般设定不超过 30 V，而人体所能承受的安全电压为 30～45 V，因此工业机器人焊接设备通常会在母材侧和工业机器人本体均做接地处理。

(2) 点焊工业机器人工作站。

点焊是焊件搭接装配后，压紧在两电极之间，利用正、负两极在瞬间短路时产生的高温电弧来熔化电极间的被焊材料，形成焊点的电阻焊方法。点焊多用于薄板的连接，如飞机蒙皮、航空发动机的火烟筒、汽车驾驶室外壳（车身）等。点焊机焊接变压器是点焊电器。点焊时，上、下电极臂有一极作为动极臂压紧工件并保持设定的压力直到焊接结束。工业机器人点焊钳的动极臂驱动分为气动及伺服电动机驱动两种。电极臂及电极既用于传导焊接电流，又用于传递压力。

为了避免焊接过程中发热，应配置冷水设备。接通焊接电源时，冷却水路要首先通过变压器、电极等部分。电极常用紫铜、镉青铜、钼青铜等制成。在焊接过程中由于高热，电极容易黏连或变形，因此电极外形的质量直接影响焊接过程、焊接质量和生产率。系统配置电极修磨器,在焊接过程中需要不断对电极进行修磨。当修磨到一定程度后,必须更换电极。

(3) 搬运工业机器人工作站。

搬运工业机器人通常是配合输送生产线进行工作的。其主要的工作任务是在生产线上进行搬运作业。搬运作业是指用一种设备握持工件,通过该设备将工件从一个加工位置转移到另一个加工位置。搬运工业机器人可安装不同的末端执行器以完成各种不同形状和状态的工件搬运工作,被广泛应用于机床上/下料、冲压机自动化生产线、自动装配流水线、码垛搬运、集装箱等的自动搬运。部分发达国家已规定了人工搬运的最大限度,超过限度的工作必须由搬运工业机器人来完成。

搬运工业机器人工作站通常由如下部分组成:工业机器人本体及控制器、工业机器人上臂的气管及线缆包(简称管线包)、工业机器人底座、工业机器人手部抓具(端执器)、电气(PLC)控制系统、安全围栏等。

(4) 切割工业机器人工作站。

切割工业机器人工作站属于三维加工设备,可以实现各种图形、边的二维或三维立体切割。切割工业机器人按使用的切割工具种类可以分为激光切割工业机器人、水切割工业机器人、等离子切割工业机器人、火焰切割工业机器人等。

激光切割是利用经聚焦的高功率密度激光束照射工件,使被照射的材料迅速熔化、汽化、烧蚀或达到燃点,同时借助与光束同轴的高速气流吹除熔融物质,从而将工件割开。激光切割属于热切割方法之一,可用于热塑性塑料、玻璃、碳纤维塑料、钢制品的切割和修边加工。切割面加工精度高,可作为最终加工工序。

水切割又称水刀切割,是一种利用高压水流进行切割的加工方式。水切割可以切割绝大部分材料,如金属、大理石、玻璃、汽车内装饰材料等。因为它是采用水和磨料切割,在加工过程中不会产生热(或产生极少热量),这种效果对受热影响的材料是非常理想的。一般而言,厚、易碎及怕热的不惧水材料,最适合使用水刀切割。水切割的切割面加工精度高,可作为最终加工工序。

等离子切割是利用高温等离子电弧的热量使工件切口处的金属局部熔化(和蒸发),并借助高速等离子的动力排出熔融金属以形成切口的一种加工方法,可切割不锈钢、铝、铜、铸铁、碳钢,加工速度快,获得工件毛坯快,加工精度不高,但给下一步精加工节省了时间。在对切割表面和尺寸精度要求不高的场合可以考虑使用该工艺完成成品交付。

火焰切割是利用可燃气体与氧气混合燃烧的火焰热能将工件切割处预热到一定温度后,喷出高速切割氧流,使金属剧烈氧化并放出热量,利用切割氧流把熔化状态的金属氧化物吹掉而实现切割的方法。火焰切割设备的成本最低,是切割厚金属板最经济有效的手段,但是在薄板切割方面有不足之处。与等离子切割比较,火焰切割的热影响区要大许多,热变形比较大。为了切割准确有效,需注意在切割过程中避免金属板的热变形。火焰切割是钢板粗加工的一种常用方式,常用于中厚板下料、切厚板坡口等。

(5) 打磨工业机器人工作站。

打磨工业机器人用于替代传统人工进行工件的打磨工作,主要用于工件的表面打磨、棱角去毛刺、焊缝打磨、内腔内孔去毛刺、孔口螺纹口加工等工作,应用于卫浴五金、IT元件、汽车零部件、工业零件、医疗器械、木材建材、家具制造、民用产品等行业。

打磨工业机器人基本以两种方式实施打磨:一种是工业机器人拿工件打磨,另一种是工业机器人拿工具打磨工件。

工业机器人拿工件打磨通常用于需要处理的工件相对比较小的情况，工业机器人通过抓手抓取工件并将其在打磨设备上进行打磨。该方式有以下特点：在一个工位完成装件、打磨及卸件。

打磨设备的打磨机头可以有多样配置，也可以采用大功率打磨机头。在这种情况下，工件一次装夹，可以让工业机器人完成多道打磨工艺。比如焊接不锈钢水龙头，打磨工业机器人通过配置不同规格的砂带机头及抛光轮，就可以一次进行焊缝、粗磨、精磨和抛光。

工业机器人拿工具打磨一般用于如下工况：打磨对工业机器人来说比较重的大型工件；工件的形状不规则，不利于抓取；工件打磨部位不易到达，需要打磨工具与工件同时变换位置（工件的位置变换通常通过变位机来实现）。

当工业机器人所执的工具不能满足所有打磨工艺要求时，通常会配置自动换刀机构。通过自动换刀机构，工业机器人可以变换磨具进行加工。

工业机器人打磨属于硬碰硬性质的应用。为了保护工业机器人或者被打磨工件，必须对打磨轨迹或打磨压力进行控制。控制的手段可以采用两种方式：加工工具配柔顺性（浮动）装置或工业机器人配力控装置。这两种方式的使用依具体项目进行配置。加工工具所配的柔顺性装置可以为机械弹性结构或气动弹性结构。当工件打磨加工阻力大于柔顺性装置的预设值时，加工工具往减小阻力的方向退让，以保持加工力的稳定。工业机器人配力控装置及相关处理软件，使加工过程更智能化。通过力传感器的反馈，工业机器人智能改变其运动轨迹或改变加工的速度来保持加工力的稳定，更有利于被加工件的外形精度控制。在对外形要求比较高的场合，必须配置力控装置。相应力控装置的控制模式分为两种：力控压力模式和力控速度模式。第一种模式用于消除表面的不平整，工业机器人的运动过程中速度与磨削压力保持不变，刀具的最终运动轨迹会随着表面的不规则度而有浮动变化；第二种模式用于去除多余的表面材料，在工业机器人运动过程中，速度产生变化，磨削压力保持不变，运动轨迹遵循设定的路径。

（6）机加工工业机器人工作站。

机加工工业机器人手执加工刀具，对被加工件进行加工。工业机器人通常选用结构刚度比较好的机型，以保证在加工过程中减少不断变化的加工反力对工业机器人运动轨迹精度产生的影响。机加工工业机器人可以用于金属、非金属件的二维、三维切削。

工业机器人手部的加工工具常用电主轴作为动力部件。通过配置不同的刀具，可以完成不同的加工工艺。由于电主轴具有结构紧凑、转速高、质量小的特性，所以在加工过程中具有切削反力小、工业机器人空间可达性好以及工业机器人的后备负荷能力比较充足的特点。

与数控机床或数控加工中心的加工精度比较，受限于工业机器人本身的运动轨迹精度、刚度、本身精度校准误差及运动中各轴各向摩擦力不等等因素，工业机器人的加工精度略有不足，但是工业机器人的空间可达性、易用性、柔性是加工中心无法比拟的，因此工业机器人在机加工方面也大有作为。

（7）装配工业机器人工作站。

装配工业机器人是柔性自动化装配系统的核心设备，由工业机器人操作机、控制器、末端执行器（手部工具）和传感系统组成。生产线产品更换时，可通过改变运动程序来实现柔性化生产的需求。末端执行器为适应不同的装配对象而设计成各种手爪和手腕等。传感系统用来获取装配工业机器人与环境和装配对象之间相互作用的信息。

根据工作需求，注意选择的装配工业机器人的装配精度、工作范围、运行速度是否能够满足要求。当现有的装配工业机器人不能满足精度需求时，可用的解决方法是进行末端执行器结构设计优化，如增加机械柔性装置、对中装置、力控导向装置或视觉导向装置等。

装配工业机器人主要用于各种电器（包括家用电器，如电视机、录音机、洗衣机、电冰箱、吸尘器、空调等）、小型电动机、汽车及其部件、计算机、玩具、机电产品及其组件的装配等方面。

（8）喷涂工业机器人工作站。

喷涂工业机器人又称为喷漆工业机器人，是可进行自动喷漆或喷涂其他涂料的工业机器人。喷涂工业机器人对防爆性的要求比较高。各工业机器人生产厂家都有专用的喷涂工业机器人。喷涂工业机器人广泛用于汽车、仪表、电器、搪瓷等生产企业。

无气喷涂是利用柱塞泵、隔膜泵等形式的增压泵将液体状的涂料增压，然后经高压软管输送至无气喷枪，最后在无气喷嘴处释放液压，瞬时雾化后喷向被涂物表面，形成涂膜层。由于涂料里不含空气，所以被称为无空气喷涂，简称无气喷涂。

有气喷涂也称为低压有气喷涂，是依靠低压空气使油漆在喷出枪口后形成雾化气流作用于物体表面的喷涂方式。

静电喷涂是利用高压静电电场使带负电的涂料微粒沿着与电场相反的方向定向运动，并将涂料微粒吸附在工件表面的一种喷涂方法，如机壳喷塑过程就是采用静电喷涂工艺。

高速旋杯式静电喷涂工艺已成为现代汽车车身涂装的主要手段之一，并且被广泛地应用于其他工业领域。其中，高速旋杯式静电喷枪已成为应用最广泛的工业涂装设备。它是将被涂工件接地作为阳极，静电喷枪（旋杯）接上负高压电（-50~120 kV）为阴极，旋杯采用空气透平驱动，空载时最高转速可达 60 000 r/min，带负荷工作转速为 15 000~40 000 r/min。当涂料被送到高速旋转的旋杯上时，旋杯旋转运动产生离心作用，涂料在旋杯内表面伸展成为薄膜，并获得巨大的加速度向旋杯边缘运动，在离心力及强电场的双重作用下破碎为极细的且带电荷的雾滴并向与极性相反的被涂工件运动，最终沉积于被涂工件表面，形成均匀、平整、光滑、丰满的涂膜。

喷涂工业机器人的主要特点如下。

①中空内置管道式手臂。手臂各部分都准备了内置管道。内置管道将管道黏着薄雾和飞沫的机会降到最低，也最大限度地降低了灰尘黏附。另外，有的喷涂工业机器人（如 ABB 工业机器人）在臂上装有集成过程系统。该系统可实现闭环回路式调节及高速漆料控制与空气流量调节。喷涂工艺设备整合在工业机器人手臂内部，可以加快工艺响应速度的同时减少漆料和溶剂耗用。漆料流与机械臂运动同步，可提升传送效率并使喷涂量最小化，从而节省漆料并提高成本效益。

②防爆等级为本质防爆、内部压力防爆。本质防爆是通过限制电气设备电路的各种参数，或采取保护措施来限制电路的火花放电能量和热能，使其在正常工作和规定的故障状态下产生的电火花和热效应均不能点燃周围环境的爆炸性混合物，从而实现电气防爆。内部压力防爆是通过密封加压以保证壳体内部压力值在工业机器人工作过程中始终保持正压而防止外界易燃气体进入的办法实现其防爆性能。

③具有专用的喷涂应用软件包。

④喷涂工业机器人具有紧凑的设计，不仅减小了喷房尺寸，降低了通风需求，而且实现了有效节能，能与转台、滑台、输送链系统等一系列工艺辅助设备轻松集成。无与伦比的柔性使手腕可沿任意方向大角度旋转（可达140°）。

（9）涂胶工业机器人工作站。

涂胶工业机器人已在汽车前、后、侧风挡玻璃密封胶的涂布及汽车车灯、车门防水帘、车身底板、塑料件和家电产品等领域得到了广泛应用。涂胶类型有聚氨酯涂胶、热熔胶、发泡胶等。在仪器仪表的密封胶点涂领域也有大量涂胶工业机器人被应用。

涂胶工业机器人系统由工业机器人、工件自动输送单元、工件定位装置、供胶系统、安全防护系统等组成。当定位装置不够精确时，还需要配置工业机器人工件寻位系统，利用寻位确定工件的实际位置，从而使工业机器人自动修正运动轨迹，保证生产质量。寻位方式有接触式测量、非接触式测量、视觉定位等。

涂胶工业机器人具有涂胶速度稳定、涂胶品质高的特点。与人工涂胶相比，其最大的优点是工作效率高，涂胶胶线形状可控且均匀，质量稳定。利用涂胶工业机器人，节省的胶量相当可观，有利于降低生产成本。

4）工业机器人系统集成电气设计基础

（1）制作系统集成中电气电缆颜色使用规则表。

不论在非标自动化项目中还是在工业机器人系统集成中，连接各个电气元件的电缆起着传递能量和传输状态信号的作用。在自动化系统中电缆传输的能量和信号的特性千差万别，如何快速直观地了解电缆中所传输的能量或信号的特性呢？电缆颜色就是一个有效的介质，通过电缆颜色和电缆传输的能量或信号的特性的对应关系，可以直观地了解电缆所传输能量或信号的特性。因此，电缆颜色使用规则表能够为系统集成中的硬件安装、检修维护提供极大的便利。

①标准概述。

产品设计必须遵循国家和行业的有关标准。对于出口产品，还需要符合国际标准的规定。一般而言，作为ISO的成员原则上应等同、等效采用国际标准。

②常用国际标准。

国际标准化机构是负责制定、出版国际或地区性（如欧洲）标准的组织。制定、出版电气设备的国际或地区性标准的主要组织机构如下。

ISO（International Organization for Standardization）：国际标准化组织。

IEC（International Electrotechnical Commission）：国际电工委员会。

CEE（International Commission on Rules for Approval of Electrical Equipment）：国际电工认证委员会（主要负责电工产品认证）。

ANSK（American National Standards Institute）：美国国家标准学会。

IEEE（Institute of Electrical and Electronics Engineers）：电气和电子工程师协会。

DIN（Deutsches Institut Für Normung）：德国标准化学会。

③国家标准。

在我国，制定电气设备的国家和行业标准的主要组织和机构有国家标准化管理委员会、全国工业机械电气系统标准化技术委员会（SAC）、中国电工产品认证委员会（CCEE）等。

工业机械电气设备的设计、制造应贯彻执行的国家标准主要是 GB 5226.1—2008《机械电气安全　机械电气设备第 1 部分：通用技术条件》。

GB 5226 是由国家市场监督管理总局、国家标准化管理委员会发布的国家标准。该标准等同采用了 IEC 60204（国际电工委员会标准）。它是工业机械电气设备必须贯彻执行的强制性标准。第 1 部分（GB 5226.1—2008/IEC 60204-1）适应于额定电压不超过交流 1 000 V 或直流 1 500 V，额定频率不超过 200 Hz 的工业机械电气设备，是工业机器人系统集成电气设计必须遵守的标准之一。

④行业标准。

我国机械行业的标准一般由中国机械工业联合会提出，由全国工业机械电气系统标准化技术委员会归口，国家发展和改革委员会进行发布。工业机器人设备系统电气设计可参照的行业标准主要有以下两个。

JB/T 2739—2015《机床电气图用图形符号》；

JB/T 2740—2015《机床电气设备及系统电路图、图解和表的绘制》。

JB/T 2739—2015 和 JB/T 2740—2015 是机械行业的推荐标准，制定标准时引用和参照了 IEC 60617 等国际标准，但与 IEC、DIN 等国际和地区性标准不完全等同。因此，在电气图形符号、电气图表等的画法上，可能与其他国家和地区有所不同。由于标准不限制或阻碍技术进步，JB/T 2740—2015 等标准已明确规定，在设计电气设备时，也可采用 IEC 或 EN（欧洲标准）、DIN 等国际和地区性先进标准。

⑤质量认证。

产品质量认证始于 20 世纪初，英国是最早开展产品质量认证的国家，随后许多工业发达国家也相继实行了本国的产品质量认证制度。1970 年，ISO 成立了认证委员会（后改为合格评定委员会 CASCO）；1972 年，IEC 建立了质量评定体系（IECQ），并成立了认证管理委员会（CMC）和调查协调委员会（ICC），从此国际上有了统一的产品认证制度和指导性文件。

在进行机电产品电气设计时，必须采用符合标准的配套电气产品。电气产品的质量认证标记是表明产品符合相关标准的标记，它是购买配套电气产品的重要参考之一。选择电气产品时，不仅要考虑电气产品的性能参数、价格，而且还需要选择通过相关质量认证的配套电气产品，以确保电气产品达到使用国的安全、电磁兼容和环保等方面的要求。例如，出口欧洲的设备，需要选用经过 CE 认证的电气产品等。

⑥国际认证。

电工电气产品常用的国际质量认证标记主要有如下几种。

a. CE 标志。

CE 标志是欧盟（European Union，EU）所推行的一种产品质量强制认定标志，它是用来证明产品符合欧盟低压电气设备 EG 法令的产品合格标志。

b. GS 标志。

GS 标志是德国劳工部授权特殊机构实施的一种产品安全认证标志。GS 认证的产品能在发生故障造成意外事故时，使制造商受到德国产品安全法的约束，因此，它虽不是强制认定，但取得 GS 认证的产品安全性更高。

c. UL 标志。

UL 标志是美国安全检测实验室公司的产品安全认证标志。UL 是美国最权威的质量认证机构，UL 认证的产品除了满足有关的安全标准外，对产品的生产管理体系也有一定的要求。取得 UL 认证的电气产品称为"注册电器"，允许在美国零售。

d. 其他常见的认证标志。

AS 标志：澳大利亚标准协会（SAA）使用于电气和非电气产品的标志，英联邦商务条例对其保障，国际通用。

BEB 标志：英国保险商实验室的检验合格标志。这个标志在世界许多国家通行，具有权威性。

JIB 标志：日本标准化组织（JIB）对其检验合格的电气产品、纺织产品颁发的标志。

⑦国内认证。

a. CCC 标志。

CCC（China Compulsory Certification）标志是中国电气产品强制性安全认证标志，它是我国对涉及安全、电磁兼容、环境保护要求的产品所实施的强制性认证。CCC 认证只是基础的产品安全认证，并不意味着产品的使用性能优异。

b. 长城标志。

长城标志是 CCEE（China Commissim for Conformity Certification of Electrical Equipment）质量认证标志，它表示电气产品已符合中国电工产品认证委员会规定的认证要求。

c. CCIB 标志。

CCIB（China Commodity Inspection Bureau）标志是中国进出口商品检验局的检验标志。它表明该产品是正规进出口的商品，其质量安全可靠。进口的家电产品须有此标志方可在中国市场上销售。

为了便于识别成套装置中各种电缆的类别和作用，各种标准明确规定各类电缆的颜色标志。请检索表 3-12 所示的各标准对电缆颜色的规定。

表 3-12 系统集成中电缆颜色使用规则表（样例）

颜色	IEC 标准	CE 标准	GB 标准	JIS 标准	DIN 标准
黄色					
绿色					
红色					
黑色					
蓝色					
浅蓝色					
棕色					
黄绿相间					

系统集成中电缆颜色使用规则表可以为以后的系统集成电气设计及调试检修提供参考；在电气设计和调试检修中通过将现场的电缆颜色和系统集成电缆颜色使用规则表中的内容进行对比就能判断电缆所传输的信号属性，可为相关工作提供重要的参考依据。要想使用电缆

颜色使用规则表准确判断电缆中信号的特性或者灵活选择不同颜色的电缆进行电气设计，需要对系统所处地遵循的标准进行确定，明确系统所适用的标准才能准确判断相关颜色与信号的对应关系。

对一个电气系统而言，电缆颜色固然重要，不同规格的电缆所能传输的电流大小对电气系统设计和系统的安全稳定运行也至关重要。因此，结合上述制作系统集成中电缆颜色使用规则表的方法制作系统集成中电缆载流量表，要求该表包含不同标准对不同规格、不同材质、不同使用环境温度、不同安装方式的电缆的最大安全电流的描述。

（2）检索工业机器人系统集成中工业机器人对使用环境及电源的要求。

工业机器人是工业机器人系统集成项目中的核心硬件。由于工业机器人是一种结构复杂、集成度高、精密的机电一体化设备，所以对其运行环境和电源性能有明确的要求。在进行某工业机器人集成项目时，客户指定使用发那科 R-1000iA 工业机器人作为作业设备。现在需要对客户项目现场进行考察以确定现场条件是否符合该款工业机器人的正常运行要求。制作发那科 R-1000iA 工业机器人对使用环境及电源的要求清单，与项目现场进行比对，确定客户项目现场环境是否符合要求。

不同品牌和型号的工业机器人对其运行环境及电源均有不同的要求，要详细了解各个品牌及型号的工业机器人对运行环境及电源的要求，最直接的方法是在该型号工业机器人的技术手册上查看相关说明。获取该款工业机器人技术手册的方法有两种：其一可以通过工业机器人随机资料获取，其二可以登录工业机器人厂家官网下载。

①电源要求。

第一，为保证设备及人员安全，工业机器人采用三相五线制配电方式（TN-S）。

第二，工业机械电气设备的设计应满足使用国的电压和频率要求。中国的低压电网的电压和频率分别为 220/380 V 和 50 Hz。

第三，进入中国的国外品牌工业机器人中，日系工业机器人如日本安川（首钢 MOTOMAN）工业机器人的 DX100 控制柜、NACHI 工业机器人的 FD/CFD 控制柜等均还采用日本制式的单相 100 V，60 Hz 电源或三相 200 V，60 Hz 电源。对于电源制式与国内不一致的工业机器人，工业机器人厂家均有变压器选配项供设备使用者进行选配。在使用时，应注意选配。进入中国的欧系工业机器人（如 ABB、KUKA）则与中国电源制式相同。因此，在给工业机器人配电时，应注意查阅工业机器人生产厂家提供的工业机器人控制柜技术规格参数。

第四，小型工业机器人通常采用的是单相+接 PE 线供电，中大型工业机器人采用三相+接 PE 线供电。

工业机器人控制柜对电源品质的技术规范如下。

第一，常规要求：电压变化范围不超过 ±10%，频率变化范围不超过 ±2%。

第二，注意：过高的电压有可能使器件烧损。过低的电压会使工业机器人控制柜的工作不稳定而出现自动关机或出错的现象。在这种情况下，应配置稳压器对电源进行处理。

第三，在选择稳压器的时候应注意稳压器的类型。常用的稳压器有两种：一种是机械式，另一种是电子式。机械式稳压器是通过一块控制电路板驱动电动机调节碳刷位置来稳压的。机械式稳压强的缺点就是可靠性低和动态响应速度慢（瞬态电压变化响应时间为 1~1.5 s）。实际应用表明，在电压波动较大的场合（320~440 V），该种稳压器无法保证工业机器人控制柜正常工作。电子式稳压器的瞬态电压变化响应时间小于或等于40 ms，比机械式稳压器响应速度快，精度高，但价格高。

第四，如果在同一供电母排下还有其他用电设备且其启动后对电网的污染比较大（如大功率电动机、测功机等），工业机器人控制柜的工作状态有可能不稳定，造成工业机器人出错报警。在这种情况下，在技术规范上应对供电电源做如下额外规定。

a. 谐波：2～5次谐波的总和不超过线电压有效值的10%，6～30次谐波的总和不超过线电压有效值的2%。

b. 三相不平衡电压：电压负序和零序成分不超过正序成分的2%。

c. 电压冲击：上升/下降时间为500 ns～500 μs时，其持续时间不超过1.5 ms，峰值不高于电源额定电压有效值的200%。

d. 电压中断：电源中断或零电压持续时间不超过3 ms，中断间隔应大于1 s。

e. 电压降：电压降不超过峰值电压的20%，间隔时间应大于1 s。

如果电网无法满足以上要求，则工业机器人控制柜入线端应配置隔离变压器或交流电抗器进行电源处理。如果还不能解决，则改变工业机器人控制柜的用电来源。

②环境要求。

IEC 60204-1标准对工业机械电气设备的一般工作环境规定如下。

a. 温度。

密封的工业电气设备应能在环境温度为5 ℃～40 ℃、24 h平均温度不超过35 ℃的环境下正常使用；外露的工业电气设备应能在环境温度为5 ℃～55 ℃、24 h平均温度不超过50 ℃的环境下正常使用。工业电气设备应能受得住-25 ℃～+55 ℃温度范围内的运输和存放，并能经受70 ℃、时间不超过24 h的短期运输和存放。

b. 湿度。

工业电气设备应能在相对湿度为30%～95%的环境下正常使用。

c. 海拔。

工业电气设备应能在海拔1 000 m以下正常工作。

海拔越高的地区，空气密度就越小，大气压降低，使空气黏性系数增加，空气分子数就会减少，从而导致传递的热量减少。对流散热传递的热量减少将导致产品温升的增加，电子部件的散热性能变差。

海拔影响低压电气设备的分断能力。由于海拔升高，空气密度降低，空气散热能力减弱，当触头在分断电流时，介质恢复强度降低，电弧较难熄灭，容易引起电弧重燃，因此燃弧时间延长，触头寿命缩短。一般在海拔超过1 000 m的地区就必须考虑海拔对电气设备的影响。一般的低压开关设备和控制设备的工作海拔不能超过2 000 m。

如果电气设备工作的环境温度、海拔超过规定的要求，除了器件和控制装置本身需要满足特殊环境下的可靠性、寿命等要求外，在选择低压电气设备或控制装置时，对器件或控制装置的额定工作电流、电压参数需进行降容使用，降容比值请查阅所选器件的技术规格书。

(3) 变频驱动电气设计。

变频器是可调速驱动设备的一种。它应用变频驱动技术改变交流电动机工作电压的频率和幅度，来平滑控制交流电动机的速度及转矩。变频驱动系统具有节能、启动冲击小、调速范围大、调速平滑、控制方式灵活等特点，在工业自动化领域得到了广泛的应用。现有某大型汽车零部件厂计划投产 2 条点焊工业机器人生产线，为生产线提供冷却水的泵站有 3 台功率为 7.5 kW 的水泵，3 台水泵由变频器驱动轮流工作，每台水泵工作 8 h。现要求对该泵站变频驱动系统进行电气设计，实现 3 台水泵的驱动供水。要求变频驱动系统有 2 种工作模式，其中自动模式要求当启动按钮按下的，3 台水泵按照每台水泵工作 8 h 的模式自动轮流工作，当停止按钮按下时，所有水泵停止运行；手动模式可通过旋钮选择工作水泵，当启动按钮按下时，对应水泵开始工作，当停止按钮按下时，水泵停止工作。

①供电系统。

供电系统由电源系统和输配电系统组成，是产生电能并供应和输送给用电设备的系统。根据 IEC 的规定，低压供电系统大致可分为 TN、IT、TT 3 种。其中，TN 系统节省材料、工时，在我国和其他许多国家得到广泛应用。TN 系统又分为 TN‑C、TN‑S、TN‑C‑S 3 种形式。

②三相负载的接法。

交流电的三相负载可分为三角形接法和星形接法（又称为 Y 形接法）。

三角形接法的负载两端电压为 380 V，星形接法的负载两端电压为 220 V。星形接法的中间公共点引出线为中性线。三相负载平衡时，三相电的中性线电流为零，故也叫作零线。三相负载不平衡时，应当连接中性线，否则各相负载将分压不等。在意外情况下，某相断开后，为防止其他相上负载电压重新分配引起事故，也应当连接中性线。

③三相电动机的接线方法。

三相电动机的星形接法是把上排的短接片横向相互连接起来，下排接线柱分别接入交流电的各相。电动机的转动方向不正确时，只需对调其中两相的接线位置。

三相电动机的三角形接法是把上、下排的短接片纵向分别连接，下排接线柱分别接入交流电的各相。电动机的转动方向不正确时，只需对调其中两相的接线位置。

进行电动机接线时，特别要注意的是电动机铭牌上的电压与允许接线方式的对应关系。

④变频器。

变频器（Variable‑Frequency Drive，VFD）是应用变频技术与微电子技术，通过改变电动机工作电源频率的方式来控制交流电动机的电力控制设备。

变频器主要由整流（交流变直流）单元、滤波单元、逆变（直流变交流）单元、制动单元、驱动单元、检测单元、微处理单元等组成。变频器靠内部 IGBT 的开断来调整输出电源的电压和频率，根据实际提供电动机所需要的电源电压，进而达到节能、调速的目的。另外，变频器还有很多保护功能，如过流保护、过压保护、过载保护等。随着工业自动化程度的不断提高，变频器得到了非常广泛的应用。

变频器节能主要表现在风机、水泵的应用上。为了保证生产的可靠性，各种生产机械在设计配用动力驱动时，都留有一定的富余量。当电动机不能满负荷运行时，除达到动力驱动要求外，多余的力矩增加了有功功率的消耗，造成电能的浪费。风机、泵类等设备传统的调速方法是通过调节入口或出口的挡板、阀门开度来调节给风量和给水量，其输入功率大，且大量的能源消耗在挡板、阀门的截流过程中。当使用变频调速时，如果流量要求降低，通过降低风机或泵的转速即可满足要求。

电动机使用变频器就是为了调速并减小启动电流。为了产生可变的电压和频率，变频器首先要把电源的交流电变换为直流电，这个过程叫作整流。把直流电变换为交流电的装置，其科学术语为"inverter"（逆变器）。一般逆变器是把直流电源逆变为一定频率和一定电压的逆变电源。逆变结果为频率可调、电压可调的逆变器称为变频器。变频器输出的波形是模拟正弦波，主要用于三相异步电动机调速，又称为变频调速器。对于主要用在仪器仪表的检测设备中、波形要求较高的可变频率逆变器，要对波形进行整理，可以输出标准的正弦波，称为变频电源。一般变频电源是变频器价格的 15～20 倍。由于变频器中产生变化的电压或频率的主要装置称为"inverter"，故该产品本身就被命名为"inverter"，即变频器。

应根据生产机械的类型、调速范围、静态速度精度、启动转矩等要求选择变频器的类型。所谓合适，是指既好用，又经济，能满足工艺和生产的基本条件和要求。

⑤伺服系统。

伺服系统（servomechanism）又称为随动系统，是用来精确地跟随或复现某个过程的反馈控制系统。伺服系统使物体的位置、方位、状态等输出被控量能够跟随输入目标（或给定值）任意变化。它的主要任务是按控制命令的要求对功率进行放大、变换与调控等处理，使驱动装置输出的力矩、速度和位置控制非常灵活方便。在很多情况下，伺服系统专指被控制量（系统的输出量）是机械位移或位移速度、加速度的反馈控制系统，其作用是使输出的机械位移（或转角）准确地跟踪输入的位移（或转角），其结构组成和其他形式的反馈控制系统没有原则上的区别。伺服系统最初用于国防军工，如火炮的控制，船舰、飞机的自动驾驶，导弹发射等，后来逐渐推广到国民经济的许多部门，如自动机床控制、无线跟踪控制等。

a. 主要作用。

第一，以小功率指令信号去控制大功率负载；

第二，在没有机械连接的情况下，由输入轴控制位于远处的输出轴，实现远距同步传动；

第三，使输出机械位移精确地跟踪电信号，如记录和指示仪表等。

b. 主要分类。

从系统组成元件的性质来看，伺服系统有电气伺服系统、液压伺服系统、电气－液压伺服系统及电气－电气伺服系统等。

从系统输出量的物理性质来看，伺服系统有速度或加速度伺服系统和位置伺服系统等。

从系统中所包含的元件特性和信号作用特点来看，伺服系统有模拟式伺服系统和数字式伺服系统。

从系统的结构特点来看，伺服系统有单回伺服系统、多回伺服系统和开环伺服系统、闭环伺服系统。

伺服系统按其驱动元件划分，有步进式伺服系统、直流电动机伺服系统、交流电动机伺服系统。

（4）低压电气元件选型。

①低压电气元件概况。

控制电气元件按其工作电压的高低，可划分为高压控制电气元件和低压控制电气元件两大类。按各国标准，高、低压界线划分比较模糊，通常以交流 1 000 V、直流 1 500 V 为界。国内工业机器人集成系统常用工作电压为 380 V，属于低压系统，使用的电气元件也为低压电气元件。

常用的进口（或在国内生产）的低压电气元件有施耐德电器、ABB电器、西门子电器等。合资或国产知名低压电气元件有正泰电器、德力西电器、常熟开关、上海人民电器、天水二一三电器、人民电器等。

电路中常用到断路器、接触器、热继电器、熔断器、停止按钮（常闭）、开始按钮（常开）等低压电气元件。

②隔离开关与负荷开关。

隔离开关与负荷开关的作用都是切断主电源，以便于检修。它们在电路中形成明显断开点（触点隔离保证一定距离且必须是看得见的，或明显地且可靠地用"开"或"断"标志指示），以保证下级电路维修时的安全。

如果总电源开关同时用作急停器件，则必须符合下述急停器件要求。

第一，电源总开关应具有切断最大电动机堵转电流及所有电动机和负载正常运行总电流的分断能力。

第二，电源总开关只能有一个接通和断开的位置，并清晰地标明"0"和"1"，且手动操作的总电源开关可在断开的位置上锁住。

第三，如电源总开关不具备急停功能，其操作手柄应为黑色或灰色，而不应使用红色。如电源总开关具备急停功能，则应使用红色手柄，并采用黄底色。

隔离开关及负荷开关依使用的电源环境、安装方式及通过的电流，并辅以厂家的选型手册、使用目的来选定。

③断路器。

低压断路器又称为自动开关。俗称的"空气开关"，也是指低压断路器。断路器的作用是切断和接通负荷电路以及切断故障电路，以防止事故扩大，保证安全运行。它是一种既有手动开关作用，又能自动进行失压、欠压、过载和短路保护的电气设备。它可用来分配电能，不频繁地启动异步电动机，对电源电路及电动机等实行保护，当它们发生严重的过载或者短路及欠压等故障时能自动切断电路，而且在分断故障电流后一般不需要变更零部件，已得到广泛的应用。

断路器一般由触头系统、灭弧系统、操作机构、脱扣器、外壳等构成。

当短路时，大电流（一般为10~12倍额定电流）产生的电磁力克服弹簧反力，脱扣器拉动操作机构动作，开关瞬时跳闸。当过载时，电流变大，发热量加剧，双金属片变形到一定程度后推动操作机构动作（电流越大，动作时间越短）。

现在有电子型的断路器，其使用互感器采集各相电流大小，与设定值比较，当电流异常时微处理器发出信号，使电子脱扣器带动操作机构动作。

低压断路器的主触点是靠手动操作或电动合闸的。主触点闭合后，自由脱扣机构将主触点锁在合闸位置上。过电流脱扣器的线圈和热脱扣器的热元件与主电路串联，欠电压脱扣器的线圈和电源并联。当电路发生短路或严重过载时，过电流脱扣器的衔铁吸合，使自由脱扣机构动作，主触点断开主电路。当电路过载时，热脱扣器的热元件发热，使双金属片向上弯曲，推动自由脱扣机构动作。当电路欠电压时，欠电压脱扣器的衔铁释放，也使自由脱扣机构动作。分励脱扣器则用于远距离控制，在正常工作时，其线圈是断电的；在需要远距离控制时，按下停止按钮，使线圈通电，衔铁带动自由脱扣机构动作，使主触点断开。

断路器的电路符号如图 3-9 所示。

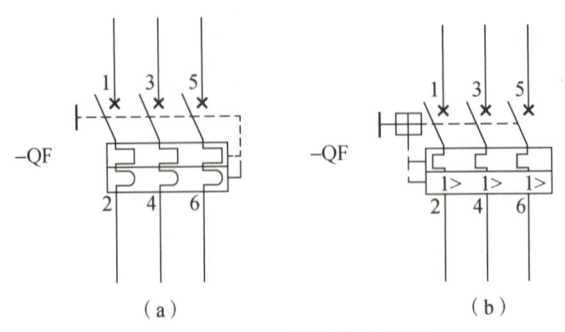

（a）
（b）

图 3-9　断路器的电路符号

（a）国标符号；（b）常见部分国外标准符号

断路器的图形符号中方形表示热脱扣器（即长延时脱扣器，用于过载保护），半圆形表示电磁力脱扣器（即瞬时脱扣器，用于短路保护）。1~6 是断路器上标明的接线端子号。

④接触器。

接触器分为交流接触器和直流接触器，它应用于电力、配电与用电场合。接触器广义上是指工业电网中，利用线圈流过电流产生磁场，使触头闭合，以达到控制负载目的的电气设备。

接触器的工作原理如图 3-10 所示。当接触器线圈（A1、A2 两接线端）通电后，线圈电流会产生磁场，产生的磁场使静铁芯产生电磁吸力吸引动铁芯，并带动交流接触器触点动作，常闭触点断开（21NC 与 22NC），常开触点闭合（1 与 2，3 与 4，5 与 6，13NO 与 14NO），两者是联动的。当线圈断电时，电磁吸力消失，衔铁在释放弹簧的作用下释放，使触点复原，常开触点断开，常闭触点闭合。辅助触点用来给外部提供信号，或常使用一组常开辅助触点与线圈的控制按钮并联，达到线圈通电后自保持的功能。

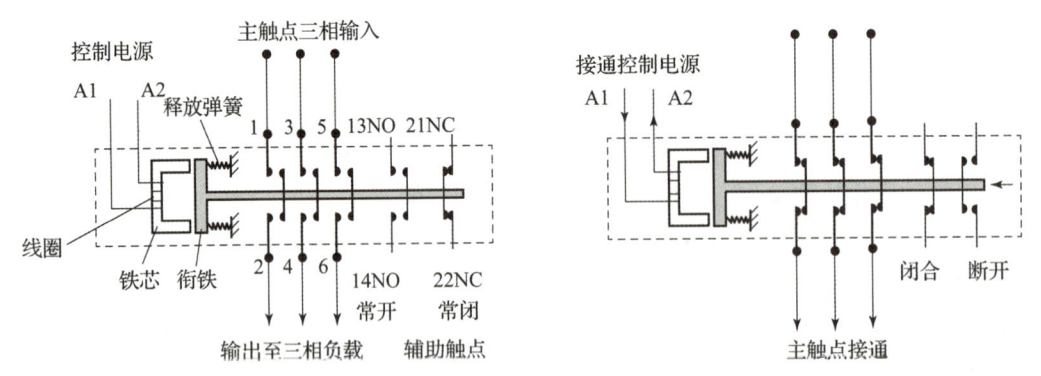

图 3-10　接触器的工作原理

20 A 以上的接触器加有灭弧罩，利用电路断开时产生的电磁力，快速拉断电弧，保护接点。

接触器可高频率操作，用于电源开启与切断控制时，最高操作频率可达 1 200 次/h。接触器的使用寿命很长，机械寿命通常为数百万次至一千万次，电寿命一般则为数十万次至数百万次。

⑤热继电器。

a. 作用：主要用来对异步电动机进行过载保护。有些型号的热继电器还具有断相保护功能。

b. 工作原理：热继电器的工作原理是由流入热元件的电流产生热量，使有不同膨胀系数的双金属片发生形变，当形变达到一定距离时，就推动连杆动作，使控制回路断开，接触器线圈失电，从而使主电路断开，实现电动机的过载保护。热继电器作为电动机的过载保护元件，以体积小、结构简单、成本低等优点在生产中得到了广泛应用。双金属片受热弯曲的过程中，热量的传递需要较长的时间，因此，热继电器不能用作短路保护，而只能用作过载保护。

c. 使用：热继电器本身不能直接断开电动机电源电路，必须与接触器配合使用。当过流时，热继电器断开其常闭辅助触点，从而断开接触器的接合线圈，使接触器切断电动机电源，起到保护的作用。

热继电器过载保护动作后，双金属片经过一段时间的冷却（约 2 min），需要重新工作时，要按下复位按钮进行复位。也有具有自动复位功能的产品，可通过其面板上的手动/自动旋钮选择复位工作方式。自动复位时间约为 5 min。

热继电器的 4 种脱扣级别是：10A、10、20、30。脱扣级别规定了从冷态开始，对称的三相负载在 7.2 倍整定电流时的最大脱扣时间。

热继电器的电路符号如图 3 – 11 所示。

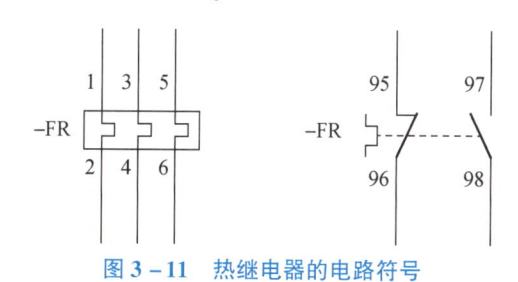

图 3 – 11　热继电器的电路符号

⑥熔断器。

熔断器自身作为熔体，当电流过高或超过负载电流时，熔断器熔断自身，防止损坏电路。半导体功率元件对温度变化极为敏感，过流会使这些元件损坏，通常使用快速熔断器。

当电路中存在上、下级熔断器时，在发生故障时，希望故障点上级的熔断器熔断，而不导致大面积停电现象使故障的影响面扩大，这就是熔断器的选择性。熔断器额定电流只要符合国标和 IEC 标准规定的过电流选择比为 1.6∶1 的要求，即上级熔断器额定电流不小于下级熔断器额定电流的 1.6 倍，就视为上、下级能有选择性地切断故障电路。

如果在安装点的预期短路电流大于断路器的额定分断能力，可采用熔断器作后备保护，因为熔断器的额定短路分断能力较强，且电路短路时熔断器的分断时间比断路器短，可确保断路器的安全。

熔断器应装在断路器的电源侧，以保证使用安全。

⑦中间继电器。

中间继电器用于继电保护与自动控制系统中，以增加触点的数量及容量。它用于在控制回路中传递中间信号。例如 PLC 控制触点，其最大驱动电流为 0.5 A，当被控制回路电流为 5 A 时，必须使用中间继电器进行中继转换（常说的小电流控制大电流）。

当中间继电器线圈施加激励量等于或大于其动作值时，衔铁被吸向导磁体，同时衔铁压动触点弹片，使触点接通、断开或切换被控制的电路。当中间继电器的线圈被断电或激励量减小到小于其返回值时，衔铁和接触片返回到原来位置。因此，它用的全部都是辅助触头，数量比较多。

中间继电器的电路符号如图 3-12 所示。

图 3-12 中间继电器的电路符号

注意：在图纸上，各组开关及线圈符号可以分离标示。

小型中间继电器的一般参数见表 3-13。

表 3-13 小型中间继电器的一般参数

参数	数值
最大电压	110% 额定电压。额定电压：直流 12~220 V，交流 24~240 V
最大通断能力	在 3~20 A 范围内可选不同产品
动作电压	直流：≤75% 额定电压；交流：≤80% 额定电压
释放电压	直流：≥10% 额定电压；交流：≥20% 额定电压
动作时间/ms	≤25
释放时间/ms	≤25
电气寿命/万次	10
负载最大工作频率/(次·h^{-1})	1 200
功率消耗/W	直流 0.9~1.1；交流 1.2~1.8

⑧固态继电器。

当中间继电器无法满足通断速度需求的时候，可以选择固态继电器。

固态继电器（Solid State Relay，SSR）是由微电子电路、分立电子器件、电力电子功率器件组成的无触点开关，用隔离器件实现了控制端与负载端的隔离。固态继电器的输入端用微小的控制信号直接驱动大电流负载。

专用的固态继电器具有短路保护、过载保护和过热保护功能，与组合逻辑电路固化封装就可以实现用户需要的智能模块，直接用于控制系统中。

固态继电器除具有与中间继电器一样的功能外，还具有如下特点。

第一，灵敏度高，控制功率低，电磁兼容性好。固态继电器的输入电压范围较大，驱动功率低，可与大多数逻辑集成电路兼容，不需要增加缓冲器或驱动器。

第二，可快速转换。固态继电器因为采用固体器件，所以切换速度时间为从几毫秒至几微秒。

第三，电磁干扰小。固态继电器没有输入线圈，没有触点燃弧和回跳，因此减少了电磁干扰。大多数交流输出固态继电器是一个零电压开关，在零电压处导通，在零电流处关断，减少了电流波形的突然中断，从而减小了开关瞬态效应。

固态继电器的缺点如下。

第一，导通后的管压降大，可控硅或双向可控硅的正向压降可达 1~2 V，大功率晶体管的饱和压降也为 1~2 V，一般功率场效应管的导通电阻也较机械触点的接触电阻大。

第二，半导体器件关断后仍可有数微安至数毫安的漏电流，因此不能实现理想的电隔离。

第三，由于管压降大，导通后的功耗和发热量也大，所以大功率固态继电器的体积远远大于同容量的中间继电器，成本也较高。

第四，电子元件的温度特性和电子电路的抗干扰能力较差，耐辐射能力也较差，如不采取有效措施，则工作可靠性低。

第五，固态继电器对过载有较大的敏感性，必须用快速熔断器或 RC 阻尼电路对其进行过载保护。固态继电器的负载能力明显与环境温度有关，温度升高，负载能力将迅速下降。

第六，主要不足是存在通态压降（需相应散热措施），有断态漏电流，交、直流不能通用，触点组数少。另外，过电流、过电压及电压上升率、电流上升率等指标差。

在选用固态继电器时，应充分考虑其特点，以防出现其他意外情况。

⑨按钮及指示灯。

主令电器是用于闭合或断开控制回路，以发出指令或作程序控制的开关电器。它包括按钮、凸轮开关、行程开关、指示灯、指示塔等，另外有踏脚开关、接近开关、倒顺开关、紧急开关、钮子开关等。

按钮开关是一种结构简单、应用十分广泛的主令电器。在电气自动控制回路中，用于手动发出控制信号以控制接触器、继电器、电磁起动器等。按钮开关的种类很多，可分为普通揿钮式、蘑菇头式、自锁式、自复位式、旋柄式、带指示灯式、带灯符号式及钥匙式等，有单钮、双钮、三钮及不同组合形式，一般采用积木式结构，由按钮帽、复位弹簧、桥式触头和外壳等组成，通常做成复合式，有一对常闭触头和常开触头，有的产品可通过多个元件的串联增加触头对数。还有一种自持式按钮开关，按下后即可自动保持闭合位置，断电后才能打开。

目前，市场上的按钮开关均采用模块化的设计，由按钮头模块与基座模块组成，按钮头可以旋入（或卡入）基座中。

基座有带灯的基座和仅是触点的基座。灯的类型（白炽灯泡、气灯或 LED 灯）及其额定电压均可进行选择。

如图 3-13 所示，按钮开关包含一组常开触头和一组常闭触头。在实际应用中，当基座的触头组不能满足触点数量需求时（例如急停按钮按下时，要同时断开多条电路，需要的触头较多），可以追加触点模块来满足要求。

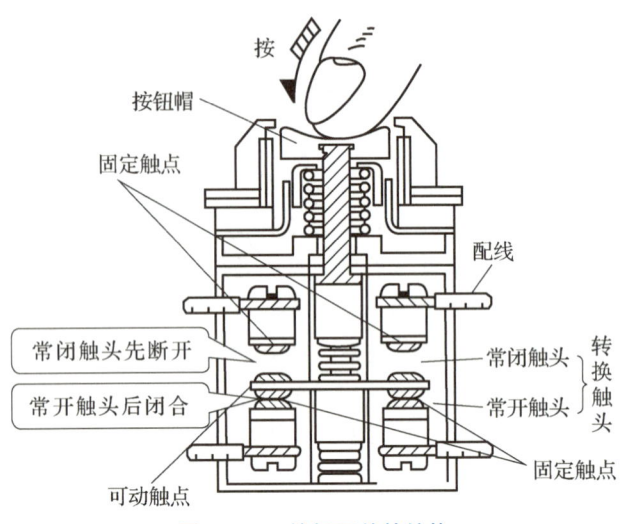

图 3-13 按钮开关的结构

指示灯颜色的含义见表 3-14。

表 3-14 指示灯颜色的含义

颜色	含义	说明	举例
红	危险或告急	有危险或必须立即采取行动	急停、电源、报警
黄	注意	情况有变化,或即将发生变化	暂停、未到位、提醒
绿	安全	正常或允许运行	运行中、准备好
蓝	强制性的	要求强制性操作	复位功能
其他	无特定用意	—	—

a. 用于指示功能的指示灯颜色可根据含义内容选择红色、黄色、绿色或蓝色。

b. 用于确认功能的指示灯颜色可选择蓝色、白色,在某些情况下也可以选择绿色。

c. 对于需要进行强调的状态,例如需要引起注意、要求立即动作的指令和数据情况存在差异、操作进程发生变化等,可使用闪烁指示。慢闪烁频率为 24~48 次/min,正常闪烁频率为 48~168 次/min。对于重要的信息应使用较高频率的闪烁。

d. 指示灯、显示器的安装位置应保证操作者在正常操作时明显可见,用于报警的指示灯应使用闪烁式或旋转式,并伴有音响。

按钮颜色的含义见表 3-15。

表 3-15 按钮颜色的含义

颜色	含义	说明	举例
红	危险或告急	有危险或必须立即采取操作	急停
黄	异常	情况有变化,或即将发生变化	暂停、重新启动

续表

颜色	含义	说明	举例
绿	安全	正常或允许运行	启动/接通
蓝	强制性	要求强制性操作	复位功能
白	无特定用意	除急停外的一般功能	启动/接通（优先使用白色）、停止/断开（优先使用黑色）、点动控制
灰			
黑			

e. 急停按钮必须使用红色。

f. 停止/断开按钮应选择黑色、灰色或白色，优先选用黑色，允许选用红色，但不能使用绿色。

g. 启动/接通按钮应选择黑色、灰色或白色，优先采用白色，允许选用绿色，但不能使用红色。

h. 当使用白色和黑色来区分启动/接通按钮和停止/断开按钮时，白色用于启动/接通按钮，黑色用于停止/断开按钮。

i. 当交替操作启动/接通和停止/断开控制时（同一按钮操作），黑色、灰色或白色优先选用，不允许使用黄色或绿色。

j. 点动控制按钮应优先选择黑色、灰色或白色，不允许使用红色、黄色，可以使用绿色。

k. 复位按钮应选择蓝色、黑色、灰色或白色，优先采用蓝色；如果按钮还具有停止/断开功能，应选用黑色、灰色或白色，应优先采用黑色，不允许使用绿色。

l. 绿色按钮专门用来表示安全或正常状态，黄色按钮专门用来表示警告或异常状态（暂停、重新启动等）。

m. 带指示灯的按钮颜色需要符合指示灯及按钮颜色的规定，在颜色难以选定时，应使用白色，带指示灯的按钮不得用作紧急按钮。

6. 任务评价

任务评价见表 3–16。

表 3–16 任务评价

评分内容	配分	评分标准		分值	自评	他评
工业机器人系统集成认识及应用	80 分	查找任务相关知识	查找任务相关知识，该任务知识能力掌握度达到 60% 扣 5 分，达到 80% 扣 2 分，达到 90% 扣 1 分	20 分		
		确定方案编写计划	1. 制定整体设计方案，在实施过程中修改一次扣 2 分。 2. 制定实施方法，在实施过程中修改一次扣 2 分	20 分		

续表

评分内容	配分	评分标准		分值	自评	他评
工业机器人系统集成认识及应用	80 分	记录实施过程步骤	在实施过程中，步骤记录不完整度达到 10% 扣 2 分，达到 20% 扣 3 分，达到 40% 扣 3 分	20 分		
		检查评价	（1）自我评述完成情况。 （2）检查资料收集整理情况	20 分		
职业素养	20 分	团队协调与合作		10 分		
		用专业语言正确流利地简述任务成果		10 分		
综合				100 分		
完成用时						

知识评测

1. 填空题

（1）搬运、码垛工业机器人工作站由_____、_____、_____、_____四部分组成。

（2）喷涂工业机器人工作站主要包括工业机器人_____、_____、_____、_____、_____。

（3）抛光可分为_____、_____、_____ 3 种。

2. 判断题

（1）工业机器人生产线是指使用了两台或多台工业机器人，配有物流系统及自动控制同步系统，能够进行工序内容多且复杂的作业，同时完成几项工作任务的生产体系。
（　　）

（2）工业机器人是一种高速运动设备，在其进行自动运行时绝对不允许人靠近（必须设置安全护栏）；操作人员必须接受安全方面的专门教育，否则不准操作。（　　）

3. 简答题

简述工业机器人在线编程和工业机器人离线编程的区别。

项目四

智能生产线的调试

任务 4.1 供料单元的安装与调试

4.1.1 供料单元机械结构的安装

1. 任务引入

供料单元是自动化生产线的起始单元,为系统中其他工作单元提供原料,可自动供给将多种原料,这其中还可能包括原料的干燥处理、配色处理以及原料的按比例回收利用,它能够实行高度的自动化控制、监测等,并能满足 24 h 不停机的生产需要。自动供料系统可以根据实际的需要设计成不同形式。在无人化的自动生产车间,供料单元与自动供料系统的配合使用可树立起现代化工厂管理的形象。常见的供料装置如图 4-1 所示。

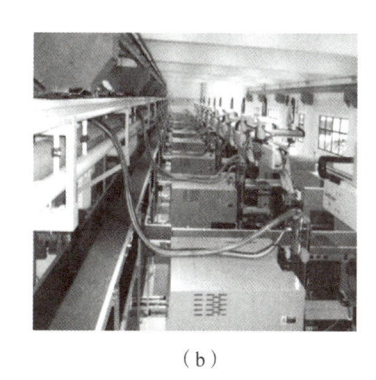

图 4-1 常见的供料装置
(a) 称重式定量供料装置;(b) 中央供料装置

2. 任务目标

本任务主要是在熟悉供料单元结构和功能的基础上,用给定器材,使用合适的配件和工具,按照"供料单元的装配效果图"及其技术要求组装供料单元。组装完成后进行机械部分的检查和调整,使其满足规定的技术要求。

1)知识目标

(1) 了解供料单元的基本构成和功能。

(2) 掌握 PLC 控制系统的设计与调试方法。

2）技能目标

（1）掌握供料单元的基本安装工艺要求。

（2）掌握气动和电动元件的使用方法。

3）素养目标

（1）引导学生了解智能生产线在各个领域的应用和发展，明确新工科人才需求与自身的培养方向。

（2）培养严谨治学的科学态度及热爱劳动、健康向上的价值观。

3. 任务分析

供料单元的技术要求如下。

（1）能够自动检查料仓内的物料是否充足、执行机构是否处于初始状态，如果料仓内物料充足且执行机构处于初始状态，相应传感器亮，检测信号输入至PLC，当PLC初始化检查成功后，则输出控制信号，供料单元能够将物料供给到物料台上，在供料单元没有接收到停止信号时，完成一次供料后，如果物料台无料，则继续供料。

（2）在系统运行过程中，应能够提供物料状态信号，如果物料检测传感器检测不到信号，说明物料不足，系统发出物料不足的报警信号；如果缺料传感器检测不到信号，说明物料已经没有，系统发出物料没有的报警信号。注意：物料不足和缺料的判断时间应根据供料执行速度和程序设计流程综合考虑，防止因供料间隙而误判。

（3）当供料单元在运行过程中接收到停止信号时，应该等当前供料结束后再停止，以防止器件突然停止，执行器件卡在中途或物料中途掉落，发生不必要的故障。

4. 相关知识

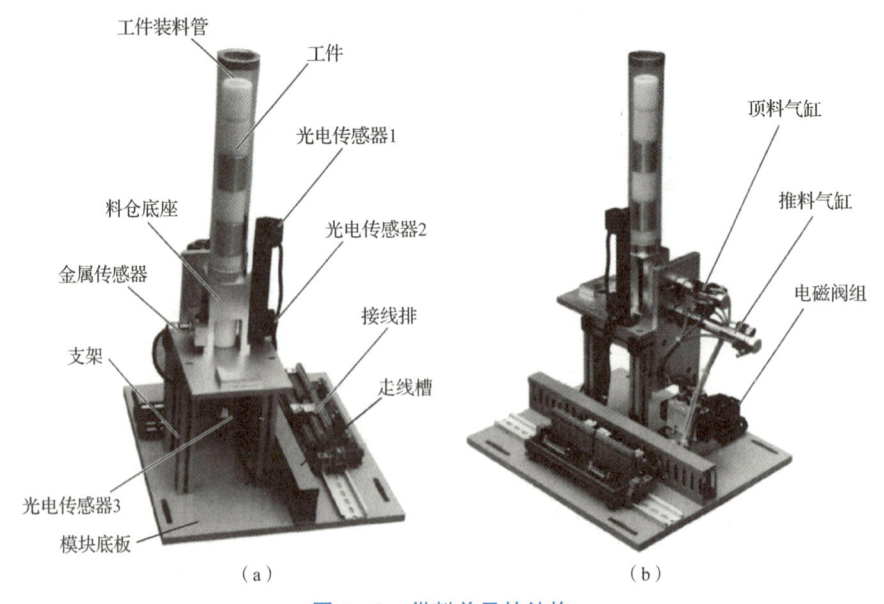

1）供料单元的结构及功能

供料单元的结构如图4-2所示。其主要包括料仓及其底座、铝合金支架、物料检测传感器及其支架、推料气缸和顶料气缸及其支架、电磁阀组、接线排、模块底板等。

图4-2 供料单元的结构

(a) 正视图；(b) 俯视图

主要部件的功能如下。

(1) 料仓。

料仓包括工件装料管和料仓底座，用来储存工件，工件属性根据系统控制要求进行选择，有金属、白色塑料和黑色塑料。料仓与料仓底座相连，工件垂直叠放在料仓中，直接安装在铝合金支架底座上，料仓内的最下层工件直接与铝合金底板接触，底座光滑，当推料时，形成的摩擦力较小。

(2) 物料检测传感器。

物料检测传感器主要包括电感传感器和3个光电传感器，电感传感器及其支架安装在料仓底座的一边，用来检测工件的材质是否是金属，光电传感器1、2及其支架安装在另外一边，用来检测料仓内的物料是否充足，光电传感器3用来检测物料台上是否有物料，判断物料是否被成功推出到物料台上，以备机械手进行夹取。

(3) 气缸及其支架。

气缸包括推料气缸和顶料气缸。顶料气缸用来将次上层的物料顶住而使物料不下滑；推料气缸用来将最下层的物料推出到物料台上。推料气缸处于料仓的底层并且其活塞杆可从料仓的底部通过。当活塞杆在退回位置时，它与最下层工件处于同一水平位置，而顶料气缸则与次下层工件处于同一水平位置。在需要将工件推出到物料台上时，首先使顶料气缸的活塞杆推出，压住次下层工件；然后使推料气缸活塞杆推出，从而把最下层工件推到物料台上。在推料气缸返回并从料仓底部抽出后，再使顶料气缸返回，松开次下层工件。这样，料仓中的工件在重力的作用下，就自动地向下移动一个工件，为下一次推出工件做好准备。

(4) 电磁阀组。

电磁阀组包括一个汇流板和两个电磁阀，分别用来控制两个气缸的动作方向（伸出和缩回）。

(5) 铝合金支架。

铝合金支架主要用来支撑推料机构及定位各个部件，上面的U形槽用来固定物料台工件位置。

(6) 走线槽。

走线槽用来整理和放置传感器的多余引出线，使设备整洁美观。

(7) 接线排。

接线排包括输入和输出两部分（相对于PLC而言），输入部分用来连接设备上的所有传感器引出线，其中最上面一排接24 V，最下面一排接0 V，中间连接传感器的信号线；输出部分用来连接电磁阀控制线，最上面一排接24 V，最下面一排接0 V，根据PLC输出连接方式确定电磁阀的接线。

(8) 模块底板。

模块底板用来固定整个供料单元，使其安全可靠地运行，不晃动；黄色底板安装在导轨式实训台上，可根据位置要求进行定位。

2) 供料单元的工艺要求

供料单元的每一个部件都需要用螺钉进行固定，所有部件都有安装支架。安装前，将工具和器材清理和清洗干净，不得有毛刺、飞边、氧化皮、锈蚀、切屑、沙粒、灰尘、油污等。安装过程须按照设计、工艺要求和有关标准进行，环境必须清洁，注意安全，不得磕碰、划伤人和设备。先将铝合金支架安装好，然后组装各组件，最后将各组件安装到铝合金支架上，完成总装。安装好的设备应运行平稳顺畅、不卡阻。

安装应满足以下要求。

第一，装配铝合金支架时，注意调整好各条边的平行及垂直度，进行直角固定，防止铝合金支架变形和松动，锁紧螺栓。

第二，在进行气缸安装板和铝合金支架的连接时，预先在特定位置的铝型材 T 形槽中放置与之相配的螺母。在对该部分的铝合金型材进行连接时，一定要在相应的位置放置相应的螺母。如果没有放置螺母或没有放置足够多的螺母，将导致无法安装或安装不牢靠。

第三，机械机构固定在底板上时，需要将底板移动到操作台的边缘，螺栓从底板的反面拧入，将底板和机械机构部分的支撑型材连接起来。

第四，物料台 U 形挡块安装位置应合理，边沿与铝合金底板的边沿齐平。

第五，各零部件装配后的相对位置应准确，安装固定牢靠，零件无松动且不要有错位。

第六，螺钉、螺栓和螺母拧紧后，其支撑面应与被紧固零件贴合，所有内六角螺丝与平面的接触处都要套上垫片后再拧紧。

第七，所有部件需用螺钉、螺栓连接。铝合金支架用专用连接件固定，各边应平行、高度一致、无落差，与模块底板接触处无缝隙。

第八，紧固螺钉、螺栓和螺母时严禁打击或使用不合适的旋具与扳手，紧固后螺钉槽、螺母、螺钉及螺栓头部不得有损伤。

5. 任务准备

1）清理安装平台

安装前，先确认安装平台已放置平衡，安装平台下的滚轮已锁紧，保障安装台平稳，四角无落差，不晃动。确认安装平台上安装槽内没有遗留的螺母、小配件或其他杂物，然后用软毛刷将安装平台清扫干净，确保导轨内没有杂物和零部件等。

2）准备器材和工具

根据安装供料单元装置侧部分所需要的设备清单清点器材，并检查各器材是否齐全，是否完好无损，如有损坏，应及时更换。在清点器材的同时，将器材放置到合适的位置。配齐所需的配件，将较小的配件放在一个固定的容器中，以方便安装时快速找到，并保证在安装过程中不遗漏小的器件或配件。供料单元设备清单见表 4-1。

表 4-1 供料单元设备清单

序号	名称	数量	规格说明	用途
料仓组件	装饰环	1个	专配	平滑料仓顶端
	工件装料管	1个	专配	储存物料
	料仓底座	1个	专配	固定料仓
	落料板	1块	专配	固定料仓底座、出料台、传感器

续表

序号	名称	数量	规格说明	用途
铝型材	铝合金支架（长约143 mm）	4根	专配	结构支撑
	铝合金支架（长约130 mm）	2根	专配	支撑安装板
	铝合金支架（长约70 mm）	2根	专配	
	铝型材封盖板	4个	20 mm×20 mm	铝型材端面保护
	铝型材直角连接件	6个	标准规格	直角固定支架
气缸组件	顶料头	1个	专配	顶料缓冲，行程调节
	推料头	1个	专配	推料缓冲，行程调节
	顶料气缸	1个	CDJ2KB16X30－B 进	顶料
	推料气缸	1个	CDJ2KB16X85－B 进	推料
	气缸安装板	1个	专配	固定顶料和推料气缸
底板		1块	专配	固定供料单元
挡料块		1个	专配	固定出料位置
接线排		1个	亚龙 H01688 和 H01651	传感器与电磁阀接线
螺栓、螺母		若干	自选	固定部件

机械部件的固定都是用内六角螺栓，所需的安装工具见表 4-2。请根据表 4-2 清点工具，并将工具整齐有序地摆放在工具盒或工具袋中。

表 4-2 安装工具清单

序号	名称	规格	数量	主要作用
1	内六角扳手	2~8	1套	安装固定螺钉
2	十字螺丝刀	130 mm	1把	安装用
3	呆扳手	8	1把	固定安装螺母
4	钢直尺	1 000 mm	1把	测量安装尺寸
5	尺式水平仪	300 mm	1把	测量安装平台水平度
6	直角尺	300 mm	1把	调整水平度和垂直立面
7	软毛刷	—	1把	清理安装平台表面
8	镊子	—	1把	拾取掉落在狭窄处的小零件或小配件
9	铅笔	2B	1支	标注

6. 任务实施

1）供料单元机械结构的安装

组装供料单元机械结构时，必须按照安装图纸的要求进行操作，使用专用的工具；在安装过程中，工具最好放置在固定位置，以方便取用，提高安装效率。

安装可分步骤进行，首先是各组件的组装，包括铝合金支架和供料机构，然后再将各组件按顺序进行组装。

在安装过程中要注意，在需要预留螺母的地方要预留螺母，铝合金支架要安装牢固，不要有松动，为保障安全，裸露的铝型材端面要安装塑料封，安装时不要有空隙，其他需要紧固的地方也不要有空隙。

注意：在表面裸露的位置进行固定时，多使用沉孔螺栓，沉孔螺栓应不凸出铝型材表面，以确保后续工序正常进行，因此选用的沉孔螺栓长度要适中，不能过长或过短，应在能够保障牢靠的同时不凸出。

2）安装检查与调整

第一，用手摇动铝合金支架、料仓等组件，检查是否松动，如果松动，则需要用内六角扳手拧紧固定螺栓。

第二，用手水平拉伸推料气缸和顶料气缸，观察其动作是否顺畅，若动作不顺畅，则需要检查气缸与安装板的连接。

7. 任务评价

任务评价见表4-3。

表4-3 任务评价

评分内容	配分	评分标准		分值	自评	他评
供料单元机械结构的安装	80分	装配完成且装配正确，传动机构能正常运行		20分		
		支架安装与固定	框架无变形	5分		
			铝型材端面有端面保护	5分		
			支架平行，与底板垂直	5分		
			按要求使用专用连接件	5分		
		料仓安装	料仓与落料板垂直	5分		
			料仓底座固定牢靠	5分		
			料仓顶端有装饰环	5分		
		气缸及其支架安装	气缸安装正确	5分		
			连接头使用正确，有固定	5分		
			气缸支撑板垂直安装	5分		
		螺栓、螺母选用合理，固定牢靠，没有紧固件松动现象		10分		

续表

评分内容	配分	评分标准	分值	自评	他评
职业素养	20 分	材料、工件等没有放在系统上	5 分		
		元件及模块无损坏、丢失和松动现象	5 分		
		所有部件整齐地摆放在桌上	5 分		
		工作区域内整洁干净,地面上没有垃圾	5 分		
综合			100 分		
完成用时					

4.1.2 供料单元气动控制回路连接与调试

1. 任务引入

本任务主要是认识智能生产线中相关气动元件的使用方法,并将其正确安装到设备上;根据供料单元的气动控制回路图连接气路,并进行调整,使设备能够满足初始状态的要求;调节节流阀、气源气压等,使设备能够平稳运行,各气缸速度适中。

2. 任务目标

1)知识目标

识别供料单元的气动元件。

2)技能目标

能够对供料单元的气动控制回路进行连接和调试。

3)素养目标

培养学生爱岗敬业、吃苦耐劳、遇到故障能够沉着应变的工作作风,增强岗位认同感和责任感。

3. 任务分析

供料单元的气动控制回路及其技术要求介绍如下。

按照系统控制要求,将各气动元件用图形符号来表示,可构成一个可解决实际问题的气动控制回路图。正确地阅读气动控制回路图是进行气动控制回路与调试的基础。气动控制回路是供料单元的执行机构,该执行机构的逻辑控制功能是由 PLC 实现的。

供料单元的气动控制回路如图 4-3 所示。图中 1A 和 2A 分别为推料气缸和顶料气缸。1B1 和 1B2 为安装在推料气缸上的两个极限工作位置的磁感应接近开关,2B1 和 2B2 为安装在顶料气缸上的两个极限工作位置的磁感应接近开关。1Y1 和 2Y1 分别为控制推料气缸和顶料气缸电磁阀的电磁控制端,气缸和电磁阀中间是各个气缸上两个排气型单向节流阀。通常,这两个气缸初始均设定在缩回状态。

按照气动控制回路图连接气动控制回路时,应满足以下要求。

第一,气缸的安装和连接正确,速度调整合理,气缸运行平稳,没有卡阻现象。

第二,气管切口平整,切面与气管轴线垂直,否则可能漏气。

第三,走线避开设备工作区域,防止对设备动作产生干扰。

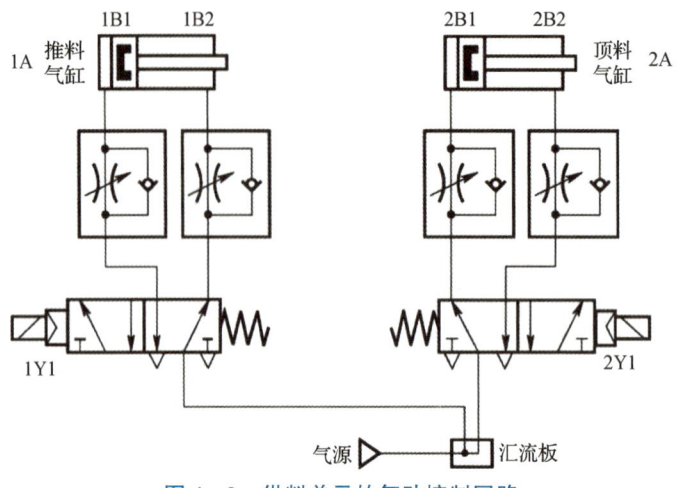

图 4-3　供料单元的气动控制回路

第四，气缸与换向阀之间的连接气管走向一致，不交叉。

第五，气管避免过长和过短。过长，会影响美观、浪费；过短，会造成气管弯折，阻碍气路通行。

第六，所有气管要用尼龙绑扎带绑扎，绑扎不宜过紧，以免造成气路不通，绑扎的间距以 5~8 cm 为宜，间距要均匀、统一。绑扎带切口处要剪平，凸出长度不超过 1 mm。连接好气路后，要进行气路的调试，调试过程应遵循一定的原则。首先接通气源，将气源处理组件的压力调整至合理范围（0.4~0.5 MPa），接下来对气动执行元件进行单独调试，这个过程和气动控制元件是一起操作的，利用气动控制元件的手动控制功能来调试气动执行元件。调试方法是：先检查在电磁阀都没有得电时，两个气缸的初始状态对不对，这时两个气缸都应处于缩回的状态；然后手动控制每个气缸的动作，看每个电磁阀手动控制得电时，相应的气缸动作是否正确、合理。这里，推料气缸、顶料气缸都要单独控制，如果有错误，需要检查气路问题，逐个排查，直到调试好为止。

4. 相关知识

供料单元的气动执行元件

气动执行由气缸、电磁换向阀和调速阀共同完成。供料单元的气动执行元件有推料气缸和顶料气缸，其动作方向由两个电磁换向阀分别进行控制，气缸的速度调节则由安装在气管接口处的单向节流阀进行调节。在选用所有器件时，都要满足设备对动力和控制的要求。

1) 推料气缸和顶料气缸

（1）类型：供料单元需要两个直线型气缸来执行推料功能，一个是顶料气缸，另一个是推料气缸。在实际使用时，要求切断气源后，气缸不复位，以免工件中途卡住、弹出，发生危险。其对行程要求较长，对出力和精度要求不高，基于此标准使用双作用直线型气缸，其体积小、质量小。

（2）缸径：顶料气缸工作时要求输出的力能够利用工件与料仓底座的摩擦力将工件固定、不下滑。

（3）行程：供料单元推料气缸的行程不超过 100 mm。行程太长会使物料超出物料台，物料与挡料块碰撞发生事故;行程太短,则需要较长的连接头,导致气缸运行稳定性变差。顶料气缸的行程则更短,约小于 40 mm。

(4) 其他参数:使用杆不回转、安装方式为基本型、内置磁环的气缸。设备提供气源的压力为 0.3~0.8 MPa,标准缸径为 16 mm,行程分别为 30 mm 和 85 mm,见表 4-4。

表 4-4 供料单元的气缸

实物图	型号	相关参数
	顶料:CDJ2KB16x30	使用压力范围为 0.06~0.7 MPa;
	推料:CDJ2KB16x85	缓冲方式为橡胶缓冲或气缓冲; 接管规格为 M5 mm × 0.8 mm

2) 电磁换向阀

智能生产线上所有工作单元的执行气缸都是双作用气缸,工作压力为 0.1~0.8 MPa。双作用气缸通常用二位五通阀,本设备上所有换向阀的控制方式为电控,电源为直流 24 V 或交流 220 V。这里使用的是亚德客的 4V100 系列电磁阀,电源为直流 24 V,使用压力范围为 0.15~0.8 MPa,耐压力为 1.5 MPa,动作方式为内部引导式或外部引导式,空载时的最高动作频率为 5 次/s。电磁阀型号说明如图 4-4 所示。

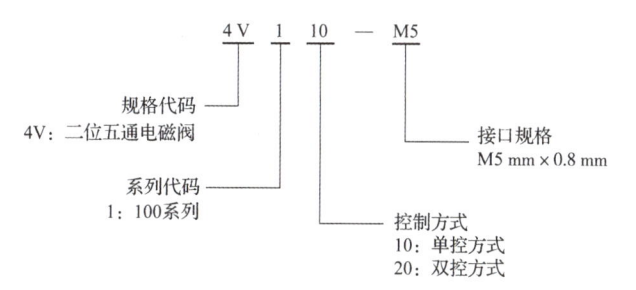

图 4-4 电磁阀型号说明

电磁换向阀实物如图 4-5 所示。图 (a) 中电磁换向阀的 A、B 口接气管的快速接头,连接欧 4 气管,进气口和两个排气口在阀的底部,这种电磁阀需要集中安装到汇流板上,构成一个电磁阀组,电磁阀组上每个阀的功能是彼此独立的,它们都是通过汇流板集中供气和排气,汇流板中两个排气口末端均连接了消声器。消声器的作用是减少在向大气排放压缩空气时的噪声。电磁阀组的结构如图 4-6 所示。

图 4-5 电磁换向阀实物
(a) 单控电磁换向阀;(b) 双控电磁换向阀

电磁换向阀有单控和双控两种可供选择，供料单元只需单控电磁换向阀即可。单控和双控电磁换向阀都带有手动按钮和加锁钮，有锁定（LOCK）和开启（PUSH）两个位置。用小螺丝刀把加锁钮旋到"LOCK"位置时，手动按钮向下凹进去，不能进行手控操作。只有在"PUSH"位置，才可用工具向下按，信号为"1"，等同于该侧的电磁信号为"1"。常态时，手动按钮的信号为"0"。在进行设备调试时，可以使用手动按钮对电磁换向阀进行控制，从而实现对相应气路的控制，以改变推料气缸等执行机构的动作，达到调试的目的。

图 4-6 电磁阀组的结构
（电磁换向阀线圈的引出线接法：
1 脚 +24 V，2 脚接 0 V）

电磁换向阀安装到汇流板上时，在电磁换向阀与汇流板的接触处需要放置软垫片密封，防止漏气。

3）单向节流阀

单向节流阀选用排气节流型单向节流阀，L形单向节流阀可以向任意方向旋转。安装单向节流阀时通过螺纹直接连接到气缸的进/排气口上，根据气缸的螺纹规格，使用相应螺纹的单向节流阀。单向节流阀气管接头处连接进/排气管，单向节流阀上带有气管的快速接头，只要将合适外径的气管插到快速接头上，接头中的弹性卡环就将其自行咬合固定，并由内部的密封圈密封，这样就连接好了。拆气管时，只需将弹性卡环向下压，即可拔出气管。

图 4-7 所示为在双作用气缸装上两个单向节流阀的连接示意。当压缩空气从 A 端进气，从 B 端排气时，单向节流阀 A 的单向阀开启，向气缸无杆腔快速充气；由于单向节流阀 B 的单向阀关闭，所以有杆腔的气体只能经节流阀排气，调节单向节流阀 B 的开度，便可改变气缸伸出时的运动速度。反之，调节单向节流阀 A 的开度则可改变气缸缩回时的运动速度。在这种控制方式下，活塞运行稳定。图 4-8 所示为安装带快速接头的限出型单向节流阀后的气缸外观。

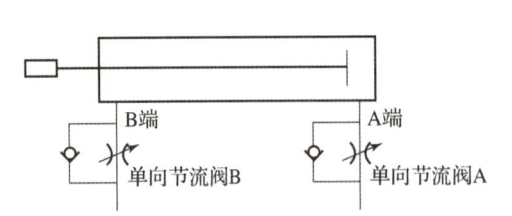

图 4-7 在双作用气缸装上两个单向节流阀的连接示意

图 4-8 安装带快速接头的限出型单向节流阀后的气缸外观

5. 任务准备

1）清理安装平台

确认安装平台已放置平衡，安装平台下的滚轮已锁紧，保障安装平台平稳，四角无落差，不晃动。确认安装平台上的安装槽内没有遗留的螺母、小配件或其他杂物，然后用软毛刷将安装平台清扫干净，确保导轨内没有杂物和零部件等。

2）准备器材和工具

供料单元气动控制部分所需的元器件清单见表4-5。熟读相关元器件的技术文件，理解其功能和使用方法，并检查其是否完好无损，如有损坏，应及时更换。在清点器材的同时，将器材放置到合适的位置。整理所需的螺栓和螺母，并将其放在一个固定的容器中，以方便安装时快速找到。表4-5中给出了参考型号，也可根据控制要求和使用环境，自行选择其他品牌和型号的元器件。

表4-5 供料单元气动控制部分所需的元器件清单

名称	参考器件型号	数量	用途
顶料气缸	CDJ2KB16x30-B	1个	顶料
推料气缸	CDJ2KB16x85-B	1个	推料
电磁换向阀	4V110-M5	2个	气缸动作方向控制
气动快速接头	亿日 EPC-M5	2个	用于电磁换向阀
气动快速接头	亿日 EGPL6-01	1个	用于汇流板
汇流板	亚德客 100M-2F	1块	安装电磁换向阀
单向节流阀	亿日 ESL4-M5	4个	气缸调速
气管	04和06	若干	气路连接
螺栓、螺母	自选	若干	固定电磁阀组
生料带	自选	1卷	螺纹连接密封

6. 任务实施

1）元器件安装

在机械结构安装中若已将气缸顶料和推料气缸及其连接头安装好，则可根据其铭牌参数进一步熟悉气缸的功能和其他特性参数。接下来在气缸的前、后两端单向节流阀安装孔位置安装相应尺寸的单向节流阀。

步骤1：将顶料和推料两个气缸的电磁换向阀安装到已装有消声器的汇流板上，安装时，注意塑料密封垫片不要放歪，以免电磁换向阀漏气，电磁换向阀与汇流板要垂直紧贴，然后用螺栓进行固定。

步骤2：将组装好的电磁换向阀组固定到黄色底板上。

2）气路连接

在理解气动控制回路原理的基础上，按照供料单元气动控制回路工作原理图进行气路连接，使气缸在电磁换向阀的控制下能正确地顶料、推料。气源先经过气源处理组件到汇流板，然后经过电磁换向阀和气缸。气管要在快速接头中插紧，不能有漏气现象。

3）气路调试

连接气动控制回路后，清理设备，检查机械装配、气路连接等情况，并手动调试供料单元的气动控制回路确认其安全性和正确性。

（1）接通气动二联件上的阀门给设备供气，将气源气压的压力调整到 0.4~0.5 MPa，设备的气路调试工作要在无气体泄漏的情况下进行，调试时应仔细观察系统气路有无漏气现象，若有，应立即解决，解决后再继续调试。

（2）调试气路时用电磁换向阀上的手动按钮进行操作，调试前首先验证顶料气缸与推料气缸的初始位置和动作位置是否正确，在初始位置两个气缸都缩回。

（3）调试速度时调整单向节流阀的开度，使推料气缸和顶料气缸的运动速度合理，避免速度过快而打飞物料或速度过慢而动作执行不到位。调节完成后，单向节流阀调节旋钮下方要锁紧。在调试气缸速度的过程中，通过微调气缸上的塑料连接头进行行程的调节，保障顶料气缸能够顶住工件，推料气缸工件推出正好到位。

气路调整好后，需进行气管绑扎，绑扎时从距离气管接口约 50 mm 处开始绑扎，然后每隔 80 mm 左右绑扎一次，绑扎要均匀。剪切绑扎带时，剪切点凸出不大于 1 mm，使气路干净利落、捆扎有序。

7. 任务评价

任务评价见表 4-6。

表 4-6 任务评价

评分内容	配分	评分标准		分值	自评	他评
供料单元气动控制回路连接与调试	80 分	阀组安装	电磁阀安装正确	5 分		
			快速接头安装正确	5 分		
			无漏气	5 分		
		气路连接	气路连接正确，满足气缸初始状态要求	10 分		
			气管连接符合规范	10 分		
			气路连接不漏气	10 分		
		气路调整	气缸速度调整适中	10 分		
			整体气压合理	5 分		
			调整方式规范	10 分		
			顶料到位	5 分		
			推料到位	5 分		
职业素养	20 分	材料、工件等不放在系统上		5 分		
		元件及模块没有损坏、丢失和松动现象		5 分		
		所有部件整齐地摆放在桌上		5 分		
		工作区域内整洁干净，地面上没有垃圾		5 分		
综合				100 分		
完成用时						

4.1.3 供料单元电气控制线路连接与调试

1. 任务引入

本任务主要是了解相关传感器在智能生产线中的实际使用和调节方法，完成供料单元传感器检测部件的安装和调整，分配系统输入/输出信号，并进行传感器、电磁阀、按钮/指示灯等的电气连接与调试。

2. 任务目标

1）知识目标

了解相关传感器在智能生产线中的实际使用和调节方法。

2）技能目标

按照电气连接工艺要求完成供料单元传感器检测部件的安装和调整。

3）素养目标

培养学生注重细节、追求完美、精益求精的工作作风。

3. 任务分析

供料单元的电气连接工艺要求如下。

1）电气接线工艺规范

根据绘制的电气原理图进行接线，接线之前首先确保设备电源已经断开，放置好要用的工具，预先制作好长度适中的导线，所有导线的两端都要装上冷压端子，且要压接牢靠，不掉头。接线时要遵循一定的原则，应符合国家职业标准的规定，每一端子连接的导线不超过两根，不要交叉连接。

一般传感器的引出线有 0.5 m、2 m、3 m、5 m 等，长度一般都足够，无须剪短，为了便于区分，把装上冷压端子的所有元器件的引出线整理好。

如果条件允许，接到端子排的所有导线应套上号码管，号码管长度和方向一致，在号码管上标上编号，要求字迹清晰、规范，容易识别，如果字迹潦草或不编号、不套号码管，则很容易出错。

2）电气元件与 PLC 的连接方式

传感器、电磁阀与 PLC 的接线原理如图 4-9 所示。使用的传感器均为 NPN 型，PLC 采用漏型输入接法，如果传感器为 PNP 型，则采用源型输入接法。电感传感器的接线方式与光电传感器一样。光电传感器和电感传感器有 3 根引出线，分别为褐色、黑色和蓝色，褐色接 +24 V，蓝色接 0 V 和 PLC 的公共端（COM0），黑色接 PLC 的输入端（X）。磁性开关是二线制，有 2 根引出线，分别为褐色和蓝色，褐色接 PLC 的输入端（X），蓝色接 PLC 的公共端（COM0）。电磁阀的 1 脚接 PLC 的输出端（Y），2 脚接 0 V，PLC 输出端的 COM1 接 +24 V。由于使用的是继电器输出型 PLC，输出电路的接线也可以是：电磁阀的 1 脚接 +24 V，2 脚接 PLC 的输出端（Y），而此时 PLC 的公共端 COM0 则必须接 0 V。

4. 相关知识

生产线设备上的所有工作单元的电气控制都是集成形式，主要包括：PLC、开关电源、PLC 侧的接线端子排和按钮/指示灯控制模块。PLC 使用的是三菱公司的 FX3U 系列 PLC，其为继电器输出型。

PLC 作为各工作单元控制系统中的核心器件，输入信号包括：按钮指示灯模块上的按

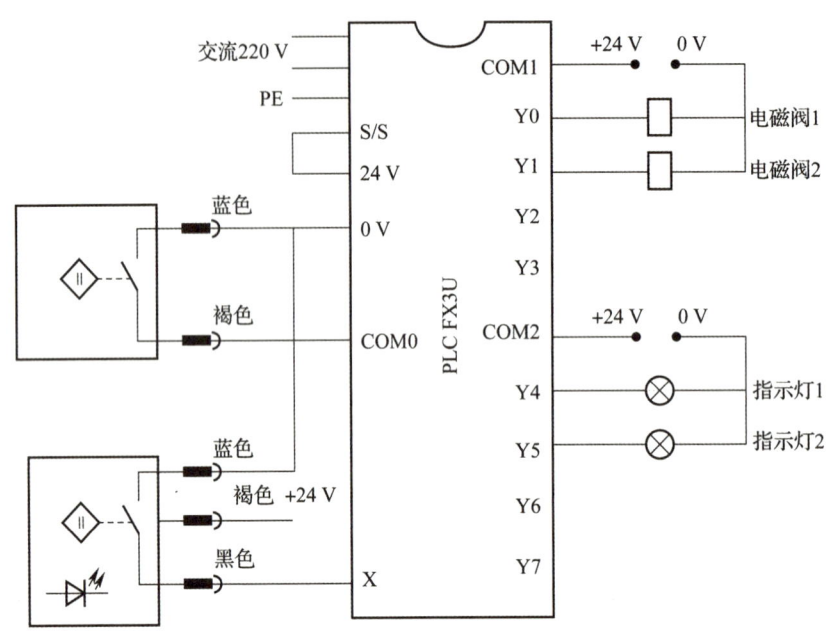

图 4-9 传感器、电磁阀与 PLC 的接线原理

钮、开关和急停信号，还有设备上的传感器信号。输出控制信号包括按钮指示灯模块上黄、绿、红三色指示灯信号和设备上的电磁阀信号。

传感器的电源和信号都是连接到装置侧的接线排上，然后通过 25 针电缆连接到 PLC 侧的接线端子排上实现与 PLC 的通信，所用的传感器应该采用电缆连接方式，安装在相应的传感器支架上。

1) 供料单元的电气元件

各类传感器的使用场合在前面章节中已经介绍过，这里不再赘述，只介绍供料单元使用的传感器。

(1) 工件检测。

工件检测传感器主要包括料仓的物料状态检测传感器、料台有无物料的检测传感器和工件材质的检测传感器。这里使用的都是漫射式光电传感器。光电传感器有 NPN 和 PNP 型两种，都是利用三极管的导通和截止输出"1"和"0"两个信号。如果是 NPN 型，当有输出时，信号线与 0 V 接通；如果是 PNP 型，当有输出时，信号线与 VCC 接通。光电传感器的电源这里提供的是直流 24 V 左右，也就是 VCC 为 +24 V，选用的传感器的输出类型要与 PLC 一致，因此，若 PLC 的输入电路采用漏型接法，应选择 NPN 型传感器；若 PLC 的输入电路为源型接法，则应选择 PNP 型传感器。这里以漏型输入电路接法为例。

①料仓工件检测。

在供料单元中，料仓工件检测只需检测工件存在与否，考虑到检测距离的限制（被测工件距离传感器 25 mm 左右）和料仓的透明材质，可以使用灵敏度不是很高的可见光区的距离可调式漫射式光电传感器，其只可检测非透明物体。这里使用的传感器是细小光点放大器内置型光电传感器，如 SUNX 公司的 CX-441 型和 OMRON 公司的 E3Z-LS61 型，这两种传感器不仅性能相似，外形结构也很相似，都有稳定工作指示灯（绿色）、动作指示灯

（橙色）、距离设定旋钮（5 回转调节器）及遮光动作（D）和受光动作（L）的切换开关。

②动作方式选择。

在传感器的操作面板上可以选择受光动作或遮光动作模式，即当切换开关按顺时针方向充分旋转时（L 侧），则进入检测 "-ON" 模式；当切换开关按逆时针方向充分旋转时（D 侧），则进入检测 "-OFF" 模式。

③距离设定方法。

距离设定旋钮是 5 回转调节器，调整距离时应注意逐步轻微旋转，否则若充分旋转调节器会空转。调整的方法是，首先按逆时针方向将调节器充分旋到最小检测距离（E3Z – L61 设定到 min，约 20 mm；CX – 441 设定到 near，约 2 mm），然后根据要求距离放置检测物体，按顺时针方向逐步旋转调节器，找到传感器进入检测条件的点；拉开检测物体距离，按顺时针方向进一步旋转调节器，找到传感器再次进入检测状态，一旦进入检测状态，即向后旋转调节器直到传感器回到非检测状态的点。两点之间的中点为稳定检测物体的最佳位置，如图 4 – 10 所示。

图 4 – 10　光电传感器检测距离调节示意

（2）物料台工件检测。

物料台通过挡块固定位置，物料台中间有一个空心圆，用来感应物料台上是否有工件，传感器安装在物料台的下面，工作时向上发出光线。因此，用来检测物料台上有无工件的光电传感器使用一个圆柱形漫射式光电传感器，光线透过小孔检测是否有工件存在。

2）金属工件检测

金属工件的材质判别一般使用电感传感器。在选用和安装电感传感器时，除了要考虑工作电源和输出类型以外，还要认真考虑检测距离、设定距离，保证其在生产线上动作可靠。

电感传感器的检测距离一般很小，如上述两种型号的传感器的检测距离只有 4 mm，因此，在安装电感传感器时一定要注意安装距离，其安装距离注意说明如图 4 – 11 所示。

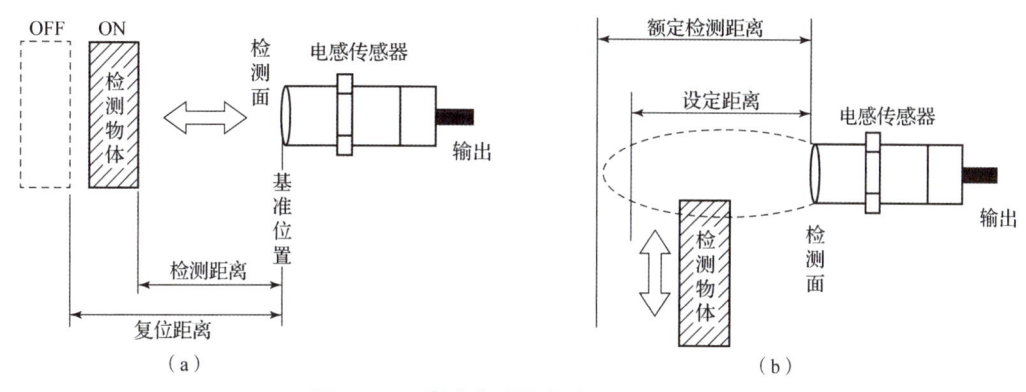

图 4 – 11　电感传感器安装距离注意说明

(a) 检测距离；(b) 设定距离

3）气缸状态检测

气缸状态检测一般使用磁性开关，磁性开关分为有触点式和无触点式。有触点式磁性开关用舌簧开关作磁场检测元件，因此又叫作干簧管磁性开关，在开关内部还集成了动作指示灯、过电压保护电路。内置磁环的气缸一般常选用有触点式磁性开关，即干簧管磁性开关。

（1）磁性开关的工作原理。

通常内置磁环的气缸的缸筒采用导磁性弱、隔磁性强的材料，如硬铝、不锈钢等。气缸运动时磁环跟随气缸杆一起动作，这样就提供了一个反映气缸活塞位置的磁场。而安装在气缸外侧的磁性开关则在该磁场的作用下动作，从而确定气缸活塞的位置，即检测活塞的运动行程。

当气缸中随活塞移动的磁环靠近磁性开关时，舌簧开关的两根簧片被磁化而相互吸引，触点闭合；当磁环移开磁性开关后，簧片失磁，触点断开。触点闭合或断开时发出电控信号，在PLC的自动控制中，可以利用该信号判断气缸的运动状态或活塞杆所处的位置。

用磁性开关来检测活塞的位置，从设计、安装到调试等都比较方便，磁性开关的触点电阻小，一般为50～200 mΩ，响应速度快，

其动作时间为1.2 ms，通用型磁性开关能检测的活塞运行速度在500 mm/s以内，磁性开关的过载能力较差，只适合低压电路。

（2）磁性开关的选择。

选择磁性开关时，根据使用的气缸品牌和型号，通常选用相同品牌的磁性开关，供料单元的推料气缸和顶料气缸是SMC公司的迷你型笔形气缸。SMC公司的磁性开关有两种，一种是D系列通用型的二线制磁性开关，有无触点式和有触点式两种可供选择；另一种是D－K系列带微调的磁性开关。这里使用通用型即可。在选择磁性开关时，还应注意以下几点。

①气缸的型号（如CJ2、CA2等）；

②负载电压（直流24 V、交流200 V等）；

③线制（二线制、三线制）；

④适合负载（继电器、PLC、集成电路）；

⑤安装形式（直接安装、轨道安装、环带安装、拉杆安装）。

根据需要先从有触点式或无触点式开始选择，可以省略很多步骤，因为有触点式磁性开关多为二线制。根据其他条件进行选择，例如，CJ2系列气缸要选择合适的磁性开关，第一，找到适合CJ2系列气缸的环带安装方式的磁性开关的型号：D－C73、D－A73、D－A76H、D－C76、D－A72、D－A73C。这样的安装方式还要考虑到气缸的缸径，即BM2－020、BM2－025、BM2－040，代表缸径分别为20 mm、25 mm、40 mm。还有就是线长，无记号表示0.5 m，L表示3 m，Z表示5 m。第二，考虑负载电压，要求为直流24 V，可以确定为D－C73、D－A73、D－A76H、D－A73C。第三，要求用PLC，选择适合PLC的磁性开关，则为D－C73、D－A73、D－A76H、D－A73C。这里选用的是D－C73型号的磁性开关，其实物和内部电路如图4－12所示。

（3）磁性开关的安装。

磁性开关的安装方式常见的有环带安装、导轨安装、直接安装和拉杆安装。磁性开关可以安装在行程末端，也可以安装在行程中间的任意位置上。当将磁性开关安装在行程末端时，为了保证将磁性开关安装在最高灵敏度位置，不同气缸的样本上都已经标出离侧端盖和

(a)　　　　　　　　　　　　　(b)

图4-12　D-C73型号的磁性开关实物和内部电路
(a) 实物；(b) 内部电路

无杆侧端盖的距离。YL-33B设备上的磁性开关都是安装在行程末端。

不同安装方式的安装过程如下。

①环带安装。

先将固定环带安装到气缸上，在环带内侧有一层胶抗滑层；然后将磁性开关用螺钉固定到环带上，通过螺钉将磁性开关锁紧在外侧的正确位置上，此固定方法安全，但紧固力不能过大，以防止拉长环带反而不能固定，甚至拉断环带。安装环带时不要倾斜，否则环带受冲击返回至正常位置时便会松动。首次安装时，可先不拧紧螺钉，待位置调整好后再固定。

②导轨安装。

磁性开关壳体上有一带孔的夹片，导轨中有一可滑动的安装螺母，将安装螺钉穿过夹片孔，对准安装螺母拧紧，则开关便紧固在导轨上。这种安装方式通常用于中小型气缸及带安装平面的气缸。

③直接安装。

直接安装即将磁性开关插入导轨槽，用止动螺钉固定，或通过安装件用止动螺钉固定。

④拉杆安装。

磁性开关壳体上有带孔夹片或带孔凸缘。安装时先将安装件用止动螺钉固定在拉杆上，再将磁性开关固定在安装件上。

供料单元气缸上的磁性开关多采用环带安装方式。安装了磁性开关的气缸如图4-13所示。调整磁性开关位置的方法是：松开它的止动螺钉，让磁性开关顺着气缸滑动，到达指定位置后，再旋紧止动螺钉。

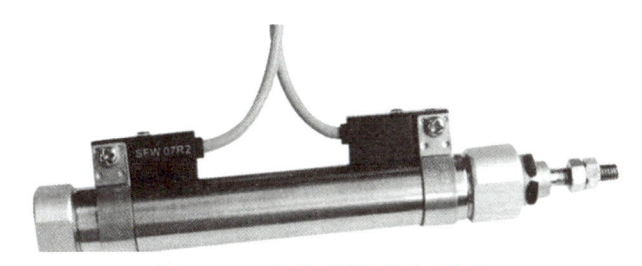

图4-13　安装了磁性开关的气缸

(4) 磁性开关的使用与维护。

磁性开关有蓝色和褐色两根引出线,使用时蓝色引出线应连接到 PLC 的公共端,褐色引出线应连接到 PLC 的输入端。磁性开关不能直接接到电源上,必须串接负载,且负载绝不能短路,以免烧坏磁性开关。对于带指示灯的磁性开关,当电流超过最大电流时,发光二极管将损坏,若电流在规定范围以内,发光二极管的光会变暗或不亮。

磁性开关在运行过程中,要定期检查导线有无损伤,导线损伤会造成绝缘不良或导线断路。如果发现导线破损,应更换磁性开关或修复导线。

5. 任务准备

1) 清理安装平台

安装前,先确认安装平台已放置平衡,安装平台下的滚轮已锁紧,安装平台上的安装槽内没有遗留的螺母、小配件或其他杂物,然后用软毛刷将安装平台清扫干净。

2) 准备器材和工具

整理并检测供料单元所需的传感器及配件,见表 4 – 7。参考相关传感器的使用说明书,了解其功能和使用方法,并检查器材是否齐全,是否完好无损,如有损坏,应及时更换。清点好后,将其放置到合适的位置。供料单元电气连接所需的工具清单见表 4 – 8。

表 4 – 7 供料单元所需的传感器及配件清单

名称	参考器件型号	数量	用途
料仓光电传感器支架	专配	1 分	固定传感器
物料台光电传感器支架	专配	1 分	
电感传感器支架	专配	1 分	
磁性开关环带	专配	4 分	
料仓工件检测光电传感器	SUNX CX – 441 或 OMRON E3Z – LS61	2 个	工件有无及不足检测
物料台检测光电传感器	SICK MHT15 – N2317	1 个	物料台工件检测
电感传感器	TONGER NSN4 – 12M60 – E0 或 YALONG OBM – D04NK	1 个	气缸动作方向控制
磁性开关	SMC D – C73	4 个	气缸状态检测
螺栓、螺母	自选	若干	固定传感器及其支架

表 4 – 8 供料单元电气连接所需的工具清单

序号	工具名称(规格、型号)	数量	主要用途
1	大小十字螺丝刀 (100 mm、150 mm)	1 套	电气连接
2	大小一字螺丝刀 (100 mm、150 mm)	1 套	
3	3.0 十字螺丝刀	1 把	传感器调节
4	2.0 十字螺丝刀	1 把	

续表

序号	工具名称（规格、型号）	数量	主要用途
5	3.0一字螺丝刀	1把	端子排接线
6	剪刀	1把	线管制作
7	剥线钳	1把	
8	压线钳	1把	
9	软毛刷（中号）	1把	工位和设备清洁
10	万用表	1只	电路检测

6. 任务实施

1）供料单元传感器的安装

将传感器安装到需要检测的位置。安装传感器时，先将传感器安装到传感器支架上，然后将已安装有传感器的支架固定到设备的相应位置。

所有传感器安装好，待电气接线完成后，需上电调整传感器的灵敏度，保障检测信号正确，且能够传送到PLC上。

2）I/O地址分配

供料单元的装置侧信号主要有传感器和电磁阀，因此首先将元器件的引出线连接到装置侧边上的端子排上。PLC侧的电气控制部分，以PLC为核心，有按钮与指示灯的信号和端子排上连接的装置侧设备信号。装置侧与PLC侧的端子排之间是通过25针和15针的缆线实现机电分离的，以便于调试。根据供料单元的工作过程和信号分布，分配供料单元的I/O地址。

3）电气接线

PLC与传感器、电磁阀的信号传输是通过两边的端子排来实现的，设备侧端子排第一排对应PLC侧端子排第二排的左半边；装置侧端子排第二排与PLC侧端子排第一排反向一一对应；装置侧端子排第三排对应PLC侧端子排第二排的右半边。

（1）装置侧的传感器接线。

将三线制的传感器褐色引出线接装置侧端子排第一排，黑色引出线接端子排第二排，蓝色引出线接端子排第三排。二线制的磁性开关，则只需将褐色引出线连接端子排的中间，蓝色引出线连接第三排。所有传感器的接线要一一对应，不要交叉接线，接信号线时从左往右连接。

（2）装置侧的电磁阀接线。

电磁阀的红色引出线连接到输出端子排第一排，蓝色引出线连接到端子排的。

所有元器件连接时以元器件为单位，从端子排的一端开始顺序连接，不用跳格。PLC侧的端子排接信号线时则需从右往左一一连接到PLC的输入端，这样才能和装置侧信号保持一一对应。端子排的电源接线，只需将开关电源的直流24 V经过熔断器后连接到PLC侧端子排第二排，分别是左半边接+24 V，右半边接0 V和PLC的输入端。连接时，尽量从两侧开始使用，以免中间有空点，导致电源不能正常送到设备上。其他如按钮、指示灯，按照电路图连接即可。

4）电路调试

电气线路连接好后，插上连接电缆，接通装置侧和 PLC 侧的信号，然后接通供料单元 PLC 和供料单元开关电源模块的电源，进行设备调试。调试时，遵循安全原则，不带电插拔、修改线路，正确使用万用表。

输入回路检测好后，利用 GX 软件的监控功能，输出控制信号，查看相应的元器件是否动作，如果不动作，则需检查输出回路并核对 I/O 地址表，直到 I/O 回路全部检测正确、所有元器件功能全部合理后，将所有导线整理好塞入线槽。设备上的元器件引出线需要进行绑扎，绑扎间距与绑扎带的剪切要求和绑扎气管时要求一致。设备上的走线要紧贴设备，且不影响设备的运行。整理好后，盖上线槽盖，注意线槽盖不要翘起。

注意：一定要在指导教师检查无误后方可通电检查、调试，通电后，一旦发现任何问题，应立即切断电源。需要检查电路时，要选择合适的万用表挡位。

7. 任务评价

任务评价见表 4-9。

表 4-9　任务评价

评分内容	配分	评分标准		分值	自评	他评
供料单元电气控制线路连接与调试	80 分	传感器的安装	料仓工件检测光电传感安装	5 分		
			物料台检测光电传感器安装	5 分		
			电感传感器安装	5 分		
		I/O 地址分配	信号分布	10 分		
			输入地址表分配	10 分		
			输出地址表分配	10 分		
		电气接线	装置侧的传感器接线	10 分		
			装置侧的电磁阀接线	5 分		
		线路调试	线路检查	10 分		
			接线规范	10 分		
职业素养	20 分	材料、工件等不放在系统上		5 分		
		元件及模块没有损坏、丢失和松动现象		5 分		
		所有部件整齐地摆放在桌上		5 分		
		工作区域内整洁干净，地面上没有垃圾		5 分		
综合				100 分		
完成用时						

4.1.4 供料单元程序设计与调试

1. 任务引入

供料单元作为独立设备运行时，单元工作的主令信号和工作状态显示信号来自 PLC 侧的按钮/指示灯模块，并且按钮/指示灯模块上的工作方式选择开关 SA 应置于左侧"单站方式"位置。

2. 任务目标

1）知识目标

熟悉供料单元程序设计与调试的方法。

2）技能目标

进行供料单元程序设计与调试。

3）素养目标

培养学生注重细节、追求完美、精益求精的工作作风。

3. 任务分析

编程并调试，实现下述功能。

（1）设备上电和气源接通后，若工作单元的两个气缸均处于缩回位置，且料仓内有足够的待加工工件，则"正常工作"指示灯 HL1 常亮，表示设备准备好。否则，该指示灯以 1 Hz 的频率闪烁。

（2）若设备准备好，则按下启动按钮，供料单元启动，"设备运行"指示灯 HL2 常亮。启动后，若出料台上没有工件，则应把工件推到出料台上。出料台上的工件被人工取出后，若没有停止信号，则进行下一次推出工件操作。

（3）若在运行中按下停止按钮，则在完成本工作周期任务后，各工作单元停止工作，HL2 指示灯熄灭。

（4）若在运行中料仓内工件不足，则供料单元继续工作，但"正常工作"指示灯 HL1 以 1 Hz 的频率闪烁，"设备运行"指示灯 HL2 保持常亮；若料仓内没有工件，则 HL1 指示灯和 HL2 指示灯均以 2 Hz 的频率闪烁。供料单元在完成本周期任务后停止工作。除非向料仓补充足够的工件，供料单元不能再启动。

4. 相关知识

1）供料单元的 PLC 编程思路

供料单元的工作过程实现将料仓内的工件推到物料台上的操作，只要满足条件，就一直重复此操作，这是典型的过程控制，可以用顺序功能图的方法来编程。把系统的工作过程分成若干个顺序相连的阶段，每个阶段称为步，每个步内有不同的动作，步与步之间通过转移条件相连。步有活动步和非活动步，当前在工作的步为活动步，其他都为非活动步。因此，顺序功能图的构成要素包括步、转移条件和有向线段。三菱 PLC 特意为顺序功能图设计了步进指令，步在三菱 PLC 的步进指令中又称为状态，用状态寄存器 S 加上编号表示，绘制时从 S0 开始，工作状态步从 S20 开始，因此又叫状态转移图。按照下顺方式绘制顺序功能图，进入初始步的条件是初始化脉冲 M8002。

（1）初始步：用双线框表示，框内编号为 S0。

（2）其他工作步：用单线框表示，按照步的顺序依次编号，从 S20 开始。

(3) 有向线段：带有箭头的线段，从当前步指向下一步。

(4) 转移条件：步与步之间的有向线段上有短横线表示转移条件，短横线边上写上具体的转移条件。

在图4-14所示的顺序功能图中，很多工作状态步的执行动作较少，一般只有一个或没有，而只有转移条件，在后面熟悉了此种编程方法后，可以将多个步合并。如果气缸连续动作之间的切换较快、不稳定，可以在气缸动作的同时加入延时时间，如0.5 s左右，延时时间到了且动作完成后转移到下一步，防止气缸动作还没有执行到位，传感器已经检测到信号，从而直接转移到下一步。顺序功能图绘制好后，直接按照顺序功能图编程。另外，图4-14所示的顺序功能图只绘制了供料单元的供料动作部分，工作状态的显示、系统的启动和停止、原位信号的判断等程序编写在步进程序的外面。

2）PLC程序调试及常见故障

编写好的程序要进行变换，然后才能下载到PLC中，如果程序下载后PLC的PROM-E指示灯亮，说明程序出错，需要排除故障以后再重新下载。在编写步进程序时，往往会遗漏RET步进返回指令，这也是出现最多的故障。如果程序没有错误，则下载后能够正常运行，

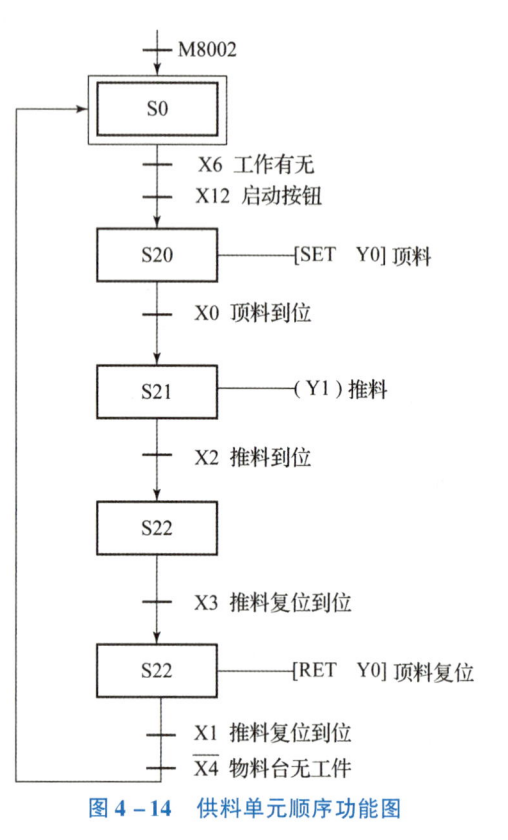

图4-14 供料单元顺序功能图

然后根据动作要求监控程序的执行效果，一步一步检查，遇到哪一步出现问题，则哪一步需要进行修改，直到动作功能、显示效果与任务要求一致，这说明调试成功。将调试好的程序保存好，以便下次调用。

在调试的过程中，还可能发现其他故障问题。智能生产线的自动化设备上有各类传感器和气缸，可能发生的典型故障在这些元器件中都有可能产生。设备故障出现后，首先要观察故障现象，然后分析产生这种故障现象的可能原因。机电设备的典型故障包括机械故障、电路故障、元器件故障和气路故障，要分清楚故障属于哪一种，然后找到故障点，排除故障。

5. 任务实施

1）编写供料单元控制程序

根据供料单元的顺序功能图编写程序，注意只有物料台上没有工件时才能进行供料，然后再等待按下启动按钮，按下启动按钮后若料仓中还有工件，则继续推料。

在实际编写程序时，还要进行初始条件的判断，初始条件包括气缸、工件，添加启动和停止程序，用M60代替图4-14中的X12，这样就可实现循环推料，无须每按一次启动按钮推一个工件。供料单元的原位判断和启停参考程序如图4-15所示。

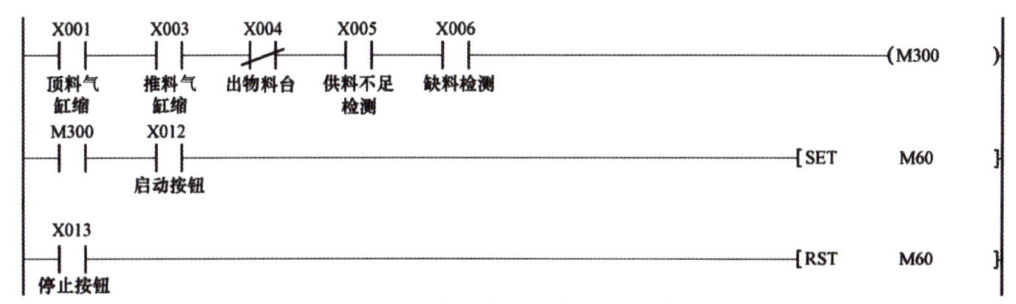

```
  X001   X003   X004   X005   X006
───┤├────┤├────┤├────┤├────┤├──────────────────────(M300)
  顶料气  推料气  出物料台 供料不足  缺料检测
  缸缩    缸缩           检测
  M300   X012
───┤├────┤├──────────────────────────────[SET  M60]
          启动按钮
  X013
───┤├────────────────────────────────────[RST  M60]
  停止按钮
```

图 4-15　供料单元的原位判断和启停参考程序

进行供料不足与缺料检测时，为了避免落料间隙传感器误动作，工件的状态判别延迟一定的时间，这里以延迟 2 s 为例。供料单元供料状态判断参考程序如图 4-16 所示。指示灯的 1 Hz 闪烁用特殊辅助继电器 M8013 来控制；指示灯的 2 Hz 闪烁，即亮 0.25 s，灭 0.25 s，用两个单位为 10 ms 的定时器定时 0.25 s，轮流接通的方式实现。M8013 可以产生 1 Hz 的脉冲信号，它与 M8002 相同，都是特殊辅助继电器，属于触点利用型，在用户程序中直接使用其触点，不能对其进行输出。

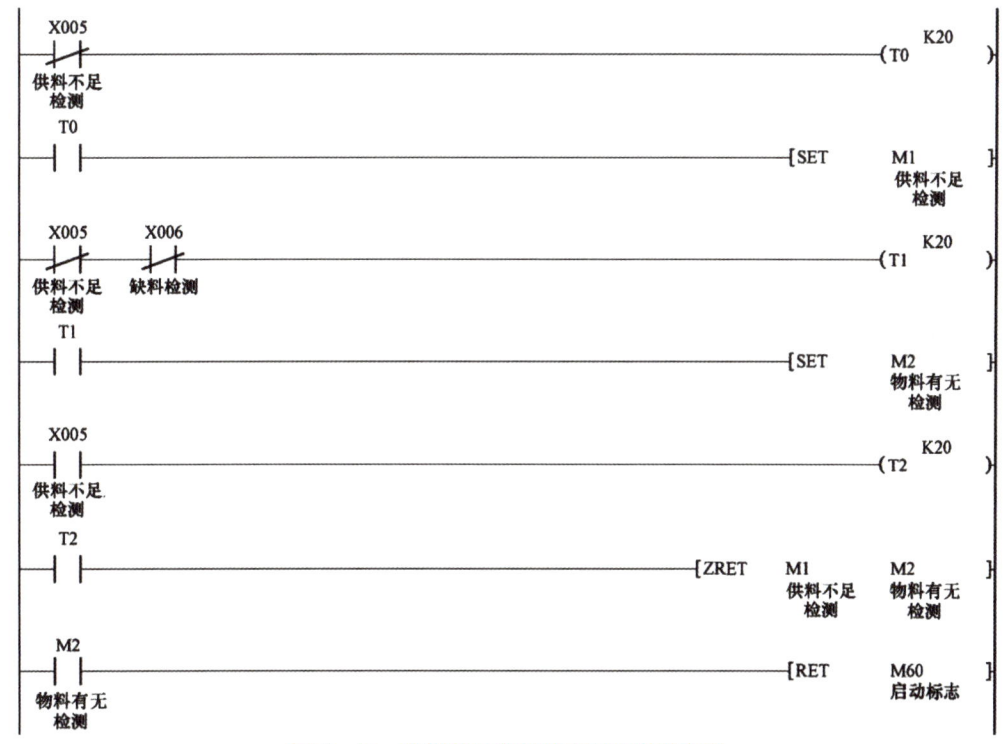

```
  X005
───┤/├──────────────────────────────────(T0  K20)
  供料不足
  检测
  T0
───┤├────────────────────────────[SET  M1]
                                       供料不足
                                       检测
  X005   X006
───┤/├────┤├─────────────────────────────(T1  K20)
  供料不足  缺料检测
  检测
  T1
───┤├────────────────────────────[SET  M2]
                                       物料有无
                                       检测
  X005
───┤├──────────────────────────────────(T2  K20)
  供料不足
  检测
  T2
───┤├──────────────────[ZRET  M1    M2]
                            供料不足 物料有无
                            检测    检测
  M2
───┤├──────────────────────────[RET  M60]
  物料有无                              启动标志
  检测
```

图 4-16　供料单元供料状态判断参考程序

另外，在循环推料时，只要料仓内有工件就可以推出，对该功能以及待完善的功能，读者可试着自己加入相应程序，并进行调试。

2）调试程序

（1）程序编好后，用按键进行变换，如果程序有误，则不能变换，GX 软件会自动把光标移动到出错位置，检查后改正即可。

（2）用下载线连接计算机和 PLC，合上供料单元的断路器，给设备供电。

(3) 写入编写好的程序。

(4) 将 PLC 的 RUN/STOP 开关置于"STOP"位置，运行程序，按照控制要求进行操作，记录调试过程中的问题。

6. 任务评价

任务评价见表 4-10。

表 4-10 任务评价

评分内容	配分	评分标准		分值	自评	他评
供料单元程序设计与调试	80 分	程序编制	检查程序完整性	10 分		
			检查初始条件判断	10 分		
			检查延时时间	10 分		
		程序调试	检查程序是否出错	10 分		
			检查程序是否能变换	10 分		
			程序能否下载	10 分		
		运行检查	检查程序运行是否正确	10 分		
			整改修正	10 分		
职业素养	20 分	材料、工件等不放在系统上		5 分		
		元件、模块没有损坏、丢失和松动现象		5 分		
		所有部件整齐地摆放在桌上		5 分		
		工作区域内整洁干净，地面上没有垃圾		5 分		
综合				100 分		
完成用时						

任务 4.2　加工单元的安装与调试

在智能生产线中，加工装置是最重要的装置之一，可对系统提供的物料进行加工处理，这也将决定智能生产线主要完成的功能、生产的产品类型和形状等。

加工单元是一个可以实现工件冲压的加工装置，其功能是完成把待加工工件从物料台移送到加工区域冲压气缸的正下方；完成对工件的冲压加工，然后把加工好的工件重新送回物料台。本项目通过加工单元的装调，让学生进一步掌握自动化装调工艺规范和调试方法，熟悉 PLC 的控制程序要求。

加工单元的工作过程及技术要求如下。

PLC 首先检查冲压气缸提升状态设备是否处于初始位置，加工单元的初始状态为伸缩气缸伸出，加工台气动手指张开，按下启动按钮后，在加工台上放上待加工工件，物料检测传感器检测到工件，PLC 控制程序驱动气动手指将工件夹紧，加工台缩回到加工区域冲压气缸下方，冲压气缸活塞杆向下伸出冲压工件，完成冲压动作后向上缩回，加工台重新伸出，到位后气动手指松开，完成工件加工工序，将大工件中心的小零件压进大工件中，并向系统发出加工完成信号，为下一个工件的到来做准备。在加工过程中按下停止按钮，等该次加工操作结束以后，系统将自动停止。

在设计中应注意，在加工单元运行前首先要检查设备是否处于初始位置，并设计初始位置指示灯进行显示，按下启动按钮，设备进入运行状态后，应设计运行指示灯进行显示。系统的动作设计要符合要求，电路和气动控制回路的设计要符合加工单元的应用需求，电路及气路的连接要符合安全与工艺规范。走线和布局干净、整洁，走线避开设备工作区域，防止对设备动作产生干扰。线管都用绑扎带绑扎，绑扎带切口处要剪平，凸出长度不超过 1 mm。气路和电路分开布线，分开绑扎，但来自同一模块的气管和线管可以绑扎在一起，气缸不要进线槽。

4.2.1 加工单元的机械安装

1. 任务引入

本任务进行加工单元的机械安装，同时将所需的传感器、气缸等元器件安装到设备上，调整安装平行度，检查有无松动部分等，要求安装后能够满足加工单元的工艺要求。

2. 任务目标

1）知识目标
（1）了解加工单元的结构组成。
（2）掌握加工单元的工艺要求。
2）技能目标
能够对加工单元进行机械安装。
3）素养目标
培养学生注重细节、追求完美、精益求精的工作作风。

3. 任务分析

加工单元的工艺要求如下。

加工单元的每一个部件都需要用螺钉进行固定，所有部件都有安装支架。在安装过程中，先将铝合金支架安装好，然后组装各组件，最后将各组件安装到底板或铝合金支架上，完成组装。在任务 4.1 中已经熟悉了部分元器件的安装方法，在以后的设备整体安装过程中，为了方便，元器件的安装应与设备的整体安装顺序相互融合，步骤可做适当调整，但要合理，如可先安装气缸的单向节流阀和传感器，将其看作一个整体安装到设备的指定位置。

在安装过程中应注意以下几点。

（1）装配铝合金支架时，注意调整好各条边的平行及垂直度，进行直角固定，防止铝合金支架变形和松动，锁紧螺栓。

（2）进行气缸安装板和铝合金支架的连接时，预先在特定位置的铝型材槽中放置与之相配的螺母。在对该部分的铝合金型材进行连接时，一定要在相应的位置放置相应的螺母。如果没有放置螺母或没有放置足够多的螺母，将导致无法安装或安装不牢靠。

（3）机械机构固定在底板上的时候，先固定加工台及滑动机构，最后再将整体固定到铝合金支架上。

（4）所有内六角螺栓与平面的接触处都要套上垫片，然后拧紧内六角螺栓。

（5）气缸安装和连接正确，速度调整合理，运行过程平稳，没有卡阻现象。

（6）物料检测传感器安装位置合理，固定牢靠，调整到位，能够正确检测所有材质的物料。

4. 相关知识

加工单元的结构组成如下。

加工单元装置侧主要包括：气缸（冲压气缸、伸缩气缸和气动手指）、传感器（磁性开关、漫射式光电传感器）、滑动底板、导轨、铝合金支架和气缸安装板、电磁阀组、气缸连接器、接线端子排和底板。

1）加工台及滑动机构

加工台用于固定工件，并把工件移到加工（冲压）机构正下方进行冲压加工。它主要由手爪、气动手指、伸缩气缸及其支撑架、直线导轨及滑块、滑动底板、气缸连接器、磁性开关、单向节流阀、漫射式光电传感器组成。

（1）直线导轨。

直线导轨是一种滚动导引轨道，它由钢珠在滑块与导轨之间做无限滚动循环，使负载平台能沿着导轨做高精度线性运动，其摩擦系数可降至传统滑动导引轨道的1/50，能达到很高的定位精度。在直线传动领域中，直线导轨副一直是关键性的产品，目前已成为各种机床、数控加工中心、精密电子机械中不可缺少的重要功能部件。

直线导轨副通常按照滚珠在导轨和滑块之间的接触牙型进行分类，主要有两列式和四列式两种。智能生产线上均选用普通级精度的两列式直线导轨副，其接触角在运动中能保持不变，刚性也比较稳定。

加工单元移加工台滑动机构由两个直线导轨副和直线导轨安装构成，安装滑动机构时要注意调整两个直线导轨，使之平行。安装直线导轨副时应注意：一是要轻拿轻放，避免磕碰而影响直线导轨副的直线精度；二是不要将滑块拆离直线导轨或超过行程又推回去，以免滚珠脱落。

（2）气动手指及手爪。

手爪安装在气动手指上，用于夹紧加工台上的工件。

（3）气缸连接器。

气缸连接器用于连接气动手指和滑动底板，将气动手指及手爪固定在底板上，形成加工台组件。

（4）滑动底板。

滑动底板用于支撑加工台组件，其平行安装在滑块上。当滑块移动时，滑动底板跟着一起移动，从而将加工台带到冲压气缸的下方。

（5）伸缩气缸及其支撑架。

伸缩气缸用于驱动滑动底板及加工台组件的前后移动，实现加工台的伸出和缩回。缩回时正对着冲压气缸，伸出时将加工台推出，送出已经加工好的工件。伸缩气缸支撑架用于固定伸缩气缸，使伸缩气缸能够水平地平稳动作，不晃动。

（6）漫射式光电传感器。

漫射式光电传感器用于检测加工台上是否有工件。每个气缸都有两个单向节流阀及快速接头，单向节流阀用于调整气缸的运行速度，单向节流阀带有快速接头，用于连接气管。每个气缸上都安装了用于位置检测的磁性开关。伸缩气缸的磁性开关采用环带安装方式；冲压气缸的磁性开关采用以螺栓、螺母进行固定的导轨安装方式；气动手指上只有一个磁性开关，用于检测气动手指是松开的还是夹紧的，采用直接安装方式。

2）加工（冲压）机构

加工（冲压）机构用于对工件进行冲压加工。它主要由冲压气缸、冲压头、安装板等组成。

加工（冲压）机构的工作原理是当工件到达冲压位置即伸缩气缸活塞杆缩回到位时，冲压气缸伸出对工件进行加工，完成加工动作后冲压气缸缩回，为下一次冲压做准备。

（1）冲压头：冲压头根据工件的要求对工件进行冲压加工。冲压头安装在冲压气缸头部。

（2）安装板：安装板用于安装冲压气缸，对冲压气缸进行固定。

（3）冲压气缸：冲压气缸下降和提升一次，完成冲压动作，即对工件加工一次。冲压气缸上安装有单向节流阀及快速接头。

5. 任务准备

1）清理安装平台

安装前，先确认安装平台已放置平衡，安装平台下的滚轮已锁紧，保障安装平台平稳，四角无落差，不晃动。确认安装平台上的安装槽内没有遗留的螺母、小配件或其他杂物，然后用软毛刷将安装平台清扫干净，确保导轨内没有杂物和零部件等。

2）准备器材和工具

根据安装加工单元装置侧所需要的器材清单清点器材，见表4-11。表4-11中给出了参考型号，也可根据控制要求和使用环境，自行选择其他品牌和型号的器材，并检查各器材是否齐全、完好无损，如有损坏，应及时更换。将所有零部件按照类别统一归放整齐，配齐足量的螺栓和螺母，按规格摆放，以方便取用。

表4-11 安装加工单元装置侧所需要的器材清单

类型	名称	数量	参考型号	用途
冲压组件	冲压气缸安装板	1个	专配	固定冲压气缸
	冲压气缸	1个	CDQ2B50X20-D	完成冲压动作
	冲压头	1个	专配	冲压工件
电磁阀组组件	电磁阀组	1组	4V110-M5	控制气动动作
	电磁阀组安装板	1个	专配	安装电磁阀组
加工台组件	手爪	1对	专配	夹紧工件
	手爪连接件	1个	专配	固定和连接气动手指
	气动手指	1个	SMC MHZ2-20D	控制手爪夹紧和松开
	滑块	2个	专配	滑动加工台
	直线导轨	2条	专配	
	直线导轨安装板	1个	专配	固定直线导轨和伸缩气缸支架
	加工台底座	1个	专配	安装手爪组件

续表

类型	名称	数量	参考型号	用途
加工台组件	加工台移动气缸	1个	CDJ2B16X30-B	控制加工台的前后移动
	伸缩气缸固定板	1组	专配	固定伸缩气缸
	肋板	2个	专配	
铝合金支架		10根	端面8-2020	结构支撑
铝型材封盖板		4个	20 mm × 20 mm	铝型材端面保护
模块底板		1个	专配	固定加工单元
接线排		1个	亚龙H01688和H01651	传感器与电磁阀接线
螺栓、螺母		若干	自选	固定部件

加工单元机械安装所需的工具参见任务4.1中供料单元机械安装所需的工具。清点和整理工具，将其放置在方便取用的地方。

6. 任务实施

组装加工单元机械部分时，必须按照安装图纸的要求进行操作，使用专用的工具。在安装过程中，工具不要乱放，最好放置在固定位置，以方便取用，提高安装效率。

安装可分步骤进行。首先是各组件的组装，加工单元分成两大组件，一个是加工机构组件，另一个是加工台组件，分别将这两部分组装好，然后按顺序将其固定到黄色底板上。在安装过程中，要求着重掌握机械设备的安装、调整方法与技巧。气缸上的单向节流阀和磁性开关应预先安装。

1）加工机构的组装

组装加工机构时，先组装铝合金支架，然后组装气缸部分，最后将气缸部分安装到铝合金支架上。在组装铝合金支架时，一定要用专用连接件进行固定，应使4个边平行、不扭曲、安装牢靠，气缸安装板固定面的支架内放置4个预留螺母，用于固定气缸的支架。

2）加工台的组装

组装加工台时，首先将两根直线导轨安装到底板上，要保证两根直线导轨的平行。安装时要一边移动安装在直线导轨上的安装板，一边拧紧固定直线导轨的螺栓。将安装了单向节流阀和磁性开关的伸缩气缸固定到支架上，然后再安装到底板上。将气动手指安装到滑块上，同时注意其与伸缩气缸伸缩杆的连接。

3）整体装配

在完成以上各组件的组装后，首先将运动送料部分和整个安装底板连接固定，其次将铝合金支架安装在黄色底板上，最后将电磁阀组及其安装板固定在铝合金支架上，并将端子排、线槽等其他部分固定到黄色板上，完成加工单元的整体装配。

4）机械调整

装配所有组件后，进行设备整体平衡度和稳定度的调试，所有连接处不要留有缝隙，在铝型材的端面装上封盖板，进行保护。加工台的漫射式光电传感器可以在加工台组件部分进行安装。所有磁性开关根据其安装方式和尺寸，可以预先安装到气缸上。最后将所有元器件的引出线整理整齐，以方便电气连接。如果加工（冲压）机构的冲压头和加工台上工件的中心没有对正，则可以通过调整伸缩气缸旋入两直线导轨连接板的深度来进行对正。调整直线导轨的运行平滑性，两根直线导轨要平行、高低一致、运行顺畅，且螺母不要凸出，以免造成卡阻。如果滑块不够平滑，阻力增大，则长时间运行会对气缸造成很大负担，可能导致气缸密封圈损坏。

7. 任务评价

任务评价见表4-12。

表4-12 任务评价

评分内容	配分	评分标准		分值	自评	他评
加工单元的安装与调试	80分	装配完成且装配正确，传动机构能正常运行		20分		
		支架安装与固定	框架无变形	5分		
			铝型材端面有端面保护	5分		
			支架平行，与底板垂直	5分		
			按要求使用专用连接件	5分		
		料仓安装	料仓与落料板垂直	5分		
			料仓底座固定牢靠	5分		
			料仓顶端有装饰环	5分		
		气缸及其支架安装	气缸安装正确	5分		
			连接头使用正确，有固定	5分		
			气缸支撑板安装垂直	5分		
		螺栓、螺母选用合理，固定牢靠，没有紧固件松动现象		10分		
职业素养	20分	材料、工件等不放在系统上		5分		
		元件及模块没有损坏、丢失和松动现象		5分		
		所有部件整齐地摆放在桌上		5分		
		工作区域内整洁干净，地面上没有垃圾		5分		
综合				100分		
完成用时						

4.2.2 加工单元的气动控制回路连接与调试

1. 任务引入

本任务将加工单元作为一个独立的控制系统，认识加工单元气动元件的功能和使用方法，学习加工单元的气动控制回路，根据气动控制回路图进行实际连接与调整，并调整相关气动元件，使各气缸的初始状态正确、运行平稳、位置检测正确。

2. 任务目标

1）知识目标

识别加工单元的气动元件。

2）技能目标

能够对加工单元的气动控制回路进行连接和调试。

3）素养目标

培养学生爱岗敬业、吃苦耐劳、遇到故障能够沉着应变的工作作风，增强岗位认同感和责任感。

3. 任务分析

在供料单元中使用了标准双作用气缸作为推料机构的执行元件，当双作用气缸和滑动机构组合在一起时，既可以省力，又可以提高精度。加工单元中的加工台和滑动机构就是这样的组成，通过双作用直线型气缸推动固定在滑轨上的加工台前后移动。除了单、双作用气缸以外，还有一些特殊用途的气缸。加工单元的冲压气缸就是一个行程短、输出力较大、占用空间小的薄型气缸，而加工台则是用气动手指加上手爪来固定工件的。气缸的速度和方向控制仍然使用单控电磁换向阀实现。

4. 相关知识

1）加工单元的气动元件

（1）薄型气缸。

薄型气缸属于省空间类气缸，即气缸的轴向或径向尺寸比标准气缸有较大减小的气缸。其具有结构紧凑、质量小、输出力大、占用空间小等优点，因此适合空间狭小的场合，在机械手和各种夹紧装置中应用广泛，通常用于固定夹具、在搬运中固定工件等。

薄型气缸由缸筒、端盖、活塞、活塞杆和密封圈组成，其中缸筒的内径大小决定了气缸输出力的大小。薄型气缸的特点是：缸筒与无杆侧端盖压铸成一体，杆盖用弹性挡圈固定，缸体为方形。

智能生产线的加工单元利用薄型气缸行程短、输出力大的特点进行工件的冲压加工。双作用气缸带内置磁环，采用基本型安装方式，有专配的气缸安装板，使用压力范围不能超出气源的压力范围（0.3~1.0 MPa）。这里使用的是 SMC 公司 CQ2 系列 CDQ2B50X20 - D 带内置磁环的双作用薄型气缸，其工作速度为 50~750 mm/s，接口管径为 1/4 mm，缸径为 50 mm，行程为 20 mm。

（2）气动手指。

气动手指又称气动夹爪或气动夹指，是利用压缩空气作为动力，用来夹取或抓取工件的执行装置，在自动化生产中广泛使用。其根据样式通常可分为开型、Y 型、开闭型、三爪、滑轨和平型夹指。气动手指的缸径分为 16 mm、20 mm、25 mm、32 mm 和 40 mm5 种，其主要作用是替代人的抓取工作，可有效地提高生产效率及工作的安全性。

气动手指的工作方式通常有滑动导轨型、支点开闭型和回转驱动型。智能生产线的加工单元所使用的是 SMC 公司的 MH 系列滑动导轨型气动手指，两气爪平行开关，采用双作用动作方式，如图 4 - 17（a）所示。其工作原理可从其中图 4 - 17（b）和图 4 - 17（c）中看出。

两气爪可同时移动且自动对中。气爪的内、外抓取摆角范围为 40°，抓取力大。

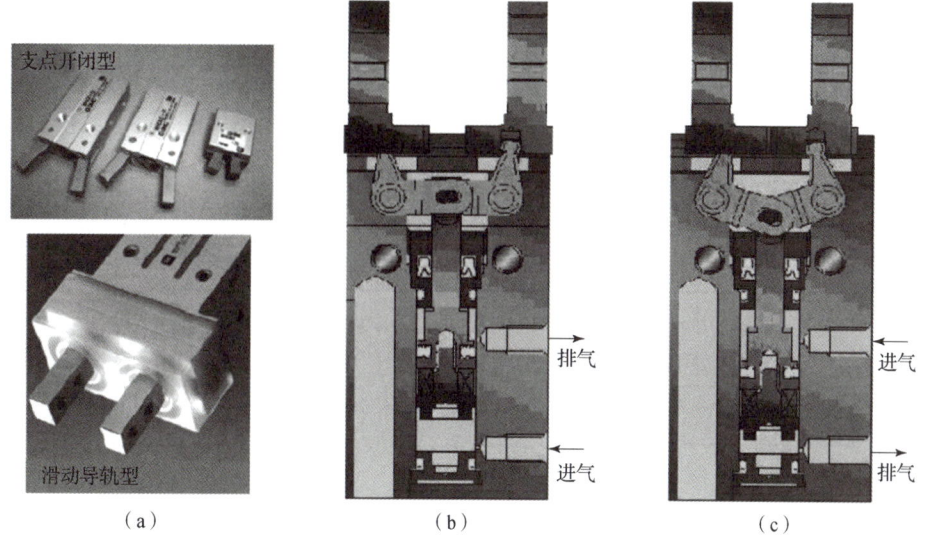

图 4-17 气动手指实物和工作原理
(a) 气动手指实物；(b) 气爪松开状态；(c) 气爪夹紧状态

2）加工单元的气动控制回路

加工单元的气动元件均采用二位五通单控电磁换向阀，各电磁换向阀均带有手动按钮和加锁钮，它们集中安装成电磁阀组固定在冲压支架后面。具体使用方法同供料单元。

加工单元气动控制回路的工作原理如图 4-18 所示。整个气动控制回路主要由冲压气缸、加工台伸缩气缸、气动手指和相应的电磁换向阀构成。1B1 和 1B2 为安装在冲压气缸两个极限工作位置的磁感应接近开关，2B1 和 2B2 为安装在加工台伸缩气缸两个极限工作位置的磁感应接近开关，3B 为安装在气动手指工作位置的磁感应接近开关。1Y1、2Y1 和 3Y1 分别为控制冲压气缸、加工台伸缩气缸和气动手指电磁换向阀的电磁控制端，在电磁换向阀和气缸中间的是单向节流阀，它采用排气节流方式调节气缸的速度。

3）加工单元气动控制回路的调试方法

在调试气动控制回路的过程中，仍然要遵循前述原则，将气动执行元件、气动控制元件一起调试。首先看电磁换向阀都没有得电时，3 个气缸是不是处于如下的初始状态：冲压气缸处于上升状态、加工台处于伸出状态、手爪处于松开状态。然后手动控制每个气缸的动作，看每个电磁换向阀手动控制得电时，相应的气缸动作是否正确，如果有问题，检查气路连接是否有误。最后用软元件监控，使电磁换向阀得电，进行电路的排查，直到调试没有问题为止。

5. 任务实施

理解了加工单元的气动控制原理和气动元件的工作方式，就可以连接气动控制回路了，连接时要遵循相关规范，即从气源处理组件出发，再到电磁换向阀，最后到气缸的快速接头，依顺序连接，连接时气管不要交叉、长度适中、插接牢靠，气管口要剪平，以防漏气。冲压气缸使用的气管口径为 6 mm，其他都是 4 mm。在进行操作之前还要检查设备的电源和气源，确保两者处于断开状态。

连接好气动控制回路后要进行气动控制回路的调试。调试分成两个部分，一是状态调试，二是速度调试。状态调试是指电磁换向阀没有得电时，查看各个气缸是不是在任务要求

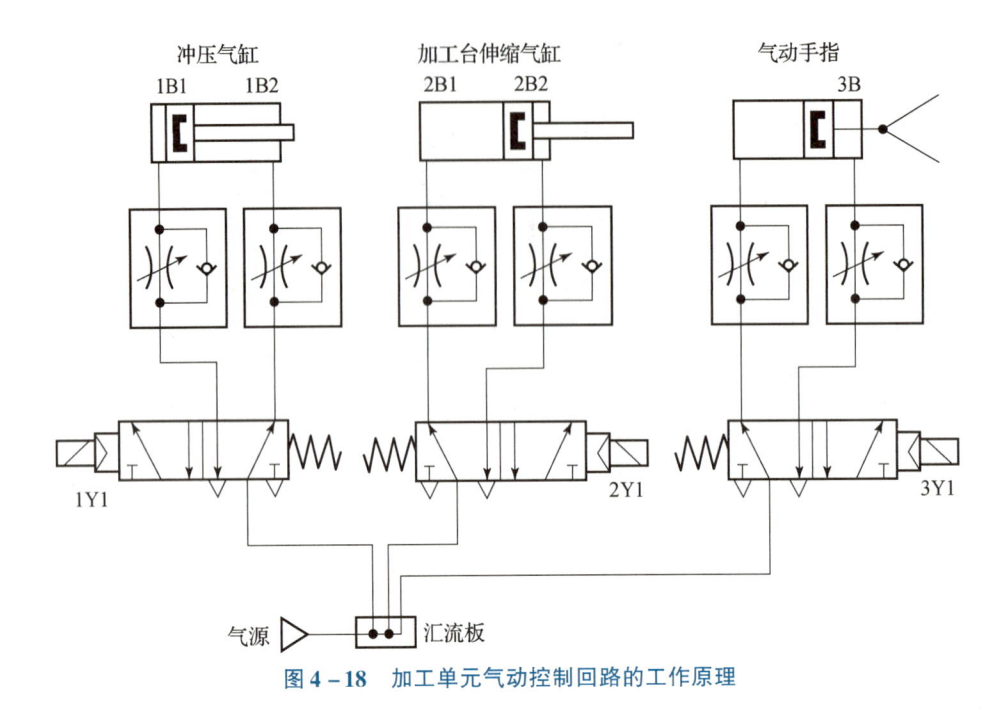

图 4-18 加工单元气动控制回路的工作原理

的初始位置,如果不在,则需要检查气动控制回路,并进行调整,然后通过电磁换向阀的手动控制按钮,控制气缸动作,观察气缸的动作状态是否正确。进行速度调试时,在用电磁换向阀的手动按钮控制气缸动作的同时,观察气缸的动作速度,然后调节气缸上的节流阀,使气缸的运行速度比较平稳、适中。加工单元的气动元件见表 4-13。

表 4-13 加工单元的气动元件

名称	参考器件型号	数量	用途
伸缩气缸	CDJ2B16X100-B 型	1 个	移动加工台
冲压气缸	CDQ2B50X20-D	1 个	冲压工件
气动手指	MHZ2-20D	1 个	夹紧工件
电磁换向阀	4V110-M5	3 个	控制气缸动作方向
快速接头	亿日 EPC-M5	2 个	电磁换向阀
快速接头	亿日 EGPL6-01	1 个	汇流板
单向节流阀	适用气缸 $\phi 4$ mm	4 个	伸缩气缸和气动手指调速
单向节流阀	适用气管 $\phi 6$ mm	2 个	冲压气缸调速

气动控制回路调整好后,需进行气管绑扎,每隔 80 mm 左右绑扎一次,绑扎要均匀,绑扎带剪切时,剪切点凸出不大于 1 mm,使气动控制回路干净利落、气管绑扎有序。

6. 任务评价

任务评价见表 4-14。

表 4-14 任务评价

评分内容	配分	评分标准		分值	自评	他评
加工单元的气动回路连接与调试	80 分	阀组安装	电磁阀安装正确	5 分		
			快速接头安装正确	5 分		
			无漏气	5 分		
		气路连接	气路连接正确，满足气缸初始状态要求	10 分		
			气管连接符合规范	10 分		
			气路连接无漏气	10 分		
		气路调整	气缸速度调整适中	10 分		
			整体气压合理	5 分		
			调整方式规范	10 分		
			顶料到位	5 分		
			推料到位	5 分		
职业素养	20 分	材料、工件等不放在系统上		5 分		
		元件及模块没有损坏、丢失和松动现象		5 分		
		所有部件整齐地摆放在桌上		5 分		
		工作区域内整洁干净，地面上没有垃圾		5 分		
综合				100 分		
完成用时						

4.2.3 加工单元的电气控制线路连接与调试

1. 任务引入

本任务主要是进行加工单元电气控制回路设计和连接，进一步熟悉相关电气元件的原理和使用方法，完成电气控制线路的连接和调试。

2. 任务目标

1）知识目标

熟悉相关电气元件的原理和使用方法。

2）技能目标

能够进行加工单元电气控制线路设计，完成电气控制线路的连接和调试。

3）素养目标

培养学生注重细节、追求完美、精益求精的工作作风。

3. 任务分析

加工单元的物料检测包括加工台的物料检测和各气缸状态的检测。加工台上的物料检测使用 E3Z – L61 型放大器内置型光电传感器（细小光束型）实现，该光电传感器的原理和结构以及调试方法在前面已经介绍过了，即在加工台上安装一个漫射式光电传感器，若加工台上没有工件，则漫射式光电传感器处于常态；若加工台上有工件，则光电接近开关动作，表明加工台上已有工件。漫射式光电传感器的输出信号送到加工单元 PLC 的输入端，用以判别加工台上是否有工件需进行加工。当加工过程结束后，加工台伸出到初始位置，发出完成信号，在联机控制状态下，PLC 还将通过通信网络，把加工完成信号回馈给系统，以协调控制。

加工台伸出和缩回到位的位置是通过调整伸缩气缸上两个磁性开关来确定的。要求缩回位置位于加工冲头正下方；伸出位置与输送单元的手爪配合，确保输送单元的手爪能顺利地把待加工工件放到加工台上。磁性开关的工作原理和调节方法如供料单元任务所述。

4. 相关知识

手爪夹紧检测是由安装在气动手指上的磁性开关 D – Z73 实现的。D – Z73 采用直接安装方式，其实物如图 4 – 19 所示。当手爪松开时，传感器上的指示灯不亮，磁性开关断开；当手爪夹紧时，磁性开关闭合，传感器上的指示灯亮。其工作原理与接线方法同 D – C73。冲压气缸的活塞杆位置也是通过磁性开关来检测的，使用磁性开关 D – A73。有关磁性开关的安装参照供料单元任务。

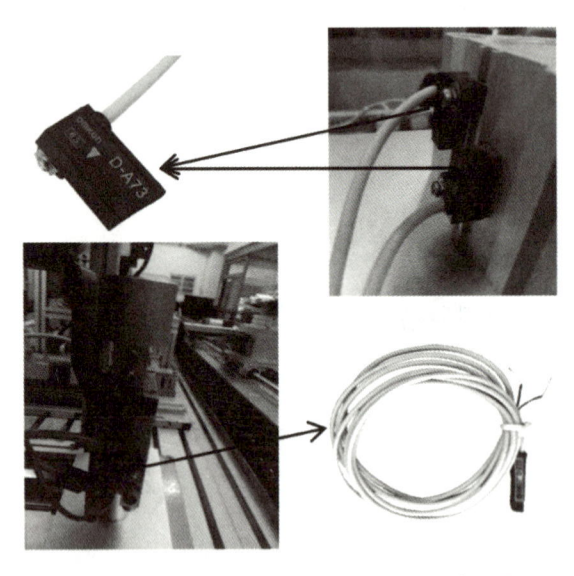

图 4 – 19 加工单元的磁性开关及其安装位置

5. 任务实施

加工单元电气控制线路连接所需的工具同供料单元任务。清点并整理好工具，并放置在方便取用的地方。

1）I/O 地址分配

根据加工单元的整个工作过程和所用到的信号分配 I/O 地址，见表 4 – 15。

表 4-15 加工单元 I/O 地址分配表

输入信号				输出信号			
序号	PLC输入点	信号名称	信号来源	序号	PLC输出点	信号名称	信号来源
1	X000	加工台物料检测	装置侧	1	Y000	夹紧电磁阀	装置侧
2	X001	工件夹紧检测		2	Y001	—	
3	X002	加工台伸出到位		3	Y002	料台伸缩电磁阀	
4	X003	加工台缩回到位		4	Y003	冲压头电磁阀	
5	X004	加工压头上限		5	Y007	黄色指示灯	按钮/指示灯模块
6	X005	加工压头下限		6	Y010	绿色指示灯	
7	X006	—		7	Y011	红色指示灯	
8	X012	停止按钮	按钮/指示灯模块	—	—	—	—
9	X013	启动按钮		—	—	—	—
10	X014	急停按钮		—	—	—	—
11	X015	单站/全线		—	—	—	—

2）电气控制线路连接与检测

按照电气原理图进行电气控制线路连接，连接好后，在编程之前还需要对电路进行调试，以保障电路正确。调试电路时，从传感器部分开始，首先检查传感器的检测信号有没有问题，如果有问题，则需要调整检测位置或灵敏度，然后观察 PLC 的输入信号和电气原理图是否一致，如果不一致，则需要检查电路。

气缸的运行状态符合要求后，还要求安装在气缸上的磁性开关能够正确检测到气缸的状态信息。以伸缩气缸缩回到位的检测调整为例，首先松开紧锢环，前后移动环带和磁性开关，找到前后检测临界位置，然后将磁性开关移动到两点之间的中心位置，即相对稳定的检测位置，然后紧固固定螺钉，其他的磁性开关的调试方法与此相同。

加工单元电气控制线路常见故障及排除方法参见供料单元任务。排除设备故障，并写出故障排除过程。

调整好设备后，应将所有导线整理好并塞入线槽，绑扎导线。为了提高效率，前面的气管绑扎可以和这里的导线绑扎放在一起进行，应分开绑扎，但来自同一元器件或同一模块的导线和气管可以绑扎在一起。

注意：一定要在指导教师检查无误后方可通电检查、调试。通电后，一旦发现任何问题，应立即切断电源。需要检查电路时，要选择合适的万用表挡位。

6. 任务评价

任务评价见表 4-16。

表 4-16　任务评价

评分内容	配分	评分标准		分值	自评	他评
加工单元的电气控制线路连接与调试	80 分	传感器的安装	加工台物料检测传感器安装	5 分		
			工件夹紧检测传感器安装	5 分		
			加工台伸出、缩回到位传感器安装	5 分		
		I/O 地址分配	信号分布	10 分		
			输入地址表分配	10 分		
			输出地址表分配	10 分		
		电气接线	装置侧的传感器接线	10 分		
			装置侧的电磁阀接线	5 分		
		线路调试	线路检查	10 分		
			接线规范	10 分		
职业素养	20 分	材料、工件等不放在系统上		5 分		
		元件及模块没有损坏、丢失和松动现象		5 分		
		所有部件整齐地摆放在桌上		5 分		
		工作区域内整洁干净，地面上没有垃圾		5 分		
综合				100 分		
完成用时						

4.2.4　加工单元程序设计与调试

1. 任务引入

加工单元作为独立设备运行时，加工单元工作的主令信号和工作状态显示信号来自 PLC 侧的按钮/指示灯模块，并且按钮/指示灯模块上的工作方式选择开关 SA 应置于左侧"单站方式"位置。PLC 的 I/O 地址分配见表 4-15。加工单元的工作过程也采用典型的过程控制，因此同样采用步进指令来编程。编写程序前首先应编制加工单元的顺序功能图，然后根据顺序功能图进行程序编译和调试。

2. 任务目标

1) 知识目标

（1）学习加工单元的 PLC 编程设计思想。

（2）掌握 PLC 编程与调试方法。

2) 技能目标

能够根据加工单元工艺进行控制程序的编制和调试。

3）素养目标

培养学生注重细节、追求完美、精益求精的工作作风。

3. 任务分析

加工单元控制功能的具体要求如下。

（1）设备上电和气源接通后，如加工单元各个气缸满足初始位置要求，则"正常工作"指示灯 HL 1 常亮，表示设备准备好。否则，该指示灯以 1 Hz 的频率闪烁。

（2）若设备准备好，则按下启动按钮，"设备运行"指示灯 HL 2 常亮，在加工台上放上待加工工件，加工台指示灯 HL 3 闪烁，3 s 后熄灭，设备执行将工件夹紧，送往加工区域冲压，完成冲压动作后返回待料位置的工件加工工序。如果没有停止信号输入，当再有待加工工件送到加工台上时，加工单元又开始下一周期的工作。

（3）若在运行中按下停止按钮，则在完成本工作周期任务后，加工单元停止工作，HL 2 指示灯熄灭。

（4）当待加工工件被检出而加工过程开始后，如果按下急停按钮，加工单元所有机构应立即停止运行，HL 2 指示灯以 1 Hz 的频率闪烁。急停按钮复位后，设备从急停前的断点开始继续运行。

4. 相关知识

1）加工单元程序设计方法

（1）系统工作流程分析。

要求启动前保证系统中的各个部件在原位，即加工台伸出、冲压气缸提升、夹爪松开。只有在满足原位条件的情况下，按下启动按钮才有效，否则无效，同时应该有原位指示灯闪烁提醒。按下启动按钮，接通一个 PLC 的内部辅助继电器（自锁）作为系统启动和停止的标志，这个标志在系统每次动作之前进行一次判断，用于控制是否进行加工动作流程，同时用于显示系统是否在运行状态中。

系统正常启动后，在加工台手爪上放置一个工件，加工台检测传感器感应到工件后，系统即进入加工过程，加工顺序为手爪夹紧、伸缩气缸缩回、冲压气缸下降、冲压气缸上升、伸缩气缸缩回、手爪松开，动作之间的转移用安装在气缸上的传感器检测状态作为转移条件。注意在使用步进指令编制程序时，由于当前活动步内所有线圈输出的信号在转移到下一步后自动复位，所以在需要保持的动作中应采用 SET 和 RET 置位复位指令。如手爪夹紧状态，在整个加工过程中都需要，因此使用 SETY0。具体流程如下。

第一步：判断系统是否处于启动状态，加工台上是否有工件；

第二步：手爪夹紧，且夹紧到位；

第三步：加工台缩回，且缩回到位；

第四步：冲压气缸下降，且下降到位；

第五步：冲压气缸上升，且上升到位；

第六步：加工台伸出，且伸出到位；

第七步：手爪松开，且松开到位（手爪信号的常闭触点）。

以上分析的每一步都只有一个动作，动作完成后转移到下一步，有时候为了方便，可以将两步合并为一步。在实际编程的时候还要注意，加工台上的工件检测应该加上一定的延时时间，否则传感器感应到工件后就立即动作，加上延时时间后能防止误动作或无意间的碰触感应。

（2）主控指令。

一般一次加工操作完成后自动停止，但在设备发生突发情况时，需要立即暂停设备，使设备保持在当前状态，以便查看故障现象和排除故障。在三菱 PLC 中，可以通过主控指令来控制一部分程序，主控指令可以使自身和主控复位指令之间的内容在满足一定条件的情况下才会执行，当主控指令的条件不成立时，被控的程序段就保持现状，下一次扫描周期也不会有变化，而主控指令之外的内容将不受控制。因此，用主控指令可以实现急停功能，急停的控制信号来源于急停按钮，按下急停按钮，设备立即停止动作，松开急停按钮，设备继续运行。

在加工单元中，可以用主控指令实现急停功能，触点条件为急停按钮信号，控制范围为加工操作的动作流程，但是主控指令不能使用在步进指令内部，因此将主控指令用在 M8002 初始步开始前、步进返回指令 RET 之后。

2）加工单元整体调试步骤

按照要求先清理设备，检查机械装配、电路连接、气路连接等情况，确认安全、正确后，进行整体调试。

调试程序时，要一步一步地操作，查看程序是否和流程分析一致。如果不一致，首先检查程序是否有问题，如果没有问题再次检查是否是其他地方有问题，如传感器、气动元件有问题或线路松动等，找到问题后逐一排查，直到调试的现象和任务要求一致为止。最后，将调试好的程序保存，记录调试过程中的问题。

5. 任务实施

1）加工单元控制程序编制

加工单元控制程序用步进梯形图来编写，只要根据前面画出的顺序功能图和 I/O 地址分配表，用步进指令的编程方法就可以实现。系统信号指示程序放在步进程序的外面，用步进程序执行过程中的标志信号来驱动。

2）程序调试

（1）程序编写好后，按键进行变换，如果程序有误，则不能变换，GX 软件会自动把光标移动到出错位置，检查改正后即可。

（2）用下载线连接计算机和 PLC，合上加工单元的断路器，给设备供电。

（3）写入编写好的程序。

（4）将 PLC 的 RUN/STOP 开关置于"STOP"位置，运行程序，按照控制要求进行操作，记录调试过程中的问题。

调试时，要看设备的动作状态和 PLC 上的信号，若程序编制错误，重新修改后应再次变换和下载，直到调试没有问题为止。

3）拓展练习

（1）当加工台上有待加工工件时，设备立即进入加工状态，如果加工台上的传感器发生误动作，则增加了设备的不可靠性，应优化程序，解决问题。

（2）总结加工过程中可能出现的问题。

6. 任务评价

任务评价见表 4-17。

表 4-17 任务评价

评分内容	配分	评分标准		分值	自评	他评
加工单元程序设计与调试	80 分	程序编制	检查程序完整性	10 分		
			检查初始条件判断	10 分		
			检查延时时间	10 分		
		程序调试	检查程序是否出错	10 分		
			检查程序是否能变换	10 分		
			检查程序能否下载	10 分		
		运行检查	检查程序运行是否正确	10 分		
			整改修正	10 分		
职业素养	20 分	材料、工件等不放在系统上		5 分		
		元件及模块没有损坏、丢失和松动现象		5 分		
		所有部件整齐地摆放在桌上		5 分		
		工作区域内整洁干净，地面上没有垃圾		5 分		
综合				100 分		
完成用时						

任务 4.3 装配单元的安装与调试

在智能生产线中，装配是将已加工好的零件进行组装的过程，完成这一任务的独立工作单元称为装配单元。装配单元可以是一个独立的系统，也可以是智能生产线的一个组成部分。

在智能生产线上，装配单元能够实现向工件上装配一个零件的任务。本项目基于智能生产线装配单元的组装，电路连接、气路连接和调整，并编程实现装配单元功能要求，让学生进一步了解装配单元的结构与控制方法。

4.3.1 装配单元的机械安装

1. 任务引入

装配单元的功能是完成将该单元料仓内的黑色塑料、白色塑料或金属小圆柱零件嵌入放置于装配台料斗待装配工件中的装配过程。

2. 任务目标

1）知识目标

（1）了解装配单元的结构和功能。

（2）掌握装配单元的工艺要求。

2）技能目标

能够完成装配单元的机械安装。

3）素养目标

引导学生对装配单元的机械安装产生兴趣，提升主观能动性。

3. 任务分析

装配单元的工作过程如下。PLC 首先检查设备是否处于初始状态。装配单元的初始状态为：供料机构，挡料气缸伸出，顶料气缸缩回，料仓内有足够的工件；回转机构，回转到位，左、右料盘上没有工件；机械手臂，上升、缩回、松开。当处于初始状态时，可按下启动按钮，在装配台料斗内放上待装配工件后，装配台光纤传感器检测到工件，PLC 控制程序驱动相应气缸执行装配动作，装配完成后，设备返回初始位置，并向系统发出装配完成信号，为下一次装配请求做准备。在装配过程中，按下停止按钮，等一次装配操作结束以后，系统自动停止。

在熟悉装配单元的功能和结构的基础上，用给定器材清单，使用合适的螺栓、螺母，按照技术要求，组装装配单元。组装完成后进行机械部分的检查和调整，使其应满足一定的技术要求。

4. 相关知识

1）装配单元的结构和功能

装配单元的机械结构主要由供料机构、回转机构、装配机械手和装配台组成。

各部分的作用如下。

供料机构：提供装配单元所需的装配工件，有黑色塑料、白色塑料和金属小圆柱。

回转机构：使待装配的工件旋转到装配机械手的下方，供机械手装配使用。

装配机械手：将工件抓取搬运到装配台的待装配工位中。

装配台：用于定位待装配工件。

警示灯：用于系统信号的显示。

其他部分，如电磁阀、端子排、线槽等，功能同加工单、供料单元中的对应部分。

（1）供料机构。

供料机构的机械组成包括管形料仓、顶料气缸和挡料气缸，另外还有两个光电传感器，用于监测料仓内有无工件和工件是否充足。供料机构示意如图 4-20 所示。

各部分的功能如下。

①管型料仓。管型料仓用来储存装配用的金属、黑色塑料和白色塑料小圆柱工件。它由塑料圆管和中空底座构成。塑料圆管顶端放置加强金属环，以防止破损。工件竖直放入管形料仓的空心圆管内，由于二者之间有一定的间隙，故其能在重力的作用下自由下落。

②光电传感器。为了能在管形料仓供料不足和缺料时报警，在塑料圆管底部和底座处分别安装了两个漫反射式光电传感器（型号与加工、供料两个单元相同），并在塑料圆管上添加纵向铁槽，以使光电传感器的红外光斑能可靠地照射到被检测的工件上。光电传感器的灵敏度调整应以能检测到黑色工件为准。

③执行气缸。管形料仓底座的背面安装了两个直线型气缸。上面的气缸称为顶料气缸，下面的气缸称为挡料气缸。系统气源接通后，顶料气缸的初始位置在缩回状态，挡料气缸的初始位置在伸出状态。这样，当管形从料仓上面放下工件时，工件将被挡料气缸活塞杆终端

项目四 智能生产线的调试

图 4-20 供料机构示意

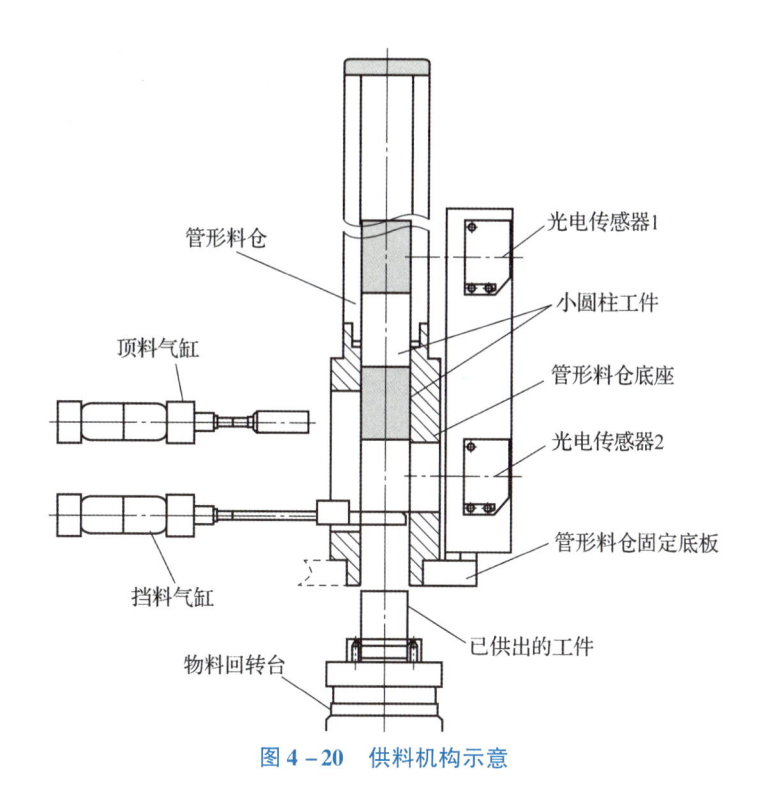

的挡块阻挡而不能落下。需要进行供料操作时，首先使顶料气缸伸出，把次下层的工件顶住，然后挡料气缸缩回，工件掉入回转物料台的料盘中。之后挡料气缸复位伸出，顶料气缸缩回，次下层工件跌落到挡料气缸终端挡块上，为再一次供料做准备。顶料和挡料气缸执行过程中的状态都是通过安装在缸体上的磁性开关传送给 PLC 的，然后 PLC 根据编制的程序做出下一步响应动作。

（2）回转机构。

回转机构由物料回转台和两个料盘组成，物料回转台能驱动料盘旋转180°，从而实现把从供料机构落到料盘的工件移动到装配机械手正下方的功能。在摆动气缸的缸体槽中装有磁性开关，用来检测左旋或右旋是否到位，只有在摆动气缸摆动到位后，左、右料盘的光电传感器检测信号才准确，同时才能进行供料和装配等其他动作。

（3）装配机械手。

装配机械手是整个装配单元的核心，主要有两个导杆气缸，一个用于驱动手臂的伸缩，一个用于驱动手爪升降，气动手指用于驱动手爪夹紧零件。在装配机械手正下方的物料回转台料盘上有小圆柱零件，且在装配台料斗有待装配工件的情况下，装配机械手从初始状态开始执行装配操作过程。

装配机械手的运行过程如下。

PLC 驱动与竖直移动气缸相连的电磁换向阀动作，由竖直移动气缸驱动气动手指向下移动，到位后，气动手指驱动手爪夹紧工件，并将夹紧信号通过磁性开关传递给 PLC，在 PLC 的控制下，竖直移动气缸复位，被夹紧的工件随气动手指一并升起，升到最高位后，水平移动气缸在与之对应的电磁换向阀的驱动下，活塞杆伸出，移动到气缸前端位置后，竖直移动气缸再次被驱动下移,移动到最下端位置,气动手指松开,经短暂延时,竖直移动气缸和水平移动气缸缩回,装配机械手恢复初始状态。

在整个装配机械手的动作过程中,除气动手指松开到位无传感器检测外,其余动作的到位检测均采用与气缸配套的磁性开关,即将采集到的信号输入PLC,由PLC输出信号驱动电磁阀换向,使由气缸及气动手指组成的装配机械手按程序自动运行。

(4)装配台。

装配台主要由用于定位待装配工件的料斗和固定板构成。料斗的侧面开了一个螺孔(定位孔),可以用来安装光纤传感器的检测头,检测料斗内是否有待装配工件。待装配工件直接放置在料斗定位孔中,由定位孔与工件之间较小的间隙配合实现定位,从而完成准确的装配动作和定位精度。

(5)警示灯。

警示灯用于显示装配单元或是整个智能生产线系统的状态信号,有红、橙和绿3个颜色,它作为整个系统警示之用。警示灯有5根引出线,其中黄绿交叉线为"地线";红色线为红色灯控制线;黄色线为橙色灯控制线;绿色线为绿色灯控制线;黑色线为信号灯公共控制线。

2)装配单元工艺要求

在装配单元的安装过程中要注意以下几点。

(1)所有部件固定牢靠,选用合适的螺栓、螺母和工具。

(2)组装铝合金支架时,调整好各条边的平行及垂直度,使用专用连接件进行连接,且连接要牢靠,无松动,无变形,铝型材的端面要有端面保护。

(3)预留螺栓一定要放置足够,以免组件之间不能完成安装。

(4)建议先进行装配,但不要一次拧紧各固定螺栓,待相互位置基本确定后,再依次进行固定。

(5)各组件的安装顺序可以根据前面的经验进行适当调整。顶料气缸和落料气缸装在固定板上时,要将其中一个气缸上的单向节流阀拧下,再进行固定,然后安装单向节流阀。

(6)在铝合金支架安装过程中,要预留警示灯、供料机构固定板、回转机构支撑板和电磁换向阀安装板的安装螺母。

(7)管形料仓的料管、料槽应对准传感器,以便于传感器监测工件状态。

(8)所有内六角螺栓与平面的接触处都要套上垫片后再拧紧。

设备装调工艺要满足以下要求。

(1)气缸安装和连接正确,速度调整合理,运行过程平稳,没有卡阻现象,摆动气缸调整180°,为保障回转精度,摆动气缸速度要调得较慢。

(2)导杆气缸的行程要调整到位,使装配机械手能够正确且稳定地进行工件装配,每个导杆气缸都有行程调整板,通过调整板末端的缓冲器调整行程,调整好后用螺母进行紧固。调整装配机械手部件时,将气缸下降到位,对好料盘,将手爪调整至料盘中间位置;手臂伸出到位后,调整伸出的行程,使手爪在准装配台料斗的正上方;行程调整好后,要进行行程固定,以避免运行过程中松动、位置发生偏移。

(3)光电传感器安装位置合理,固定牢靠,调整到位,能够正确检测所有材质的工件。

（4）物料回转台上的左料盘要与管形料仓出料口对齐，右料盘要在装配机械手的正下方。

5. 任务准备

1）清理安装平台

安装前，先确认安装平台已放置平衡，安装平台下的滚轮已锁紧，保障安装平台平稳，四角无落差，不晃动。确认安装平台上安装槽内没有遗留的螺母、小配件或其他杂物，然后用软毛刷将安装平台清扫干净，确保导轨内没有杂物和零部件等。

2）准备器材和工具

根据安装装配单元装置侧部分所需要的器材清单清点器材，并检查各器材是否齐全，是否完好无损，如有损坏，请及时更换。将所有零部件按照类别统一归放整齐，配齐足量的螺栓和螺母，并按规格摆放，以方便取用。

6. 任务实施

装配单元是整个智能生产线中所包含气动元件较多、结构较为复杂的单元，为了降低安装的难度和提高安装时的效率，在装配前，应认真分析其结构组成，认真思考，做好记录。遵循先前的思路，先组装组件，再进行总装。

1）安装支架

安装支架从黄色底板开始，将与底板接触的型材放置在底板的连接螺纹之上，使用L形的连接件和连接螺栓固定。

2）安装回转机构和装配台

回转机构和装配台总装在支撑板上，首先按照步骤与说明安装回转机构和装配台，再将其安装到装配单元的支架上。

3）安装供料机构

安装供料机构主要是安装管形料仓、顶料气缸、挡料气缸和相关检测传感器，按照步骤和说明组装供料机构，最后将其固定到支架上，并用螺栓进行固定。

4）安装装配机械手

安装装配机械手主要是安装伸缩和升降两个导杆气缸，按照安装步骤及说明进行。

首先组装装配机械手爪，并将其连接到手臂升降导杆气缸的一端，然后将手臂作为整体连接到伸缩导杆气缸的附件连接处。将组装好的装配机械手安装到支架的顶板上，调整好水平和垂直方向的角度后，用螺栓进行固定，要保证装配机械手水平动作和垂直动作不偏倚。

5）安装警示灯

警示灯通过连接板安装在设备支架上。

6）检测与调整

装配所有组件后，进行设备整体平衡度和稳定度的调试，所有连接处不要留有缝隙，在铝型材的端面త上封盖板，进行保护；物料回转台的初始位置要与支撑板边缘平行，以免装配完后摆动角度不到位；调整料斗的位置，使其在装配机械手的正前方，以免偏差大，装配不进工件。机械调整好后，将所有元器件的引出线整理整齐，以方便电气连接。向管形料仓内放入工件，看是否能够挡住工件，如果不能则调整挡料头的长度和位置。管形料仓工件检测传感器要正对着管形料仓的铁槽，如果没有，需松动螺栓调整对准度。

7. 任务评价

任务评价见表 4 – 18。

表 4 – 18　任务评价

评分内容	配分	评分标准		分值	自评	他评
装配单元的机械安装	80 分	供料机构	管型料仓安装	5 分		
			顶料气缸和挡料气缸安装	5 分		
			光电传感器安装	10 分		
		回转机构	气动摆台安装	10 分		
			磁性开关安装	10 分		
		装配台	定位待装配工件的料斗安装	10 分		
			固定板安装	10 分		
		装配机械手	导杆气缸	10 分		
			机械手安装	10 分		
职业素养	20 分	材料、工件等不放在系统上		5 分		
		元件、模块没有损坏、丢失和松动现象		5 分		
		所有部件整齐地摆放在桌上		5 分		
		工作区域内整洁干净，地面上没有垃圾		5 分		
综合				100 分		
完成用时						

4.3.2　装配单元的气动控制回路连接与调试

1. 任务引入

本任务是将装配单元作为一个独立的控制系统，了解相关气动元件的使用方法后，根据连接气动控制回路并进行状态调整，即调节气动元件，使设备的初始状态、运行状态等符合要求。

2. 任务目标

1）知识目标

识别装配单元的气动元件。

2）技能目标

能够对装配单元气动控制回路进行连接和调试。

3）素养目标

培养学生有计划、有步骤、严谨的做事态度。

3. 任务分析

装配单元的气动执行由 6 个气缸来完成，分别是供料机构的顶料和挡料气缸，物料回转台的摆动气缸与装配机械手的伸缩、升降气缸和气动手指。这些气缸都是双作用缸,因此需要 6 个控制气缸的二位五通单控电磁换向阀。这些电磁换向阀分别对供料、位置变换和装配动作气路进行控制,以改变各自的动作状态。

电磁阀组的型号和前面两个单元相同,仍然是单控电磁换向阀。顶料和挡料气缸是笔形气缸,其行程相对供料单元而言较短,根据气缸行程标准,这里伸出行程为 30 mm,而缸径的标准为 16 mm。气动手指气缸是缸径为 20 mm、型号为 SMC 的 MHZ2-20D 平行开闭型的两爪手指,抓取力足够抓取工件。

4. 相关知识

1) 装配单元的气动元件

(1) 摆动气缸。

摆动气缸是利用压缩空气驱动输出轴在一定角度范围内做往复回转运动的气动执行元件,多用于物体的转动、工件的翻转、阀门的开闭以及工业机器人的手臂动作等。摆动气缸按结构特点有叶片式摆动气缸、齿轮齿条式摆动气缸和伸摆气缸。叶片式摆动气缸有单叶片式和双叶片式,单叶片式可实现小于 360°的往复摆动,而双叶片式只能实现小于 180°的往复摆动。齿轮齿条式摆动气缸的回转角度不受限制,可超过 360°(实际使用中一般不超过 360°),但不宜太大,否则齿条太长不合适。

装配单元使用齿轮齿条式摆动气缸来实现回转机构的回转运动,齿轮齿条式摆动气缸是由直线气缸驱动齿轮齿条实现回转运动的,回转角度在 0°~90°和 0°~180°范围内可任意调节,而且可以安装磁性开关,检测旋转到位信号。

摆动气缸的回转角度在 0°~180°范围内可任意调节。当需要调节回转角度或调整摆动位置精度时,应首先松开调节螺杆上的反扣螺母,通过旋入和旋出调节螺杆,改变物料回回转台的回转角度,调节螺杆用于左旋和右旋角度的调整,当调整好摆动角度后,应将反扣螺母与基体反扣锁紧,防止调节螺杆松动,导致回转精度降低。

装配单元摆动气缸使用的是 CHELIC 的带缓冲装置的双作用气缸 RTB10,缸径为 15 mm,扭力矩为 1.5 N·m,摆动角度为 180°,可调整角度范围为 0°~180°。

回转到位的信号是通过调整摆动气缸滑轨内的 2 个磁性开关的位置实现的。磁性开关安装在气缸体的滑轨内,松开磁性开关的紧定螺栓,磁性开关就可以沿着滑轨左右移动。确定开关位置后,旋紧紧定螺栓,即可完成位置的调整。

(2) 导杆气缸。

导杆气缸是指具有导向功能的气缸,一般为标准气缸和导向装置的集合体。与无杆气缸相比,导杆气缸能承受的负载和力矩较大,可用于伸缩、升降和限位等。其特点是结构紧凑、紧固,导向精度高,抗扭转力矩、承载能力强,工作平稳等。导杆气缸的驱动单元和导向装置构成一个整体,并可根据具体要求选择安装滑动轴承或滚动轴承支撑。滑动轴承式导杆气缸价格相对较低,但是精度会随着时间的推移降低;滚动轴承式导杆气缸价格相对较高,但是滚动轴承的使用时间更长。因此,在精度要求不是很高,且不频繁运动的场合,可以选用滑动轴承式导杆气缸。

装配单元的装配机械手臂的水平运动和垂直运动都是依靠两个导杆气缸驱动的,这里采用的是滑动轴承式导杆气缸,其输出力矩大,导向精度高,能够控制装配机械手和手爪在一定方向上运动。此外,导杆气缸除了起导向作用外,还能够通过导杆调整机构的运行行程来控制装配机械手的伸出和缩回行程范围及手爪的升降行程范围。

导杆气缸各部分的说明如下。

①安装支架，用于导杆导向件的安装和导杠气缸整体的固定。

②连接件安装板，用于固定其他需要连接到该导杠气缸上的物件，并将两导杆和直线型气缸活塞杆的相对位置固定，当直线型气缸的一端接通压缩空气后，活塞被驱动做直线运动，活塞杆也一起移动，被连接件安装板固定到一起的两导杆也随活塞杆伸出或缩回，从而实现导杠气缸的整体功能。

③行程调整板安装在导杆末端，用于调整导杆气缸的伸出行程。具体调整方法是松开行程调整板上行程限位缓冲器的紧定螺钉，让行程限位器可以在行程板上旋入或旋出，当达到理想的伸出距离以后，再完全锁紧紧定螺钉，完成行程的调节。

④直线型气缸是整个导杆气缸的动力来源，用于驱动导杆气缸动作。

⑤磁性开关用于检测导杆气缸状态，一共有两个，一个用于检测伸出到位，一个用于检测缩回到位。磁性开关的调整要在调整好行程后再进行，否则当导杆气缸行程变化后，活塞杆上的磁环位置也会发生变化，导致磁性开关检测不到位置信号。

2）装配单元的气动控制回路

装配单元的气动控制回路中的各气缸的初始位置为：挡料气缸处于伸出状态，顶料气缸处于缩回状态，管形料仓上已经有足够的小圆柱工件，装配机械手的升降气缸处于提升状态，伸缩气缸处于缩回状态，手爪处于松开状态。在进行气路连接时，首先要确保气缸的初始位置满足条件，连接的气管不要交叉。

5. 任务实施

1）气路连接

理解装配单元的气动控制原理和气动元件的工作方式，根据气动控制回路图连接气路。连接气路之前首先要检查设备的电源和气源，确保两者处于断开状态。连接气路时要遵循一定的规范，即从气源处理组件出发，再到电磁换向阀，最后到气缸的快速接头，根据气动控制回路图逐个连接元器件。为便于整理和绑扎，左侧的3个电磁换向阀连接到装配机械手上，右侧的3个电磁换向阀分别连接到供料机构的摆动气缸上，这样可避免气管交叉。连接气管时要符合一定的规范，气管不能交叉，应长度适中，插接牢靠，气管口要剪平，以防漏气。

2）气路调试

连接好气路后进行气路调试。首先调试初始位置，初始位置要满足设备的要求。初始位置调试是指电磁换向阀没有得电时，查看各个气缸是否在系统要求的初始位置，如果不在，则需要检查气路，并进行调整。初始位置无误后，通过电磁换向阀的手动按钮，逐个控制气缸动作，看动作是否正确、动作位置是否合理，尤其是摆动气缸的摆动角度和装配机械手的伸缩、升降位置。

调整摆动气缸的摆动角度，使摆动气缸的摆动角度满足气缸初始位置后，两边的料槽都能够正好对应供料仓的正下方和装配机械手的正下方。摆动气缸的电磁换向阀不得电时，调整物料回转台的水平度，向管形料仓内放入一个小工件，使挡料气缸缩回，要求放入的小工件能够正好落入左侧的小料盘。手动控制装配机械手下降，下降后手爪正好在右料盘的中间位置。手动控制摆动气缸的电磁换向阀得电，使摆动气缸旋转180°。重复上述步骤，调整旋转后的位置。

设备调整完成后，通过电磁换向阀的手动控制按钮控制气缸动作，通过单向节流阀调整气缸的运行速度，使气缸的运行速度平稳、适中。所有调试工作结束后，整理气管。

6. 任务评价

任务评价见表 4-19。

表 4-19 任务评价

评分内容	配分	评分标准		分值	自评	他评
装配单元的气动控制回路连接与调试	80 分	阀组安装	电磁阀安装正确	5 分		
			快速接头安装正确	5 分		
			无漏气	5 分		
		气路连接	气路连接正确，满足气缸初始状态要求	10 分		
			气管连接符合规范	10 分		
			气路连接无漏气	10 分		
		气路调整	气缸速度调整适中	10 分		
			整体气压合理	5 分		
			调整方式规范	10 分		
			顶料到位	5 分		
			推料到位	5 分		
职业素养	20 分	材料、工件等不放在系统上		5 分		
		元件及模块没有损坏、丢失和松动现象		5 分		
		所有部件整齐地摆放在桌上		5 分		
		工作区域内整洁干净，地面上没有垃圾		5 分		
综合				100 分		
完成用时						

4.3.3 装配单元的电气控制线路连接与调试

1. 任务引入

本任务主要学习光纤传感器的使用方法、电气控制线路接线，将各传感器、电磁阀、按钮/指示灯、警示灯的引出线正确连接到 PLC 上，并调节所有传感器的灵敏度，根据原理图检查电路连接是否正确。

2. 任务目标

1）知识目标

了解相关传感器在智能生产线中的实际使用和调节方法。

2）技能目标

按照电气连接工艺要求完成装配单元传感器检测部件的安装和调整。

3) 素养目标

培养学生注重细节、追求完美、精益求精的工作作风。

3. 任务分析

运行装配单元前首先要检查设备是否处于初始位置，并设计初始位置指示灯进行显示，按下启动按钮，设备进入运行状态后，应设计运行指示灯进行显示。在设备运行过程中，要能够实时监控管形料仓内工件状态。系统的动作设计要符合要求，电路和气路的设计要符合装配单元的应用需求，电路和气路连接要符合安全与工艺规范。

4. 相关知识

光纤传感器是光电传感器的一种，它的光传输介质是光纤，光纤的抗干扰性能好，光在光纤中的衰减较少。光纤传感器由光纤放大器和光纤检测头两部分组成，光纤放大器和光纤检测头是分离的两个部分，光纤检测头的尾端部分分成两条光纤，使用时分别插入光纤放大器的两个光纤孔，如图4-21所示。

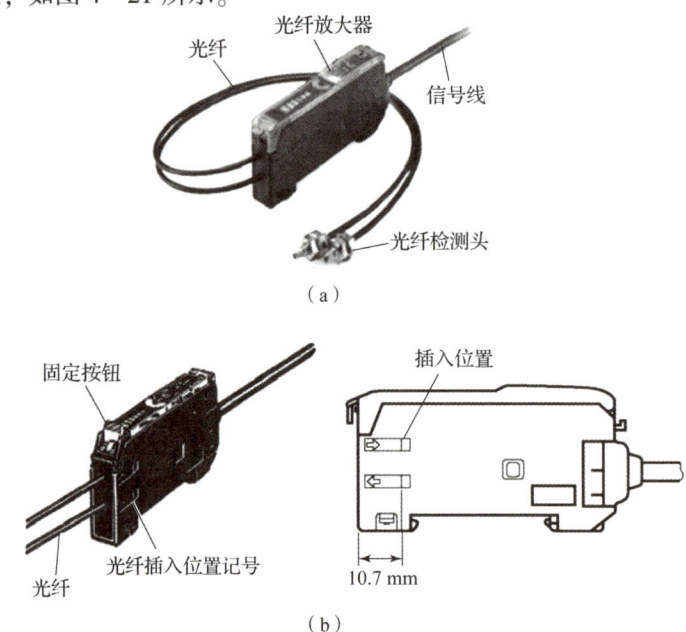

图4-21 光纤传感器实物及光纤与光纤放大器连接示意
(a) 光纤传感器实物；(b) 光纤与光纤放大器连接示意

光纤传感器的投光器和受光器均在光纤放大器内，投光器发出的光线通过一条光纤内部从端面（光纤检测头）以约60°的角度扩散，照射到检测物体上；同样，反射回来的光线通过另一条光纤的内部回送到受光器。光纤传感器的工作原理如图4-22所示。

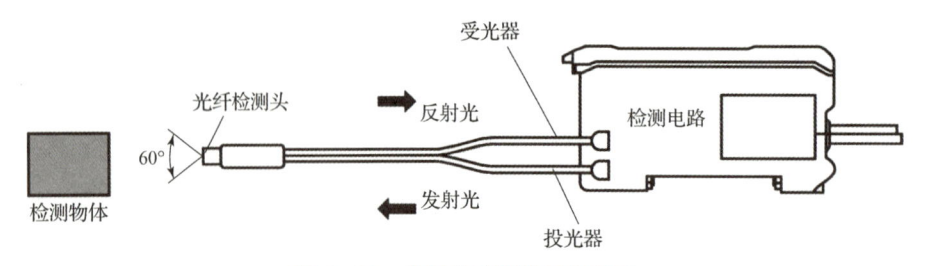

图4-22 光纤传感器的工作原理

1) 光纤传感器的安装

光纤传感器是精密器件，使用时须注意它的安装和拆卸方法。光纤放大器俯视图如图 4-23 所示。光纤检测头安装在物料回转台料盘预留的 M6 孔内，光纤放大器安装在装置侧的滑轨上。

光纤传感器由于检测部（光纤）中完全没有电气部分，抗干扰性强，所以可工作于恶劣环境下，并且具有光纤头可安装在狭小空间中、传输距离大、使用寿命长等优点。装配单元的装配台就是利用光纤传感器检测是否有待装配工件的。

2) 光纤传感器的连接与调节

光纤传感器的灵敏度调节范围较大。当将光纤传感器灵敏度调得较小时，对于反射性较差的黑色物体，光电探测器无法接收到反射信号；而对于反射性较好的白色物体，光电探测器可以接收到反射信号。反之，若调高光纤传感器的灵敏度，则即使对反射性较差的黑色物体，光电探测器也可以接收到反射信号。在装配单元中，料斗内的工件可以是白色、黑色塑料或金属小圆柱，因此，要将光纤传感器调节到能够检测黑色物体的灵敏度（分拣单元的光纤传感器只可以检测到非黑材质的工件，故用于黑白鉴别）。

如图 4-23 所示，调节其中部的 8 旋转灵敏度高速旋钮就能进行灵敏度调节（顺时针旋转灵敏度升高）。调节时，会看到入光量显示灯发光的变化。当光电探测器检测到工件时，动作显示灯会亮，提示检测到工件。当定时开关（TIMER）置于"ON"位置时，检测动作会有 40 ms 左右的延时。

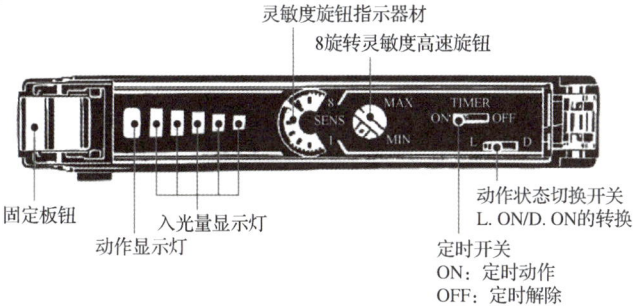

图 4-23 光纤放大器俯视图

光纤传感器有 3 根引出线，接线时应注意根据导线颜色判断电源极性和信号输出线，切勿把信号输出线直接连接到电源 +24 V 端。光纤传感器的接线原理与光电传感器相同。

5. 任务实施

1) I/O 地址分配

根据装配单元的整个工作过程和所用到的信号分配 I/O 地址，见表 4-20。

表 4-20 装配单元 PLC 的 I/O 地址分配表

输入信号					输出信号			
序号	PLC 输入点	信号名称	信号来源	序号	PLC 输出点	信号名称	信号来源
1	X000	工件不足检测	—	1	Y000	挡料电磁换向阀	—
2	X001	工件有无检测	—	2	Y001	顶料电磁换向阀	—

续表

输入信号					输出信号			
序号	PLC输入点	信号名称	信号来源	序号	PLC输出点	信号名称	信号来源
3	X002	左料盘工件检测	—	3	Y002	摆动气缸电磁换向阀	—
4	X003	右料盘工件检测	—	4	Y003	手爪夹紧电磁换向阀	—
5	X004	装配台工件检测	装置	5	Y004	手爪下降电磁换向阀	装置
6	X005	顶料到位检测	—	6	Y005	手臂伸出电磁换向阀	—
7	X006	顶料复位检测	—	7	Y006	—	—
8	X007	挡料状态检测	—	8	Y007	—	—
9	X010	落料状态检测	—	9	Y010	红色警示灯	—
10	X011	摆动气缸左限检测	—	10	Y011	橙色警示灯	—

注：警示灯用来指示智能生产线整体运行时的工作状态，本项目是装配单元单独运行，没有要求使用警示灯，可以不连接到PLC上。

2）电路连接与检测

电路连接好后，在编程之前还需要对电路进行调试，以确保电路正确。电路调试从PLC输入电路开始，首先检查控制按钮、开关和急停按钮是否正常，PLC的输入信号和I/O地址分配表是否一致，如果没有信号输入，则检查输入回路是否连接正确。接下来检查传感器部分，首先检查传感器的检测信号是否有问题，如果有问题，则需要调整检测位置或灵敏度，然后观察PLC的输入信号和电路原理图是否一致，如果不一致，则需要检查输入电路。输入电路检查无误后，根据电路原理图，使用PLC的软元件监控功能，输出Y信号，观察对应的元器件是否动作，以此检查输出电路是否有问题。

注意：摆动气缸的左右摆动到位信号一定要在摆动角度调整好后再调整，如果调整摆动角度，则需要再次调整磁性开关的检测位置。

对调整好的设备，所有导线应整理好并塞入线槽，然后进行线管绑扎。绑扎线管时，气管和导线应分开绑扎，但来自同一元器件或同一模块的导线和气管可以绑扎在一起。线管绑扎好后，盖好线槽盖，根据I/O地址分配表标注线管的编号，字迹要清晰。

注意：一定要在指导教师检查无误后方可通电检查、调试。通电后，一旦发现任何问题，立即切断电源。需要检查电路时，要选择合适的万用表挡位。

6. 任务评价

任务评价见表4-21。

表4-21 任务评价

评分内容	配分	评分标准		分值	自评	他评
装配单元的电气线路连接与调试	80分	光纤传感器的安装	光纤传感器安装	5分		
			光纤传感器的连接与调节	10分		

续表

评分内容	配分	评分标准		分值	自评	他评
装配单元电气控制线路连接与调试	80 分	I/O 地址分配	信号分布	10 分		
			输入地址分配	10 分		
			输出地址分配	10 分		
		电气接线	装置侧的传感器接线	10 分		
			装置侧的电磁阀接线	5 分		
		线路调试	线路检查	10 分		
			接线规范	10 分		
职业素养	20 分	材料、工件等不放在系统上		5 分		
		元件及模块没有损坏、丢失和松动现象		5 分		
		所有部件整齐地摆放在桌上		5 分		
		工作区域内整洁干净，地面上没有垃圾		5 分		
综合				100 分		
完成用时						

4.3.4 装配单元程序设计与调试

1. 任务引入

装配单元作为独立设备运行时，其工作的主令信号和工作状态显示信号来自 PLC 侧的按钮/指示灯模块，并且按钮/指示灯模块上的工作方式选择开关 SA 应置于左侧"单站方式"位置

2. 任务目标

1）知识目标

熟悉装配单元的结构和功能。

2）技能目标

（1）能够编写装配单元的控制程序，并进行程序调试。

（2）装配单元组装完成后进行机械部分的检查和调整，使其满足规定的技术要求。

3）素养目标

培养学生注重细节、追求完美、精益求精的工作作风。

3. 任务分析

编写装配单元的 PLC 控制程序，使装配单元能够按照生产要求进行工件装配工作。

（1）设备上电和气源接通后，若各气缸满足初始位置要求，且管形料仓已经有足够的小圆柱工件，装配台上没有待装配工件，则"正常工作"指示灯 HL1 常亮，表示设备准备好。否则，该指示灯以 1 Hz 的频率闪烁。

（2）若设备准备好，按下启动按钮，装配单元启动，"设备运行"指示灯 HL2 常亮。如果物料回转台上的左料盘内没有小圆柱工件，就执行下料操作；如果左料盘内有小圆柱工件，而右料盘内没有小圆柱工件，则执行物料回转台回转操作。

（3）如果物料回转台上的右料盘内有小圆柱工件且装配台上有待装配工件，则执行装配机械手抓取小圆柱工件，放入待装配工件中的操作。

（4）完成装配任务后，装配机械手应返回初始位置，等待下一次装配。

（5）若在运行过程中按下停止按钮，则供料机构应立即停止供料，在装配条件满足的情况下，装配单元在完成本次装配后停止工作。

（6）在运行中发生"工件不足"报警时，指示灯 HL3 以 1 Hz 的频率闪烁，HL1 和 HL2 灯常亮；在运行中发生"没有工件"报警时，指示灯 HL3 以亮 1 s，灭 0.5 s 的方式闪烁，HL2 熄灭，HL1 常亮。

4. 相关知识

1）认识机械手

机械手是在机械化、自动化生产过程中发展起来的一种新型装置。它可在空间抓、放、搬运物体等，动作灵活多样，广泛应用于工业生产和其他领域。应用 PLC 控制机械手能实现各种规定的工序动作。机械手在构造与性能上兼有人和机器各自的优点，不仅可以提高产品的质量与产量，降低劳动强度，提高劳动生产率，还能节约原材料消耗以及降低生产成本。

机械手的自由度代表机械手的运动灵活性。人从手指到肩部共有 27 个自由度。从力学的角度分析，物件在空间只有 6 个自由度。因此为抓取和传送在空间中不同位置和方位的物件，传送机构也应具有 6 个自由度。常用的机械手的自由度小于等于 7。一般的专用机械手只有 2~4 个自由度，而通用机械手则多数为 3~7 个自由度，这里所说的自由度数目，均不包括手指的抓取动作。

机械手的每一个自由度是由其操作机的独立驱动关节来实现的。因此，在应用中，关节和自由度在表达机械手的运动灵活性方面的意义是相通的。又由于关节在实际构造上是由回转或移动的轴来完成的，所以又习惯称之为轴。因此，就有了 6 自由度、6 关节或 6 轴机械手的命名方法。这些都说明机械手有 6 个独立驱动的关节结构，能在其工作空间中以任意位置和姿态抓取物件。图 4-24 所示为 6 自由度机械手和 5 自由度机械手。

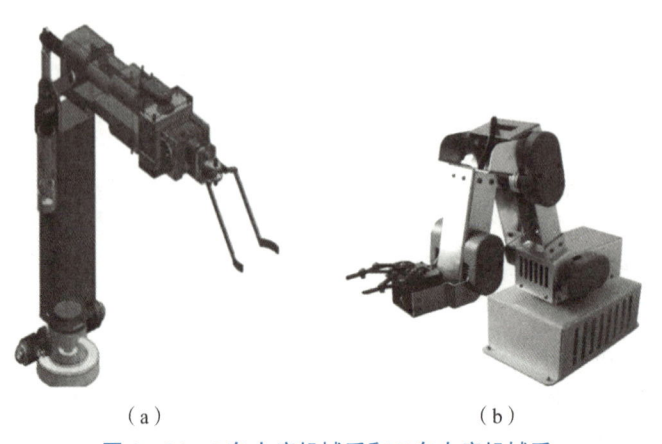

（a）　　　　　　　　　　（b）

图 4-24　6 自由度机械手和 5 自由度机械手

（a）6 自由度机械手；（b）5 自由度机械手

随着网络技术的发展，机械手的联网操作也是其发展方向。工业机器人是近年来发展起来的一种高科技自动化生产设备。机械手是工业机器人的一个重要分支。它的特点是可通过编程来完成各种预期的作业任务，它在构造与性能上兼有人和机器各自的优点，尤其体现了人的智能和适应性。机械手因其作业的准确性和在各种环境中完成作业的能力而在国民经济各领域有着广阔的发展前景。

智能生产线上共有两个机械手，一个是装配单元的装配机械手，一个是输送单元的搬运机械手。装配机械手由手爪、手臂和机座组成，具有水平方向的前后运动、竖直方向的上下运动（手爪运动除外），可实现三维运动。装配机械手的水平方向移动和竖直方向移动分别由 2 个导杆气缸和气动手指组成，能够实现抓取和搬运物料的功能。

2）装配单元的程序编制方法

（1）装配单元的编程思路。

从装配系统的工作过程要求可以看出，装配系统的编程思路为：首先进行运行状态的初始检查，进入运行状态后，装配单元的工作过程包括 3 个相互独立的子过程，一个是落料过程，一个是旋转过程，还有一个是装配过程。

落料过程就是通过供料机构的操作，使管形料仓中的小圆柱工件落下到物料回转台左边料盘上；回转过程使装有小圆柱工件的料盘转移到右边，以便装配机械手抓取小圆柱工件；装配过程是当装配台上有待装配小圆柱工件，且装配机械手下方有小圆柱工件时，进行装配操作。

在主程序中，当初始状态检查结束，确认单元准备就绪时，按下启动按钮进入运行状态后，同时应进行落料、旋转和装配 3 个子过程，如图 4-25 所示。

①落料过程与旋转过程相互锁定，在小圆柱工件从管形料仓下落到左料盘的过程中，禁止物料回转台转动；反之，在物料回转台转动的过程中，禁止打开管形料仓（挡料气缸缩回）落料。实现联锁的方法：一是当物料回转台的左限位或右限位磁性开关动作并且左料盘没有小圆柱工件时，经定时确认后，开始落料过程；二是当挡料气缸伸出到位使管形料仓关闭，左料盘有物料而右料盘为空时，经定时确认后，开始物料回转台转动，直到达到限位位置。

②3 个子过程的控制过程都是单序列步进顺序控制。

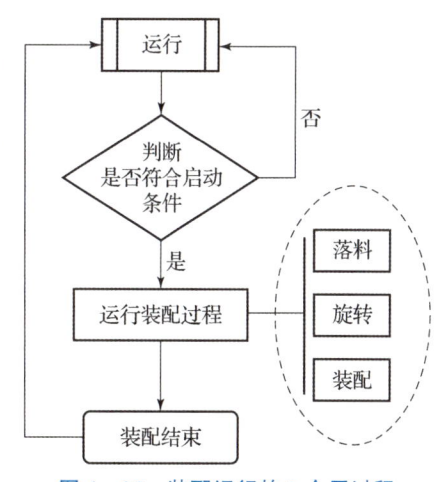

图 4-25 装配运行的 3 个子过程

③停止运行有两种情况。一种情况是在运行中按下停止按钮，启动信号被复位；另一种情况是当管形料仓中最后一个小圆柱工件落下时，检测工件有无的传感器动作，将发出缺料报警。此时，对于落料过程，上述两种情况均应在管形料仓关闭，顶料气缸复位到位即返回到初始步后停止下次落料，并复位落料初始步。但对于旋转控制，一旦停止指令发出，则应立即停止物料回转台转动。对于装配控制，上述两种情况也应在一次装配完成，装配机械手返回初始位置后停止。

（2）选择分支步进编程方法。

根据上述分析，可采用步进选择分支方法来编程，如图 4-26 所示。

编程原则是先集中处理分支转移情况，然后依顺序进行各分支程序处理。图 4-26 中当 S0 步被激活成为活动步后，若转换条件 X0 成立就执行左边的分支程序，若 X3 成立就执行右边的分支程序。S50 为汇合状态，转换条件 X1 和 X4 成立时，汇合转换成 S50 步。

（3）装配单元程序编制。

根据步进选择分支编程方法，理解图 4-25 的流程分解说明，为 PLC 程序的编写做好准备。

①启动条件。

启动条件这里只考虑单机启动（SA 转换开关置于左位），在满足初始条件的情况下，按下启动按钮，置位启动信号，按下停止按钮或无工件时复位该信号。

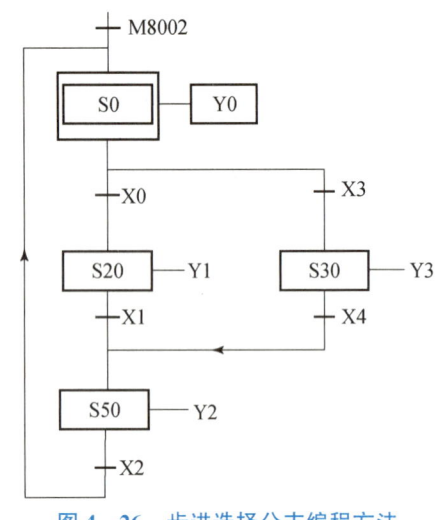

图 4-26 步进选择分支编程方法

②左旋、右旋到位判断。

在落料、旋转和装配之前，必须先判断摆动气缸是否回转到位（摆动气缸上的两个磁性开关指示灯亮），防止左、右料盘的传感器误判（如果气缸不在左、右到位状态，则左、右料盘对应的传感器检测到的信息未必是当前料盘的状态）。

③落料条件。

气缸左旋或右旋到位、左料盘没有工件（供料机构正下方，其对应的料盘工件检测传感器感应不到信号）、管形料仓内有工件（料盘铁槽对应下方传感器感应到信号）。

④回转条件。

左料盘有工件、右料盘无工件（装配机械手下方的料盘对应检测传感器感应不到信号）。

⑤装配条件。

装配台有待装配的工件（装配台上的光纤传感器检测到工件）、右料盘有工件（右料盘检测传感器感应到工件）。

5. 任务实施

1）绘制顺序功能图

装配单元控制程序用顺序功能图来编写，可根据前面画出的工作流程图和 I/O 地址分配表，采用步进选择分支编程方法。系统信号指示程序的编写放在步进程序的外面，在步进程序执行过程中用标志信号来驱动。根据装配单元的工作流程图，绘制装配单元的顺序功能图，如图 4-27 所示。

2）编写分支程序

当系统满足条件且启动后，根据 3 个分支的条件选择执行，如图 4-28 所示。

3）程序调试

（1）程序编好后，进行变换，如果变换无误，则下载到 PLC 进行调试。

（2）将 PLC 的 RUN/STOP 开关置于"STOP"位置，运行程序，按照控制要求进行操作，记录调试过程中的问题。

调试程序时，如果发现程序没有问题，但是设备执行的动作有误，应检查设备其他部分，如电气接线、气动回路、传感器信号等，要连带着一起调试。

项目四 智能生产线的调试

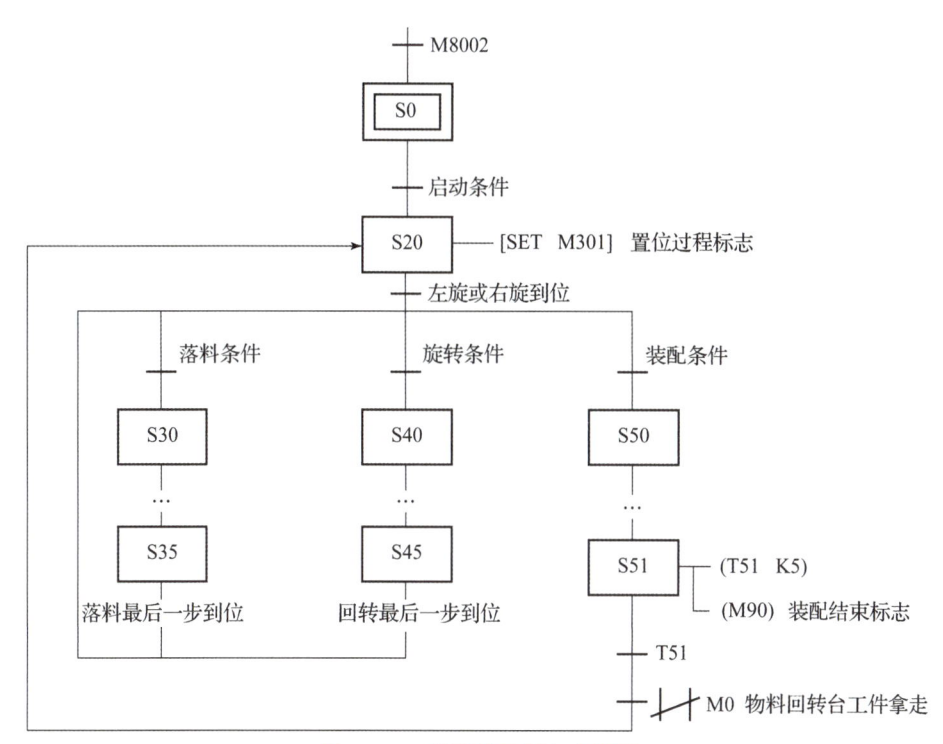

图 4-27 装配单元顺序功能图

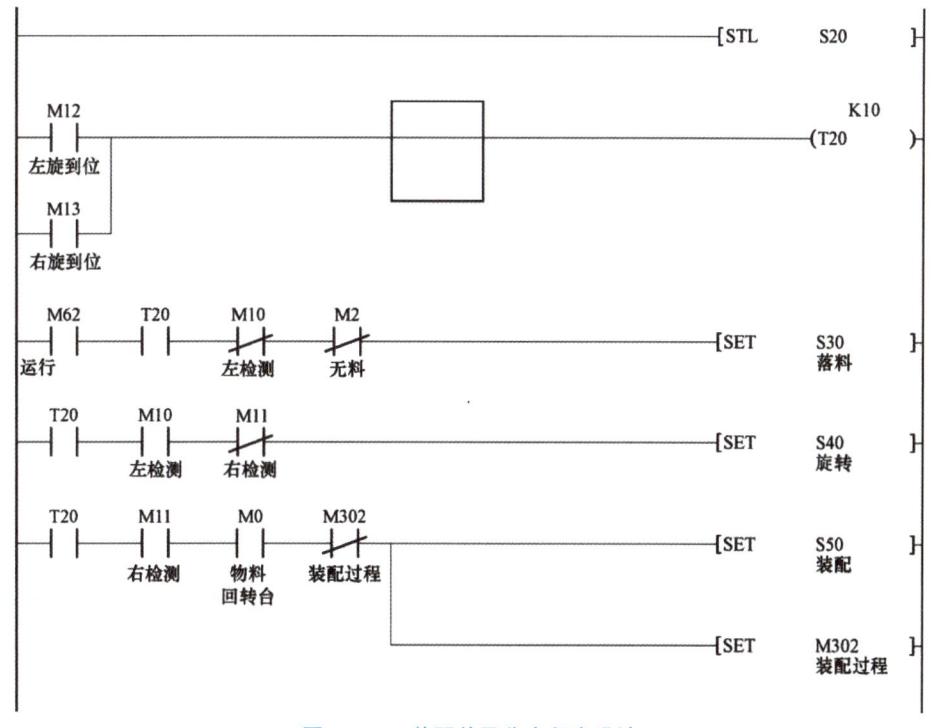

图 4-28 装配单元分支程序设计

另外，调试程序时，先从功能开始调试，最后处理特殊情况。在调试过程中要看设备的动作状态和 PLC 上的信号，程序编制错误时，重新修改后，要再次变换和下载，直到调试没有问题为止。

4）拓展练习

（1）利用警示灯实现装配单元工件状态判断，显示方法：工件不足时，红色警示灯闪烁；没有工件时，警示灯顺序点亮，闪烁 3 s 后熄灭，设备停止。

（2）总结编程过程中可能出现的问题。

6. 任务评价

任务评价见表 4–22。

表 4–22 任务评价

评分内容	配分	评分标准		分值	自评	他评
装配单元程序设计与调试	80 分	程序编制	检查程序完整性	10 分		
			检查初始条件判断	10 分		
			检查延时时间	10 分		
		程序调试	检查程序是否出错	10 分		
			检查程序是否能变换	10 分		
			检查程序能否下载	10 分		
		运行检查	检查程序运行是否正确	10 分		
			整改修正	10 分		
职业素养	20 分	材料、工件等不放在系统上		5 分		
		元件及模块没有损坏、丢失和松动现象		5 分		
		所有部件整齐地摆放在桌上		5 分		
		工作区域内整洁干净，地面上没有垃圾		5 分		
综合				100 分		
完成用时						

任务 4.4　分拣单元的安装与调试

分拣是依据一定配料原则，按照一定的顺序快速、准确地将物品从分拣区域中取出来，并按一定的方式进行分类、集中的作业过程。从最初的人工分拣到现在的自动分拣系统，能够处理的分拣物品的种类和数量越来越多。自动分拣系统（Automatic Sorting System）是先进配送中心所必需的设施之一，具有很高的分拣效率，通常每小时可分拣商品 6 000~12 000 箱。可以说，自动分拣系统是提高物流配送效率的一项关键因素。自动分拣系统是物流中心广泛采用的一种自动化系统，该系统目前已经成为发达国家大中型物流中心不可缺少的一部分。常见的自动分拣装置如图 4-29、图 4-30 所示。

图 4-29 物流分拣装置

图 4-30 硬币分拣装置

本项目学习智能生产线中的分拣单元，完成分拣单元的机械安装、电路和气路的连接与调试，并根据系统的控制要求编写 PLC 控制程序，了解分拣单元的工作原理和实现方法。

4.4.1 分拣单元的机械安装与气动控制回路连接

1. 任务引入

分拣单元的功能：对放入入料口的已加工、装配的工件进行分拣，使不同组合材质的工件从不同的出料滑槽分流出来。

分拣单元启动前首先要规定并检测系统的初始位置，当满足初始位置条件时，按下启动按钮，分拣单元启动，当工件放到传送带上并为入料口光电传感器检测到时，传送带启动，将工件带入分拣区域进行分拣。分拣区域安装有不同用途的传感器，可用来分拣工件外壳与内芯的黑、白塑料和金属 3 个属性，共组成 9 种不同的组合形式，如白色外壳金属内芯、金属外壳黑色内芯等。当放入的工件满足某一出料滑槽的要求，工件达到该出料滑槽入料口时，传送带停止，气缸动作，将工件推入出料滑槽，完成一次分拣操作，分拣单元返回到初始位置，等待下一个工件的到来。当按下停止按钮时，要等一次分拣完成后分拣单元才停止。

2. 任务目标

1) 知识目标

（1）了解分拣单元的组成及功能。

(2)掌握分拣单元的工艺要求。

2)技能目标

能够完成分拣单元的机械安装与气动控制回路连接。

3)素养目标

引导学生对分拣单元的机械安装产生兴趣,提升主观能动性。

3. 任务分析

本任务主要完成分拣单元机械结构组装和调整,要求安装后能够满足设备工艺要求。安装完成后,检查机械结构的质量,进行机械调整。

4. 相关知识

1)分拣单元的组成及功能

分拣单元主要包括传送和分拣机构、传送带驱动机构、变频器模块、电磁阀组、接线端口、PLC 模块、按钮/指示灯模块及底板等。其中,分拣单元机械结构的组成如图 4-31 所示。

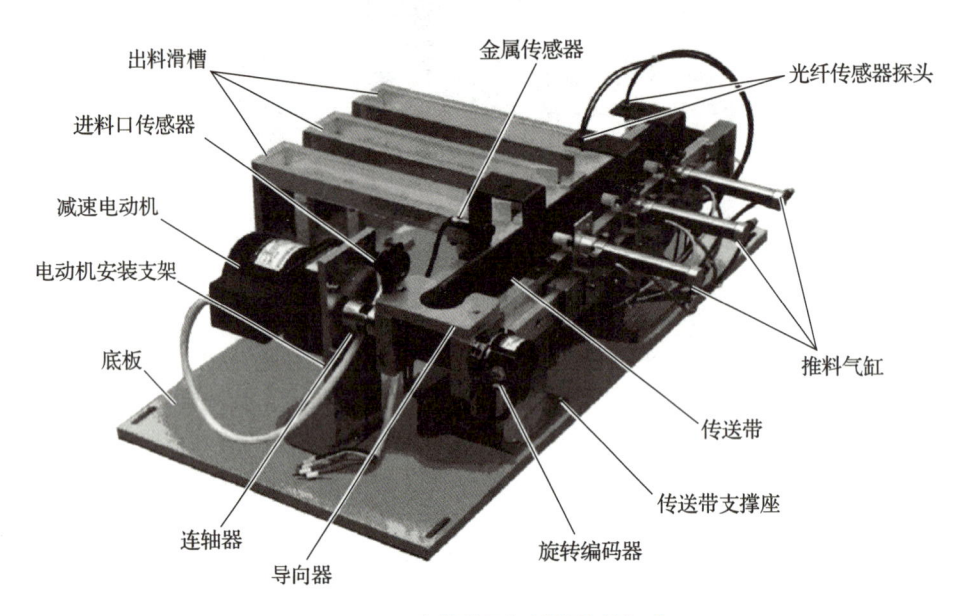

图 4-31 分拣单元机械结构的组成

(1)传送和分拣机构。

传送和分拣机构主要由传送带及其支撑座、导向器和进料口传感器、出料滑槽、推料(分拣)气缸、光纤传感器及其支架、金属传感器及其支架组成。其功能是传送已经加工、装配好的工件,通过属性检测传感器(光纤传感器、电感式接近开关)的检测,确定工件的属性,然后按工作任务要求进行分拣,把不同类别的工件推入 3 条出料滑槽中。各部分的功能如下。

①传送带用于将放到进料口的工件运送到分拣区域。

②传送带支撑座用来支撑整个传送和分拣机构,支撑座的前端有一个主动轮,末端有一个从动轮,用来带动传送带移动。

③导向器是一个 U 形定位板,安装在进料口,目的是准确确定工件在传送带上的位置,用于纠偏放置过来的工件并确定其初始位置。

④进料口传感器用来检测是否有待分拣的工件被送来,即进行进料口有无工件的检测,其为圆柱形光电传感器(与供料单元的出料口传感器一样)。

⑤出料滑槽用于储存已分拣好的工件,共有3个出料滑槽可供选择。

⑥推料气缸正对着出料滑槽,用来将满足出料滑槽要求的工件推入出料滑槽。

⑦光纤传感器及其支架用于工件属性检测,用来检测黑色或白色,如果是白色,则光纤传感器能够感应到信号,光纤传感器动作;如果为黑色,则光纤传感器不动作,以此区分工件的黑、白属性。光纤传感器有两个,一个安装在进料口,用来区分工件外壳的黑、白色,另一个安装在分拣区域,用来区分工件内芯的黑、白色。

⑧金属传感器及其支架用来判别工件是否是金属工件,其为电感式接近开关,根据安装位置的不同,可以检测工件外壳或内芯是否为金属材质,如果为金属材质,则电感式接近开关动作,否则不动作。

(2)传送带驱动机构。

传送带驱动机构的作用是驱动传送带工作,当工件放到传送带上并为进料口传感器检测到时,将信号传输给 PLC,通过 PLC 的程序启动变频器,电动机驱动传送带工作。采用三相减速电动机拖动传送带从而输送工件。它主要由三相减速电动机、电动机支架、联轴器和旋转编码器组成。

①三相减速电动机为减速比为 10∶1 的三相异步电动机,是传送带驱动机构的主要部分,电动动机转速的快慢由变频器控制,其作用是带动传送带从而输送工件。

②电动机支架用于固定电动机,保持电动机与联轴器处于同一轴线上。

③联轴器用于把电动机的轴和传送带主动轮的轴连接起来,从而组成一个传动机构。

④旋转编码器为光电编码器,它与电动机轴连接在一起,用于检测传送带移动的距离。

2)分拣单元安装工艺要求

分拣单元的安装要满足以下要求。

(1)所有部件固定牢靠,选用合适的螺栓、螺母和工具进行固定。

(2)推料气缸要对准出料滑槽的中间位置,以便于将工件推入出料滑槽,不卡阻。

(3)所有内六角螺丝与平面的接触处都要套上垫片后再拧紧。

(4)安装时要注意安装顺序,顺序不当会导致频繁返工。

(5)安装电动机联轴器时,应将联轴器两边调整到同一高度后再固定电动机。

(6)传送带托板与传送带两侧板的固定位置应调整好,以免传送带安装后凹入侧板表面,造成推料被卡住的现象。

(7)主动轴和从动轴的安装位置不能错,主动轴和从动轴安装板的位置不能相互调换。要保证主动轴和从动轴平行。

(8)传送带的张紧度应调整适中。

(9)为了使传动部分平稳可靠、噪声小,使用了滚动轴承为动力回转件,但滚动轴承及其安装配合零件均为精密结构件,对其进行拆卸需一定的技能和专用的工具,建议不要自行拆卸。

5. 任务准备

1)清理安装平台

安装前,先确认安装平台已放置平衡,安装平台下的滚轮已锁紧,安装平台上安装槽内没有遗留的螺母、小配件或其他杂物,然后用软毛刷将安装平台清扫干净。

2)准备器材和工具

根据安装分拣单元装置侧部分所需要的器材清单清点器材,并检查各器材是否齐全、是否完好无损,如有损坏,请及时更换。在清点器材的同时,将器材放置到合适的位置。清点所需的配件,将较小的配件放在一个固定的容器中,以方便安装时快速找到,并保证在安装过程不遗漏小的器件或配件。

分拣单元机械安装所需工具与前面各单元的机械安装所需工具相同。清点和整理工具,将其放置在方便取用的地方。

6. 任务实施

首先明确分拣单元的结构组成和各部分的功能,熟悉图纸要求,合理分配安装步骤和方法,然后根据图纸进行安装。

1)安装传送带驱动机构

完成传送带驱动机构的组装,装配传送带装置及其支座,然后将其安装到底板上。

(1)安装传送带支架。

安装传送带支架,所用器件包括支撑板(顶、中间和底板)、支撑铝板、导轨和气缸固定滑块、传送带衬板和传送带,固定左、右支撑板时,先将传送带及其平板块放置好。

(2)安装主、从动轮。

在分拣单元设备上,传送带的同步运行由安装在传送带两端的主、从动轮带动。

将主、从动轮安装到设备上,首先将主动轮穿过传送带,再将两边附件固定。将主动轮安装到设备上后,将从动轮也安装到设备上,注意不要装反。同时调整主、从动轮的位置和角度,调整好后用螺栓进行固定。全部安装好后,需要初步调整传送带的水平度和平行度,使传送带在运行过程中不偏移向任何一边。调整方法是:通过从动轮两边固定弹簧的螺栓进行调整,在调整过程中应注意传送带的松紧,使其处于张紧状态,调整张紧度的两个调节螺栓应平衡调节,以避免传送带运行时跑偏。

2)安装推料气缸

分拣单元传送带驱动机构安装好后,将3个推料气缸通过气缸固定架固定到支架的滑块上,在组装时先不要拧紧滑块,后续还需调整推料气缸与出料滑槽的对应角度。

3)安装传感器

分拣单元各传感器的功能如下。

(1)进料口定位槽用于放置已经装配和加工好的工件,定位工件的位置,以便测算分拣距离。待分拣的工件是黑色还是白色,通过进料口的光纤传感器进行检测。

(2)进料口是否有工件,通过进料口传感器是否感应到信号进行判断。

(3)工件进入分拣区域后,通过分拣区域的传感器判断工件的外壳是否是金属及内芯是白色塑料、黑色塑料还是金属。

4)安装出料滑槽和驱动机组件

在安装出料滑槽和驱动机组件之前首先将线槽、端子排和电磁阀组等部分固定到黄色底板上,然后再按照步骤和方法安装出料滑槽及驱动机组件。

5)检测与调整

分拣单元的机械部分安装好后,需要调节传送带的张紧度,还必须仔细调整电动机与主动轴连轴的同心度。调节要求：传送带的张紧度以电动机在输入频率为 1 Hz 时能顺利启动，低于 1 Hz 时难以启动为宜，这项测试可用变频器的操作面板实现。

（1）检测电气接线。

按照图 4-32 连接变频器与电动机，把三相交流电源接入变频器的 R/L1，S/L2，T/L3 三个端子上，将变频器的输出端子（U，V，W）连接到电动机上，电源和电动机的地线分别接到变频器的接地端子上。

图 4-32　变频器与电动机的接线原理

（2）设置变频器参数。

设置变频器参数，使变频器工作在内部模式，这样可通过操作面板进行电动机的启动和停止操作，并且把 M 旋钮作为点位使用进行频率的调节，见表 4-23。

表 4-23　变频器参数设置

参数编号	设置值	说明
Pr. 3	0	基准频率为 0 Hz
Pr. 79	1	绝对内部模式
Pr. 161	1	M 旋钮电位器模式

（3）运行调整。

按下操作面板上 RUN 按钮启动变频器，旋动 M 旋钮，改变变频器的频率，可以看到电动机正向转动，变频器输出频率逐渐升高，电动机转速逐渐增大。调整传送带的松紧度，使变频器的频率低于 1 Hz 时传送带不能启动，大于 1 Hz 时传送带可以启动。

7. 任务评价

任务评价见表 4-24。

表 4-24　任务评价

评分内容	配分	评分标准		分值	自评	他评
分拣单元的机械安装与气动控制回路连接	80 分	传送带组件安装	传送带支架安装	10 分		
			主、从动轮组件安装	10 分		
		传感器气缸安装	推料气缸安装	10 分		
			传感器安装	10 分		

续表

评分内容	配分	评分标准		分值	自评	他评
分拣单元的机械安装与气动控制回路连接	80分	滑槽和驱动机组件安装	滑槽安装	10分		
			驱动机组件安装	10分		
		检测与调整	调节传送带皮带的张紧度	10分		
			调整电动机与主动轴连轴的同心度	10分		
职业素养	20分	材料、工件等不放在系统上		5分		
		元件及模块没有损坏、丢失和松动现象		5分		
		所有部件整齐地摆放在桌上		5分		
		工作区域内整洁干净,地面上没有垃圾		5分		
综合				100分		
完成用时						

4.4.2　分拣单元程序设计与调试

1. 任务引入

完成分拣单元的电气接线、气动控制回路连接和 PLC 程序编制与调试。

2. 任务目标

1)知识目标

(1)掌握分拣单元的气动控制回路。

(2)了解变频器的使用方法。

2)技能目标

能够对分拣单元进行 PLC 程序编制与调试。

3)素养目标

培养学生有计划、有步骤、严谨的做事态度。

3. 任务分析

分拣单元满足以下控制要求。

(1)初始状态。当 3 个气缸均处于缩回状态时,进料口没有工件,初始位置指示灯 HL 1 常亮,否则闪烁;按下启动按钮,设备启动,运行指示灯 HL 2 常亮。

(2)设备运行后,将工件放入进料口,进料口传感器检测到工件 2 s 后,电动机以 20 Hz 的频率运行,带动传送带将工件送入分拣区域,如果是白色和黑色塑料外壳的工件则分别推入 1 号、2 号出料滑槽,如果是金属外壳工件则推入 3 号出料滑槽,改变电动机的频率为 30 Hz,重复上述操作。

(3)按下停止按钮,如果传送带上有工件,待工件分拣入槽后,系统停止,HL 2 灭。

4. 相关知识

本任务只要求变频器输出 20 Hz 和 30 Hz 的两个固定频率,可以使用变频器调速外部控制模式的多段速控制方式驱动电动机运行。工件运行的位置利用 PLC 内部定时器的定时值判断，测算出到达指定位置的时间值，如工件从进料口运行到一号、二号和三号出料滑槽的时间值。

工件材质的判别是通过光纤传感器和电感传感器来完成的，调整光纤传感器只能检测到非黑的工件，电感传感器的检测距离较小，要调整到能够检测到金属材质的工件。

1）分拣单元的气动控制回路

分拣单元的气动部分包括 3 个推料气缸，因此使用了 3 个由二位五通、带手控开关的单控电磁换向阀构成的电磁阀组结构，它们安装在汇流板上。这 3 个阀分别对 3 个出料滑槽的推料气缸的气路进行控制，以改变各自的动作状态。

分拣单元气动控制回路的工作原理如图 4-33 所示，图中 1B1、2B1 和 3B1 分别为安装在各推料气缸的前极限工作位置的磁感应接近开关；1Y1，2Y1 和 3Y1 分别为控制 3 个推料气缸电磁换向阀的电磁控制端，电磁换向阀和推料气缸中间是排气型单向节流阀，控制推料气缸的伸出/缩回速度。

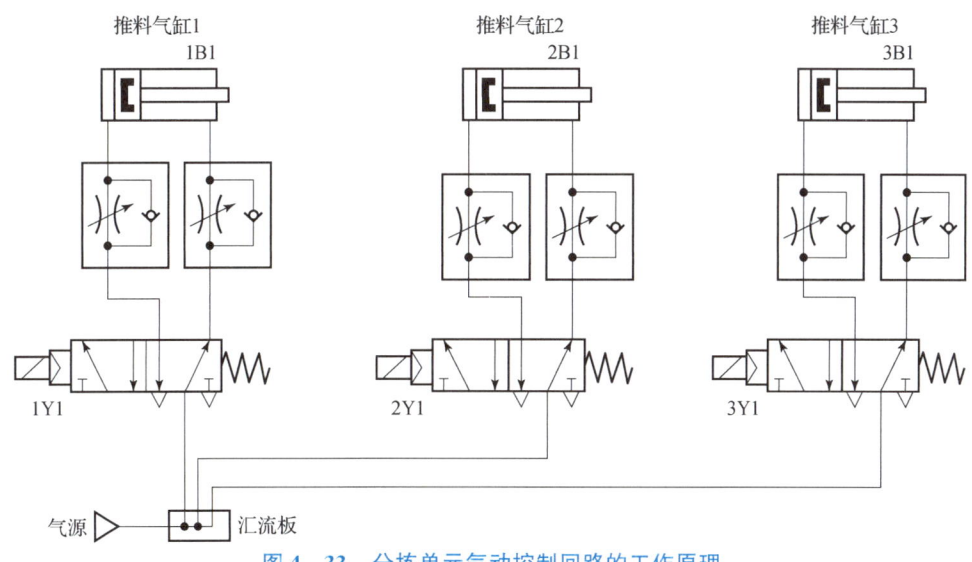

图 4-33 分拣单元气动控制回路的工作原理

2）三菱 FR - E700 系列变频器

变频器的功能是将频率固定（通常为工频 50 Hz）的交流电（三相或单相）变换成频率连续可调（多数为 0~400 V）的三相交流电。

通用变频器是指适用于工业通用电动机和一般变频电动机并由一般电网供电（单相 220 V、三相 380 V 50 Hz）进行调速控制的变频器。此类变频器由于工业领域的广泛使用已成为变频器的主流。

分拣单元的三相减速电动机采用变频器驱动方式，变频器选用三菱 FR - E700 系列变频器中的 FR - E740 - 0.75K - CHT 型变频器，该变频器的额定电压等级为三相 400 V，适用容量为 0.75 kW 及以下的电动机。三菱 FR - E700 系列变频器的外观和型号定义如图 4-34 所示。

三菱 FR - E700 系列变频器是 FR - E500 系列变频器的升级产品，是一种小型、高性能变频器。在生产线设备上进行的实训，所涉及的是使用通用变频器所必需的基本知识和技能，着重于变频器的接线、常用参数的设置等方面。

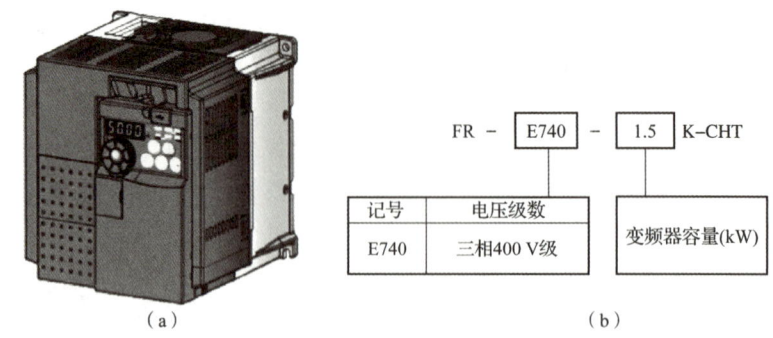

图 4-34　三菱 FR-E700 系列变频器的外观和型号定义

(a) 外观；(b) 型号定义

（1）变频器的操作面板。

使用变频器之前，首先要熟悉其操作面板显示和键盘操作单元（或称控制单元），并且按使用现场的要求合理设置参数。三菱 FR-E700 系列变频器的参数设置，通常利用固定在其上的操作面板（不能拆下）实现，也可以使用连接到变频器 PU 接口的参数单元（FR-PU07）实现。使用操作面板可以进行运行方式、频率的设定，运行指令监视，参数设定，错误表示等。

（2）变频器的运行模式。

所谓运行模式是指对输入变频器的启动指令和设定频率命令来源的指定。在变频器不同的运行模式下，各种按键、M 旋钮的功能各异。一般来说，使用控制电路端子或在外部设置电位器和开关来进行操作的是"外部运行模式"，使用操作面板或参数单元输入启动指令、设定频率的是"PU 运行模式"，通过 PU 接口进行 RS-485 通信或使用通信选件的是"网络运行模式"（NET 运行模式）。在进行变频器操作以前，必须了解其各种运行模式，以便进行各项操作。

三菱 FR-E700 系列变频器通过参数 Pr.79 的值来指定变频器的运行模式，设定值范围为 0，1，2，3，4，6，7。这 7 种运行模式的内容以及相关 LED 指示灯的状态参考变频器说明书。变频器出厂时，参数 Pr.79 的设定值为 0。当停止运行时用户可以根据实际需要修改其设定值。

（3）变频器的参数设定与清除方法。

变频器参数的出厂设定值被设置为完成简单的变速运行所用的参数。如需按照负载和操作要求设定参数，则应进入参数设定模式，先选定参数号，然后设置其参数值。设定参数分两种情况，一种是在停机时（STOP 方式下）重新设定参数，这时可设定所有参数；另一种是在运行时设定，这时只允许设定部分参数，但是可以核对所有参数号及参数值。

5. 任务实施

1）气动控制路连接与调整

按照分拣单元的气动控制回路图连接气动控制回路，连接方法在前面已经介绍过，这里不再赘述。连接好气回路后，调整气回路，使 3 个推料气缸初始都处于缩回状态。在推料头位置放置一个工件，通过电磁横向阀的手动控制按钮控制推料气缸推料，调整推料气缸的位置和速度，使得推料过程中工件不会卡住或弹出，推料气缸能够正确地将工件推入对应的出料滑槽内，力度适中。

2）电气接线

分拣单元 PLC 的 I/O 分配表见表 4-25，其中 STF、STR 分别是变频器的端子名称，控制电动机的正转和反转，RM、RH是变频器多段速控制的中速和高速控制端子。

表 4-25 分拣单元 PLC 的 I/O 分配表

输入信号				输出信号			
序号	PLC 输入点	信号名称	信号来源	序号	PLC 输出点	信号名称	信号输出 目标
1	X003	进料口工件检测	—	1	Y000	STF	—
2	X004	光纤传感器1	—	2	Y001	RM	变频器
3	X005	电感式传感器1	—	3	Y002	STR	
4	X007	推杆1推出到位	装置侧	4	Y003	RH	—
5	X010	推杆2推出到位	—	5	—	—	
6	X011	推杆3推出到位	—	6	Y004	推杆1电磁换向阀	
7	X012	启动按钮	按钮/指示 灯模块	7	Y005	推杆2电磁换向阀	
				8	Y006	推杆3电磁换向阀	
8	X013	停止按钮		9	Y007	HL1	按钮/指示 灯模块
				10	Y010	HL2	
9	X015	急停按钮		11	Y011	HL3	

3）传感器调整

调整传感器的检测灵敏度，光纤传感器只能检测到非黑的工件，调整方法如下。在光纤传感器检测头的位置放置一个白色塑料工件，调整光纤传感器，使其能够感应到信号，按照上述方法再放置一个黑色塑料工件，调整光纤传感器，使其感应不到信号，然后再次放上白色塑料工件，直至能够检测到信号为止。金属传感器只能检测到金属材质的工件，其调整方法同供料单元。

4）变频器参数设置

本任务中电动机的运行频率固定为 20 Hz 和 30 Hz，可以用变频器的多段速控制实现。连接变频器的两个速度控制端子，例如 "RM" 和 "RH" 端。本任务中的连接端子参见表4-25。完成电气接线后，需要设置变频器的参数，相关参数见表4-26，参数的具体使用方法参考变频器使用手册。

表 4-26 变频器参数设置

参数编号	设置值	说明
Pr. 1	60 Hz	上限频率60 Hz
Pr. 2	0 Hz	下限频率0 Hz
Pr. 3	50 Hz	基准频率

续表

参数编号	设置值	说明
Pr. 7	0	加减速时间设为0
Pr. 8	0	
Pr. 79	2	固定为外部运行模式
Pr. 5	20 Hz	中速20 Hz
Pr. 4	30 Hz	高速30 Hz

5）出料滑槽时间测算

传送带运行后将带动放置其上的工件移动，那么根据要求工件需要在移动一定时间后停下，然后推料气缸将满足各个出料滑槽要求的工件推入出料滑槽，那么究竟需要多长时间停止才可以保证工件正好停在该位置呢？分拣单元主动轮的直径为 $d = 43$ mm，则减速电动机每旋转一周，传送带上工件的移动距离 $L = \pi \cdot d = 3.14 \times 43 = 136.35$（mm）。

由电动机铭牌可知，当频率为50 Hz时转速为1 300 r/min，由于减速电动机的减速比例是10∶1，所以实际的速度为130 r/min。当频率为20 Hz时，转速为52 r/min，即0.86 r/s，每秒钟带动工件移动的距离为 $L = 0.86 \times 136.5 = 118.17$（mm）。根据图4-35所示的安装尺寸，运行到1号出料滑槽的时间为167.5/118.7 = 1.41（s），到达2号出料滑槽的时间为2.21 s，到达3号出料滑槽的时间为2.95 s，见表4-27。当频率为30 Hz时，也可依此算出到达每个出料滑槽和分拣区域的时间。

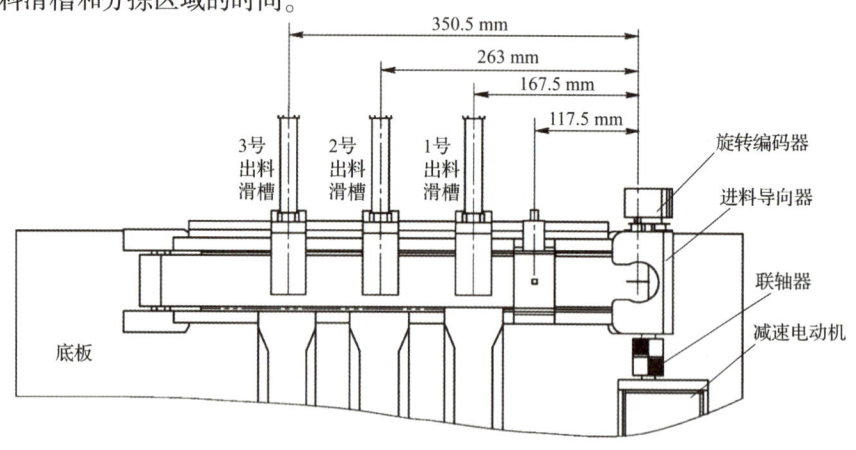

图4-35 传送带位置计算示意

表4-27 不同运行频率下到达相应出料滑槽的时间值

到达位置	到达相应出料滑槽的时间/s	
	20 Hz	30 Hz
1号出料滑槽	1.41	
2号出料滑槽	2.21	
3号出料滑槽	2.95	

6. 任务评价

任务评价见表 4-28。

表 4-28 任务评价

评分内容	配分	评分标准		分值	自评	他评
分拣单元程序设计与调试	80 分	传感器的安装	光纤传感器安装	5 分		
			光纤传感器的连接与调节	5 分		
			变频器参数设置	5 分		
		I/O 地址分配	信号分布	10 分		
			输入地址分配	10 分		
			输出地址分配	10 分		
		电气接线	装置侧的传感器接线	10 分		
			装置侧的电磁阀接线	5 分		
		线路调试	线路检查	10 分		
			接线规范	10 分		
职业素养	20 分	材料、工件等不放在系统上		5 分		
		元件及模块没有损坏、丢失和松动现象		5 分		
		所有部件整齐地摆放在桌上		5 分		
		工作区域内整洁干净，地面上没有垃圾		5 分		
综合				100 分		
完成用时						

4.4.3 自动分拣装置精确定位的编程及调试

1. 任务引入

本任务完成编码器的电气接线和 PLC 程序的编写与调试。

2. 任务目标

1）知识目标

（1）了解编码的原理和分类。

（2）学会高速计数器的使用方法。

2）技能目标

（1）能够根据图纸进行编码器的电气接线。

（2）能够对自动分拣装置进行编程和调试。

3）素养目标

培养学生注重细节、追求完美、精益求精的工作作风。

3. 任务分析

自动分拣装置能够实现以下功能。

（1）自动分拣装置的工作目标是完成对白色芯金属或塑料工件和黑色芯金属或塑料工件的分拣工作。为了在分拣时准确地推出工件，要求使用旋转编码器进行定位检测，并且工件材料和内芯颜色属性应在推料气缸前的适当位置被检测出来。

（2）设备上电和接通气源后，若分拣单元的 3 个推料气缸均处于缩回位置，则"正常工作"指示灯 HL 1 常亮，表示设备准备好。否则，该指示灯以 1 Hz 的频率闪烁。

（3）设备准备好后，按下启动按钮，系统启动，"设备运行"指示灯 HL 2 常亮。当传送带入料口人工放下已装配的工件时，变频器即启动，驱动传动电动机以固定频率 30 Hz 把工件带往分拣区域。

如果工件为白色芯金属件，则该工件到达 1 号出料滑槽中间，传送带停止，工件被推到 1 号出料滑槽中；如果工件为白色芯黑色件，则该工件到达 2 号出料滑槽中间，传送带停止，工件被推到 2 号出料滑槽中；如果工件为黑色芯白色件，则该工件到达 3 号出料滑槽中间，传送带停止，工件被推到 3 号出料滑槽中。工件被推入出料滑槽后，一个工作周期结束。仅当工件被推入出料滑槽后，才能再次向传送带下料。

（4）如果在运行期间按下停止按钮，分拣单元在本工作周期结束后停止运行。

4. 相关知识

1）旋转编码器

旋转编码器是通过光电转换，将输出至轴上的机械、几何位移量转换成脉冲或数字信号的传感器，主要用于速度或位置（角度）的检测。典型的旋转编码器是由光栅盘和光电检测装置组成的。光栅盘是一定直径的圆板，在其上等分地开通若干个长方形狭缝。光栅盘与电动机同轴，电动机旋转时，光栅盘与电动机同速旋转，经发光二极管等电子元件组成的检测装置检测输出若干脉冲信号，其原理示意如图 4 – 36 所示。通过计算每秒旋转编码器输出脉冲的个数就能反映当前电动机的转速。

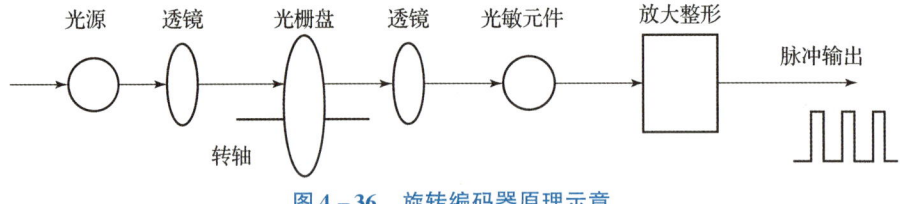

图 4 – 36　旋转编码器原理示意

一般来说，根据旋转编码器产生脉冲方式的不同，可以将其分为绝对式、增量式以及复合式三大类。智能生产线上常采用增量式旋转编码器。

（1）绝对式旋转编码器。

绝对式旋转编码器是直接输出数字量的传感器，在它的圆形光栅盘上沿径向有若干同心码道，每条码道由透光和不透光的扇形区相间组成，相邻码道的扇区数目是双倍关系，光栅盘上的码道数就是它的二进制数码的位数。在光栅盘的一侧是光源，另一侧对应每一码道有一光敏元件。当光栅盘处于不同位置时，各光敏元件根据受光照与否转换出相应的电平信号，形成二进制数。绝对式旋转编码器的特点是不需要计数器，在转轴的任意位置都可读出一个固定的与位置相对应的数字码。显然，码道越多，分辨率就越高。对于一个具有 N 位二进制分辨率的绝对式旋转编码器,其光栅盘必须有 N 条码道。

图 4-37 所示为二进制的绝对式旋转编码盘,图中空白部分是透光的,用"0"来表示;涂黑的部分是不透光的,用"1"来表示。每个码道表示二进制数的一位,其中最外侧的是最低位,最内侧的是最高位。如果光栅盘有 4 个码道,则由内向外的码道分别表示为二进制的 23,22,21 和 20;4 位二进制数共有 16 个可能取值,因此,就将圆盘划分 16 个扇形区,每个扇形区对应一个 4 位二进制数,如 0000,0001,…,1111。

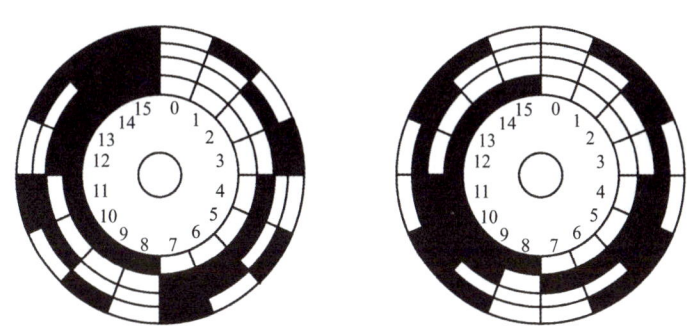

图 4-37 二进制的绝对式旋转编码盘

按照光栅盘上形成的码道配置相应的光电传感器,包括光源、透镜、光栅盘、光敏二极管和驱动电路。当光栅盘转到一定的角度时,扇形区中透光的码道对应的光敏二极管导通,输出低电平"0",遮光的码道对应的光敏二极管不导通,输出高电平"1",这样形成与编码方式一致的高低电平输出,从而获得扇形区的位置。

绝对式旋转编码器的特点如下。
①可以直接读出角度坐标的绝对值。
②没有累积误差。
③电源切断后位置信息不会丢失。分辨率是由二进制的位数决定的,也就是说其精度取决于二进制的位数。

(2) 增量式旋转编码器。

增量式旋转编码器是直接利用光电转换原理输出 3 组方波脉冲 A、B 和 Z 相;A、B 两相脉冲的相位差为 90°,用于辨向。当 A 相脉冲超前 B 相脉冲时为正转方向,而当 B 相脉冲超前 A 相脉冲时则为反转方向;Z 相脉冲用于基准点定位,如图 4-38 所示。它的优点是构造简单、机械平均寿命长(可在几万小时以上)、抗干扰能力强、可靠性高、适合长距离传输。其缺点是无法输出轴转动的绝对位置信息。

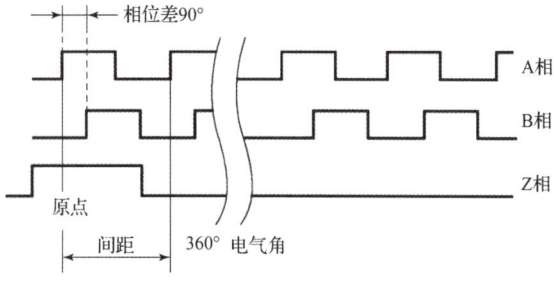

图 4-38 增量式旋转编码器输出的 3 组方波脉冲

分拣单元使用了这种具有 A、B 两相具有 90°相位差的增量式旋转编码器，其实物和内部结构如图 4-39 所示。它用于计算工件在传送带上的位置。增量式旋转编码器直接连接到传送带主动轴上。增量式旋转编码器的三相脉冲采用 NPN 型集电极开路输出。分拣单元没有使用 Z 相脉冲；A、B 两相输出端直接连接到 PLC（FX3U-32MR）的高速计数器输入端，如图 4-40 所示。

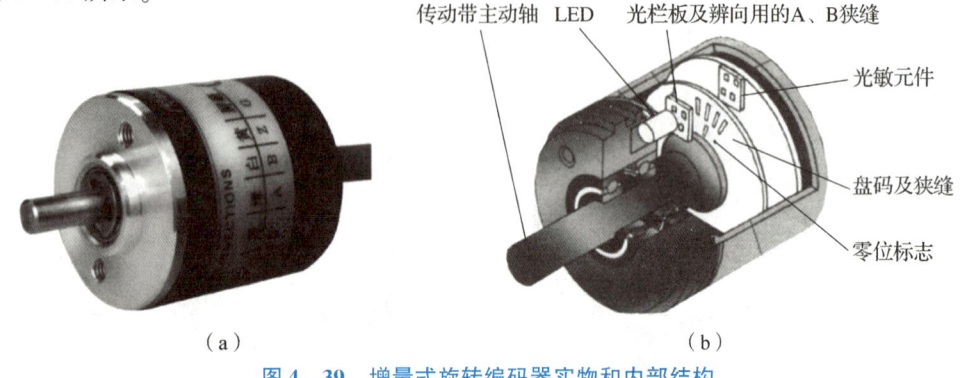

图 4-39 增量式旋转编码器实物和内部结构

（a）实物；（b）内部结构

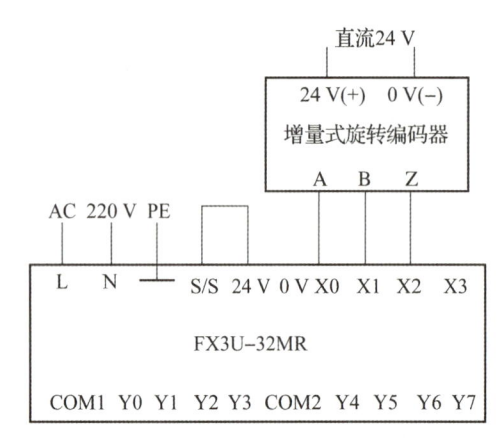

图 4-40 增量式旋转编码器与 PLC 的接线

应该指出的是，上述脉冲当量的计算只是理论上的。实际上各种误差因素不可避免，例如传送带主动轴直径（包括传送带厚度）的测量误差，传送带的安装偏差、张紧度，分拣单元整体在工作台面上的定位偏差等，都将影响理论计算值。因此，理论计算值只能作为估算值。脉冲当量的误差所引起的累积误差会随着工件在传送带上运动距离的增大而迅速增加，甚至达到不可容忍的地步。在安装和调试分拣单元时，除了要仔细调整，以尽量减小安装偏差外，还需要现场测量脉冲当量值。

现场测量脉冲当量的方法，是对输入 PLC 的脉冲进行高速计数，以计算工件在传送带上的位置。

2）FX3U 型高速计数器

高速计数器是 PLC 的编程软元件，相对于普通计数器，高速计数器用于频率高于机内扫描频率的机外脉冲计数。由于计数信号频率高，所以计数以中断方式进行，当计数器的当前值等于设定值时，计数器的输出点立即工作。

FX3U 型 PLC 内置 21 点高速计数器 C235~C255，每一个高速计数器都规定了其功能和占用的输入点。

（1）高速计数器的功能分配。C235~C245 共 11 个高速计数器，用作一相一计数输入的高速计数，即每一计数器占用一个高速计数输入点，计数方向可以是增序或者减序，取决于对应的特殊辅助继电器 M8□□□ 的状态。例如，C245 占用 X002 作为高速计数输入点，当对应的特殊辅助继电器 M8245 被置位时，作增序计数；C245 还占用 X003 和 X007 分别作为该高速计数器的外部复位和置位输入端。

C246~C250 共 5 个高速计数器，用作一相二计数输入的高速计数，即每一计数器占用 2 个高速计数输入点，其中一点为增序计数输入，另一点为减序计数输入。例如 C250 占用 X003 作为增序计数输入点，占用 X004 作为减序计数输入点，另外占用 X005 作为外部复位输入端，占用 X007 作为外部置位输入端。同样，高速计数器的计数方向也可以通过编程对应的特殊辅助继电器 M8□□□ 状态指定。

C251~C255 共 5 个高速计数器，用作二相二计数输入的高速计数，即每一计数器占用 2 个高速计数输入点，其中一点为 A 相计数输入，另一点为与 A 相相位相差 90°的 B 相计数输入。高速计数器 C251~C255 的功能和占用的输入点见表 4–29。

表 4–29　高速计数器 C251~C255 的功能和占用的输入点

高速计数器输入点	X000	X001	X002	X003	X004	X005	X006	X007
C251	A	B						
C252	A	B	R					
C253				A	B	R		
C254	A	B	R				S	
C255				A	B	R		S

如前所述，分拣单元所使用的是具有 A、B 两相具有 90°相位差的增量式旋转编码器，且 Z 相脉冲信号没有使用。由表 4–27 可知，当使用高速计数器 C251 进行脉冲计数时，旋转编码器的 A、B 两相脉冲输出应连接到 X000 和 X001。

（2）每一个高速计数器都规定了不同的输入点，但所有的高速计数器的输入点都在 X000~X007 范围内，并且这些输入点不能重复使用。例如，使用了 C251，则 X000、X001 被占用，在其他地方则不可以再次使用，以及占用这两个点的其他高速计数器也不可以使用，例如，C252、C254 等都不能使用。

3）高速计数器的编程

如果外部高速计数源（旋转编码器输出）已经连接到 PLC 的输入端，那么在程序中就可直接使用相对应的高速计数器进行计数。

在当前值等于预置值时，高速计数器会及时动作，但实际输出信号却依赖于扫描周期。

如果希望高速计数器动作时就立即输出信号，就要采用中断工作方式，使用高速计数器的专用指令，FX3U 型 PLC 高速处理指令中有 3 条是关于高速计数器的，都是 32 位指令。它们的具体的使用方法请参考 FX3U 型 PLC 编程手册。

5. 任务实施

1) 电气线路连接

在本任务中，高速计数器用 C251 对旋转编码器产生的脉冲进行计数，根据 C251 的当前值确定工件位置。PLC 的 I/O 地址分配表见表 4 – 30，根据表 4 – 30 进行电气线路连接。

表 4 – 30 I/O 地址分配表

输入信号				输出信号			
序号	PLC 输入点	信号名称	信号来源	序号	PLC 输出点	信号名称	信号输出目标
1	X000	旋转编码器 B 相	—	1	Y000	STF	—
2	X001	旋转编码器 A 相	—	2	Y001	RM	变频器
3	X002	旋转编码器 Z 相	—	3	Y002	STR	
4	X003	进料口工件检测	—	4	Y003	RH	—
5	X004	光纤传感器 1	装置侧	5	—	—	—
6	X005	电感式传感器 1	—	6	Y004	推杆 1 电磁换向阀	—
7	X006	光纤传感器 2	—	7	Y005	推杆 2 电磁换向阀	—
8	X007	推杆 1 推出到位	—	8	Y006	推杆 3 电磁换向阀	—
9	X010	推杆 2 推出到位	—	—	—	—	—

2) 现场测量旋转编码器的脉冲当量

根据传送带主动轴直径计算旋转编码器的脉冲当量，其结果只是一个估算值。在安装和调试分拣单元时，除了要仔细调整，以尽量减小安装偏差外，还需要现场测试脉冲当量值。

（1）变频器参数设置。

Pr. 79 = 2 Hz（固定的外部运行模式）；

Pr. 4 = 25 Hz（频率设定值）。

（2）脉冲当量测量。

运行 PLC 程序，并置于监控方式。在传送带进料口中心处放下工件后，按下启动按钮启动运行。工件被传送一段较长的距离后，按下停止按钮停止运行。观察监控界面上 C251 的读数，将此值填入表 4 – 29 "高速计数脉冲数（测量值）" 一栏；然后在传送带上测量工件移动的距离，把测量值填入表 4 – 31 "工件移动距离（测量值）" 一栏，则脉冲当量 μ（计算值）= 工件移动距离（测量值）/ 高速计数脉冲数（测量值）。

表 4 – 31 脉冲当量现场测量数据

内容 \ 序号	工件移动距离（测量值）/mm	高速计数脉冲数（测量值）	脉冲当量 μ（计算值）/mm
第一次	357.8	1 391	0.257 1
第二次	358	1 392	0.257 1
第三次	360.5	1 394	0.258 6

重新把工件放到进料口中心处，按下启动按钮进行第二次测量。进行 3 次测量后，求出脉冲当量 μ 的平均值为

$$\mu = (\mu_1 + \mu_2 + \mu_3)/3 = 0.2576(\text{mm})$$

根据安装尺寸重新计算旋转编码器到各位置应发出的脉冲数：当工件从出料口中心移至传感器中心时，旋转编码器发出 456 个脉冲；移至第一个推杆中心时，发出 650 个脉冲；移至第二个推杆中心时，约发出 1 021 个脉冲；移至第三个推杆中心时，约发出 1 361 个脉冲。

3）程序编制

（1）将几个特定位置的 C251 计数值存储到指定的变量存储器，在后续编程中用以确定程序的流向。特定位置考虑如下。

①工件属性判别位置应稍后于进料口到传感器中心位置，故取脉冲数为 470，存储在 D110 单元中（双整数）。

②从 1 号出料滑槽推出的工件，停车位置应稍前于进料口到推杆 1 的位置，取脉冲数为 600，存储在 D114 单元中。

③从 2 号出料滑槽推出的工件，停车位置应稍前于进料口到推杆 2 的位置，取脉冲数为 970，存储在 D118 单元中。

④从 3 号出料滑槽推出的工件，停车位置应稍前于进料口到推杆 3 的位置，取脉冲数为 1 325，存储在 D122 单元中。

注意：特定位置数据均从进料口开始计算，因此，每当待分拣工件到达进料口，电动机开始启动时，必须对 C251 的当前值进行一次复位（清零）操作。这几个特定位置数据必须在上电第 1 个扫描周期写到相应的数据存储器中，以保障后面属性判别和程序分流的准确性。

（2）系统进入运行状态后，应随工作周期回到初始步，复位时检查是否有停止按钮被按下。若停止指令已经发出，则系统完成一个运行状态和初始步后停止。

这一部分程序的编制请自行完成。

（3）分拣过程是一个步进顺序控制程序，编程思路如下。

①当检测到待分拣工件到达进料口后，复位高速计数器 C251，并以固定频率启动变频器驱动电动机运转。

②当工件经过光纤传感器的光纤探头和电感式传感器时，根据 2 个传感器动作与否，判别工件的属性，决定程序的流向。

③工件黑、白外壳在进料口判别，在步进程序外记录判别属性状态。

④根据工件属性和分拣任务要求，在相应的推料气缸位置把工件推出。推料气缸返回后，步进顺序控制子程序返回初始步。这部分程序的编制也请自行完成。

4）程序调试

（1）程序编好后，进行变换，如果变换无误，下载到 PLC 进行调试。

（2）将 PLC 的 RUN/STOP 开关置于"STOP"位置，运行程序，按照控制要求进行操作，记录调试过程中的问题。

5）常见故障

使用旋转编码器进行定位，当高速计数器 C251 不计数时，可能的原因有程序错误、旋转编码器与 PLC 的接线不正确。

排除步骤如下。首先用软件监控程序的运行情况，确定程序没有问题后，查看电气接线。旋转编码器共有 5 根引出线，DC 电源线和 B、A、Z 3 根相线，当使用高速计数器 C251 时，B、A 相线应分别连接到 X0 和 X1 端子，检查无误后重新运行程序。

排除设备故障，并填写排除故障过程。

程序调试无误后，将程序保存，以备使用。整理和绑扎线管，盖上线槽，在接线端子处标上编号。

6. 任务评价

任务评价见表 4-32。

表 4-32 任务评价

评分内容	配分	评分标准		分值	自评	他评
自动分拣装置精确定位的编程及调试	80 分	程序编写	旋转编码器的脉冲当量现场测量	5 分		
			变频器参数设置	5 分		
			程序调试	5 分		
		I/O 地址分配	信号分布	10 分		
			输入地址分配	10 分		
			输出地址分配	10 分		
		电气接线	装置侧的传感器接线	10 分		
			装置侧的电磁阀接线	5 分		
		线路调试	线路检查	10 分		
			接线规范	10 分		
职业素养	20 分	材料、工件等不放在系统上		5 分		
		元件及模块没有损坏、丢失和松动现象		5 分		
		所有部件整齐地摆放在桌上		5 分		
		工作区域内整洁干净，地面上没有垃圾		5 分		
综合				100 分		
完成用时						

4.4.4 工件移动速度的模拟量控制的编程与调试

1. 任务引入

通过 PLC 编程控制 FX0N-3A 模拟量模块的输出模拟电压值，来改变变频器的运行速度，从而实现电动机速度的 PLC 程序控制方式，完成本项目任务 4.3 的分拣要求，其他控制要求与本项目任务 4.3 相同。要求变频器运行速度的改变通过 PLC 程序控制，同时 PLC 程序能够监控到变频器的当前运行频率。

2. 任务目标

1）知识目标

（1）了解特殊功能模块 FX0N–3A 的输入和输出特性。

（2）掌握模拟输入和输出的接线原理。

2）技能目标

（1）能够按照模拟输入和输出的接线原理图进行接线。

（2）能够进行工件偏置与增益的调节。

3）素养目标

培养学生注重细节、追求完美、精益求精的工作作风。

3. 任务分析

变频器运行速度控制方式有面板控制、端子多段速控制、端子模拟量控制。在端子模拟量控制方式中，可以通过电位器实现对变频器的模拟量调速。用电位器手动调节变频器的运行速度在原理上是可行的，但是实际生产现场并不容许采用这种操作方式，那么如何使用 PLC 产生控制频率的电压呢？在智能生产线实训装置上，使用了 FX0N–3A 模拟量模块，该模块与 PLC 主单元连接。

4. 相关知识

1）特殊功能模块 FX0N–3A 的输入和输出特性

FX0N–3A 是具有两路输入通道和一路输出通道、最大分辨率为 8 位的模拟量 I/O 模块。模拟量输入和输出方式均可以选择电压或电流，一般取决于用户接线方式。在出厂时，模块的输入特性如图 4–41（a）所示。直流 0~10 V 输入对应 0~250 范围，如果把 FX0N–3A 用于电流输入或非 0~10 V 的电压输入，则需要重新调整输入偏置和增益。出厂时的输出特性为直流 0~10 V，输出选择了 0~250 范围，如图 4–41（b）所示，如果把 FX0N–3A 用于电流输出或非 0~10 V 的电压输出，则需要重新调整输出偏置和增益。

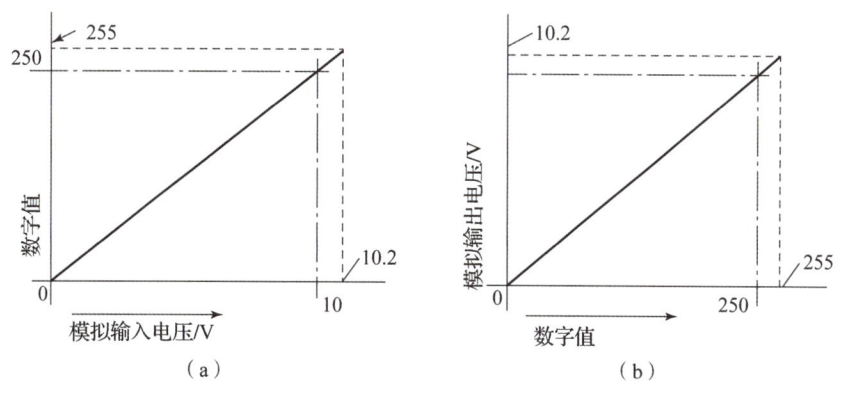

图 4–41　FX0N–3A 的输入和输出特性

（a）输入特性；（b）输出特性

注意：FX0N–3A 不允许两个通道有不同的输入特性，其他参数请参考 FX0N–3A 的使用说明书。

FX0N–3A 的电源来自 PLC 主单元的内部电路，在扩展母线上占用 8 个 I/O 点（输入或输出）。

2）FX0N-3A 的电气接线

模拟输入和输出的接线原理分别如图 4-42 和图 4-43 所示。接线时要注意，使用电流输入方式时，端子"VIN"与"IIN"应短接；反之，使用电流输出方式时，不要短接"VOUT"和"IOUT"端子。

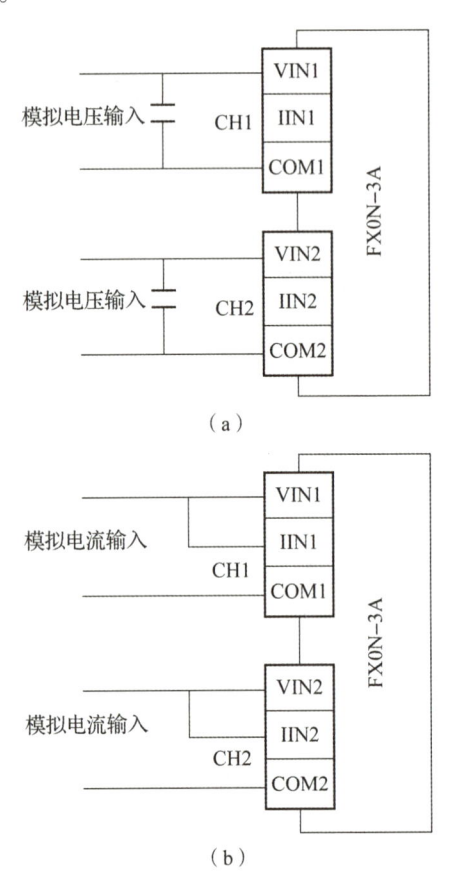

图 4-42 模拟输入的接线原理
(a) 电压输入方式；(b) 电流输入方式

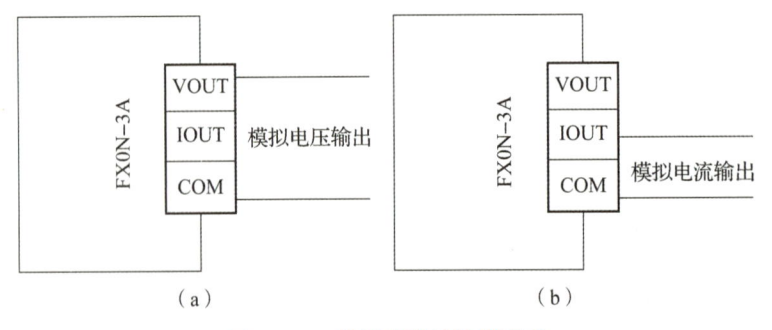

图 4-43 模拟输出的接线原理
(a) 电压输出方式；(b) 电流输出方式

如果电压输入和输出方面出现较大的波动或有过多的电噪声，要在相应图中的位置并联一个约 25 V、0.1~0.47 μF 的电容。

3）偏置与增益的调节

FX0N-3A 提供了 3 种模拟量输入和输出格式，见表 4-33。

表 4-33 模拟量输入和输出格式

电压		电流
直流 0~10 V	直流 0~5 V	直流 4~20 mA

使用各种格式前必须重新调整其偏置和增益。两路输入通道使用相同的设置与配置，其调整是同时进行的。因此，当调整了一个通道的偏置与增益时，另一个通道也会自动进行调整。

（1）输出调整。

写入图 4-44 所示的 PLC 程序，运行并监控 PLC，用万用表测量输出电压或电流值。

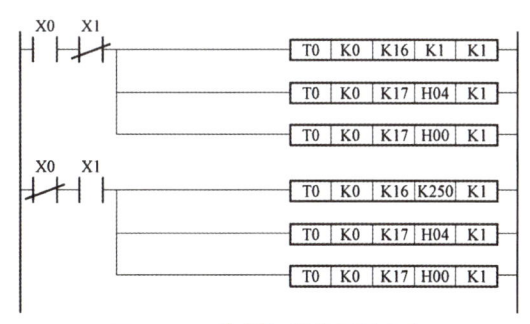

图 4-44 偏置与增益调整程序

①偏置调整。

使 X0 = ON，X1 = OFF；调整"D/AOFFSET"旋钮，使其与模拟量输出值对应，见表 4-34。

表 4-34 偏置调整

模拟量输出范围	0~10 V	0~5 V	4~20 mA
偏置值	0.04 V	0.02 V	4.064 mA

②增益调整。

使 X0 = OFF，X1 = ON；调整"D/AGAIN"旋钮，使其与模拟量输出值对应，见表 4-35。

表 4-35 增益调整

模拟量输出范围	0~10 V	0~5 V	4~20 mA
增益值	10.00 V	5.00 V	20.00 mA

（2）输入调整。

利用电压/电流模拟量输出通道作为电压/电流模拟量发生器，使用前必须调整好其偏置与增益。

写入图 4-45 所示 PLC 程序,运行并监控 PLC。

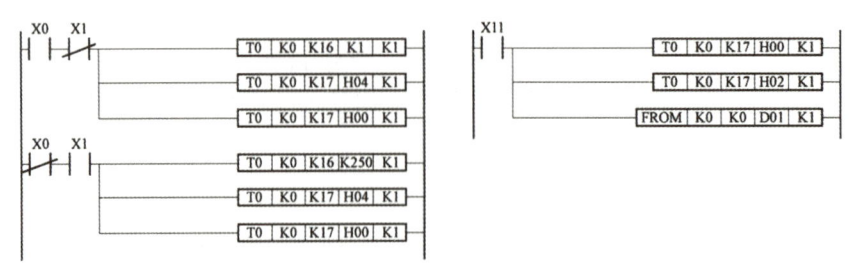

```
    X0   X1
────┤├───┤/├──────[TO K0 K16 K1 K1]
                  [TO K0 K17 H04 K1]
                  [TO K0 K17 H00 K1]

    X0   X1
────┤/├───┤├──────[TO K0 K16 K250 K1]
                  [TO K0 K17 H04 K1]
                  [TO K0 K17 H00 K1]

    X11
────┤├───────────[TO K0 K17 H00 K1]
                 [TO K0 K17 H02 K1]
                 [FROM K0 K0 D01 K1]
```

图 4-45 输入通道调整测试程序

使 X0 = ON,X1 = OFF,X11 = ON;调整 "A/D OFFSET" 旋钮,使 D01 = 1。
使 X0 = OFF,X1 = ON,X11 = ON;调整 "A/D GAIN" 旋钮,使 D01 = 250。

5. 任务实施

1) 连接 FX0N-3A 与变频器、PLC

FX0N-3A 与变频器、PLC 的接线原理如图 4-46 所示,根据图 4-46 连接电气线路。

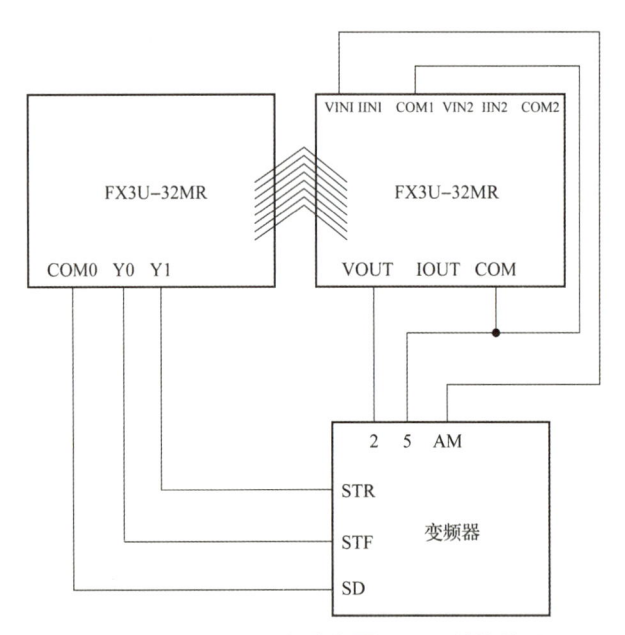

图 4-46 FX0N-3A 与变频器、PLC 的接线原理

2) 参数设置与调节

(1) 变频器参数设置。

与模拟量控制相关的参数见表 4-36。

表 4-36 变频器参数设置

参数号	参数名称	默认值	设置值	设置值含义
Pr. 7	加速时间	5	0.5	加速时间 0.5 s
Pr. 8	减速时间	5	0.5	减速时间 0.5 s

续表

参数号	参数名称	默认值	设置值	设置值含义
Pr. 73	模拟量输入选择	1	0	0~10 V
Pr. 79	运行模式选择	0	2	外部运行模式固定

（2）FX0N-3A 的输入和输出通道调节。

输出通道调节：PLC 写入数值为 250，模拟量模块输出电压为 10 V；

输入通道调节：使输入电压为 10 V 时，PLC 读取的数值为 250。

3）设备调试

将编写好的程序传送到 PLC 中，按照本项目任务 4.3 的调试方法进行调试。设备调试好后，将程序保存，整理和绑线管，盖上线槽，在接线端子处标上编号。

6. 任务评价

任务评价见表 4-37。

表 4-37 任务评价

评分内容	配分	评分标准		分值	自评	他评
工件移动速度的模拟量控制的编程与调试	80 分	变频器、PLC 的接线	模拟量模块、变频器、PLC 的接线	10 分		
			变频器参数设置	10 分		
			模拟量模块的输入和输出通道调节	10 分		
		设备调试	程序调试	10 分		
			运行调试	10 分		
			调试检查	10 分		
		线路调试	线路检查	10 分		
			接线规范	10 分		
职业素养	20 分	材料、工件等不放在系统上		5 分		
		元件及模块没有损坏、丢失和松动现象		5 分		
		所有部件整齐地摆放在桌上		5 分		
		工作区域内整洁干净，地面上没有垃圾		5 分		
综合				100 分		
完成用时						

4.4.5 FX3U 系列 PLC 与变频器串行数据通信

1. 任务引入

本任务是采用 RS-485 实现 PLC 与变频器的通信连接，即采用三菱变频器的通信专用指令编程，实现 PLC 与变频器的通信控制。

2. 任务目标

1）知识目标

（1）了解三菱 PLC 与 E700 变频器的通信硬件系统。

（2）掌握 FX 系列 PLC 通信协议及参数设置。

2）技能目标

（1）能够对变频器通信参数进行设置。

（2）能够完成 PLC 与变频器的通信控制。

3）素养目标

培养学生注重细节、追求完美、精益求精的工作作风。

3. 任务分析

本任务满足如下要求。

（1）控制电动机正转、反转和停止。

（2）修改变频器运行频率。

（3）监视变频器的输出电流、电压和频率值。

（4）上、下限频率 Pr.1 = 50 Hz，Pr.2 = 5 Hz；加减速时间 Pr.7 = 1 s，PR.8 = 1 s。

（5）指定速度运行，完成以下简单分拣任务。

1 号出料滑槽对应白色外壳工件；2 号出料滑槽对应金属外壳工件；拣出黑色外壳工件后，待工件运行到 3 号出料滑槽位置，传送带给定反转频率返回进料口。

4. 相关知识

1）三菱 PLC 与 E700 变频器的通信硬件系统

以 RS-485 通信方式连接 PLC 与变频器，最多可以对 8 台变频器进行运行监控及实现各种指令和参数的读出/写入功能。带通信功能的三菱变频器有 FREQROL 系列的 F700、A700、E700、D700、V500、F500、A500、E500、S500，其中 F700、A700、E700、D700、V500、F500 系列仅对应 FX3G、FX3U、FX3UC 系列 PLC。

在该系统中，PLC 作为主站，变频器作为从站，在 PLC 基本单元中增加 RS-485 通信设备（选件）后连接。例如，在 FX3U 系列 PLC 上增加 FX3U-485 BD 通信模块或 FX3U-485 ADP 通信适配器，在 FX2N 系列 PLC 上增加 FX2N-485 BD 通信模块或 FX2N-485 ADP 通信适配器，使用 485 适配器时，总延长距离最大可达 500 m，使用 485BD 适配器时，总延长距离最大可达 50 m。从站变频器通信可以采用 PU 接口（RS-485 接口），也可以用 FR-A5NR、FR-A7NC 变频器选件。从变频器正面看，变频器的 PU 接口及插针编号见表 4-38。

表 4-38 PU 接口及插针编号

插针编号	名称	内容
1	SG	接地（与端子 5 导通）
2	—	参数单元电源
3	RDA	变频器接受 +

续表

插针编号	名称	内容
4	SDB	变频器发送 -
5	SDA	变频器发送 +
6	RDB	变频器接受 -
7	SG	接地（与端子5导通）
8	—	参数单元电源

2）FX 系列 PLC 通信协议及参数设置

三菱 E700 变频器与 PLC 支持无协议通信、MODBUS 协议通信等。在 PLC 与其他设备进行通信时，必须确定双方的通信协议，PLC 没有办法直接设定通信的相关参数，因此由 D8120 设置 PLC 的通信格式，用 PLC 的功能指令 MOV 向 D8120 中传送由 D8120 组成的十六进制数。D8120 除了适用于 FNC80（RS）指令外，还适用于计算机连接通信。因此，在使用 FNC80（RS）指令时，关于计算机连接通信的设定无效。

示例：假定用一台 PLC 控制一台打印机，使用无协议通信，采用 RS 无协议通信方式，数据通信长度为 8 位，偶校验、停止位各 1 位，波特率 >9 600 bit/s，无起始符，无终止符，控制线为 RS - 485。当 PLC 上电时，在顺控程序编程软件参数设定界面中设定的内容会自动传送到 D8120。

3）变频器通信参数设置

FX 系列 PLC 和变频器之间进行通信时，通信规格必须在变频器的初始化界面中设定，如果没有进行初始设定或有一个设定错误，数据将不能进行正常传输。在设置参数之前必须分清变频器系列和连接变频器的接口（PU 接口、FR - A5NR 选件和内置 RS - 485 端子），不同系列的变频器和不同端口的通信参数有所不同。

4）变频器通信的指令代码

三菱 D700 及以上系列变频器可以通信的参数以及运行指令见表 4 - 39 和表 4 - 40。

表 4 - 39　变频器的指令代码（三菱 E700 系列：变频器→PLC）

变频器指令代码 （十六进制）	读出的内容	变频器指令代码 （十六进制）	读出的内容
H7B	运行模式	H75	异常内容
H6F	输出频率	H76	异常内容
H70	输出电流	H77	异常内容
H71	输出电压	H79	变频器状态监控（扩展）
H72	特殊监控	H7A	变频器状态监控
H73	特殊监控的选择编号	H6E	读出设定频率（EEPROM）
H74	异常内容	H6D	读出设定频率（RAM）

表 4-40　变频器的指令代码（三菱 E700 系列：PLC→变频器）

变频器指令代码 （十六进制）	写入的内容		变频器指令代码 （十六进制）	写入的内容
HFB	运行模式	H0，网络运行	HED	写入设定频率 （RAM）
		H1，外部运行		
		H2，PU 运行		
HF3	特殊监视器选择代码		HFD	H9696，变频器复位
HFA	运行指令	H2，正转	HF4	异常内容的成批清除
		H4，反转		
		H0，停止		
HEE	写入设定频率（EEPROM）		HFC	参数的成批清除

5）三菱变频器通信专用指令

变频器与 PLC 的通信可以使用串行通信指令 RS，但要求编程者对通信协议、通信指令和软件等非常熟悉，而且编写的程序也很复杂，很难被一般的技术人员掌握。三菱公司推出了 5 种适用于 FX3U 系列 PLC 与三菱变频器通信的专用指令，通过专用指令执行运行控制，写入/读出变频器参数值，使 PLC 与变频器的通信变得简单，且容易掌握，编写的程序非常清晰。

（1）变频器运行监视指令 IVCK。

IVCK 指令是在 PLC 中读出变频器运行状态的指令，其格式如图 4-47 所示。执行 IVCK 指令，按照指令代码 S2 的要求，将站号 S1 的变频器的运行监视数据通过通道 n 读出到 D 指定的 PLC 数据寄存器中，因此图中该指令的含义是：当触点接通时，将站号为 1 的变频器的输出频率通过通道 1 读出到 PLC 的 D100 中。

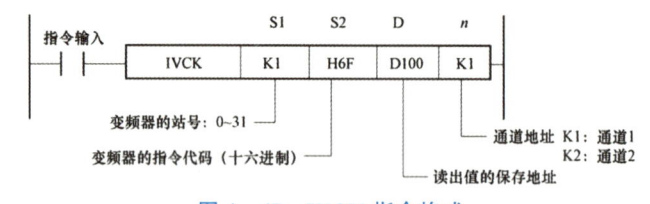

图 4-47　IVCK 指令格式

指令中源操作数 S1 使用的软元件可以是 D、K、H，用于表示站号；源操作数 S2 可以使用的软元件有 D、K、H，表示指令代码或是指令代码存放的地址；目标操作数 D 一般取 KnY、KnX、KnS；D 表示读出值或读出值保存的地址；n 为通道编号，可以用 K 或 H 表示。其中 S2 为指令代码。

（2）变频器运行控制指令 IVDR。

IVDR 指令是通过 PLC 将变频器运行所需的控制值写入指定位置的指令，其格式如图 4-48 所示。

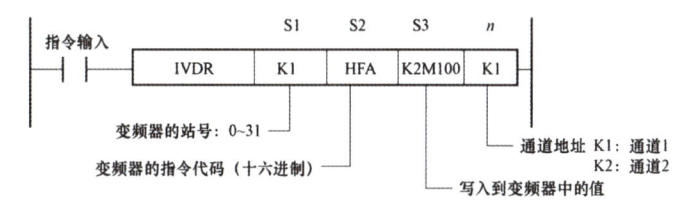

```
                    S1   S2    S3   n
指令输入   ┌─────┬────┬────┬──────┬────┐
──┤ ├──────┤IVDR │ K1 │ HFA│K2M100│ K1 │
           └─────┴─┬──┴─┬──┴──┬───┴─┬──┘
                   │    │     │     └─ 通道地址 K1：通道1
                   │    │     │                  K2：通道2
                   │    │     └─ 写入到变频器中的值
                   │    └─ 变频器的指令代码（十六进制）
                   └─ 变频器的站号：0~31
```

图 4-48　IVDR 指令格式

执行 IVDR 指令，按照指令代码 S2 的要求，将 S3 中的控制内容写入站号为 S1 的变频器的指定位置，以控制变频器的运行。因此图中该指令的含义是：当触点接通时，通过通道 1 向站号为 1 的变频器写入 K2M10 指定的运行方式，使变频器运行。

指令中源操作数 S1 使用的软元件可以是 D、K、H，用于表示站号；源操作数 S2 可以使用的软元件有 D、K、H，表示指令代码或是指令代码存放的地址；源操作数 S3 一般取 KnY、KnX、KnS；D、K、H 表示写入变频器中的值或值存放的地址；n 为通道编号，可以用 K 或 H 表示。其中 S2 为指令代码。

（3）变频器的参数读出指令 IVRD。

IVRD 指令用于读取变频器的指定参数，并存储在 PLC 指定存储单元中，其格式如图 4-49 所示。

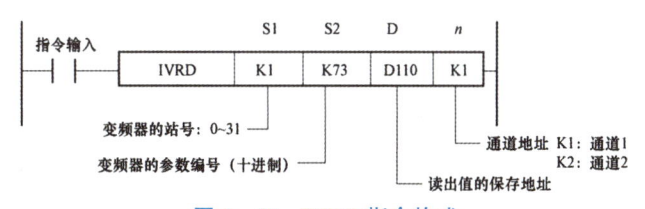

```
                    S1   S2    D    n
指令输入   ┌─────┬────┬────┬──────┬────┐
──┤ ├──────┤IVRD │ K1 │ K73│ D110 │ K1 │
           └─────┴─┬──┴─┬──┴──┬───┴─┬──┘
                   │    │     │     └─ 通道地址 K1：通道1
                   │    │     │                  K2：通道2
                   │    │     └─ 读出值的保存地址
                   │    └─ 变频器的参数编号（十进制）
                   └─ 变频器的站号：0~31
```

图 4-49　IVRD 指令格式

其中，源操作数 S1 表示变频器站号，与 IVCK 和 IVDR 指令中的 S1 意义相同，可使用的软元件类型亦相同；源操作数 S2 表示变频器的参数编号，一般使用软元件 D、K、H；目标操作数 D 用于存放读取值的目标位置，一般使用软元件 D；n 表示通道数，其意义与 IVCK 和 IVDR 指令中的 n 相同。

IVRD 指令的作用是将 S1 站号指定的变频器中的 S2 参数内容通过通道 n 读出到 D 指定的存储单元中。因此图中该指令的含义为：当控制触点闭合时，将站号为 1 的变频器的 Pr. 73 参数内容通过通道 1 读出到 D110 中。

（4）变频器的参数写入指令 IVWR。

IVWR 指令用于向变频器的指定参数单元中写入指定的参数内容，其格式如图 4-50 所示。

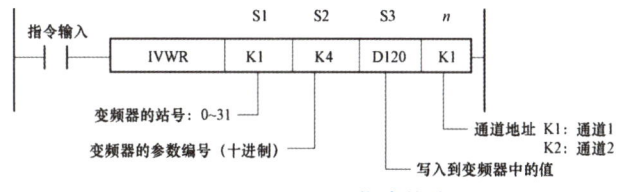

```
                    S1   S2    S3   n
指令输入   ┌─────┬────┬────┬──────┬────┐
──┤ ├──────┤IVWR │ K1 │ K4 │ D120 │ K1 │
           └─────┴─┬──┴─┬──┴──┬───┴─┬──┘
                   │    │     │     └─ 通道地址 K1：通道1
                   │    │     │                  K2：通道2
                   │    │     └─ 写入到变频器中的值
                   │    └─ 变频器的参数编号（十进制）
                   └─ 变频器的站号：0~31
```

图 4-50　IVWR 指令格式

其中，源操作数 S1 和 S2 以及通道编号 n 与 IVRD 指令相同，使用的软元件类型也相同；源操作数 S3 是要写入变频器的参数值，可以是 K、H，也可以是存放参数值的 D 数据寄存器。

IVWR 指令的作用是通过通道 n 将 S3 中的内容写入站号为 S1 的变频器的参数 S2 中。因此图中该指令的含义为：当触点闭合时，将 D120 中的值通过通道 1 写入 1 号站变频器的 Pr.4 中。

（5）变频器的参数批量写入指令 IVBWR。

IVBWR 指令用于从 PLC 向变频器成批写入变频器参数值，其格式如图4-51 所示。

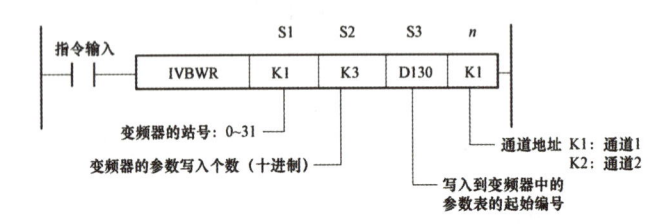

图 4-51　IVBWR 指令格式

其中，源操作数 S1 以及通道编号 n 与前述指令相同，使用的软元件类型也相同；源操作数 S2 是要写入的参数个数，一般使用软元件 K、H、D；源操作数 S3 是要写入变频器的参数表的起始地址，一般使用 D 数据寄存器。

IVBWR 指令的作用是通过通道 n 将以 S3 中指定字软元件为起始编号的连续 S2 个参数编号和参数值写入变频器，每个参数占用两个字。

以上三菱变频器通信专用指令只针对特定的变频器，不能对所有变频器实行。在指令执行完成后，M8029 会接通一个扫描周期。同一时刻只有一条指令运行，因此一条指令是否完成，可以用 M8029 进行判断，以保证通信不冲突。

5. 任务实施

1）通信线的制作

进行 PLC 与变频器的通信连接时应注意：变频器的 PU 接口为 RJ-45 标准接口，PLC 侧的通信板为接线端子，因此设备之间连接采用以太网 10BASE-T 的自制电缆实现。变频器 PU 接口与 RS-485 接口的连接如图4-52 所示。

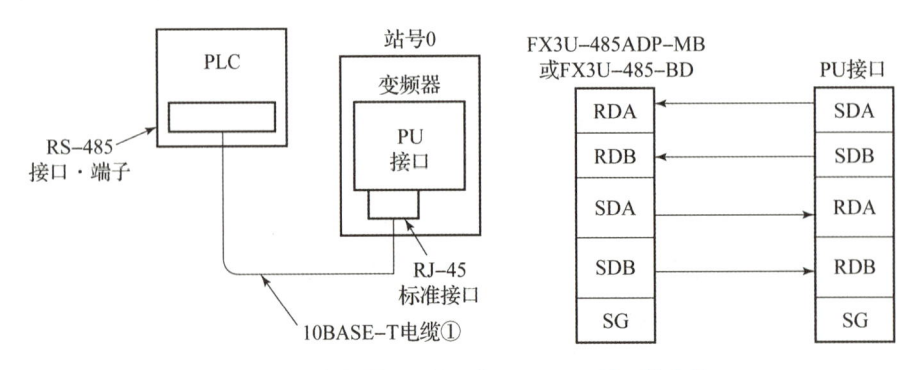

图 4-52　变频器 PU 接口与 RS-485 接口的连接

2) 设置 PLC 与变频器的通信参数

(1) 变频器参数设置。

E700 变频器与 RS-485 通信相关的参数有 PR.117~PR.124, 变频器参数设置见表 4-41。

表 4-41 变频器参数设置

序号	参数编号	出厂值	设定值	功能说明
1	Pr.117	0	1	设定变频器为 1 号站
2	Pr.118	192	96	波特率为 9 600 bit/s
3	Pr.119	1	10	数据长度为 7 位,停止位为 1 位
4	Pr.120	2	2	偶校验
5	Pr.121	1	9 999	通信错误无报警
6	Pr.122	0	9 999	不进行通信校验
7	Pr.123	9 999	9 999	由通信数据设定等待时间
8	Pr.338	0	1	通信方式启动指令
9	Pr.124	1	1	有 CR, 无 LF
10	Pr.340	0	10	面板切换网络运行模式/PU 运行模式
11	Pr.549	0	0	选择三菱变频器的(计算机连接)协议
12	Pr.550	0	0	网络运行时,指令权由通信选件执行
13	Pr.79	0	0	可通过面板切换 PU 运行模式和网络运行模式
14	Pr.77	0	2	可以在所有运行模式中不受运行状态的限制写入参数

注:参数设置完毕,需断电后重启才能成功。

(2) PLC 参数设定。

PLC 参数除了可以采用 D8120 进行设置以外,还可以通过软件参数的方式进行设置,在 GX Developer 编程窗口的左侧,单击目录中的"参数"选项,然后双击下面的"PLC 参数"选项,打开界面,进行 FX 参数设置。注意 PLC 参数必须和变频器参数一致。

3) 系统调试

将编写好的程序上传到 PLC 中,按照表 4-42 所示的步骤调试系统,使变频器通信正常,直至系统正常工作。

表 4-42 系统调试步骤

步骤	动作内容	观察任务	
		正确结果	观察结果
1	PLC 由 STOP→RUN	FX3U-485BD 的 RD 和 SD 指示灯闪烁	

续表

步骤	动作内容	观察任务 正确结果	观察结果
2	强制参数写入信号 M0	参数写入变频器：上、下限频率为 50 Hz 和 5 Hz；加减速时间为 1 s	
3	强制启动信号 M10	电动机运行，RUN 指示灯闪烁	
4	给定变频器运行频率 D400	电动机运行，运行频率为 D400/100	
5	强制停止信号 M12	电动机停止	
6	强制启动信号 M11	电动机反转	
7	修改给定频率值	变频器运行频率随之改变	
8	强制停止信号 M12	电动机停止	

4）常见故障

使用变频器通信功能进行控制时，常见的故障是变频器与 PLC 无法通信，其原因有通信接线错误、变频器参数设置错误、PLC 参数设置错误、通信模块损坏。变频器和 PLC 参数设置好后，重新上电，如果通信模块的指示灯不亮或只有一个指示灯闪烁，则首先检查并核对通信线是否连接正确，排除通信线问题后，如果问题仍然存在，则考虑是否 PLC 与变频器参数设置不匹配，并逐一检查 PLC 和变频器的参数设置，尤其是通信格式。

注意：等待时间的给定方法可以由变频器参数设置，当参数设定为 9 999 时，由程序确定通信等待时间。如果没有等待时间，则两者将无法通信。

若参数设置确认无误后，通信模块仍然无反应，则考虑通信模块是否损坏，更换通信模块后重新尝试连接。

排除设备故障，并填写排除故障过程。

6. 任务评价

任务评价见表 4-43。

表 4-43 任务评价

评分内容	配分	评分标准		分值	自评	他评
FX3U 系列 PLC 与变频器串行数据通信	80 分	PLC 与变频器接线	通信线缆制作	10 分		
			接线	10 分		
		PLC 与变频器的通信参数设置	变频器参数设置	20 分		
			PLC 参数设置	10 分		
			线路检查	10 分		
		系统调试	接线规范	10 分		
			故障排除	10 分		

续表

评分内容	配分	评分标准	分值	自评	他评
职业素养	20 分	材料、工件等不放在系统上	5 分		
		元件及模块没有损坏、丢失和松动现象	5 分		
		所有部件整齐地摆放在桌上	5 分		
		工作区域内整洁干净，地面上没有垃圾	5 分		
综合			100 分		
完成用时					

任务 4.5　输送单元的安装与调试

在智能生产线上，将物料或工件从一个位置搬运到另一个或几个指定位置的装置称作搬运输送装置。搬运输送是生产中不可缺少的工艺过程。智能生产线常用的搬运输送装置如图 4-53 所示。搬运输送装置的结构和工作原理，根据输送物料或工件的性质和形状的不同而不同。

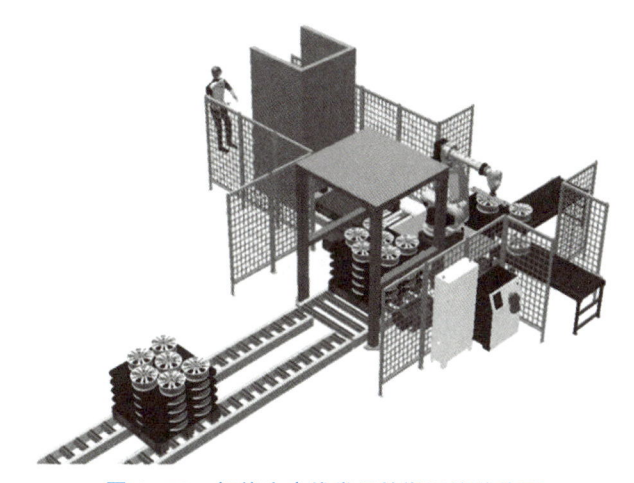

图 4-53　智能生产线常用的搬运输送装置

本任务通过对输送单元的介绍，了解搬运机械手的结构和编程方法；完成相关组件的安装和调整、电气配线的敷设；学习伺服电动机的特性及控制方法、伺服驱动器的基本原理及电气接线；编制输送单元运行控制程序，进行调试，并能解决安装与运行过程中出现的常见问题。

在输送单元工作之前，首先必须检查设备是否在初始位置，从而复位搬运机械手，并将其定位到设备的原点位置，以此作为其他工作单元的定位参考，保证定位精度。复位完成后，还需要测试定位到各工作单元的精确度，即需要进行定位测试。在测试过程中，在初始工作单元的物料回转台上放上一个工件，由程序驱动搬运机械手抓取该工件，移动到下一个工作单元，然后放下工件，移动工作单元，使工件正好被放到物料回转台上，依次调整剩余各工作单元，使搬运机械手能够在各工作单元的物料回转台上正确抓取和放下工件。搬运机械手的一轮搬运工作结束以后要回到设备的原点或程序指定的目标位置，如果没有停止信号发出，系统将再次运行；如果有停止信号发出，则设备返回原点位置停止。在智能生产线整体运行过程中，输送单元则需要根据任务的具体要求，执行搬运和移动工作。

4.5.1 输送单元的机械安装与调整

1. 任务引入

输送单元多用于自动控制系统的工件搬运，其主要装置是搬运机械手和传动机构。智能生产线的输送单元能够在供料、加工、装配和分拣4个工作单元中按照一定的顺序进行工件运输，用于协调整个系统的工作。因此输送单元中的搬运机械手能够实现3自由度动作，即升降、伸缩、旋转和夹取物料，可以在直线导轨上做直线运动，从而定位到相应的工作单元物料台前方。当定位到某个位置时，通过PLC程序控制搬运机械手抓取或放下工件。搬运机械手装置在各工作单元之间的移动需要通过驱动机构进行驱动，驱动机构要能够实现精确定位，一般可使用步进电动机或伺服电动机作为驱动电动机。

2. 任务目标

1）知识目标

了解输送单元的结构组成及功能。

2）技能目标

能够按照图纸进行输送单元的机械安装。

3）素养目标

培养学生敏捷、缜密、坚持不懈的思维习惯。

3. 任务分析

在熟悉输送单元的结构组成和功能的基础上，用给定器材清单，使用合适的螺栓、螺母，按照输送单元的装配及技术要求组装输送单元。组装完成后进行机械部分的检查和调整，使其应满足一定的技术要求。

4. 相关知识

1）输送单元的结构组成及功能

输送单元的装置侧部分主要由搬运机械手和直线运动传动组件两部分组成，其中搬运机械手用于在指定位置抓取工件和将工件放置在指定位置，直线运动传动组件用于将工件输送到指定的位置。搬运机械手装置整体安装在直线运动传动组件的滑动板上。

（1）搬运机械手。

搬运机械手如图4-54所示，它由手动手指、伸缩气缸、摆动气缸、升降气缸、升降导柱及相应的固定支架组成。搬运机械手能实现升降，伸缩，沿垂直轴正、反两个方向旋转（旋转角度的大小可通过调整气缸上的两个调整螺杆来改变）和手爪夹紧/松开的四维运动，各个方向的运动均采用气动控制。搬运机械手整体安装在直线运动传动组件的滑动板上，在直线运动传动组件带动下整体做直线往复运动。

搬运机械手的动作是由多个气缸驱动执行的，包括摆动气缸、气动手指、伸缩气缸和升降气缸。其中气动手指、摆动气缸使用二位五通的双控电磁换向阀进行控制，伸缩气缸和升降气缸使用二位五通单控电磁换向阀控制。摆动气缸用于驱动手臂正、反向90°旋转，伸缩

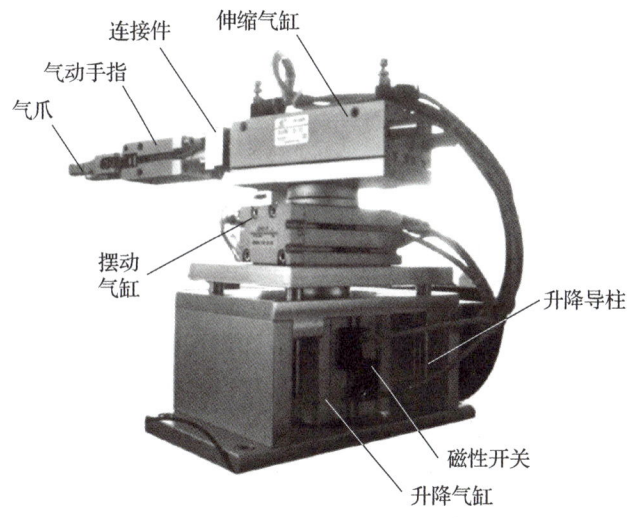

图 4-54 搬运机械手

气缸用于驱动手臂伸出和缩回，升降气缸用于驱动手臂提升和下降，而气动手指则用于驱动手爪夹紧和松开。

搬运机械手的升降导柱是用于驱动升降气缸提升搬运机械手的装置，可固定提升上限。其他安装板和支架的功能如前面各工作单元所述。

（2）直线运动传动组件。

直线运动传动组件用于拖动搬运机械手做往复直线运动，完成在其他各工作单元物料台前方的精确定位。它主要由直线导轨底板、直线导轨、滑动板、原点接近开关、左/右极限开关、伺服电动机及伺服驱动器、主从动同步轮、主从动同步带组成。

①直线导轨底板用来固定直线导轨，定位在设备台面上的位置。直线导轨上的 4 个滑块用于支撑和固定滑动板，可以左右滑动，摩擦力小。

②滑动板用来安装搬运机械手，滑动板在直线导轨上左右滑动时，将带动搬运机械手移动。

③原点接近开关、左/右极限开关安装在直线导轨底板上。原点接近开关是一个无触点的电感式接近传感器，用来提供直线运动的起始点信号。

④左/右极限开关均是有触点的微动开关，用来提供越程故障信号。当滑动板在运动中越过左或右极限位置时，左/右极限开关会动作，从而向系统发出越程故障信号，同时伺服电动机停止。

⑤伺服电动机由伺服驱动器驱动，通过 PLC 程序的脉冲信号驱动电动机转动，在主从动同步轮和主从动同步带的作用下带动滑动板沿直线导轨做直线往复运动，同时带动固定在滑动板上的搬运机械手做往复直线运动。同步轮齿距为 5 mm，共 12 个齿，即旋转一周搬运机械手位移 60 mm。

（3）拖链装置。

输送单元各机械部件的运动由气路和电路控制，为了使气路和电路不影响搬运机械手的直线往复运动，安装了两排并行的拖链。拖链的一端固定在安装槽上，另一端安装在和搬运机械手相连的支架上，以保证拖链和搬运机械手同步运动。

2）输送单元的机械安装技术要求

（1）所有部件固定牢靠，无松动，选用合适的螺栓、螺母和工具进行装配。

（2）用手操作搬运机械手伸缩、升降及手爪夹紧/松开时，动作顺畅，搬运机械手能沿垂直方向的正反方向 90°灵活旋转。

（3）所有内六角螺栓与平面的接触处都要套上垫片后再拧紧。

（4）为了保障定位精度，安装主从动同步带时，松紧要调整合适；用手左右方向推动整个搬运机械手运动时，无明显噪声、振动或停滞现象，并且拖链能跟随搬运机械手一起运动。

（5）安装主从动同步带时，应注意带轮轴线的平行度，使各带轮的传动中心平面同面，防止带轮偏斜而使带侧压紧在挡圈上，造成带侧面磨损加剧，甚至带被挡圈切断。因此，安装后一定要检查带轮轴线的平行度，如倾斜，则需要重新调整。安装主从动同步带时必须有适当的张紧力。若张紧力过小，易在启动频繁而又有冲击负荷时导致带齿从带轮齿槽中跳出（爬齿）；若张紧力过大，易使主从动同步带寿命缩短。将主从动同步带两端固定到滑动板底端时，螺栓不要太长，否则会影响设备运行。

（6）根据图纸要求安装原点接近开关及其固定支架，要调整好位置，保障原点检测和定位可靠。

（7）当挡铁到达行程开关上端时，能让行程开关动作，又不会使行程开关上的弹簧片过度变形。

（8）连接件、螺栓、螺母等配件的大小和长短应合适。

5. 任务准备

1）清理安装平台

安装前，先确认安装平台已放置平衡，安装平台下的滚轮已锁紧，安装平台上安装槽内没有遗留的螺母、小配件或其他杂物，然后用软毛刷将安装平台清扫干净。

2）准备器材和工具

根据安装输送单元装置侧部分所需要的器材清单清点器材，并检查各器材是否齐全、是否完好无损，如有损坏，应及时更换。在清点器材的同时，将器材放置到合适的位置。清点所需的配件，将较小的配件放在一个固定的容器中，以方便安装时快速找到，并保证在安装过程中不遗漏小的器件或配件。

机械部件的固定都使用内六角螺栓，只有摆动气缸旋转范围的调整是通过螺杆进行操作的，该螺杆为一字头螺杆。拖链与拖动支架之间的固定螺栓使用十字头螺栓。

6. 任务实施

输送单元的安装分成两部分进行：直线运动传动组件的安装、搬运机械手的安装。尽管搬运机械手安装在直线运动传动组件的滑动板上，但是由于直线运动传动组件比较靠边，当安装好直线运动传动组件后，安装平台的空余空间较小，因此可以先组装好搬运机械手，再安装直线运动传动组件，然后将搬运机械手固定到直线运动传动组件的滑动板上。

1）安装直线运动传动组件

安装步骤如下。

（1）安装底板，首先在铝合金导轨槽中放置底板的固定螺母，然后将底板固定到铝合金导轨上，确定安装底板的正、反面和方向，有沉孔的一面为正面，将底板固定到安装平台上。

在底板上装配直线导轨。直线导轨是精密机械运动部件，其安装、调整都要遵循一定的方法和步骤，而且输送单元中使用的直线导轨长度较大，要快速、准确地调整好两直线导轨的相互位置，使其运动平稳、受力均匀、运动噪声小。安装时，将直线导轨安装到底板上，移动两直线导轨，使其平行后再锁紧直线导轨上的所有螺栓。

（2）装配滑动板。将滑动板与两直线导轨上的 4 个滑块的位置找准并进行固定，在拧紧固定螺栓时，应一边推动滑动板左右运动，一边拧紧螺栓，直到滑动顺畅为止。最后固定调整主从动同步轮。

（3）最后将左极限开关支架和右极限开关支架安装到底板上，再将原点接近开关支架安装到底板上。

2）安装搬运机械手

在安装机械手的过程中，为了避免返工安装，应注意以下事项。

（1）组装搬运机械手时，两个手爪可以互换，因此可以任意选择安装，只需注意安装时需在手爪、安装槽和气动手指配合紧密时再紧固螺栓。

（2）安装气动手指连接支架时，注意连接支架的两块连接板大小不同，气动手指只能和较小的连接板相连。

（3）安装气动手指连接支架时，注意气动手指正面朝上。

（4）组装搬运机械手手臂时，注意将气动手指的正面和摆动气缸有单向节流阀的面朝上。

（5）安装板有两个安装孔的一侧应置于摆动气缸有调整螺杆的对面侧。

（6）组装底座时，注意有两个安装孔的侧立板的安装孔要在远离底板的方向。

（7）组装升降机构时，注意底座有孔的侧立板和升降气缸单向节流阀的相对位置，应先安装升降气缸上固定传感器的螺母。

（8）在安装气缸时，不能让气缸上的单向节流阀受力，以避免折断单向节流阀或气管连接器。

将已组装好的搬运机械手安装到直线运动传动组件的滑动板上，注意安装所选用的螺栓不能太长或太短：太长，则不能安装到位，太短，则安装不牢固。

3）安装拖链装置

首先将拖链固定槽固定到安装平台上，然后将拖链敷设到固定槽上，一端固定到拖链固定端，另外一端接到搬运机械手上。

4）安装伺服驱动器

伺服驱动器安装板固定在靠近电动机侧的铝型材导轨上，然后将伺服驱动器固定到安装板上。

其他装置，如电磁换向阀、接线端子排的安装同前面各工作单元，这里不赘述。电磁阀组安装在拖链装置的始端，以便于气管的敷设；接线端子安装在靠近安装平台的边沿，靠近拖链装置的始端，以便于电气连接和传感器电线敷设。

5）安装的检查与调整

（1）搬运机械手的检查与调整。

①用手拨动搬运机械手手爪，观察其动作是否顺畅，若不顺畅，则松开手爪固定螺栓进行调整。

②用手水平拉伸搬运机械气动手指后再推回，观察其动作是否顺畅，若不顺畅，则需要检查伸缩气缸。

③用手稍用力顺时针方向转动搬运机械手手臂，用直角尺测量搬运机械手手臂和摆动气缸是否垂直，若不垂直，则调节摆动气缸上的旋转角度调整螺杆，使搬运机械手手臂转至极限位置时，正好和摆动气缸垂直。

④用手稍用力逆时针方向转动搬运机械手手臂，测量搬运机械手手臂和摆动气缸是否平行，若不平行，则调节摆动气缸上的另一个旋转角度调整螺杆，使搬运机械手手臂逆时针转至极限位置时，正好和摆动气缸平行。

⑤用手往上抬升降平台，然后再慢慢放下，观察升降平台的上升和下降是否顺畅。

（2）直线运动传动机构的检查与调整。

①用直角尺检查电动机侧的主从动同步轮外侧面是否在同一立面，如不在同一立面，则需要松开伺服电动机的固定螺栓，重新调整两个主从动同步轮的位置，然后再安装好伺服电动机。

②用手推动搬运机械手整体装置，检查搬运机械手的滑动是否顺畅、是否有明显噪声。若滑动不顺畅或有噪声，则需要查明原因再进行相应的调整。

7. 任务评价

任务评价见表4–44。

表4–44 任务评价

评分内容	配分	评分标准		分值	自评	他评
输送单元的机械安装与调整	80分	直线运动组件安装	底板安装	10分		
			大溜板装配	10分		
		搬运机械手、拖链安装	搬运机械手安装	10分		
			拖链安装	10分		
		导轨固定、伺服驱动器安装	导轨固定	10分		
			伺服驱动器安装	10分		
		检查与调整	机械手装置的检查与调整	10分		
			直线执行器的检查与调整	10分		
职业素养	20分	材料、工件等不放在系统上		5分		
		元件及模块没有损坏、丢失和松动现象		5分		
		所有部件整齐地摆放在桌上		5分		
		工作区域内整洁干净、地面上没有垃圾		5分		
综合				100分		
完成用时						

4.5.2 输送单元搬运机械手单步动作测试

1. 任务引入

本任务主要完成搬运机械手单步动作调试，在了解搬运机械手功能的基础上，学习搬运机械手的 PLC 编程调试方法。

2. 任务目标

1）知识目标

（1）掌握搬运机械手动作的工序。

（2）掌握 PLC 编程调试方法。

2）技能目标

能够按照步骤完成搬运机械手单步动作测试。

3）素养目标

培养学生分析、推理判断、总结归纳的能力。

3. 任务分析

本任务要实现下述功能。按下按钮/指示灯模块上的 SB2 按钮，搬运机械手各气缸执行复位操作。复位后气缸状态为：升降气缸下降、伸缩气缸缩回、回转气缸右旋、手爪松开。按下 SB1 按钮，进行气缸抓取单步动作测试，顺序为：伸出→夹紧→提升→缩回，完成搬运机械手的抓取工件动作。3 s 后，再将所抓取的工件放下，放下顺序为：伸出→下降→松开→缩回。

4. 相关知识

输送单元的气动执行元件主要用于驱动搬运机械手的抓放料动作，包括伸缩气缸、升降气缸、摆动气缸和气动手指，摆动角度应调整为 90°。

气动手指用于夹取大工件，气动手指开度应较大，因此使用支点开闭型的气动手指（MHC2-20D）。升降气缸用于提升整个搬运机械手，因此使用的是薄型气缸，其型号和加工单元的薄型气缸一样。

伸缩气缸用于驱动搬运机械手的伸出和缩回，伸出端安装了气动手指和手爪，保障伸出力和气爪的平稳性，伸缩缸使用双导杆气缸。

摆动气缸和气动手指使用二位五通双控电磁换向阀进行控制，其余气缸使用单控电磁换向阀控制。

双控电磁换向阀与单控电磁换向阀的区别在于：对于单控电磁换向阀，在无电控信号时，阀芯在弹簧力的作用下会被复位，而对于双控电磁换向阀，在两端都无电控信号时，阀芯的位置取决于前一个电控信号。

双控电磁换向阀有两个电磁线圈，其工作原理如下：给正动作电磁线圈通电，则正动作气路接通（正动作出气孔有气），即使给正动作电磁线圈断电，正动作气路仍然是接通的，将会一直维持到给反动作电磁线圈通电为止。给反动作电磁线圈通电，则反动作气路接通（反动作出气孔有气），即使给反动作电磁线圈断电，反动作气路仍然是接通的，将会一直维持到给正动作电磁线圈通电为止，这相当于"自锁"。

搬运机械手气动控制回路如图 4-55 所示。

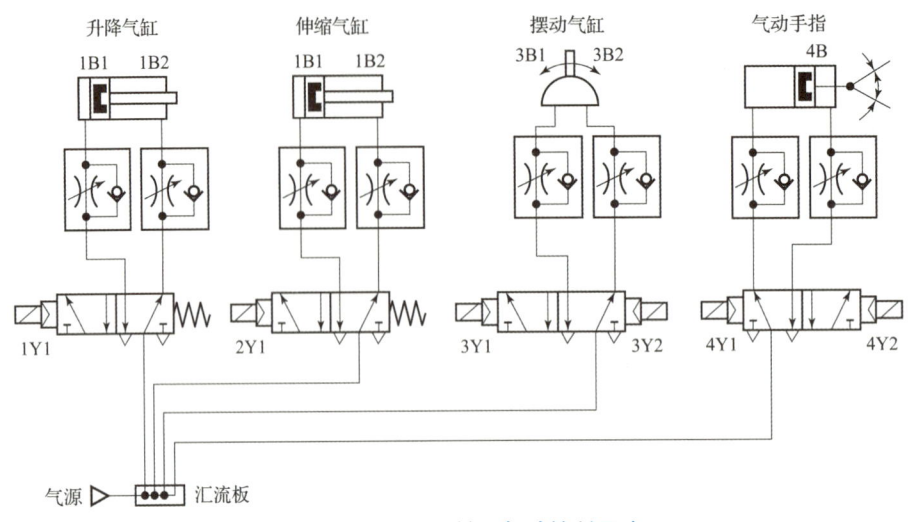

图 4-55 搬运机械手气动控制回路

5. 任务实施

1) I/O 地址分配

搬运机械手的动作测试控制信号包括来自按钮/指示灯模块的按钮、开关等主令信号，检测信号包括各构件的传感器信号等；输出信号包括输出到搬运机械手各电磁换向阀的控制信号。此外尚须考虑在需要时输出信号到按钮/指示灯模块的指示灯，以显示搬运机械手的工作状态。

由于在后面的任务中要进行搬运机械手的移动和定位，需要输出驱动伺服电动机的高速脉冲，因此，PLC 应采用晶体管输出型 FX3U-48MT PLC，Y0~Y3 用于高速脉冲。输送单元的 PLC 的 I/O 地址分配表见表 4-45。

表 4-45 输送单元的 PLC 的 I/O 地址分配表

输入信号					输出信号				
序号	PLC 输入点	信号名称	信号来源		序号	PLC 输出点	信号名称	信号来源	
1	X000	原点接近性检测			1	Y000	—		
2	X001	右极限保护			2	Y001	—		
3	X002	左极限保护			3	Y002	—		
4	X003	搬运机械手抬升上限检测			4	Y003	升降气缸电磁换向阀		
5	X004	搬运机械手抬升下限检测	装置侧		5	Y004	摆动气缸左旋电磁换向阀	装置侧	
6	X005	搬运机械手旋转左限检测			6	Y005	摆动气缸右旋电磁换向阀		
7	X006	搬运机械手旋转右限检测			7	Y006	手爪伸出电磁换向阀		
8	X007	搬运机械手伸出检测			8	Y007	手爪夹紧电磁换向阀		
9	X010	搬运机械手缩回检测			9	Y010	手爪放松电磁换向阀		
10	X011	搬运机械手夹紧检测			10	Y011	—		

续表

输入信号					输出信号			
序号	PLC 输入点	信号名称	信号 来源	序号	PLC 输出点	信号名称	信号 来源
11	X014	启动按钮	按钮/ 指示灯 模块	11	Y015	黄色指示灯	按钮/ 指示灯 模块
12	X015	停止按钮	^	12	Y016	绿色指示灯	^
13	X016	急停按钮	^	13	Y017	红色指示灯	^
14	X017	方式选择	^	14	—	—	^

2）电路连接和气路连接

输送单元的搬运机械手上的所有气缸连接的气管和磁性开关的引出线都要沿拖链敷设，气管敷设后插接到电磁阀组上，连接时要考虑线管敷设要求，因此气管要足够长，双控电磁换向阀的气管不要接反。电路配线敷设后接到装置侧的端子排上。当搬运机械手做往复运动时，连接到搬运机械手上的气管和电路配线也随之运动。确保这些气管和电路配线运动顺畅，以免在移动过程拉伤或脱落。

首先将连接到搬运机械手上的管线绑扎在拖链安装支架上，然后沿拖链敷设，进入管线线槽。绑扎管线时，要注意管线引出端到绑扎处保持足够长度，以免机构运动时管线被拉紧造成脱落。沿拖链敷设时，注意管线不要相互交叉。

3）搬运机械手控制程序设计

搬运机械手抓放料动作，可以利用步进顺序控制指令实现，它是两个独立的动作流程，在程序设计过程应注意。由于二位五通双控电磁换向阀的自锁特性，在设计 PLC 程序时，可以让电磁换向阀线圈动作 1~2 s。这样可以保护电磁换向阀线圈不被损坏，另外，双控电磁换向阀的两个电控信号不能同时为"1"，即在控制过程中不允许两个线圈同时得电，否则可能会造成线圈烧毁，当然，在这种情况下阀芯的位置是不确定的。

4）设备调试

将编写好的程序下载到 PLC 中进行设备调试，在调试过程中，要注意观察气缸和传感器的动作是否合理。在调试设备之前，首先将搬运机械手置于供料单元的正前方，在供料单元的物料回转台上放置一个工件，调试完成后，将调试后的程序保存，以备使用。设备调试步骤见表 4-46。

表 4-46 设备调试步骤

步骤	动作内容	观察任务		观察结果	错误原因及 排除方法
^	^	正确结果		^	^
1	将 RUN/STOP 开关的 SA 拨到左侧	X17 无信号			
2	按下 SB2 按钮	搬运机械手各气缸复位到初始位置			
3	按下 SB1 按钮	抓料，动作为：伸出、夹紧、提升、缩回			
4	抓料完成 3 s 后	放料，动作为：伸出、下降、放松、缩回			

6. 任务评价

任务评价见表 4-47。

表 4-47 任务评价

评分内容	配分	评分标准		分值	自评	他评
输送单元搬运机械手单步动作测试	80 分	I/O 地址分配	信号分布	5 分		
			输入地址分配	5 分		
			输出地址分配	10 分		
		电气接线	传感器接线	10 分		
			电磁阀接线	10 分		
		线路调试	线路检查	10 分		
			接线规范	10 分		
		设备调试	调试程序	10 分		
			检查动作是否合理	10 分		
职业素养	20 分	材料、工件等不放在系统上		5 分		
		元件及模块没有损坏、丢失和松动现象		5 分		
		所有部件整齐地摆放在桌上		5 分		
		工作区域内整洁干净，地面上没有垃圾		5 分		
综合				100 分		
完成用时						

4.5.3 搬运机械手的定位控制

1. 任务引入

输送单元中驱动搬运机械手沿直线导轨做往复运动的动力源，既可以是步进电动机，也可以是伺服电动机，视实训的内容而定。步进电动机和伺服电动机都是机电一体化技术的关键产品，可以将电脉冲信号转换成执行机构的位移、速度等。伺服电动机的许多性能都优于步进电动机，如定位精度、脉冲频率等，因此，在一些要求不高的场合经常用步进电动机来作执行电动机。但在要求较高的场合，则可以使用伺服电动机实现精确的定位，如智能生产线的输送单元要求搬运机械手能够准确定位到相应的工作单元，就采用了伺服电动机。

2. 任务目标

1）知识目标

（1）了解伺服系统的主要组成。

（2）掌握伺服系统控制电路接线原理。

2）技能目标

能够完成搬运机械手的定位控制调试。

3）素养目标

让学生体验企业实际的生产过程，实现产教融合，进行岗位体验。

3. 任务分析

本任务的控制要求如下。

设备上电后，按下 SB1 按钮，搬运机械手执行回原点的动作，在复位的过程中黄色指示灯（HL1）闪烁，复位完成后，HL1 常亮。

当搬运机械手回到原点位置时，按下定位测试按钮 SB2，搬运机械手按照下述顺序执行定位操作。首先在供料单元的物料回转台上放上工件，搬运机械手执行抓取动作，抓取动作完成后，伺服电动机驱动搬运机械手移动到装配单元装配台正前方放下工件，等待 2 s 后，搬运机械手抓取工件，伺服电动机驱动搬运机械手向加工单元移动，移动到加工单元加工台的正前方后放下工件，2 s 后，搬运机械手再次抓取工件，手臂逆时针旋转 90°，伺服电动机驱动搬运机械手从装配单元向分拣单元移动，到达分拣单元传送带上方后放下工件，搬运机械手缩回，然后执行返回原点的操作。达到原点后，摆台顺时针旋转 90°。搬运机械手的移动速度为 200 mm/s。

当搬运机械手返回原点后，一个测试周期结束，再按一次按下 SB2 按钮，开始新一轮测试。

4. 相关知识

伺服系统主要由三部分组成：控制器、功率驱动装置、反馈装置和电动机。控制器按照伺服系统（如 PLC 等）的给定值和通过反馈装置检测的实际运行值的差，调节控制量。功率驱动装置作为伺服系统的主回路，一方面按控制量的大小将电网中的电能作用到电动机之上，调节电动机转矩的大小；另一方面按电动机的要求把恒压恒频的电网供电转换为电动机所需的交流电或直流电，电动机则按供电大小驱动搬运机械手运转。

伺服系统按其驱动元件划分，有步进式伺服系统、直流电动机伺服系统（简称直流电动机）、交流电动机伺服系统（简称交流电动机）。

1）松下 A5 永磁交流伺服系统

现代高性能的伺服系统，大多数为永磁交流伺服系统，它与直流电动机伺服系统相比，对外界产生的电磁干扰小、响应速度快，但是控制相对复杂。永磁交流伺服系统包括永磁同步交流伺服电动机和全数字交流永磁同步伺服驱动器两部分。在智能生产线的输送单元上，采用了松下 MHMD022P1U 永磁同步交流伺服电动机及 MADHT1507E02 松下 A5 系列全数字交流永磁同步伺服驱动器作为搬运机械手的运动控制装置。

（1）永磁同步交流伺服电动机。

永磁同步交流伺服电动机（PMSM）主要由定子、转子及测量转子位置的传感器（位置传感器）构成。定子和一般的三相交流感应电动机类似，采用三相对称绕组结构，它们的轴线间彼此相差 120°。转子上贴有磁性体，一般有 2 对以上的磁极。位置传感器一般为光电编码器或旋转变压器。

伺服电动机内部的转子是永磁铁，伺服驱动器控制的 U、V、W 三相电形成电磁场，定子绕组产生旋转磁场（这和三相交流感应电动机是相同的），转子在此磁场的作用下转动，同时伺服电动机自带的编码器反馈信号给伺服驱动器，伺服驱动器根据反馈值与目标值进行比较，调整转子转动的角度。伺服电动机的精度取决于编码器的精度（线数），MHMD022P1U 永磁同步交流伺服电动机配有 20 位的增量式编码器，脉冲数为 2 500/r，分辨率为 10 000，输出信号线数为 5 根，在低刚性机器上有较高的稳定性，并可在高刚性机器上进行高速、高精度的运转，因此广泛应用于各种机器。

（2）全数字交流永磁同步伺服驱动器。

全数字交流永磁同步伺服驱动器均采用数字信号处理器（DSP）作为控制核心，其优点是可以实现比较复杂的控制算法，实现数字化、网络化和智能化。功率器件普遍采用以智能功率模块（IPM）为核心设计的驱动电路，IPM 内部集成了驱动电路，同时具有过电压、过电流、过热、欠压等故障检测保护电路。在主回路中还加入软启动电路，以减小启动过程对伺服驱动器的冲击。

（3）永磁交流伺服系统的位置控制模式。

伺服系统用于定位控制时，位置指令输入位置控制器，PI 控制前面的电子开关切换到位置控制器输出端，滤波器前面的电子开关也切换到位置控制器的输出端。因此，位置控制模式下的伺服系统是一个三闭环控制系统，两个内环分别是电流环和速度环。

伺服驱动器接收运动控制器送来的位置指令信号，以脉冲+方向指令信号形式为例：脉冲个数决定了伺服电动机的运动位置；脉冲的频率决定了伺服电动机的运动速度；而方向信号电平的高低决定了伺服电动机的运动方向。

另外，伺服驱动器输出到伺服电动机的三相电压波形基本是正弦波，而不是像步进电动机那样是三相脉冲序列，即使从位置控制器输入的是脉冲信号。

由自动控制理论可知，这样的系统结构提高了系统的快速性、稳定性和抗干扰能力。在足够高的开环增益下，伺服系统的稳态误差接近零。这就是说，在稳态时，伺服电动机以指令脉冲和反馈脉冲近似相等时的速度运行。反之，在达到稳态前，伺服系统将在偏差信号的作用下驱动伺服电动机加速或减速。若指令脉冲突然消失（例如紧急停车时，PLC 立即停止向伺服驱动器发出驱动脉冲），伺服电动机仍会运行到反馈脉冲数等于指令脉冲消失前的脉冲数才停止。

（4）位置控制模式伺服驱动器的接线。

①伺服系统的主电路接线。MADHT1507E02 伺服驱动器面板上有多个接线端口，智能生产线上伺服系统的主电路接线只使用了电源接口 XA、电动机接口和外置再生放电电阻 XB、编码器信号接口 X6，具体连接要求如下。

XA：电源接口。交流 220 V 电源连接到 L1、L3 主电源端子，同时连接到控制电源端子 L1C、L2C 上，L2 端子不用。

XB：电动机接口和外置再生放电电阻接口。U、V、W 端子用于连接电动机。必须注意，电源电压务必按照伺服驱动器铭牌上的指示，伺服电动机接线端子（U、V、W）不可以接地或短路，伺服电动机的旋转方向不像感应电动机可以通过交换三相相序来改变，必须保证伺服驱动器上的 U、V、W、E 接线端子与伺服电动机主回路接线端子按规定的次序一一对应，否则可能造成伺服驱动器损坏。伺服电动机的接地端子和伺服驱动器的接地端子以及滤波器的接地端子必须保证可靠地连接到同一个接地点上，机身也必须接地。B1、B2、B3 端子外接放电电阻，而智能生产线没有使用外接放电电阻。

X6：编码器信号接口。连接电缆应选用带有屏蔽层的双绞电缆，屏蔽层应接到伺服电动机侧的接地端子上，并且应确保将编码器电缆屏蔽层连接到插头的外壳（FG）上。

②伺服系统的控制电路接线。控制电路接线均在 I/O 控制信号端口 X4 上完成，该端口是一个 50 针端口，各引出线的功能与控制模式有关，不同模式下的接线请参考相应手册。

智能生产线输送单元中的伺服电动机用于定位控制，选用位置模式，并根据设备工作要求，只使用了部分端子，它们分别如下。

a. 脉冲输入信号端（1脚OPC1，4脚PULS2，1脚OPC2，6脚SING2）。
b. 越程故障信号输入端：正向驱动禁止输入（9脚POT），反向驱动禁止输入（8脚NOT）。
c. 伺服ON输入端（29脚SRV_ON）。
d. 伺服警报输出端（36脚ALM-，37脚ALM+）。

其中，伺服ON输入端（SRV_ON）和伺服警报输出负端（ALM-）连接到COM-端（0 V），OPCK OPC2连接到COM+端（+24 V），COM+和COM-为电源引线，用来连接直流24 V电源。

MADHT1507E02伺服驱动器的电气接线如图4-56所示。

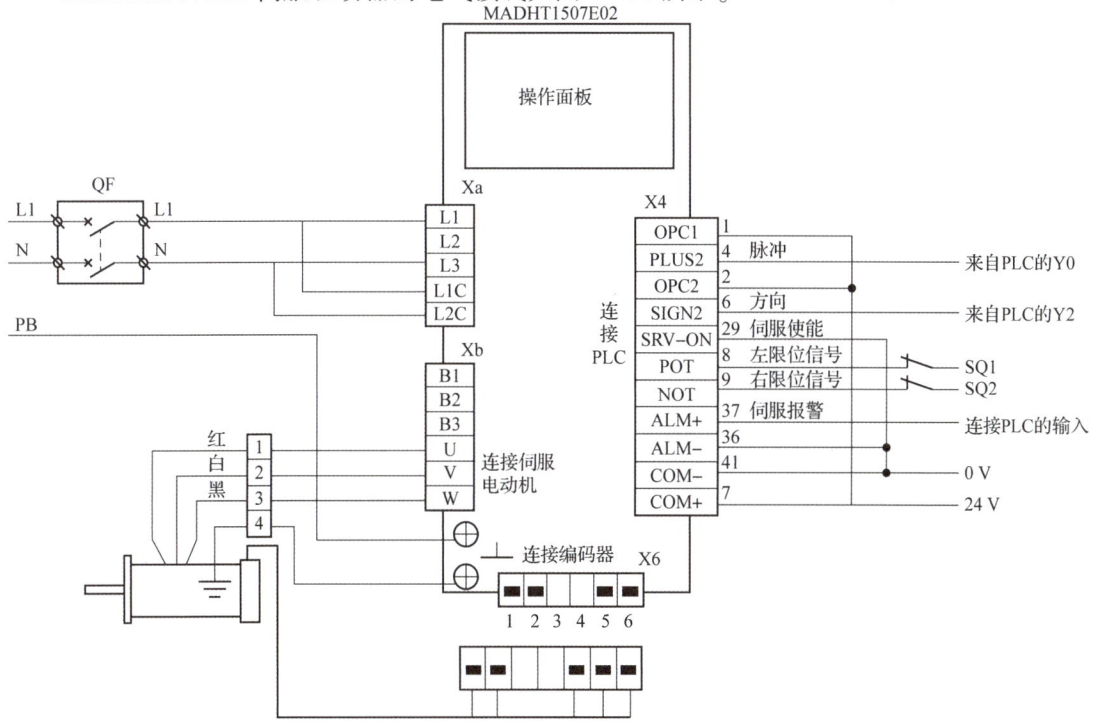

图4-56 MADHT1507E02伺服驱动器的电气接线

（5）伺服驱动器参数设置方式操作说明。

伺服驱动器具有设定其特性和功能的各种参数，参数分为7类，每类参数的用途不同，见表4-48。参数的表示形式为Pr*.**。设置参数的方法：一是通过与PLC连接后在专门的调试软件上进行设置；二是在伺服驱动器的前面板上进行设置。若参数设置不多，则在伺服驱动器的前面板上进行设置即可。

表4-48 MADHT1507E02伺服驱动器参数分类说明

参数分类	参数设定用途
0	基本设定
1	增益调整

续表

参数分类	参数设定用途
2	振动抑制
3	速度、转矩控制,全闭环控制
4	I/F监视器设定
5	扩展设定
6	特殊设定

2) FX3U 系列 PLC 定位指令

晶体管输出的 FX3U 系列 PLC CPU 单元支持高速脉冲输出功能,但仅限于 Y000、Y001、Y002 三点。输出脉冲的频率最高可达 100 kHz。

对输送单元搬运机械手的控制主要是返回原点控制和定位控制,可以使用原点回归指令 FNC156(ZRN)、相对位置控制指令 FNC158(DRVI)、绝对位置控制指令 FNC158(DRVA)来实现精确定位。

(1) 原点回归指令 FNC156(ZRN)。

为了在直线运动传动组件上实现定位控制,直线运动传动组件应该有一个参考点(原点),并指定运动的正方向。智能生产线输送单元的直线运动传动组件,其原点位于原点接近开关的中心线,搬运机械手从原点向分拣单元运动的方向为正方向,可通过设定伺服驱动器的 Pr0.00 参数确定。

PLC 进行定位控制前,必须搜索到原点位置,从而建立运动控制的坐标系。定位控制从原点开始,时刻记录控制对象的当前位置,根据目标位置的要求驱动控制对象运动。当 PLC 断电时,当前记录值会消失,因此上电和初始运行时,必须执行原点回归动作,事先写入机械动作原点位置的数据。

(2) 位置控制指令。

进行定位控制时,目标位置的指定可以用两种方式:一种是指定当前位置到目标位置的位移量;另一种是直接指定目标位置对于原点的坐标值,PLC 根据当前的位置信息自动计算目标位置的位移量,实现定位控制。前者为相对驱动方式,后者为绝对驱动方式。FX3U 系列 PLC 有用于相对位置控制和绝对位置控制的指令。

在智能生产线输送单元搬运机械手的定位控制中,主要使用绝对位置控制指令,这是因为若使用相对位置控制指令,在某些情况下(例如紧急停车后再启动),编程计算当前位置的位移量会比较烦琐。

①绝对位置控制指令 FNC158(DRVA)。它是以绝对驱动方式执行单速度位置控制的指令,其格式如图 4-57 所示。

图 4-57 绝对位置控制指令格式

②相对位置控制指令 FNC158（DRVI）。它是以相对驱动方式执行单速度位置控制的指令，其格式如图 4-58 所示。

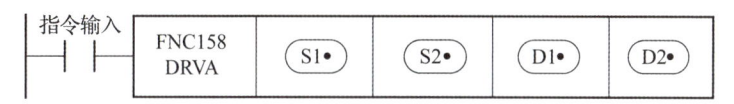

```
指令输入 ──┤├── FNC158  (S1•) (S2•) (D1•) (D2•)
           DRVA
```

图 4-58　相对位置控制指令格式

（3）定位指令相关软元件说明。

FX3U 系列 PLC 用一系列特殊软元件来记录定位控制的参数信息。下面仅对定位控制中所使用的部分特殊软元件进行介绍。

①相关的特殊辅助继电器。输送单元搬运机械手的定位控制，只使用了脉冲输出中的监控标志、脉冲输出停止指令和指令执行完成标志（M8029）3 个标志位，见表 4-49。

表 4-49　定位控制指令的相关标志位（使用 Y0 时）

标志位名称	PLC 中的地址	内容说明
Y0 脉冲输出中监控标志	M8340	定位指令（例如 ZRN、DRVA、PLSV 等）执行时，监控脉冲输出
Y0 脉冲输出停止指令（立即停止）	M8349	驱动此标志位为"ON"时，脉冲立即停止输出
指令执行完成标志	M8029	应用指令执行正常结束标志

当使用 Y1 进行脉冲输出时，相应的特殊辅助继电器为 M8350、M8359；当使用 Y2 进行脉冲输出时，相应的特殊辅助继电器为 M8360、M8369；M8029 适用于所有应用指令。具体可以参考有关编程手册。

②相关的特殊数据寄存器。表 4-50 所示为当使用 Y0 进行脉冲输出时定位指令所使用的部分特殊数据寄存器。其中最高速度、基底速度、加速时间和减速时间是定位控制的基本参数信息，如果需要修改其初始值，必须在 PLC 上电首个扫描周期写入设定值。

表 4-50　定位指令的特殊数据寄存器（使用 Y0 时）

数据寄存器名称	PLC 中的地址	初始值	内容说明
当前值寄存器	[D8341，D8340]	0	执行 DRVA、DRVI 等指令时，对应旋转方向增减当前值
最高速度/Hz（32 bit）	[D8344，D8343]	100 k	执行定位指令的最高速度，设定范围为 10~100 kHz
基底速度/Hz（16 bit）	D8342	0	执行定位指令时的基底速度，设定范围是最高速度的 1/10 以下
加速时间/ms	D8348	100	从基底速度到最高速度的加速时间，设定范围为 50~5 000 ms
减速时间/ms	D8349	100	从最高速度下降到基底速度的减速时间，设定范围为 50~5 000 ms

当使用 Y1 进行脉冲输出时，相应的特殊数据寄存器为 D835*；当使用 Y2 进行脉冲输出时，相应的特殊数据寄存器为 D836*。

5. 任务实施

1）电气接线

根据伺服电动机位置控制连接线路，左、右两极限开关 SQ1 和 SQ2 的动合触点分别连接 PLC 输入点 X002 和 X001。必须注意的是，SQ1、SQ2 均提供一对转换触点，它们的静触点应连接到公共点 COM，而动断触点必须连接到伺服驱动器的控制端口 X4 的 CCW（9 脚）和 CW（8 脚）作为硬联锁保护，目的是防范程序错误引起冲击极限故障而造成设备损坏，接线时应注意。

2）伺服系统参数设置

在智能生产线上，伺服驱动装置工作于位置控制模式，采用脉冲 + 方向的控制方式，FX3U – 48MT 的 Y000 输出脉冲作为伺服驱动器的位置指令，脉冲的数量决定了伺服电动机的旋转位移，即搬运机械手的直线位移，脉冲的频率决定了伺服电动机的旋转速度，即搬运机械手的运动速度。FX3U – 48MT 的 Y002 输出作为伺服电动机的方向控制信号，在控制要求较为简单时，伺服驱动器可采用自动增益调整模式。伺服系统参数设置应满足控制要求，并与 PLC 的输出匹配。

(1) 设置前面板显示用 LED 的初始状态（Pr5.28）。

参数设定范围为 0~35，初始设定为 1，显示伺服电动机实际转速。

(2) 指定伺服电动机旋转的正方向（Pr0.00）。

如果 Pr0.00 设定值为 0，则正向指令时，伺服电动机旋转方向为 CCW 方向（从轴侧看伺服电动机为逆时针方向）；如果 Pr0.00 设定值为 1，则正向指令时，伺服电动机旋转方向为 CW 方向（从轴侧看伺服电动机为顺时针方向）。

智能生产线的输送单元要求搬运机械手运动的正方向是向远离伺服电动机的方向。这时要求电动机旋转方向为 CW 方向（从轴侧看伺服电动机为顺时针方向），故 Pr0.00 设定为 1。如果输送单元直线导轨上的原点接近开关移动至直线导轨的左侧，这时 Pr0.00 应设定为 0。

(3) 指定伺服系统的运行模式（Pr0.01）。

Pr0.01 参数设定范围为 0~6，默认值为 0，指定为位置控制模式。

(4) 设定运行中发生越程故障时的保护策略（Pr5.04）。

若设定为 0，发生正方向（POT）或负方向（NOT）越程故障时，驱动禁止，但不发生报警；若设定为 1，POT/NOT 驱动禁止无效；若设定为 2，POT/NOT 任一方向的输入都将导致 Err38.0（驱动禁止输入保护）出错报警。

智能生产线在运行时若发生越程，可能导致设备损坏事故，故该参数设定为 2。这时伺服电动机立即停止。仅当越程信号复位，且伺服驱动器断电后重新上电，报警才能复位。

(5) 指令脉冲旋转方向设置（Pr0.06）。

指令脉冲极性用 Pr0.06 参数设置。Pr0.06 设定指令脉冲信号的极性，设定为 0 时为正逻辑，输入信号高电平（有电流输入）为"1"；设定为 1 时为负逻辑。PLC 的定位控制指令都使用正逻辑，故 Pr0.06 应设定为 0。

(6) 指令脉冲输入方式设置（Pr0.07）。

Pr0.07 用来确定指令脉冲旋转方向的表征方式。旋转方向可用两相正交脉冲、正向旋转脉冲和反向旋转脉冲、指令脉冲+指令方向 3 种方式来表征，当设定 Pr0.07 = 3 时，选择指令脉冲+指令方向。FX3U 系列 PLC 的定位控制指令采用这种表征方式。

(7) 指令脉冲的行程设定设置（电子齿轮比 Pr0.08）。

MADHT1507E02 伺服驱动器引入了 Pr0.08 这一参数，其含义为"伺服电动机每旋转 1 次的指令脉冲数"。该参数以编码器分辨率 [(2 500/r) × 4 = 10 000 p/r] 为电子齿轮的分子，以 Pr0.08 的设置值为分母构成电子齿轮比。当指令脉冲数恰好为设置值时，偏差器给定输入端的脉冲数正好为 10 000，从而达到稳态运行时伺服电动机旋转一周的目标。

在智能生产线中，伺服电动机所连接的同步齿轮数为 12，齿距为 5 mm，故伺服电动机每旋转一周，搬运机械手移动 60 mm。为了便于编程计算，希望脉冲当量为 0.01 mm，即伺服电动机旋转一周，需 PLC 发出 6 000 个脉冲，故应把 Pr0.08 设置为 6 000。

电子齿轮的设置还用于更加复杂的场合，需要分别设置电子齿轮比的分子和分母，这时应设定 Pr0.08 = 0，用参数 Pr0.09 > Pr0.10 来设置电子齿轮比。

以上 7 项参数是智能生产线的伺服系统在正常运行时所必需的。需注意的是，参数 Pr0.00、Pr0.01、Pr5.04、Pr0.06、Pr0.07、Pr0.08 的设置必须在控制电源断电重启之前才生效。

设置伺服系统参数前，先进行参数初始化，以避免已有参数的干扰。本任务的参数设置要求为：LED 显示伺服电动机速度；当发生越程故障时，发生 Err38.0 报警；伺服电动机工作在位置控制模式，控制方式为指令脉冲+指令方向；原点接近开关在直线导轨的左侧（靠近伺服电动机的一侧）；伺服电动机旋转一周所需的脉冲数为 6 000。

3）PLC 程序设计

搬运机械手的整个功能测试过程应包括复位、传送功能测试、紧急停止处理、状态指示等部分，加上搬运机械手的抓放料动作，其中搬运机械手的回原点、抓料、放料、移动程序在整个搬运机械手运行过程中不止一次用到，因此可以进行模块化处理，分别设置成 4 个独立的子功能模块且可以进行单独调试，调试完成后，程序的其他地方需要使用时，直接调用即可。

每个模块都有一个入口地址和一个完成标志，在模块程序执行过程中还会用到一些过程量并产生一些中间变量，这些地址和标志可以用 PLC 内部的辅助继电器和数据寄存器实现。表 4-51 所示为输送单元的 4 个子功能模块的软元件地址分配。

表 4-51 输送单元的 4 个子功能模块的软元件地址分配

模块名称	入口地址	过程标志	完成标志	参数
回原点模块	M150	M151	M159	—
抓料模块	M100	M101	M109	—
放料模块	M110	M111	M119	—
移动模块	M120	M121	M129	D120 位置信息

(1) 回原点模块。

搬运机械手返回原点的操作，在输送单元的整个工作过程中都会频繁地进行。因此，编写一个子功能模块供需要时调用是必要的。

在回原点设计中，使用 DZRN 指令执行回原点功能，根据前面的指令介绍，可以知道执行原点回归动作后，搬运机械手的中心位置与原点接近开关的中心线不在同一条直线上，因此在进行程序设计时，还有一个绝对定位指令，用于使搬运机械手的中心线与原点接近开关的中心线对齐。

（2）移动模块。

输送单元程序控制的关键是伺服电动机的定位控制，本模块采用 FX3U 的绝对位置控制指令来定位，因此需要知道各工作单元的绝对位置脉冲数。

①计算绝对位置脉冲数。搬运机械手定位到各个工作单元的物料回转台前方，根据各个工作单元之间的实测距离，计算出伺服电动机所需要的脉冲数，如目标单元到原点接近开关中心线的距离为 200 mm，根据上一任务伺服电动机参数设置的内容可知，伺服电动机旋转一周所需的脉冲数为 6 000，伺服电动机旋转一周移动的距离为 60 mm，那么理论上一个脉冲对应移动距离为 0.01 mm，要使搬运机械手移动 200 mm，PLC 要发送的脉冲数为 20 000。

②移动速度的变更方法。采用直接指定伺服电动机速度的方式，如果想要根据要求进行改变，则也可以用数据寄存器变更其速度值。

（3）主程序设计。

系统上电且按下复位按钮后，进入初始状态检查和复位操作阶段，目标是确定系统是否准备就绪，若未准备就绪，则系统不能启动进入运行状态。

在复位过程中要检查各气动执行元件是否处于初始位置，搬运机械手装置是否在原点位置，否则应进行相应的复位操作，直至准备就绪。

设备准备好后，按下测试按钮，进入传送功能测试过程，该过程是一个单序列的步进顺序控制过程。

4）任务调试

（1）程序编好后，进行变换，如果变换无误，则下载到 PLC 进行调试。

（2）将 PLC 的 RUN/STOP 开关置在"STOP"位置，运行程序，按照控制要求进行操作，并记录调试过程中的问题。调试步骤见表 4-52。

表 4-52 调试步骤

步骤	动作内容	观察任务 正确结果	观察结果	问题与对策
1	将 RUN/STOP 开关的 SA 拨到左侧，按下复位按钮 SB2	搬运机械手各气缸复位，搬运机械手返回原点位置		
2	调试抓料模块	执行抓料动作		
3	调试放料模块	执行放料动作		
4	软件给定输送目标值和速度值，调试移动模块	按照给定速度，移动到指定位置		
5	按下复位按钮 SB2	搬运机械手复位		
6	按下启动按钮 SB1	抓料		

续表

步骤	动作内容	观察任务 正确结果	观察任务 观察结果	问题与对策
7	移动到装配单元	放料		
8	2 s 后	抓料		
9	移动到加工单元	放料		
10	2 s 后	抓料		
11	移动到分拣单元	左旋后放料		
12	2 s 后	抓料后，右旋		
13	返回原点	回到原点后停止		
14	在运行过程中按下复位按钮 SB2	搬运机械手复位		

5）常见故障

本任务由于使用伺服系统进行搬运机械手的定位，所以伺服系统能否正常工作关系到定位功能能否实现，但是往往在系统设计过程中会发生伺服电动机不动或报警等情况，常见的故障现象及排除方法见表 4–53。

表 4–53　常见的故障现象及排除办法

故障现象	故障原因	排除方法
PLC 无输出脉冲	PLC 程序问题	用软件监控程序运行，找到故障点，修改程序，重新下载调试
复位时撞极限开关，PLC 有脉冲输出，但无方向信号	PLC 程序问题	用软件监控程序运行，找到故障点，修改程序，重新下载调试
回原点时，原点接近开关上的指示灯不亮，PLC 无信号	手爪与传感器之间距离有问题，调整手爪上的接触铁块	工作台面的端子排上 0 V 和 24 V 之间有电压，传感器信号线与 PLC 上的触点接通，用磁铁接近传感器，传感器指示灯不点亮，PLC 有信号
复位时撞极限开关，PLC 输出信号正常	伺服驱动器接线或参数设置错误	（1）检查装置侧与 PLC 的连接线是否插紧或对应点是否接触不良；（2）检查伺服驱动器接线是否正确；（3）重新设置伺服驱动器的参数
伺服系统上电后 Err38.0 报警	左、右极限开关的常闭触点与伺服驱动器的接线错误	（1）极限开关的常开、常闭触点接反；（2）常闭触点与伺服驱动器的接线接触不良或未接

续表

故障现象	故障原因	排除方法
伺服系统上电后 Err21.0 报警	伺服驱动器与伺服电动机编码器的接线错误，或接线松动	插紧或重新连接编码器接线
伺服系统上电后 Err16.0 报警	过载报警，伺服驱动器与伺服电动机动力线连接错误	检查伺服电动机接线是否正确，若不正确则重新正确连接

6. 任务评价

任务评价见表 4-54。

表 4-54 任务评价

评分内容	配分	评分标准		分值	自评	他评
搬运机械手装置的定位控制	80 分	电气接线	传感器接线	10 分		
			电磁阀接线	10 分		
		PLC 程序设计	伺服参数设置	10 分		
			I/O 地址分配	10 分		
			主程序设计	20 分		
		设备调试	任务调试	10 分		
			故障排除	10 分		
职业素养	20 分	材料、工件等不放在系统上		5 分		
		元件及模块没有损坏、丢失和松动现象		5 分		
		所有部件整齐地摆放在桌上		5 分		
		工作区域内整洁干净，地面上没有垃圾		5 分		
综合				100 分		
完成用时						

任务 4.6　智能生产线的联机调试与故障维修

1. 任务引入

智能生产线整体实训任务是一项综合性的工作，适合小组的 2~3 位同学共同协作完成，实训时间为 5 h。

2. 任务目标

1）知识目标

（1）了解设备部件安装的要求。

（2）学会智能生产线联机调试的步骤和故障维修的方法。

2）技能目标

（1）能够完成电路设计以及气路和电路的连接。

（2）能够对 PLC 进行网络连接。

（3）能够使用触摸屏进行用户界面编程。

3）素养目标

培养学生爱岗敬业、吃苦耐劳、遇到故障能够沉着应变的工作作风，增强岗位认同感和责任感。

3. 任务分析

任务要求：将供料单元料仓内的工件送往加工单元的物料回转台，加工完成后把工件送往装配单元的装配台，然后把装配单元料仓内的白色和黑色两种不同颜色的小圆柱工件嵌入装配台上的工件，完成装配后的成品送往分拣单元分拣输出。

4. 相关知识

1）设备部件安装

完成智能生产线的供料、加工、装配、分拣和输送单元的部分装配工作，并把这些工作单元安装在智能生产线实训装置的工作台面上，各工作单元装置侧部分的装配要求如下。

（1）供料、加工和装配等单元的装配工作已经完成。

（2）完成分拣单元装置侧的安装和调整分拣单元在工作台面上定位。

（3）输送单元的直线导轨和底板组件已装配好，须将该组件安装在工作台面上，并完成其余部件的装配，宜至完成整个输送单元的装置侧安装和调整。

2）气路连接及调整

（1）按照前面介绍的分拣和输送单元气动控制回路原理图完成气路连接。

（2）接通气源后检查各工作单元气动初始位置是否符合要求，如不符合要求应适当调整。

（3）完成各工作单元气路调整，确保各气缸运行顺畅和平稳。

3）电路设计和电路连接

根据智能生产线的运行要求完成分拣和输送单元的电路设计和电路连接。

（1）设计分拣单元的电路，并根据所设计的电路图连接电路。电路图应包括 PLC 的 I/O 地址分配和变频器电路及控制电路。电路连接完成后应根据运行要求设定变频器有关参数，并现场测试旋转编码器的脉冲当量（测试 3 次取平均值，有效数字为小数点后 3 位）。

（2）设计输送单元的电路，并根据所设计的电路图连接电路。电路图应包括 PLC 的 I/O 地址分配、伺服电动机及其驱动器控制电路。电路连接完成后应根据运行要求设定伺服系统有关参数，参数应记录在所提供的电路图上。

4）各工作单元 PLC 网络连接

系统的控制方式应采用 PPI 协议通信的分布式网络控制，并指定输送单元作为系统主站。系统主令工作信号由触摸屏人机界面提供，但系统急停信号由输送单元的按钮/指示灯模块的急停按钮提供。安装在工作台面上的警示灯应能显示整个系统的主要工作状态，例如复位、启动、停止、报警等。

5）连接触摸屏并组态用户界面

触摸屏应连接到系统中主站的 PLC 编程接口。

TPC7062K 人机界面上的组态画面要求如下。用户窗口包括主界面和欢迎界面，其中，欢迎界面是启动界面，触摸屏上电后运行，屏幕上方的标题文字向右循环移动。

当触摸欢迎界面的任意部位时，都将切换到主界面。主界面组态应具有下列功能。

（1）提供系统工作方式（单站/全线）选择信号和系统复位、启动、停止信号。

（2）在人机界面上设定分拣单元变频器的输入运行频率（40~50 Hz）。

（3）在人机界面上动态显示输送单元搬运机械手的当前位置（以原点位置为参考点，度量单位为 mm）。

（4）指示网络的运行状态（正常、故障）。

（5）指示各工作单元的运行、故障状态。其中故障状态包括：

①供料单元的供料不足状态和缺料状态；

②装配单元的供料不足状态和缺料状态；

③输送单元搬运机械手越程故障（左或右极限开关动作）。

（6）指示全线运行时系统的急停状态。

5. 任务准备

1）智能生产线维护与保养的内容

制订维护与保养计划，实施智能生产线的维护与保养。维护与保养的内容如下。

（1）进行定期维护与保养。一般有日保养和周保养，不同的智能生产线有不同的要求，以智能生产线维护手册要求为准。

（2）保养耗材与工具。

（3）进行控制程序备份。

（4）维护操作系统。

（5）设计应对突发故障应急处理方案（包括程序出错恢复、设备停机处理等）。

（6）填写智能生产线维护和保养记录表。

2）智能生产线主要部件维护与保养要求

下面以亚龙智能生产线为例，介绍机械、电气、气动等主要组成部件的维护与保养要求，以及常见的故障处理方法。

（1）继电器。

①定期检查继电器的零件，要求可动部分灵活，紧固件无松动。已损坏的零件应及时修理或更换。

②保持触点表面清洁，不允许粘有油污。当触点表面因电弧烧蚀而附有金属小珠粒时，应及时去掉。若触点已磨损，应及时调整，消除过大的超程。若触点厚度只剩下 1/3，应及时更换。银和银合金触点表面因电弧作用而生成黑色氧化膜时，不必锉去，因为这种氧化膜的接触电阻很小，不会造成接触不良，锉掉反而会缩短触点寿命。

③继电器不允许在去掉灭弧罩的情况下使用，因为这样很可能发生短路事故。用陶土制成的灭弧罩易碎，拆装时应小心，以避免碰撞造成损坏。

④若继电器已不能修复，则应予更换。更换前应检查继电器的铭牌和线圈标牌上标出的参数，换上去的继电器的有关数据应符合技术要求。对用于分合继电器的可动部分，检查是否灵活，并将铁芯上的防锈油擦干净，以免油污黏滞造成继电器不能释放，有些继电器还需要检查和调整触点的开距、超程、压力等，以使各个触点的动作同步。

(2) PLC 的维护保养。

PLC 的可靠性很高,但环境的影响及内部元件老化等因素也会造成 PLC 不能正常工作。如果等到 PLC 报警或故障发生后再检查、修理,则会影响正常生产,事后处理是被动的。只要定期地做好维护、维修,就可以使系统始终工作在最佳状态,以免对企业造成经济损失。因此,定期检修与做好日常维护是非常重要的。一般情况下检修间隔时间以六个月至一年为宜,当外部环境较差时,可根据具体情况缩短检修间隔时间。

(3) 气动系统的维护保养。

气动系统的使用与维护保养是保证系统正常工作、减少故障发生、延长使用寿命的一项十分重要的工作。维护保养应及早进行,不应拖延到故障已发生、需要修理时才进行,也就是要进行预防性的维护保养。具体内容如下。

①对冷凝水的管理。空气压缩机吸入的是含有水分的湿空气,经压缩后提高了压力,当再度冷却时就要析出冷凝水,侵入压缩空气,使管道和元件锈蚀。防止的方法就是及时地排除系统各排水阀中积存的冷凝水,经常检查自动排水器、干燥器是否正常,定期清洗分水滤气器和自动排水器。

②对系统润滑的管理。气动系统中从控制元件到执行元件凡有相对运动的表面都需要润滑。如果润滑不当,会使摩擦力增大,导致元件动作不灵敏。润滑油的性质将直接影响润滑的效果,通常在高温环境下使用高黏度的润滑油,在低温环境下则使用低黏度的润滑油。在系统工作过程中,要经常检查油雾器是否正常,如发现油杯中油量没有减少,则需要及时调整滴油量。

③应定期检查气缸各部位有无异常现象、各连接部位有无松动等,轴销、耳环式安装的气缸活动部分应定期加润滑油。气缸的常见故障、原因及排除方法见表 4–55。

表 4–55 气缸的常见故障、原因及排除方法

故障	原因	排除方法
输出力不足	(1) 压力不足; (2) 推力不足	(1) 检查气压; (2) 确认气缸推力及缸径
破损	(1) 负载速度过大; (2) 缓冲故障	更换气缸
动作不稳定	(1) 爬行现象(进气节流速度在 50 mm/s 以下); (2) 偏心	(1) 使用低速气缸(10~200 mm/s); (2) 使用微速气缸; (3) 使用万向节; (4) 采用耐横向负载气缸; (5) 检查安装方式
泄漏(内泄漏、外泄漏)	活塞密封圈、活塞杆密封圈磨损	更换密封圈

④气动系统的故障种类。由于故障发生的时期不同,故障的内容和原因也不同。因此,可将故障分为初期故障、突发故障和老化故障。

a. 初期故障：在调试阶段和开始运转的两三个月内发生的故障。
b. 突发故障：系统在稳定运行时期突然发生的故障。
c. 老化故障：个别或少数元件达到使用寿命后发生的故障。

6. 任务实施

1）设备的安装和调整

智能生产线各工作单元的机械安装、电路接线、气路连接及调整等，其工作步骤和注意事项在前面各任务中已经阐述。进行系统整体安装时，必须确定各工作单元的位置，为此，首先要确定安装的基准点，即从铝合金桌面右侧边缘算起，然后确定各工作单元的安装位置。

（1）原点位置与供料单元出料台中心线 X 方向重合。

（2）供料单元出料台中心至加工单元加工台中心距离 430 mm。

（3）加工单元物料回转台中心至装配单元物料回转台中心距离 350 mm。

（4）装配单元装配台中心至分拣单元进料口中心距离 560 mm。

（5）由于工作台的安装特点，原点位置一旦确定，输送单元的安装位置也就确定。

在空的工作台上进行系统安装的步骤如下。

（1）完成输送单元装置侧的安装。包括直线运动传动组件、搬运机械手、拖链装置、电磁阀组件、装置侧电气接口等的安装，搬运机械手上各传感器引出线的连接，连接到各气缸的气管沿拖链的敷设和绑扎，装置侧电气接口接线的连接，气路的连接等。

（2）供料、加工和装配等单元在完成其装置侧的装配后，在工作台上定位安装。它们沿 Y 方向的定位，以输送单元搬运机械手在伸出状态时，能顺利在物料回转台上抓取和放下工件为准。

（3）分拣单元在完成其装置侧的装配后，在工作台上定位安装。沿 Y 方向的定位，应使传送带上进料口中心与输送单元直线导轨中心线重合；沿 X 方向的定位，应确保输送单元搬运机械手运送工件到分拣单元时，能准确地把工件放到进料口中心。

需要指出的是，在安装工作完成后，必须进行必要的检查、局部试验工作，以确保及时发现问题，在投入全线运行前，应清理工作台面上的残留线头、管线、工具等，养成良好的职业习惯。

2）有关参数的设置和测试

按工作任务书的规定，电气接线完成后，应进行变频器、伺服驱动器等有关参数的设定，并现场测试旋转编码器的脉冲当量。

3）人机界面组态

（1）工程分析和创建。

根据整机全线工作任务，工程分析和规划如下。

①工程框架。工程框架有 2 个用户窗口，即欢迎界面和主界面，其中欢迎界面是启动界面，有 1 个策略，是循环策略，主界面是工作界面。

②数据对象。各工作单元以及全线运行的工作状态指示灯，单机全线切换旋钮，启动、停止、复位按钮，变频器输入频率。搬运机械手当前位置等。

③图形制作。

a. 欢迎界面：

❶图片，通过位图装载实现；
❷文字，通过标签实现；
❸按钮，由对象元件库引入。
b. 主界面：
❶文字，通过标签构件实现；
❷各工作单元以及全线的工作状态指示灯、时钟，由对象元件库引入；
❸单机全线切换旋钮，启动、停止、复位按钮，由对象元件库引入；
❹输入频率设置，通过输入框构件实现；
❺搬运机械手当前位置：通过标签构件和滑动输入器实现。
④流程控制。通过循环策略中的脚本程序策略块实现。

进行上述规划后，就可以创建工程，然后进行组态。步骤是：在用户窗口中单击"新建窗口"按钮，建立"窗口0""窗口1"，然后分别设置两个窗口的属性。

（2）欢迎界面的组态。
第一，建立欢迎界面。
选中"窗口0"，单击"窗口属性"按钮，进入用户窗口属性设置界面。
①将窗口名称改为"欢迎界面"。
②将窗口标题改为"欢迎界面"。
③在用户窗口中，选中"欢迎"，单击鼠标右键，选择下拉菜单中的"设置为启动窗口"命令，将该窗口设置为运行时自动加载的窗口。

第二，组态欢迎界面。
选中"欢迎界面"窗口图标，单击"动画组态"按钮，进入动画组态界面开始编辑画面。
①装载位图。
单击"工具箱"中的"位图"按钮，鼠标的光标呈十字形，在窗口左上角位置拖拽鼠标，拉出一个矩形，使其填充整个窗口。
在位图上单击鼠标右键，选择"装载位图"命令，找到要装载的位图，单击选择该位图，然后单击"打开"按钮，则该图片装载到了窗口中。
②制作按钮。
单击"工具箱中"的相应图标，在窗口中拖拽出一个大小合适的按钮，双击按钮，出现属性设置窗口，在可见度属性页中选择"按钮不可见"选项；在操作属性页中单击"按下功能"按钮，打开用户窗口选择主界面，并使数据对象"HMI就绪"的值。
③制作循环移动的文字框图。
a. 选择"工具箱"中的"标签"按钮，拖拽到窗口上方中心位置，根据需要拉出一个大小适合的矩形，在鼠标光标闪烁位置输入文字"欢迎使用智能生产线实训考核装备！"，按回车键或在窗口任意位置单击，完成文字输入。
b. 设置静态属性。文字框的背景颜色为"没有填充"；文字框的边线颜色为"没有边线"；字符颜色为艳粉色；文字字体为华文细黑；字体为粗体；字号为二号。
c. 为了使文字循环移动，勾选"位置动画连接"→"水平移动"复选框，这时在对话框上端就增添了"水平移动"窗口标签。

设置说明如下。

- 为了实现"水平移动"动画连接,首先要确定连接对象的表达式,然后定义表达式的值所对应的位置偏移量,定义一个内部数据对象"移动"作为表达式,它是一个与文字对象的位置偏移量成比例的增量值。当表达式"移动"的值为0时,文字对象的位置向右移动0点(即不动),当表达式"移动"的值为1时,文字对象的位置向左移动5点(-5),这就是说"移动"变量与文字对象的位置的关系是斜率为-5的线性关系。
- 触摸屏图形对象所在水平位置定义为:以左上角为坐标原点,单位为像素,向左为负方向,向右为正方向。TPC7062K的分辨率是800像素×480像素,文字串"欢迎使用智能生产线实训考核装备!"向左全部移出的偏移量约为-700像素,故表达式"移动"的值为+140。文字循环移动的策略是,如果文字串向左全部移出,则返回初始位置重新移动。

d. 组态"循环策略"的具体操作如下。

- 双击"运行策略"→"循环策略",进入策略组态窗口。
- 双击图标进入"策略属性设置"窗口,将循环时间设为100 ms,单击"确认"按钮。
- 在策略组态窗口中,单击工具条中的"新增策略行"按钮,增加一个策略行。
- 单击"策略工具箱"中的"脚本程序"按钮,将鼠标指针移到策略块图标上,单击鼠标左键,添加脚本程序构件。
- 双击进入策略条件设置界面,在表达式中输入1,即始终满足条件。
- 双击进入脚本程序编辑环境,输入下面的程序。

if 移动 <= 140 then
移动 = 移动 + 1
else
移动 = -140
endif

- 单击"确认"按钮,脚本程序编写完成。

(3) 主界面组态。

第一,建立主界面。

①选中"窗口1",单击"窗口属性"按钮,进入用户窗口属性设置界面。

②将窗口名称改为"主界面";将窗口标题改为"主界面";在"窗口背景"窗口中,选择需要的颜色。

第二,定义数据对象和连接设备。

①定义数据对象。

各工作单元以及全线的工作状态指示灯、单机全线切换旋钮、启动按钮、停止按钮、复位按钮、变频器输入频率设定、搬运机械手当前位置等数据对象,都需要与PLC连接,进行数据信息交换。定义数据对象的步骤如下。

a. 单击工作台中的"实时数据库"窗口标签,进入实时数据库窗口页。

b. 单击"新增对象"按钮,在窗口的数据对象列表中增加新的数据对象。

c. 选中对象,单击"对象属性"按钮,或双击对象,打开"数据对象属性设置"窗口,然后编辑属性,最后确定。

②连接设备。

将定义好的数据对象和 PLC 内部变量进行连接，步骤如下。

a. 打开"工具箱"，在可选设备列表中，双击"通用串口父设备"，然后双击"西门子_S7200PPI"，出现"通用串口父设备""西门子_S720OPPI"。

b. 设置通用串口父设备的基本属性。

c. 双击"西门子_S7200PPI"，进入设备编辑窗口。

第三，制作和组态主界面

按如下步骤制作和组态主界面。

①制作主界面的标题文字，插入时钟，在"工具箱"中选择直线构件，把标题文字下方的区域划分为两部分，在区域左面制作各从站单元画面，在区域右面制作主站单元画面。

②制作从站单元画面并组态。

③制作主站单元画面并组态。

4）智能生产线的故障分析

（1）检查通信网络系统、主控制回路和警示灯接通情况。

测试状况如下。

①系统控制 N：N 通信网络或 PPI 通信网络连接已经完成，对应的 PLC 模块的输入/输出点的 LED 能够正常亮起。

②系统主令工作信号由人机界面触摸屏提供，安装在装配单元的警示灯应能显示整个系统的主要工作状态，包括上电复位、启动、停止、报警等。

（2）对系统的复位功能进行检测。

①测试状况。

a. 系统在上电后，首先执行复位操作，使输送单元搬运机械手自动回到原点位置，此时绿色警示灯以 1 Hz 的频率闪烁。

b. 输送单元搬运机械手回到原点位置后，复位完成，绿色警示灯常亮，表示允许启动系统。

②故障原因。

如果输送单元搬运机械手不能回到原点位置，则其故障原因主要如下。

a. 输送单元搬运机械手的急停按钮没有复位。

b. 各从站的初始位置不正确。

c. 各从站有急停按钮没有复位。

d. 步进电动机或驱动模块有故障。

e. 输送单元的 PLC 没有发出正常脉冲。

f. 支撑输送单元底板运动的直线导轨发生故障。

g. 主从动同步带和主从动同步轮之间有打滑现象。

只有在消除以上故障后，才允许启动系统。

（3）通过运行指示灯检测系统启动运行情况。

①测试状况。

按下启动按钮，系统启动，绿色和黄色警示灯均常亮。

②故障原因。

如果系统不能正常启动,则其故障原因主要如下。

a. 输送单元复位时,没有回到原点位置。

b. 原点位置检测行程开关出现故障。

c. 各从站的初始位置不正确。

如果绿色和黄色警示灯均显示异常,则其故障原因主要如下。

a. 原点位置检测行程开关出现故障。

b. 供料单元料仓中工件数量不足。

c. 装配单元料仓中工件数量不足。

d. 供料单元料仓中工件因自重掉落。

e. 装配单元料仓中工件因自重掉落。

(4) 检测供料单元供给工件情况。

①测试状况。

a. 系统启动后,供料单元顶料气缸的活塞杆推出,压住次下层工件;然后使推料气缸活塞杆推出,从而把最下层待加工工件推到物料回转台上,接着把供料操作完成信号存储到供料单元 PLC 模块的数据存储区,等待主站读取,并且推料气缸缩回,准备下一次推料。

b. 若供料单元的料仓没有工件或工件不足,则将报警或预警信号存储到供料单元 PLC 模块的数据存储区,等待主站读取。

c. 物料回转台上的工件被输送单元的搬运机械手取走后,若系统启动信号仍然为"ON",则进行下一次推出工件操作。

②故障原因。

如果顶料气缸不能够完成顶料动作,或者将工件推倒,则其故障原因主要如下。

a. 气缸动作气路压力不足。

b. 单向节流阀的调节量过小,使气压不足。

c. 单向节流阀的调节量过大,使气缸动作过快。

d. 料仓中的工件不能自行掉落到位。

e. 气缸动作电磁阀故障。

f. 料仓中无工件。

(5) 检测输送单元能否准确抓取供料单元物料回转台上的工件。

①测试状况。

在工件推到供料单元物料回转台后,输送单元搬运机械手应移动到供料单元物料回转台的止前方,然后执行抓取供料单元工件的操作。

②故障原因。

如果物料回转台上的工件没有被输送单元搬运机械手抓取,则其故障原因主要如下。

a. 输送单元没有读取到供料单元的推料完成信号。

b. 供料单元物料回转台上的工件检测传感器故障。

c. 输送单元气缸气路压力不足。

d. 单向节流阀的调节量过小,使气压不足。

e. 输送单元各气缸动作电磁阀故障。

（6）检测输送单元从供料单元到加工单元抓取工件的情况。

①测试状况。

a. 抓取动作完成后搬运机械手应缩回。

b. 步进电动机驱动搬运机械手移动到加工单元物料回转台的正前方。

c. 按搬运机械手伸出→下降→手爪松开→缩回的动作顺序把工件放到加工单元物料回转台上。

②故障原因。

如果抓取动作完成后搬运机械手不能缩回，则其故障原因主要如下。

a. 输送单元手爪位置检测传感器故障。

b. 输送单元气缸动作气路压力不足。

c. 单向节流阀的调节量过小，使气压不足。

d. 输送单元各气缸动作电磁阀故障。

（7）检测加工单元对工件进行加工的情况。

①测试状况。

a. 加工单元物料回转台的物料检测传感器检测到工件后，气动手指夹持待加工工件。

b. 伸缩气缸将工件从物料回转台移送到加工区域冲压气缸冲头的正下方，完成对工件的冲压加工。

c. 伸缩气缸伸出，气动手指把加工好的工件重新送回物料回转台后松开。

d. 将加工完成信号存储到加工单元 PLC 模块的数据存储区，等待主站读取。

②故障原因。

如果气动手指夹持待加工工件动作不正常，则其故障原因主要如下。

第一，加工单元手爪位置检测传感器故障。

第二，加工单元气缸动作气路压力不足。

第三，单向节流阀的调节量过小，使气压不足。

第四，加工单元各气缸动作电磁阀故障。

（8）检测输送单元将工件从加工单元取走的情况。

①测试状况。

输送单元读取到加工完成信号后，按搬运机械手伸出→手爪夹紧→提升→缩回的动作顺序取出加工好的工件。

②故障原因。

如果输送单元搬运机械手动作不正常，则其故障原因主要如下。

a. 输送单元搬运机械手手爪位置检测传感器故障。

b. 输送单元搬运机械手气缸动作气路压力不足。

c. 单向节流阀的调节量过小，使气压不足。

d. 输送单元各气缸动作电磁阀故障。

（9）检测输送单元搬运机械手能否将工件准确地送到装配单元。

①测试状况。

a. 步进电动机驱动夹着工件的搬运机械手移动到装配单元物料回转台的正前方。

b. 按搬运机械手伸出→下降→手爪松开→缩回的动作顺序把工件放到加工单元物料回转台上。

②故障原因。

如果步进电动机驱动夹着工件的搬运机械手不能移动到装配单元物料回转台的正前方，则其故障原因主要如下。

a. 步进电动机或驱动模块有故障。

b. 输送单元的PLC没有发出正常脉冲。

c. 支撑输送单元底板运动的直线导轨发生故障。

d. 主从动同步带和主从动同步轮之间有打滑现象。

（10）检测装配单元的工件装配过程。

①测试状况。

a. 装配单元物料回转台的检测传感器检测到工件到来后，料仓上面的顶料气缸活塞杆输出，把次下层的工件顶住，使其不能下落；下方的挡料气缸活塞杆缩回，工件掉入物料回转台的料盘中，然后挡料气缸复位，顶料气缸缩回，次下层工件下落，为下一次分料做好准备。

b. 物料回转台顺时针旋转180°（右旋），到位后按装配机械手下降→手爪抓取小工件→手爪提升→伸出→手爪下降→手爪松开→装配机械手返回初始位置的动作顺序把小工件装入大工件，并将装配完成信号存储到装配单元PLC模块的数据存储区，等待主站读取。

c. 在装配机械手复位的同时，物料回转台逆时针旋转180°（左旋）回到原点。

d. 如果装配单元的料仓中没有小工件或工件不足，则发出报警或预警信号，并存储到装配单元PLC模块的数据存储区，等待主站读取。

②故障原因。

如果挡料气缸不正常动作，则其故障原因主要如下。

a. 装配单元物料检测传感器故障。

b. 装配单元气缸动作气路气压不足。

c. 单向节流阀的调节量过小，使气压不足。

d. 装配单元各气缸动作电磁阀故障。

（11）检测输送单元件从装配单元运动到分拣单元的情况。

①测试状况。

a. 输送单元搬运机械手伸出并抓取工件后，逆时针旋转90°，从装配单元向分拣单元运送工件。

b. 搬运机械手伸出→下降→手爪松开并放下工件→缩回→返回原点→顺时针旋转90°。

②故障原因。

如果输送单元搬运机械手不正常动作，则其故障原因主要如下。

a. 输送单元手爪位置检测传感器故障。

b. 输送单元气缸动作气路压力不足。

c. 单向节流阀的调节量过小，使气压不足。

d. 输送单元各气缸动作电磁阀故障。

如果输送单元搬运机械手不能准确旋转到分拣单元的进料口，则其故障原因主要如下。

a. 输送单元搬运机械手气缸动作气路压力不足。

b. 单向节流阀的调节量过小，使气压不足。
c. 输送单元各气缸动作电磁阀故障。
d. 气动摆台动作故障。
e. 气动摆台定位不准。

（12）检测分拣单元的工件装配过程。

①测试状况。

a. 当输送单元将送来的工件放在传送带上并放入进料口被光电传感器检测到时，即可启动变频器，驱动三相减速电动机工作，传动带开始运转。

b. 当分拣单元推料气缸活塞杆推出工件并返回到位后，将分拣完成信号存储到分拣单元 PLC 模块的数据存储区，等待主站读取。

②故障原因。

如果输送单元将工件送到进料口后传送带不启动，则其故障原因主要如下。

a. 进料口工件检测传感器故障。
b. 分拣单元 PLC 模块不能发出正常信号启动变频器。
c. 三相减速电动机故障。
d. 传送带故障。

如果传送带停止位置不准确，推料气缸动作不正常，则其故障原因主要如下。

a. 光纤传感器故障。
b. 光纤传感器灵敏度调节不正确。
c. 变频器频率参数设置不正确。
d. 单向节流阀的调节量过小，使气压不足。
e. 各气缸动作电磁阀故障。
f. 旋转编码器运行不正常。
g. 推料气缸动作气路压力不足。

如果不能准确按照工件颜色分拣及工件被推入出料滑槽后传送带不停止，则其故障原因主要如下。

a. 光纤传感器故障。
b. 光纤传感器灵敏度调节不正确。

（13）检测分拣单元工作完成后输送单元的复位过程。

①测试状况。

分拣单元分拣工作完成，并且输送单元搬运机械手装置回到原点，则系统完成下一个工作周期。

如果在工作周期内没有按下过停止按钮，则系统在延时 1 s 后开始下一周期工作。

如果在工作周期内曾经按下过停止按钮，则本工作周期结束后系统不再启动，警示灯中黄灯熄灭，绿灯仍然保持常亮。

②注意事项。

只有分拣单元分拣工作完成，并且输送单元搬运机械手回到原点，才认为系统的一个工作周期结束。工作周期结束后若再按下启动按钮，则系统又重新工作。

为保证智能生产线的工作效率和工作精度，要求每一工作周期不超过 30 s。

6. 任务评价

任务评价见表 4 – 56。

表 4 – 56　任务评价

评分内容	配分	评分标准		分值	自评	他评
智能生产线的联机调试与故障维修	80 分	设备的安装和调整	机械安装	10 分		
			电气线路、气路连接	10 分		
			设备调整	10 分		
		人机界面组态	参数设置	10 分		
			人机界面组态	20 分		
		故障分析	测试设备状况	10 分		
			故障排除	10 分		
职业素养	20 分	材料、工件等不放在系统上		5 分		
		元件及模块没有损坏、丢失和松动现象		5 分		
		所有部件整齐摆放在桌上		5 分		
		工作区域内整洁干净、地面上没有垃圾		5 分		
综合				100 分		
完成用时						

知识评测

1. 填空题

（1）智能生产线由_____、_____、_____、_____、_____ 5 个单元组成。

（2）加工单元是一个可以实现工件冲压的加工装置，其功能是完成把_____从物料回转台移送到加工区域冲压气缸的正下方。

（3）装配单元的机械结构主要包括_____、_____、_____、和_____。

2. 判断题

（1）根据绘制的电气原理图进行接线，接线之前不用确保设备电源已经断开，放置好要用的工具，预先制作好长度适中的导线，所有导线的两端都要装上冷压端子，且要压接牢靠，不掉头。　　　　　　　　　　　　　　　　　　　　　　　　　　（　　）

（2）变频器运行模式是指对输出到变频器的启动指令和设定频率命令来源的指定。
　　　　　　　　　　　　　　　　　　　　　　　　　　　　　　　　（　　）

（3）输送单元在工作之前，首先必须检查设备是否在初始位置，从而复位搬运机械手，并将其定位到设备的原点位置，以此作为其他工作单元的定位参考，以保证定位精度。（　　）

3. 简答题

如果输送单元搬运机械手不能回到原点位置，分析其故障产生的原因。

项目五

面向数字孪生的智能虚拟生产线与调试系统设计

任务 5.1　面向数字孪生的智能虚拟生产线搭建方法与关键技术

1. 任务引入

开发环境与设计方法如下。

项目开发设计所选用的软件和仿真平台,包括进行三维可视化展示的仿真平台 VE^2、数控机床建模软件 SolidWorks、数字化五轴数控机床驱动脚本与编程语言 Python、数据库软件 MySQL 和结构查询语言 SQL。各个软件与仿真平台之间的关系如图 5-1 所示。

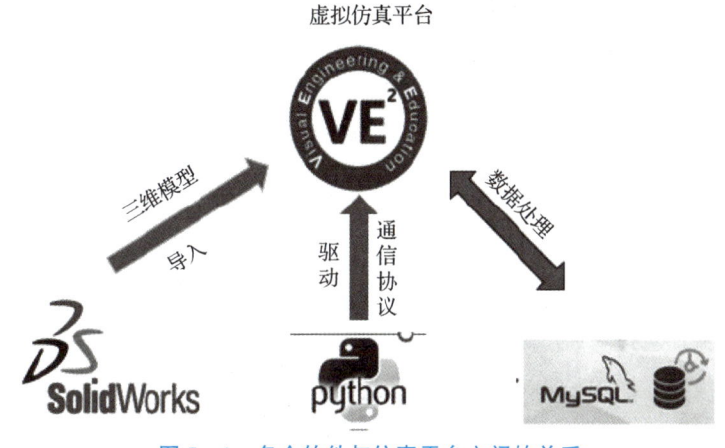

图 5-1　各个软件与仿真平台之间的关系

2. 任务目标

1）知识目标
(1) 了解项目开发环境与设计方法。
(2) 了解数字孪生的智能虚拟生产线设计框架。
2）技能目标
学会使用智能虚拟生产线框架的关键技术。
3）素养目标
培养学生不断提升自我的学习态度。

3. 任务分析

用于开发数字孪生设备的仿真平台是智能制造系统可适应规划仿真平台 Visual

Engineering&Education，简称 VE^2。VE^2 用于智能制造过程规划涉及建模、仿真。该仿真平台包含多种模型；支持三维模型导入，可以导入由 SolidWorks，3ds MAX 等绘图软件绘制的三维模型，并保留模型导入前的特性。VE^2 的特性如下。

1）丰富的资源库

该仿真平台包含丰富的资源库。资源库中包含完全免费的各类在线工业设备和组件，如各大品牌的工业机器人、自动化立体仓库、传送带、AGV 等。

2）控制脚本化

可使用 Python 脚本对模型进行控制，从而实现和模型的交互。

3）生产统计

可对生产过程中的各个要素进行统计，并能生成曲线图、柱状图、饼状图等，还可以通过 Export 功能导出 PDF 图形用于进一步研究分析。

4）工作空间

可转换多个视角，地面和背景颜色可进行更换，支持远近视距，便于进行人机交互操作。

4. 相关知识

数字孪生的智能虚拟生产线设计框架主要涉及以下 3 种关键技术。

1）面向数字孪生的智能虚拟生产线的多维建模技术

三维建模技术是用计算机系统描述物体形状的一种三维技术，其中建模过程中如何处理数据是建模的关键。三维建模技术已被广泛地应用在虚拟仿真领域，但是三维模型只能进行简单的人机交互，不能充分地利用实时产生的数据，不能映射地反映物理设备特性。多维建模在此基础上，从多个层面对智能设备进行建模，可以在虚拟物理空间中构建出映射地反映物理设备的模型，还可以对仿真过程中产生的数据进行处理，发挥数据的作用。

2）面向数字孪生的虚拟调试技术

虚拟调试技术是利用在虚拟环境中建立的虚拟模型，通过在虚拟环境中创建调试物理装置的代码，并利用对虚拟仿真验证装置的自动化，把这些调试代码下发至物理装置中，实现对物理设备的控制。通过对调试系统的设定，同时通过人机交互界面、监测运行模块对智能虚拟生产线进行调试。虚拟调试技术不但节省了现场的调试时间与成本，而且改善了工人的工作环境，降低了调试的风险。除此之外，它还可及时发现系统设计的不足之处并加以调整与优化。

3）面向数字孪生的智能虚拟生产线通信框架设计

相比于传统的 PLC 集中控制，智能生产线多采用与现场总线连接的方式进行分布控制。采用与现场总线连接的方式能够使接线的部分变得更加简单，同时对智能虚拟生产线的信号配置、调试等工作量变小了，给工业控制提供了许多方便。但是，由于所有制造商都根据设备开发了自己的总线，不同总线在许多层面存在差异。这里采用了基于 OPC UA 标准设计的通信框架，把各种数量众多的装置连接起来，并对工业机器人、传感器、大数据机床等装置所形成的大数据进行收集，使用通信协议对收集的数据进行封装和传输。

5. 任务准备

在进行智能虚拟生产线设计之前，首先分析所需要生产的产品，然后选择生产所需设备进行建模，组建模型库。为了保证所建模型能映射物理实体，使用多维建模方法对智能设备进行数字孪生建模。多维建模方法通过提取物理实体所具备的物理特征和其他物理属性，将属性添加至虚拟模型。比如，利用 SolidWorks 对加工零件所需的数控机床进行三维建模。首先分析五轴数控机床的外形、尺寸等特性，再对五轴数控机床进行几何建模。把建好的几何模型导入 VE²，进一步建模，将物理属性和五轴数控机床的基本参数，如重力、摩擦力、信号端口、通信接口等添加至虚拟模型。其次，通过添加驱动脚本、运动脚本等，使数字孪生数控机床和数控系统进行通信交互以及数字孪生模型和外部控制器之间的交互。除此之外，还应将各个设备的专业知识导入孪生模型。比如，数字孪生机床的各个方向最大行程、最快运行速度等数据和物理机床的数据保持一致。再次，将设备模型添加至 VE² 电子目录，组成模型库，设计人员根据零件生产所需的设备，从模型库中选取即可，这大大地提高了快速设计、搭建布局的效率。针对智能虚拟生产线设计、搭建，通过分析零件的加工工序，设计人员选取加工零件所需的加工设备，根据加工流程进行智能虚拟生产线设计，从模型库中选取所需的模型设备进行概念设计，在虚拟空间中搭建智能虚拟生产线对概念设计进行验证。最后，通过外部编写的控制程序对智能虚拟生产线进行控制，观察智能虚拟生产线运行的过程是否按预期进行，如果不正确，需做出适当的修改，直至正确。

在上述框架中，除了设计和控制智能虚拟生产线的仿真外，还能通过快速映射技术快速地控制物理生产线。在验证了仿真正确的前提下，通过数据连接将虚拟控制器里的控制程序下载至物理控制器。通过服务系统为智能虚拟生产线提供状态监测功能。

6. 任务实施

为了解决智能虚拟生产线不能映射物理产线的问题，设计了面向数字孪生的智能虚拟生产线的设计和控制框架。

智能虚拟生产线的设计和控制框架符合五维数字孪生模型。在虚拟空间中进行智能虚拟生产线设计与控制，不仅能够直接观察到智能虚拟生产线的结构，而且能看到智能虚拟生产线的运行状态，通过数据连接还能实时地观察数字孪生设备的运行。这不仅为智能生产线的调试和编程控制提供了便利，而且为个性化智能虚拟生产线的设计与控制提供了一种有效解决方案。

7. 任务评价

任务评价见表 5-1。

表 5-1 任务评价

评分内容	配分	评分标准		分值	自评	他评
面向数字孪生的智能虚拟生产线搭建方法与关键技术	80 分	查找任务相关知识	查找任务相关知识，该任务知识能力掌握度达到 60% 扣 5 分，达到 80% 扣 2 分，达到 90% 扣 1 分	20 分		
		确定方案编写计划	1. 制定整体设计方案，在实施过程中修改一次扣 2 分。 2. 制定实施方法，在实施过程中修改一次扣 2 分	20 分		

续表

评分内容	配分	评分标准		分值	自评	他评
面向数字孪生的智能虚拟生产线搭建方法与关键技术	80 分	记录实施过程步骤	在实施过程中,步骤记录不完整度达到 10% 扣 2 分,达到 20% 扣 3 分,达到 40% 扣 3 分	20 分		
		检查评价	1. 自我评述完成情况。 2. 检查资料收集整理情况	20 分		
职业素养	20 分	团队协调与合作		10 分		
		用专业语言正确流利地简述任务成果		10 分		
综合				100 分		
完成用时						

任务 5.2　面向数字孪生的智能虚拟生产线多维建模技术

1. 任务引入

针对数字孪生机床的模型问题,主要从三维建模、数字孪生建模两个方面进行设计。其中,数字孪生模型又分为信息模型、运动建模、控制模型、通信建模和物理模型。利用 SolidWorks 建模降低了模型制作的复杂程度,并在 VE^2 中利用其建模和渲染的功能,提高了模型的运行流畅度,增强了零件材料的质感,同时对整体模型做了轻量化处理,提高了在大型智能生产线仿真过程中的运行速度,最后通过完善数字孪生机床的数据驱动模块,实现数字孪生机床对数据的采集、处理和融合功能。

2. 任务目标

1) 知识目标

(1) 了解数字孪生建模要求。

(2) 理解数字孪生建模内容。

2) 技能目标

能够按照数字孪生设备的建模流程建模。

3) 素养目标

培养学生严谨认真、钻研刻苦、吃苦耐劳的精神。

3. 任务分析

从组成设备的各个零部件到数字孪生设备建模,必须符合客观,基于数字孪生的数控设备建模需要遵循以下的设计要求。

1) 层次性与集成度

数字孪生模型是由多个子模型共同构成的,利用三维绘图软件对所有的装置进行建模。在此基础上,将模型导入 VE^2,以实现各子模型间的关联,例如旋转关联、平行关联、传输关联等。然后,经过逐步的合并、反馈和修正,将整个系统整合起来。在采用数据驱动模式的情况下，各子系统可以进行相应的驱动，以方便分级调节。

2）面向对象与模块化设计

在对复杂装置进行建模时，可以采用面向对象的方法。在复杂的 CNC 加工过程中，可以采用面向对象的建模方法。对于不能进行分层分解的子模型，进行特征提取和模块化分析，从而简化复杂问题。在 VE^2 中，可以对各个子模型执行不同的动作，例如渲染、脚本、属性、行为、控制器等。基于面向对象的建模技术具有封装性、继承性、多态性等特点，能够为相似的子模型赋予相同的脚本，并对其进行局部化，实现子模型的定义，使其更加灵活、高效，同时也方便了开发人员操作。

3）轻量化

由于数字孪生设备的零件很多，所以在建立数学模型时，不仅要考虑其几何形状，还要考虑材料和绘制的要求。如果一个模型的文档太大，那么当建立一个智能生产线时，大量的模型导入会给 CPU 和显卡带来很大的压力，进而影响整个模拟的效果。因此，要使用实时数据驱动的数字化模型，不仅要进行大量的数据运算，还要进行模型的驱动，在进行数字孪生建模时，要兼顾模型的绘制和模拟的要求。在进行数字孪生建模时，可以对模型进行轻量级的处理，并对不会影响整个模拟的子模型进行优化，提高驱动脚本的性能，并降低对其特性的显示，以确保总体的操作效果，减轻计算机的负担。

4）交互性

数字孪生模型的互动，就是使用者对模型进行操作，模型根据使用者的反馈来完成相应的功能。根据使用者的不同要求，在建立模型时，必须要设计出各种不同的界面，比如控制器的选择、运动模式的定义、颜色的修改、交互信号的编辑、通信端口的选择等。虚拟训练系统需要对虚拟训练操作进行开放，比如单击模型、选择模型、驱动、提示、选择需要监测的数据，这可以大大提高虚拟训练的体验感。

5）物理特性

数字孪生模型在运动时，必须遵循客观规律，以防止产生奇异的、不正确的动作，如数控机床的换刀、开关门、五轴联动等。因此，在进行虚拟现实系统的建模时，要将虚拟现实中的重力、速度、加速度、质量等物理特性加入虚拟现实系统。

4. 相关知识

1）数字孪生建模内容

基于数字孪生的数控机床建模主要分为三维模型绘制、数字孪生建模。面向数字孪生的智能虚拟生产线具备众多设备模型，虽然每个设备的功能都是不同的，但是在数字孪生建模时可以将它们的共同特征在数字模型中体现出来。在此定义多元数据模型：

$$DT = \{GM, IM, MM, CtrM, ComM, PM\}$$

上式中各元素的意义分别为：三维模型、信息模型、运动模型、控制模型、通信模型、物理模型。其中 GM、IM、CtrM、PM 还可以进一步建模，分别设定如下：

$$GM = \{G\_Point, G\_Line, G\_Surface, G\_Body, G\_Coo\}$$

上式中各元素分别表示点、线、面、体、坐标，用于数字孪生模型在虚拟空间中的可视化显示和运动关系。

$$IM = \{I\_Macid, I\_Modid\}$$

上式中各元素分别表示设备的名称、设备所具备的各项属性，用于显示数字孪生模型的信息标识。

$$MM = \{C\_Vel, C\_Vela, C\_W, C\_Wa\}$$

上式中各元素分别表示速度、加速度、角速度、角加速度，用来描述数字孪生装置的运动。

$$PM = \{P\_G, P\_D, P\_F\}$$

上式中各元素分别表示重力、阻尼、摩擦力，用于为数字孪生模型添加物理属性。

2）数字孪生设备的建模流程

数字孪生是虚拟世界对物理世界的映射，在数据处理后进行迭代优化。因此，数字孪生模型就是物理机床的数字孪生体。数字孪生建模流程包括以下3个部分：按照加工要求选取加工设备、对设备进行几何建模、构建数字孪生模型。

5. 任务准备

首先根据零件的加工工艺，确定加工设备类型，对加工设备进行三维模型绘制。其中三维建模主要分为以下几个步骤。

1）三维模型绘制

基于对实物的测量和使用手册中的有关数据，确定数控机床的构造和具体尺寸。在SolidWorks中，先画出各个零部件，然后通过运动关系进行装配，完成整体的三维模型，最后将文件转化成XT的中间格式，以方便在各种绘图和仿真软件中修改。

2）仿真模型轻量化处理

在三维模型的制作过程中，模型的精细程度过高，导致大量的点、线、面冗余，在进行模拟时，其会占用大量的内存，从而导致系统的加载速度变慢、系统卡顿、模型出现错误等。一种可行的方法就是对模型进行简化，在将模型导入 VE^2 之前，对模型进行简化和优化，选择所需导入的文件路径，然后选择所需的模型品质、展示的几何特征、几何元素的完整性、世界坐标等其他选项，在满足模型完整的同时，减小模型文件的大小。

3）仿真模型的特征分解以及渲染

经过轻量化处理的模型是一个没有任何特征的整体。在模拟过程中，要确保细节的显示，必须对每个动作节点进行分解，以便建立相应的特征树。对零件的特征进行分解，要按照具体的几何结构进行分解，比如主轴、驱动轴、防护门等重要的零件，都要经过细致的处理，而如数控面板、钣金外壳、机床底座等固定的机械结构，只需对零件进行一些简单的特性分解。通过对整体的特征进行分解，可以获得其几何结构能够反映实际数控机床的仿真模型。

模型的材料对整个画面的视觉效果有很大的影响，但是在进行了特征分解后，由于没有材质和色彩，需要根据数控机床的实际材质和色彩进行渲染。渲染模型时可以选择不同的材质和颜色，以达到与实际一样的显示效果，并利用贴图和调节相关属性增加模型的真实感。

4）仿真模型的数字化

仿真模型数字化的关键在于加入自定义的脚本。可以添加不同的脚本，实现模型的定制，并且可以对已处理的模型进行进一步的开发，比如增加驱动和通信脚本，完善模型的虚实结合性能，并为以后的虚拟训练提供载体。

5）数字化模型的封装

在构建数字化车间或者搭建生产线的时候，需要大量的数字化模型，因此建立数字化模型库显得尤为重要。VE² 可以将所有数据都存储在 VCMX 中,然后将其封装在自己的数据库中,或者上传到其他数据库中,这样就可以为更多的人提供更多的信息。在画设计图的时候,使用者可以通过单击已创建的模型,将封装好的部件导入虚拟环境,从而迅速地构建一个复杂的场景。

6. 任务实施

1) 数字孪生模型设计

数字孪生模型是一种多维度真实反映物理设备的数字化模型,参照以上数字孪生数控机床建模内容以及建模流程,这里以五轴数控机床为例,添加三维模型绘制、数字孪生模型定义等方面的内容,完成五轴数控机床的数字孪生建模。

(1) 几何模型的构建。

三维建模是数控机床数字孪生模型的基础,模型的绘制效果将直接影响后续的仿真动画流畅程度、数据驱动速率和虚拟培训的教学效果。主要的建模过程分为:三维模型的绘制、模型运动关系的构建、模型的渲染。

①三维模型的绘制。

这里在 SolidWorks 中进行数控机床模型的设计。以五轴数控机床为例,进行三维建模。五轴数控机床需要实现五轴联动,因此各个部件之间需要建立约束。根据上述所提供的数字孪生机床的建模要求,需要对模型进行轻量化处理,以提高模拟时的仿真效果以及计算机模拟的数据处理能力,主要方法是:保留关键的运动部位,如各个运动轴、工作台、丝杠、导轨等;简化不影响仿真效果的部件,如数控系统面板、液压装置、照明系统、排屑系统、冷却系统等;最后还需要依照实际五轴数控机床的各项参数进行一比一的建模,以保证数字孪生的效果。在 SolidWorks 中的建模效果如图 5-2 所示。

将绘制好的三维模型转换成 XT 格式,然后导入 VE² 的虚拟场景。经过渲染和轻量化处理后,最终效果如图 5-3 所示。

图 5-2 在 SolidWorks 中的建模效果

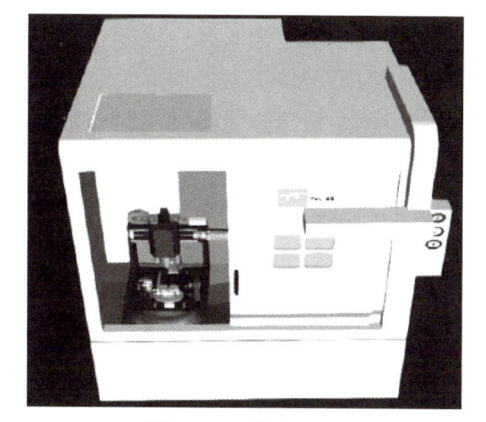

图 5-3 最终效果

②模型运动关系的构建。

五轴数控机床是一个复杂的多体系统,由多个柔体和刚体部件以特定的形式互相连接构成。从运动学的角度,可以把五轴数控机床的各个部件按一定的约束条件结合起来,使之成为一个具有 5 个自由度的系统。图 5-4 所示为五轴数控机床的拓扑结构。拓扑链由 6 个拓扑节点构成，以五轴数控机床的床身 P1 为根节点向两个方向延伸，一个方向连接至摆动工作台 P4，另一个方向连接到滑块 P6。

③对模型的渲染。

当三维模型制作完成后，需对其进行材质贴图、灯光布置，利用软件将这些元素与模型融合在一起，让模型呈现出实物照片般的质量。

建模是搭建骨架，渲染是为骨架添加肌理、外貌等内容，让它更贴近人们对三维立体事物的认知，利用人在视觉上的误差，使三维模型能够在二维平面空间中凸显立体感。根据物理设备在物理空间中的显示，对数字孪生模型进行渲染。

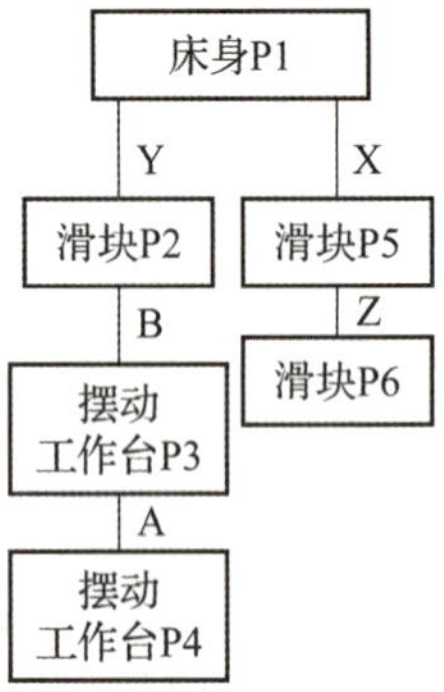

（2）数字孪生模型的构建。

三维模型建好之后，为了让三维模型能够真实地映射物理机床，需要对三维模型进一步处理。为三维模型添加相应的信息模型、运动

图 5-4 五轴数控机床的拓扑结构

模型、控制模型、通信模型、物理模型等。信息模型主要是为三维模型添加相应的信息，例如设备的类别、设备的型号、设备的各个关节可移动的范围等信息。

其中运动和控制模型主要是按照物理机床的加工运行逻辑，将数控系统的控制方式投射到数字孪生机床中，构建虚拟的数控系统，使其具有和实际数控系统相同的运动控制逻辑和代码解析功能，从而能够使用实时数据驱动数字孪生机床。

2）CNC 代码解析。

数控机床的加工主要是在数控系统的控制下进行的。数控机床能解析 ISO6893 部分代码，能识别、解析与处理各种 CNC 代码。根据数控代码的主要功能对其进行分类和使用，例如：数控代码中平动轴和主动轴的控制指令、辅助功能指令（液压系统、照明系统、安全门）、操作状态指令、工艺性指令等。建立与相关指令的执行逻辑相同的规则，用于驱动数字孪生机床进行对应的运动控制，进而完成数控代码的解析，为数字孪生机床的离线仿真和同步仿真功能奠定基础。

3）辅助功能的添加。

数字孪生机床除了具备通信与数据处理的功能，还可以为其扩充 PLC 虚拟调试、生产统计等功能，从而使数字孪生机床进一步地具备物理机床的功能，发挥更大的作用。

除此之外，通信模型是通过由 Python 语言编写的通信脚本实现的，通信脚本用于实现调试系统、数控系统、工业机器人控制编辑器之间的信息传输。

PLC 的虚拟调试功能为数控机床模型提供了与外部 PLC 软件通信的连接功能。根据实际工作中数控机床所设定的 I/O 接口，在数字孪生机床上设定相应的 I/O 接口，以方便外部 PLC 软件对数字孪生机床进行虚拟调试。除此之外，通过连接功能可以添加多个服务器，为数字孪生机床配备虚拟调试器，在单台数控机床的基础上实现更为复杂的多设备联合虚拟调试，从而节约调试成本、调试周期。这使数字孪生模型具备了虚拟培训功能。

通过数据计算功能，可以利用数控机床与智能虚拟生产线实时反映在仿真中形成的历史数据，如当前机械加工每个工件所花费的时间、当前加工完成工件的数量、数控机床的使用时间、零部件的总加工时间间隔、数控机床的总机械加工效果、数控机床机械加工各轴的数量等，以多种类型的图标进行可视化展示。除此之外，还可以监控数控机床的转速以及进给速度等。

数字孪生模型的建模质量影响到整体模型的仿真效果,所以在建模时需按照以上所述数字孪生建模的基本要求和流程进行建模。数字孪生模型的建构过程烦琐复杂,需使用多个建模软件协同工作。通过对数字孪生建模过程的分解和整合,构建出既符合仿真效果又反映物理设备细节的数字孪生模型,为后续的工作提供模型支持。

7. 任务评价

任务评价见表 5-2。

表 5-2 任务评价

评分内容	配分	评分标准	分值	自评	他评
面向数字孪生的智能虚拟生产线多维建模技术	80 分	查找任务相关知识：查找任务相关知识,该任务知识能力掌握度达到 60% 扣 5 分,达到 80% 扣 2 分,达到 90% 扣 1 分	20 分		
		确定方案编写计划：1. 制定整体设计方案,在实施过程中修改一次扣 2 分。2. 制定实施方法,在实施过程中修改一次扣 2 分	20 分		
		记录实施过程步骤：在实施过程中,步骤记录不完整度达到 10% 扣 2 分,达到 20% 扣 3 分,达到 40% 扣 3 分	20 分		
		检查评价：1. 自我评述完成情况。2. 检查资料收集整理情况	20 分		
职业素养	20 分	团队协调与合作	10 分		
		用专业语言正确流利地简述任务成果	10 分		
综合			100 分		
完成用时					

任务 5.3　面向数字孪生的虚拟调试技术

1. 任务引入

这里所设计的虚拟调试控制系统采用 CodeSys 软件的 PLC 开发平台,面对的将是智能虚拟生产线。在项目开展前期,现场设备就位之前,工程开发人员可以通过 PLC、工业机器人仿真、数控系统等智能生产线必需设备,对由虚拟模块所搭建的智能虚拟生产线实现虚拟调试,极大地节约现场调试的时间与成本,同时也为推动项目进程提供可靠的解决方案。针对现实的任务要求和具体功能特点,面向数字孪生的虚拟资源调度与管理系统,必须同时具有人机交互、集成通信、监测运行、PLC 程序编辑等功能。除此之外,该虚拟调试系统还应具备操作简易、操作性强等特性。本任务根据以上要求,对面向数字孪生的智能虚拟生产线的调试控制系统进行了总体设计。

2. 任务目标

1)知识目标

(1)了解虚拟调试系统的功能需求。

(2)理解基于 OPC UA 的生产线通信框架。

2)技能目标

能够按照基于 OPC UA 的生产线通信框架进行驱动程序编写和工作流程设定。

3)素养目标

培养学生自我反思、知错就改、精益求精的工作态度。

3. 任务分析

对面向数字孪生的智能虚拟生产线的虚拟调试控制系统及其总体设计方案进行剖析,重点涉及功能要求与总体设计方法。首先分析虚拟调试系统的技术要求后,对虚拟调试系统做出总体方案的工程设计,使之可以达到商业使用的条件。其次对虚拟调试系统进行详细的设计,并设计编写数控代码解析脚本、运动驱动脚本,给出虚拟调试系统的运行流程,同时提出一种基于 OPC UA 的通信架构,使用该架构能够对智能虚拟生产线进行调试。

虚拟调试系统的功能需求如下。

针对传统的智能生产线调试过程中存在的不足,这里设计一种面向数字孪生的智能虚拟生产线的虚拟调试系统。该系统需具有集成通信的功能,将各个设备的控制器进行分离控制,采用实时性高、协同配合度高的通信方案;该虚拟调试系统具有对智能虚拟生产线各个设备的运行状态进行监控的功能;该虚拟调试系统具有人机交互功能,方便操作人员对智能虚拟生产线进行操作;该虚拟调试系统具有 PLC 调试功能,可针对智能虚拟生产线的生产流程编写控制程序,达到控制的目的。虚拟调试系统功能结构如图 5-5 所示。

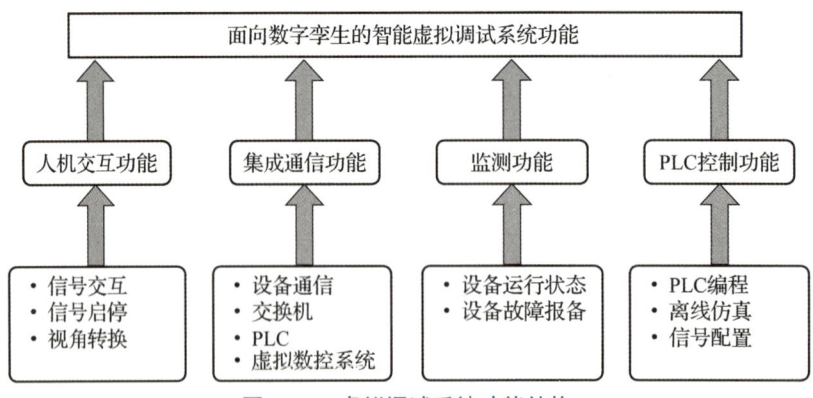

图 5-5 虚拟调试系统功能结构

1)人机交互功能

为了方便对智能虚拟生产线的操作,为智能虚拟生产线中的各个设备设置启动和停止交互键。除此之外,为智能虚拟生产线设定视角转换功能,以便可以实时地观测各个设备的加工状况。

2）集成通信功能

集成通信网络是智能虚拟生产线与虚拟数控机床间信号传输的重要纽带，为整个智能虚拟生产线的正常运作提供保证。本书采用 OPC UA，Modbus TCP/IP，因为 OPC UA 标准是目前比较热门的通信技术，被誉为"工业 4.0"的核心，它具备不受平台限制、能够统一不同语意、可集成至底层设备等优点，能够解决现场调试过程中现场总线所遇到的问题。

3）监测功能

监测模块主要用来监测智能虚拟生产线中各个设备的运行情况，如设备的异常、设备的运行状态，并且能够实时地将运行产生的数据展示出来。

4）PLC 控制功能

PLC 控制模块根据智能虚拟生产线的生产流程，编写 PLC 控制程序，用于控制智能设备。该模块还支持定义、更改信号、离线仿真。

4. 相关知识

1）基于 OPC UA 的通信框架

（1）OPC UA 标准。

相比于传统的 PLC 集中控制系统，现场总线采用统一的总线连接方式进行分布管理。统一总线连接方式使接线系统的管理工作更加简化，同时控制系统的配置、调试的工作量也减少了，这给工业控制提供了很大方便。但是，各个企业都根据设备开发了自己的总线，在 IEC 的标准中也有几十种总线。总线技术本来可以给工业控制系统提供方便，可是在各种总线之间很快产生了新的壁垒。同种总线技术设施都能够互连，不同种总线技术设施却无法互连。以太网技术采用国际标准的 IEEE802.3 网络，因此在物理层面上实现了统一。工厂自动化系统和信息化管理系统间的数据互操作能力较弱，造成了非标准数据接口的复杂性，使消息、数据的通信模型与系统之间的交互变得困难。

OPC UA 指 OPC 统一架构。作为一个可靠灵活的通信网络，OPC UA 是一种不依赖平台且具有更高安全性和可靠性的标准。OPC UA 使软件产品的研发与应用更加简便，也提高了工业智能化管理系统与企业信息化管理系统之间的数据互操作能力，减小了对非标准数据接口的复杂性。OPC UA 界定了统一数据信息与服务模型，包含：代表结构、行动与语义的统一消息模型，使用软件交互的消息模型，在终端用户间传输数据的整体统一通信模型，以及保证系统内部互操作性统一的一致性模型。这种统一的模块架构使数据能够更加灵活地组合起来，因此实现报警与事件、数据读写、历史数据存储、管理命令与复杂数据信息的交互等通信功能也相当容易。

OPC UA 使用了客户端/服务器架构，每个操作系统中可能包含几个网络客户端和网络服务器。每个网络客户端都能够同时与一个或多个网络服务器交互，而每个网络服务器也能够同时与一个或多个网络客户端交互。一个应用系统能够同时组合客户端系统和服务器设备，并用来和其他服务器设备或者客户端系统通信。OPC UA 系统架构如图 5-6 所示。

（2）OPC UA 工作原理。

OPC UA 的地址空间主要由服务器内的节点所组成，其中节点则是整个地址空间中的基础单位，而地址空间中的数据可以使用这些节点加以描述。OPC UA 的节点包含各种类型，既能够描述对象，又能够描述对象类型，并且各个节点具有不同的属性，可以通过属性对 OPC UA 中的节点类型加以描述。OPC UA 总共有 8 种基本节点类型：变量类别、视域、类型、对象、引用形、方法、变量、对象的类型。

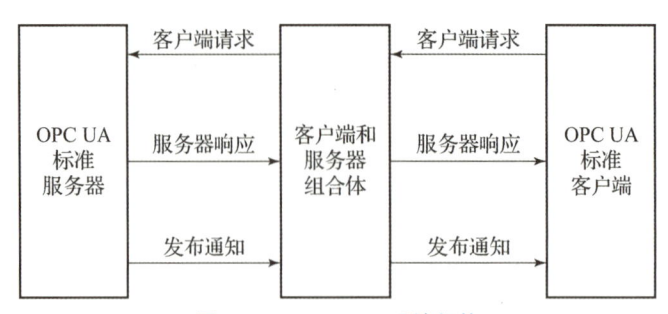

图 5-6　OPC UA 系统架构

OPC UA 根据数据信息建模把数据信息存储在服务器设备中，并且 OPC UA 客户端能直接访问 OPC UA 服务器设备，对位置空间中的数据信息进行读取。

(3) 基于 OPC UA 的信息交互网络框架。

将 OPC UA 技术运用到智能生产线中的主要方法，是将 OPC UA 服务器内嵌到智能生产线上的各个智能设备中，利用信息模块对各种底层设施所收集的数据分析，与 OPC UA 服务器地址空间中的节点连接，进而利用 OPC UA 服务器端和 OPC UA 服务器相连，从而实现大数据分析互动。采用 OPC UA 的信息交互网络结构包括 3 层，分别为设备层、通信层、信息化层。底层装置主要由加工设备、辅助装置和传感器等组成。在设备层，由设备的正常工作所产生的操作与状态等数据首先封装到 OPC UA 服务器中，随后采用 OPC UA 的订阅/发送或查询模型，传送至更高层的应用程序。设备和设备之间也能够直接通过 OPC UA 客户端和 OPC UA 服务器进行联系。通信层既连通了底层设施和信息系统，也连通了整个企业外部的网络及其各类云应用。同时，在通信层，设备监控网络系统与企业内部信息网络也将向融合的方面发展。信息化层的主要功能是针对智能生产线在工作过程中的实际需要，利用 OPC UA 客户端获取设备层的各种数据信息，保存到本地数据库、云数据库或者一些应用系统中，以便实现资源规划 ERP、生产装置制造与运行管理系统 MES 的运用。该架构也揭示了 OPC UA 在现代工业通信中的优越性，即利用信息模型可以对底层设备数据进行规范化管理，使各种设备的信息都可以得到最直接的呈现，同时基于位置空间的保留，可以及时进行统一化连接，再结合信息模型的语义保存能力，可以在通信流程中很好地对智能生产线的各种设备信息进行统一化管理。

(4) 基于 OPC UA 的信息模型的建立。

针对智能生产线，建立基于 OPC UA 的信息模型，为了克服信号闭塞与大数据无法收集的问题，在与各个设备互通的同时兼顾各种应用的开发性问题。基于 OPC UA 的信息模型的建立主要分为 4 个详细步骤。

①获取需求，即从系统框架图和应用情景图中，获得建模所需的设备种类。设备的参数与属性、设备所产生的方法与事件，以及设备属性、设备方法之间的关联。接着，通过特定领域的相关标准来检验建模所需要的信息，并同时做出必要的补偿。最后，将这些节点信息纳入 8 个标准的节点分类。

②界定类别模型。首先将节点类型中的 4 个类别依次界定为对象类别模型、变量类别模型、参考类别模型、统计类别模型，之后组合为统一的类别模型。在界定此类模型时，对于 OPC UA 中已出现的内置类别，也可以不进行界定。在界定类别模型时只能表示针对特殊应

用领域的扩展的类型。

③界定类别模型后，可以参照某个领域的具体案例对 4 个类别模型进行案例化，并且依据 OPC UA 服务器的标准 IP 地址空间，构建案例化信息模型。

④使用 UA Address SPACE Model Designer 开发工具可以导出大量 XML 和 CSV 文件，用作实例化信息的数据源。

本书采用 OPC UA 开发包，在 Windows 10 操作系统下，分别对 6 自由度工业机器人、加工设备、运输设备进行 OPC UA 信息化建模，并集成至虚拟模型，将模型加载至 OPC UA 服务器 IP 地址空间。

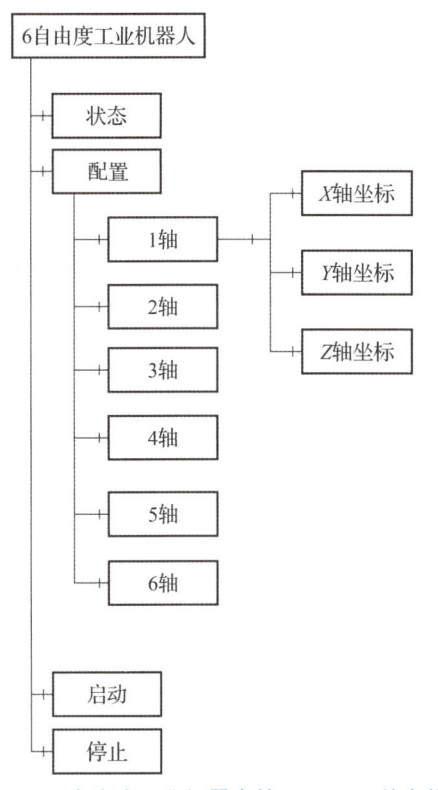

2）工业机器人的 OPC UA 信息模型

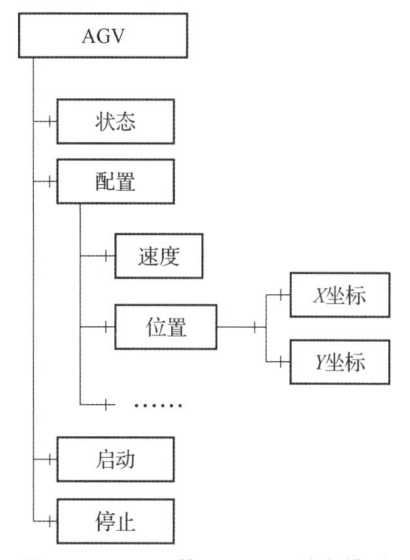

通过 OPC UA 架构实现数据通信，实现设备间的数据交换，以 6 自由度工业机器人为例，首先需要给 6 自由度工业机器人建立 OPC UA 的信息模型。6 自由度工业机器人由许多工业机器人的连杆组成，拥有 6 个自由度。6 自由度工业机器人的 OPC UA 信息模型如图 5 – 7 所示。

由图 5 – 7 能够很清晰地看到在 OPC UA 信息模型中，6 自由度工业机器人数据信息对象的不同层次关系，及其在各个层次中含有的信息内容。通过将信息模型的整个结构完全显示出来，可以有效地对数据进行读写和管理。

3）AGV 的 OPC UA 信息模型

AGV 的 OPC UA 信息模型如图 5 – 8 所示。

图 5 – 7 6 自由度工业机器人的 OPC UA 信息模型

图 5 – 8 AGV 的 OPC UA 信息模型

5. 任务准备

面向数字孪生的虚拟调试系统总体方案包括智能虚拟生产线模型和虚拟调试系统之间、虚拟数控系统和智能虚拟生产线模型之间、虚拟调试系统与虚拟数控系统之间的设计。本书主要基于 CodeSys 软件的 PLC 开发平台，对虚拟调试系统进行设计。

面向数字孪生的虚拟调试系统总体设计方案主要包括 3 个部分：智能虚拟设备及虚拟调试系统之间的通信设计、虚拟调试系统的设计、虚拟调试系统和虚拟数控系统之间的通信设计。本书通过对虚拟数控系统、6 自由度工业机器人控制器内的控制程序进行解析，将得到的数据通过通信协议传递给虚拟模型从而驱动设备模型进行运动。该虚拟调试系统除了支持 OPC UA 标准外，还支持 Modbus TCP、TCP/IP 等。设备包括 6 自由度工业机器人、五轴数控机床、缓存库、AGV 等。通过 OPC UA 标准这些设备连接至虚拟调试系统，虚拟数控系统连接至虚拟调试系统和设备，通过虚拟调试系统提供的 PLC 编程模块，根据生产流程编写控制程序，对智能虚拟生产线进行控制。

使用智能虚拟调试系统对智能虚拟生产线进行控制，虚拟调试系统主要有人机交互模块、集成通信模块、监测模块、PLC 控制模块。在人机交互模块中设定相应的可视化按钮，通过对按钮的点击实现对智能虚拟生产线信号的控制，进而控制智能虚拟生产线的运行。集成通信模块主要用来实现智能虚拟生产线、虚拟调试系统以及虚拟数控系统之间的通信。监测模块用于监测智能虚拟生产线的运行过程，实现设备的故障报警功能。PLC 控制模块主要负责针对智能虚拟生产线的运行过程编写 PLC 控制程序，控制智能虚拟生产线中各个设备的信号，实现对智能虚拟生产线的控制。

6. 任务实施

1）数字孪生设备驱动程序编写

针对各种模块，如信息模块、运动模块、通信模块等，使用 Python 脚本实现上述功能。对数控程序、工业机器人程序进行解析后，使用解析后的数据对数字孪生模型进行驱动，需要为模型添加驱动脚本。

在模型中使用 Python 语言编写通信脚本。流程如下：设定主机地址，并设定相应的端口号；创建 socket 通信，使之与虚拟数控系统进行交互；将虚拟调试系统的 IP 地址和端口号进行绑定；接收、处理数据，然后通过处理后的数据对模型进行驱动。

2）虚拟调试系统工作流程设定

面向数字孪生的虚拟调试系统主要是根据智能虚拟生产线设备工作时所设定的信号，在 PLC 控制模块中配置相应的控制信号，然后根据智能虚拟生产线的运行流程编写 PLC 梯形图程序，在 VE[2] 中的智能虚拟生产线上进行设备验证和程序逻辑验证。具体的工作流程如图 5-9 所示。

面向数字孪生的智能虚拟生产线与虚拟调试系统的工作过程如下。首先对智能虚拟生产线运行所需的设备进行通信连接，智能虚拟生产线、虚拟数控系统、虚拟调试系统之间通过 OPC UA 标准进行通信连接，并检查通信连接是否成功。连接成功后，为设备编写加工所需的运动脚本以及配置相应的交互信号，并根据智能虚拟生产线的加工流程编写 PLC 控制程序，以实现智能虚拟生产线的自动化运行。在完成上述步骤后，再次检查智能虚拟生产线、虚拟调试系统以及虚拟数控系统是否通信成功。如果连接失败，检查目标端口以及 IP 地址是否正确，直至连接成功。连接完成后，启动脚本程序以及 PLC 程序，使用虚拟调试系统

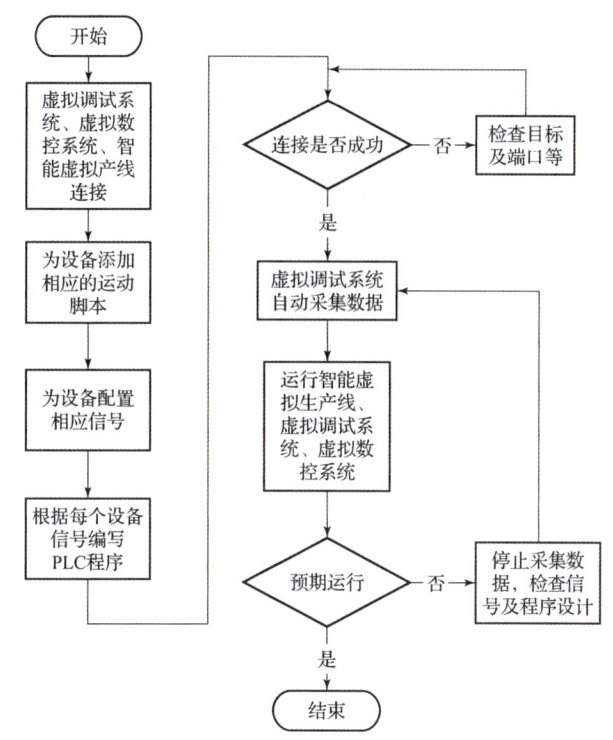

图 5-9 面向数字孪生的智能虚拟生产线的虚拟调试工作流程

对智能虚拟生产线进行调试、控制、监测。通过人机交互界面以及监测模块可以观测到智能虚拟生产线是否正常运行。若智能虚拟不能正常运行，则立即停止采集数据和检测错误的工序，经修改和优化之后再次进行调试和脚本编程，直至智能虚拟生产线能够按照预期运行。

7. 任务评价

任务评价见表 5-3。

表 5-3 任务评价

评分内容	配分	评分标准		分值	自评	他评
面向数字孪生的虚拟调试技术	80 分	查找任务相关知识	查找任务相关知识，该任务知识能力掌握度达到 60% 扣 5 分，达到 80% 扣 2 分，达到 90% 扣 1 分	20 分		
		确定方案编写计划	1. 制定整体设计方案，在实施过程中修改一次扣 2 分。 2. 制定实施方法，在实施过程中修改一次扣 2 分。	20 分		
		记录实施过程步骤	在实施过程中，步骤记录不完整度达到 10% 扣 2 分，达到 20% 扣 3 分，达到 40% 扣 3 分	20 分		
		检查评价	1. 自我评述完成情况。 2. 检查资料收集整理情况	20 分		

续表

评分内容	配分	评分标准	分值	自评	他评
职业素养	20 分	团队协调与合作	10 分		
		用专业语言正确流利地简述任务成果	10 分		
综合			100 分		
完成用时					

任务 5.4　面向数字孪生的智能虚拟生产线的实验验证

1. 任务引入

面向数字孪生的智能虚拟生产线的实验验证过程主要分为以下几个步骤。首先，使用面向数字孪生的多维建模技术对智能虚拟生产线进行建模；其次，使用设计的通信框架让虚拟调试系统和智能虚拟生产线进行通信；最后，对智能虚拟生产线进行快速搭建，使用 Petri 网对智能虚拟生产线进行建模并求解，使用虚拟调试系统对智能虚拟生产线进行调试，直至智能虚拟生产线能够正常运行。

2. 任务目标

1）知识目标

了解再向数字孪生的智能虚拟生产线的实验验证方法。

2）技能目标

能够进行面向数字孪生的智能虚拟生产线的实验验证。

3）素养目标

培养学生注重细节、追求完美、精益求精的工作作风。

3. 任务分析

本任务是面向数字孪生的智能虚拟生产线的快速设计搭建。

在设计智能虚拟生产线之前，首先要进行需求分析，按照要求进行概念设计。智能虚拟生产线的布置由概念设计决定。该智能虚拟生产线的整体拓扑总共由 10 个加工单元、8 台 AGV 以及其他周边设备构成，其中一个加工单元由一台机械手和一台数控机床组成。各零件的加工工艺与对应机床所需时间中，$OP1 \sim OPn$ 表示加工的工序，$M1 \sim M10$ 分别表示 10 台机床，智能虚拟生产线同时生产 8 种不同的零件，表示为 $Job1 \sim Job8$。物料在智能虚拟生产线上通过 8 台 AGV 运输，分别表示为 $AGV1 \sim AGV8$。根据概念设计中选用的数控机床、机械手、AGV，使用六维建模技术建立相应的数字孪生模型并导入数字模型库，设计人员从数字模型库中选择模型进行智能虚拟生产线的快速设计。

4. 相关知识

1）面向数字孪生的智能虚拟生产线的优化

智能虚拟生产线工作流程模型主要是为了完成实际智能生产线任务过程而抽象出来的产物，通过一种计算机能够处理的形式进行表示。对于智能虚拟生产线工作流程调度算法的研究，需要对智能虚拟生产线工作流程进行建模，目前大部分建模主要采用图形或文本语言的方法。这里研究智能生产线的排产调度过程，通过对各种建模方法的研究、比较，采用 Petri 网对智能虚拟生产线进行排产流程建模。

Petri 网是一种对离散事件进行建模和分析的方法，它可以用一种严谨的数学形式或直观的图表来描述整个系统的动态行为。在离散动态系统中，Petri 网可以实现系统运行过程的流程图或网络图，并用 Petri 网的 Token 流动模拟离散动态系统的工作过程，如并发、顺序、冲突、同步等动态过程。Petri 网建模方法具有严格的数学理论，对系统进行规范性建模后，可以通过多种工具进行校验。Petri 网已经广泛应用于工作流程管理、数据分析以及智能制造等领域。

传统 Petri 网是由"库所"和"变革"两种节点组成的简单系统过程模型。如下式所示，构建三元组网 $N=(P,T,F)$。

$$\begin{cases} P\cup T\neq\varnothing \\ P\cap T\neq\varnothing \\ F\subseteq(P\times T)\cup(T\times P) \\ \text{dom}(F)\cup\text{cod}(F)=S\cup T \end{cases}$$

其中

$$\begin{cases} \text{dom}(F)=\{x\in P\cup T\mid \exists y\in P\cup T:(x,y)\in F\} \\ \text{cod}(F)=\{x\in P\cup T\mid \exists y\in P\cup T:(y,x)\in F\} \end{cases}$$

根据上述定义，P 代表库所集 $\{P_1,P_2,\cdots,P_N\}$，而 T 代表变化整体 $\{T_1,T_2,\cdots,6T_m\}$，F 代表与 Petri 网 N 的弧关系。利用上述公中的联立关系可以总结出，在 Petri 网中至少存在一次库所 P 和变革 T，而库所 P 与变革 T 相互之间并不会产生交叉关系；有向边流的 F 只可以存在于库所 P 与变革 T 或者是变革 T 与库所 P 中间，而不会存在于库所 P 与库所 P 或者变革 T 与变革 T 中间；在 Petri 网 N 中，不可以存在一次孤立的库所 P 或者变革。

智能虚拟生产线的动态变化可以通过在传统 Petri 网中引入令牌实现，智能虚拟生产线中的机床或者待加工零件都可以通过令牌表示，令牌从一个库所转移到另一个库所的过程表示智能虚拟生产线的动态变化。库所可以同时含有多个不同的令牌。Petri 网中如果有变革前的库所中令牌，则此变革能够运行，当变革能够运行时，该变革前的库所将耗费相应的中令牌，而变革后的库所则会得到相对应的中令牌。传统 Petri 网在处理复杂问题时存在不足，为了更好地展示 Petri 网的应用性，人们根据实践扩展了传统 Petri 网，为 Petri 网拓展了时间特征，为不同属性的对象、变迁添加颜色属性。除此之外，为了降低对复杂智能制造系统的描述，将整个 Petri 网分解成几个简单的 Petri 子网，然后细化 Petri 子网。

在传统 Petri 网中加入颜色和时间等元素并进行分层处理，就得到分层赋时着色 Petri 网（HTCPN），用数学定义分层赋时着色 Petri 网，如下式所示。

$$\text{HTCPN}=\{M,\text{DP},\text{PT},O\}$$

上述公式中各个符号分别表示的含义如下。

M 是赋时着色 Petri 网中的模块化 Petri 子网的集合，可以使用 TCPN_i 表示。

$$M=\{\text{TCPN}_i\mid i=1,2,\cdots,n\}$$

DP 代表模块化 Petri 子网等价代替的库所的集合，即

$$\text{DP}=\{\text{dp}_i\mid i=1,2,\cdots,n\}$$

PT 代表分层赋时着色 Petri 网中代替库所集合之间相互联系的变迁集合；O 代表分层赋

时着色 Petri 网中的有向弧集合。

同时，分层赋时着色 Petri 网还应符合以下特点。

$$\begin{cases} DP \cup PT = \varnothing \\ DP \cap PT = \varnothing \\ O \in (DP \cup PT) \cup (DP \cap PT) \end{cases}$$

2) 智能虚拟生产线排产调度模型与求解

(1) 智能虚拟生产线排产调度模型。

智能虚拟生产线排产调度是一种优化组合问题。该问题通常以加工时间、机床使用率等为优化目标，使用智能排产调度方法，建立符合实际生产的调度数学模型。Petri 网能容易地描述智能虚拟生产线排产调度的复杂问题，比如加工机床、待加工工件的搬运、加工先后顺序等。在 Petri 网的排产调度模型中，库所表示加工机床及其所对应的缓存位置，变革表示工件加工起止时间，库所与变革之间的相互关系表示待加工工件间的搬运问题，令牌表示库所中代加工的不同工件及其对应状态。智能虚拟生产线排产调度主要是从初始令牌开始经过最优变革顺序到达目标令牌的过程，该变革顺序即待加工工件的加工工序。初始令牌表示智能虚拟生产线的初始状态，主要包含库所正在被占用、工件正在被加工的状态，目标令牌表示待加工工件结束时的智能虚拟生产线状态。智能虚拟生产线的整个生产流程可以通过可达图表示，可以在图中枚举所有加工顺序，通过比较对应目标函数，确定智能虚拟生产线最优加工序列，最终完成智能虚拟生产线排产调度优化。

智能虚拟生产线排产调度问题虽然比一般的生产线调度问题复杂，但更加贴切调度的真实情况。对智能虚拟生产线排产调度问题进行数学建模如下。n 个工件 $\{P_1, P_2, \cdots, P_n\}$ 在 m 台机床 $\{M_1, M_2, \cdots, M_m\}$ 上加工，其中每个工件 P_i 需要多道工序 $\{OP_{Pi,1}, OP_{Pi,2}, \cdots, OP_{Pi,n}\}$，其中每一台机床在某个时间只有加工某一工件的一个工序，而某一工序只要进行加工就一定加工完毕，不会发生停顿；任何机床都可以在零时刻进行工作，所有工件都可以在零时刻加工，每一种工件的前后工序都是恒定的，而且各个工件间也没有前后顺序的差异；各种工件的各个工位都可在对应的机床上加工，不过加工时间 Wt 不一定相等，在调度过程中会合理安排各个工件的不同加工工序给合适的机床，以使一项或多项评价指标最优。本书为了动态调度的实时性，将总加工时间 Wt 最短作为动态调度目标，如下式所示。

$$\min Wt = \min(\max(Wt_t)), 0 < t < m$$

智能虚拟生产线在实际生产过程中存在不确定性，可能出现加急单或者机床故障的情况，一旦发生这种情况原先的调度方案就不能适应，需要按照实际情况进行重新调度或者动态调度。为了检验动态调度的可行性，建立动态调度数学模型。

智能虚拟生产线机床约束模型如下式所示。

$$SM = (MG, MS, ML)$$

其中，MG 表示该机床能够加工的工艺；MS 表示该机床是否出现故障；ML 表示该机床现在是否空闲。

智能虚拟生产线生产计划模型如下式所示。

$$SP = (SH, SD)$$

其中，SH 表示该加工任务是否为加急单；SD 表示此工件是否被加工过。

智能虚拟生产线的每一个工件的加工需要多道不同的工序，每道工序需要不同的机床进行加工。用 DP 表示工件初始加工状态，经过若干不同机床及对应工序进行加工最终生成需要的产品。

在上述智能虚拟生产线的赋时着色 Petri 网中，每一个替代库所 DP 都能够展开成为一个赋时着色 Petri 子网。

（2）智能虚拟生产线调度过程描述。

在使用虚拟调试系统进行调试后智能虚拟生产线能够完成生产的情况下，使用智能虚拟生产线进行多零件生产。物料通过 AGV 在机床之间运输，即可实现多零件的智能生产。

5. 任务准备

下面进行智能虚拟生产线的调试仿真。

1）各设备控制程序的编写

这里通过 PLC 梯形图、工业机器人脚本编程语言、数控管理系统 G 代码、Python 脚本编程语言，共同完成对智能虚拟生产线的控制。其中 PLC 是智能虚拟生产线的中央控制器，并通过梯形图对整个控制系统实现逻辑控制；工业机器人脚本由 PLC 触发后进行相应的上料动作；数控系统 G 代码用来实现加工任务。

工业机器人脚本在工业机器人自带的程序编辑器中编写，其总体功能是接收 PLC 的控制信息，进行上、下料，发出信号启动数控机床进行加工和接收设备反馈的信号等。

2）设备的信号设定

在实际的生产过程中，以德国西门子 PLC 为主控，其他设备通过 EtherCAT、ModbusTCP 等通信协议互相通信，接收来自各个工业机器人、数控机床、AGV、加工库位和其他外围设备发来的信号。在本仿真系统中，各个设备的 I/O 信号端口通过 OPC UA 标准连接至虚拟控制器，离线编写各个设备的程序，用于实现智能虚拟生产线的运行。

3）智能虚拟生产线的数据交互架构

采用 OPC UA 架构的智能虚拟生产线系统数据通信的总体设计思路为：先对各种复杂的设备，比如工业机器人、传感器、PLC、数控机床等所形成的数据进行收集，再通过 OPC UA 支持的统一数据格式对所收集的数据进行封装与传送，以实现统一生产管控设备的目的；然后通过 OPC UA 统一架构存放在数据库系统中，从上层应用系统调取数据库中的数据，实现对底层设备的监视与扩展使用。

（1）对各种不同的底层设备所要求传输的信息内容分别构建信息模型架构，以确定所需要的信息内容和信号的层级架构。

（2）根据所需要的底层设备信息，在数据中心建立数据库。

（3）通过 Python 调用 OPC UA API，根据各种类型的底层设备创建相应的 OPC UA 服务器。

（4）在 OPC UA 服务器的节点中加载所要传送的设备信息，利用 OPC UA 通信栈将设备信息包装后发送。

（5）在信息管理层建立 OPC UA 客户端后，对所获取的设备信息进行分析，然后将其存入数据库。

（6）通过上层的应用系统从数据库中读取数据，实现对底层设备的监测与控制。

6. 任务实施

1）智能虚拟生产线调试

通过编写控制程序对搭建完成的智能虚拟生产线进行控制，根据工件的加工过程，编写

PLC 控制程序。PLC 梯形图在虚拟调试系统的 PLC 控制模块中编写。某个工件的生产流程如下。虚拟调试系统通过 OPC UA 通信框架和智能虚拟生产线、数控系统进行连接，连接成功后，智能虚拟生产线进行加工。在初始状态下，数控机床开始进行加工，加工完成后，数控机床打开安全门，数控机床加工完成信号传入机械手，机械手夹取工件放入缓存库，缓存库光电传感器被触发，AGV 实时接收到缓存库有工件的信号后过来取工件并放置于另一个缓存库，机械手夹取 6 工件并放置在另一台数控机床进行加工，工件依次经过两道工序后被调度机器人送至仓库储存。观察智能虚拟生产线是否按照预期运行，若没有，对它进行修改直至它按预期运行。

通过虚拟调试系统对智能虚拟生产线进行调试，首先将虚拟调试系统、智能虚拟生产线、数控系统连接起来，然后在虚拟调试系统内进行上述工作流程，为设备配备相应的 PLC 信号，编写 PLC 控制程序；将编辑完成的 PLC 控制程序转化成 OPC UA 支持的 XML 格式；将程序转换完成后，在进行调试之前，需要将虚拟调试系统内的信号与智能虚拟产线中的信号一一对应。

除此之外，还能通过虚拟调试系统对智能虚拟生产线进行监控。

2）智能虚拟生产线生产调试结果分析

使用虚拟调试系统对智能虚拟生产线调试完成后，使用 Petri 网建模方法对智能虚拟生产线进行 Petri 网建模，通过启发算法对模型进行求解。

在初始状态，设备都正常运行，智能虚拟生产线的加工时间为 375 s；经优化后，智能虚拟生产线的仿真时间为 364 s，节约时间为 11 s，但各工序的加工机床并未发生改变。各工件的加工工序对应的加工机床如下。

工件 1 按照加工流程对应的加工机床为 M1 – M4 – M7 – M9。

工件 2 按照加工流程对应的加工机床为 M2 – M5 – M6 – M9。

工件 3 按照加工流程对应的加工机床为 M1 – M5 – M7 – M8。

工件 4 按照加工流程对应的加工机床为 M3 – M5 – M6 – M10。

工件 5 按照加工流程对应的加工机床为 M3 – M4 – M7 – M8。

工件 6 按照加工流程对应的加工机床为 M2 – M5 – M6 – M10。

工件 7 按照加工流程对应的加工机床为 M2 – M4 – M7 – M9。

工件 8 按照加工流程对应的加工机床为 M1 – M4 – M7 – M10。

在进行调试前对智能虚拟生产线进行 Petri 网建模并求解，找出加工时间最短的路径，再为各设备配备相应的信号，在工业机器人控制器、数控系统中编写相应的加工程序，最后使用虚拟调试系统对智能虚拟生产线进行调试、监测等。实验结果表明，该智能虚拟生产线能够完成生产任务，为实际生产提供了指导。

针对传统生产线的现场调试成本较高、周期较长、技术风险较大等问题，本书提供了一个面向数字孪生的智能虚拟生产线设计、搭建以及控制的方法，使用该方法可在网络空间中快速设计、搭建、调试智能虚拟生产线。在以六维建模技术搭建数字孪生模型和智能虚拟生产线后，结合本书设计的虚拟调试系统，使用基于 OPC UA 的通信框架，对三维仿真软件中的面向数字孪生的智能虚拟生产线进行调试，调试完成后，对该智能虚拟生产线进行优化。得出结论如下。

（1）针对调试过程中虚拟模型不能反映设备特性的问题，本书通过几何、信息、运动、控制、通信以及物理 6 个维度对设备进行数字孪生建模，使数字模型映射物理设备，保证了调试的有效性，为接下来的现场调试奠定了基础。

（2）为了实现对智能虚拟生产线的调试以及监控，本书设计了一个虚拟调试系统。该系统集成了人机交互、集成通信、监测、PLC 控制模块。通过虚拟调试系统的人机交互模块实现对智能虚拟生产线的调试。根据智能虚拟生产线配备的信号在虚拟调试系统中配置相应的信号，并编写 PLC 控制程序。该虚拟调试系统能够实现对智能虚拟生产线的控制以及监测。

（3）使用基于 OPC UA 的通信框架，解决了平台不同导致的各设备之间信息共享、统一管理困难的问题。对设备进行了 OPC UA 信息化建模，实现了不同设备之间的信息共享。

（4）采用面向数字孪生的智能虚拟生产线的设计方法，在仿真软件中快速地搭建智能制造场景。通过虚拟调试系统的 PLC 控制模块编写控制程序，协同数控程序、工业机器人编程实现对智能虚拟生产线的调试。完成调试后，通过对智能虚拟生产线进行 Petri 网建模和求解，完成对智能虚拟生产线的优化。

7. 任务评价

任务评价见表 5-4。

表 5-4 任务评价

评分内容	配分	评分标准		分值	自评	他评
面向数字孪生的智能虚拟生产线的实验验证	80 分	查找任务相关知识	查找相关任务知识，该任务知识能力掌握度达到 60% 扣 5 分，达到 80% 扣 2 分，达到 90% 扣 1 分	20 分		
		确定方案编写计划	1. 制定整体设计方案，在实施过程中修改一次扣 2 分。 2. 制定实施方法，在实施过程中修改一次扣 2 分	20 分		
		记录实施过程步骤	在实施过程中，步骤记录不完整度达到 10% 扣 2 分，达到 20% 扣 3 分，达到 40% 扣 3 分	20 分		
		检查评价	1. 自我评述完成情况。 2. 检查资料收集整理情况	20 分		
职业素养	20 分	团队协调与合作		10 分		
		用专业语言正确流利地简述任务成果		10 分		
综合				100 分		
完成用时						

知识评测

1. 填空题

（1）VE² 用于智能制造过程规划时涉及_____、_____。

（2）在对复杂装置进行建模时，可以采用_____。

（3）面向数字孪生的虚拟调试系统总体设计方案主要包括 3 个部分：_____、_____、_____。

2. 简答题

简述对设备进行三维建模的步骤。

项目六

多维指标约束下智能生产线调度模型与优化设计

任务6.1 柔性作业车间调度分析与建模

20世纪90年代以来，我国制造业持续高速发展，成为拉动国民经济发展的主要力量。全球性竞争的加剧，给国内的制造业带来了新的挑战。企业要想在激烈的竞争中立于不败之地，就必须以最低的成本、最好的质量、最快的速度和最优的服务来响应市场。由于市场竞争的日益激烈，以及客户需求的个性化和多样化，多品种、中小批量生产方式已经被大多数企业所接受。在这种"离散"的生产方式下，产品生产规模小、品种多，造成生产作业过程的信息复杂且不易控制，均衡的生产计划和作业计划难以实现，容易导致不能按期交货、质量得不到保证、经济效益降低等问题。由此调度优化问题应运而生。调度优化问题是指"如何把有限的资源在合理的时间内分配给若干个任务，以满足、优化一个或多个目标"。调度优化问题几乎存在于各个领域，如企业管理、交通运输、航空航天、医疗卫生、能源动力和网络通信等。由此可见，调度优化问题的研究在现实中有重大意义。

1. 任务引入

为了提高制造业的竞争能力，适应国际上的先进制造模式，制造企业开始逐渐引进和开发了产品研发和管理的信息化软件，例如，计算机辅助设计（Computer Aided Design，CAD）、计算机辅助工程分析（Computer Aided Engineering，CAE）、计算机辅助工艺规划（Computer Aided Process Planning，CAPP）、计算机辅助制造（Computer Aided Manufacturing，CAM）、产品数据管理（Product Data Manage ment，PDM）、制造资源计划（Manufacture Resource Planning，MRP）等软件。随着以上软件应用的深入，制造企业希望能够将上述软件的信息进行集成，以便对产品从投料到成品的制造全过程进行控制，从而达到使生产制造活动更加高效、敏捷、柔性化的目的。为此我国又逐渐引入和开发了制造执行系统（Manufacturing Execution System，MES）、计算机辅助质量管理（Computer Aided Quality，CAQ）、计算机辅助检测（Computer Aided Testing，CAT）、企业资源规划（Enterprise Resource Planning，ERP）等软件。制造执行系统能根据所采集的车间底层与生产相关的实时数据信息，以及MRP、ERP、PDM等软件生成的产品生产的长期计划，对短期生产作业计划进行调度、资源配置和生产过程等系统优化。制造执行系统正逐渐在制造企业得到广泛的应用，使制造企业朝制造柔性化和管理精细化的方向发展，从而提高响应市场变化的实时性和灵活性，提高生产线的运行效率，降低不良品率，降低生产成本。其中车间调度是制造执行系统的核心功能之一，是其在制造企业成功应用的关键。

2. 任务目标

1）知识目标

（1）了解车间调度问题的描述、分类及特性。

（2）理解柔性作业车间调度问题描述。

2）技能目标

能够通过柔性作业车间调度问题的研究方法进行优化设计。

3）素养目标

培养学生整理、归纳、总结的能力，增强学生的自信心。

3. 任务分析

车间调度技术是实现制造企业生产高效率、高柔性和高可靠性的关键技术之一。传统车间调度模式是：假设工序加工所需要的资源是不具备柔性的资源，工件的所有工序的加工机器是唯一的，且加工顺序是已知的，调度时，通过确定工序在每台加工机器上的加工顺序来优化完工时间等系统目标。一般研究车间调度问题时，都会以传统作业车间调度问题（Job - shop Scheduling Problem，JSP）为基础进行研究，每个工件的每道工序只能在一台机器上加工，并且只能加工一次，加工时间是确定的。

随着大批量连续生产方式逐渐被适应市场动态变化的多品种、小批量离散生产方式所替代，一个制造企业的生存能力和竞争能力在很大程度上取决于它是否能在较短的生产周期内生产出较低成本、较高质量的多个的品种产品。随着柔性制造系统（Flexible Manufacture System，FMS）和数控加工中心（Computer Numerical Control，CNC）等带有一定柔性的生产系统的出现，以往经典作业车间调度的研究成果不能非常快速地直接应用于新的制造模式，于是柔性作业车间调度问题（Flexible Job - shop Scheduling Problem，FJSP）也就成为研究重点，它是传统作业车间调试问题的扩展。工件的每道工序可以在多台相同或不同的机器上进行加工，加工时间不一定相同，在实际生产中可以按照资源负荷情况，灵活地进行资源的选择，以提高加工的灵活性。

4. 相关知识

1）加工的优点

第一，可以提高设备的利用率。机器一旦空闲就可以安排工件进行加工，减少设备闲置和等待的时间。

第二，具有维持生产稳定的能力。当一台或多台机器发生故障时，工件可以绕过故障机器，在其他机器上进行加工，生产得以继续，从而保证生产稳定。

第三，可以提高产品质量和缩短生产周期。与经典的 JSP 模型相比，同一工件的多个工序可以在同一台机器上连续进行加工，减少了中间装卸和搬运等造成时间的消耗。

虽然传统作业车间调度问题在理论上取得了重大进展，然而实际制造系统中的车间调度问题不仅在问题模型上比传统作业车间调度问题复杂，而且具有计算复杂、多目标、不确定性、动态性等特点。具体表现如下。

（1）计算复杂。

柔性作业车间调度问题是传统作业车间调度问题的扩展，它不仅需要确定工序加工的顺序，还要给每道工序分配机器，是比传统作业车间调度问题更为复杂的 NP - hard 问题。

(2）多目标。

在实际生产中经常需要考虑多项性能指标要求，且各项性能指标要求可能彼此冲突。常用的调度性能指标包括：最大完工时间、交货期、机器总负荷、生产成本、延迟或拖期、库存等。

(3）不确定性。

在实际生产中存在广泛的不确定性因素，如机器故障、操作人员不熟练、原材料性质存在差异、刀具磨损等，很少能获得确定的加工信息。

(4）动态性。

实际生产过程是一个动态的过程，加工工件通常是依次进入待加工状态的，各种工件不断进入制造系统接受加工，已加工完的工件又不断地离开制造系统。

目前车间静态、不确定随机、动态调度范围的定义存在多种不同的分类模型，而这些模型直接影响解决问题的复杂性，因此要求模型简单，接近实际生产过程。简单、实用的调度分类模型包括静态调度、动态调度、多目标调度、不确定调度、多目标不确定调度。

因此，这里将调度研究延伸为更具实际意义的问题，对柔性作业车间调度这一类型的调度问题进行深入研究，这在理论上和实际生产上都具有广泛的实用性和重要的意义。

从理论方面来讲，理论应用于实际能否成功，在于建立的模型和研究的问题是否符合当前实际的生产状况，同时也在于对所建立的问题模型是否存在有效的求解方法。柔性作业车间调度问题的研究，突破了制造企业传统生产中工件加工路线固定的限制，是非常复杂的组合优化问题，因此，从理论上对柔性作业车间调度问题进行研究，对于发展优化技术和解决包括调度问题在内的组合优化问题都具有重大的意义。

从实际生产方面来讲，柔性作业车间调度问题在实际生产中具有实际应用价值。这里由单目标柔性作业车间调度问题开始研究，逐渐深入，直至对多目标和不确定环境下的柔性作业车间调度问题进行研究，减少实际生产中设备的闲置和等待时间，提高设备利用率，使各道工序之间的衔接更加连续、紧凑。

由于现实应用中会遇到更加复杂的调度问题，所以进一步丰富车间调度理论成果并将其应用于实际生产调度问题或缩小理论成果与实际问题的差距，将会产生巨大的经济效益和实践价值。

2）车间调度问题的描述、分类及特点

（1）车间调度问题的描述。

调度问题的一般性定义为：在一定的约束条件下，把有限的资源在时间上分配给若干个任务，以满足或优化一个或多个性能指标。

从这个定义可见，调度不仅要将任务排序，还要确定各个任务的开工和结束时间。因为在多个任务的开工时间之间可以插入无限的空闲时间。通常假定每个任务都按照其最早可开工时间开始加工，那么任务的一个排序就可以确定一个调度方案。

在制造业中，车间调度问题可以描述为：n 个工件在 m 台机器上加工；一个工件有多道工序，每道工序可以在若干台机器上加工，并且必须按一些可行的工艺次序进行加工；每台机器可以加工工件的若干工序，并且在不同的机器上加工的工序集可以不同。车间调度的目标是将工件合理地安排到各机器，并合理地安排工件的加工次序和开工时间，使约束条件被满足，同时优化一些性能指标。在实际制造系统中，还要考虑刀具、托盘和物料搬运系统的调度问题。

(2) 车间调度问题的分类。

车间调度问题的分类方法较多,根据工件和车间构成的不同,车间调度问题可分为以下几种。

①单机调度问题。

在单机调度问题(Single Machine Scheduling Problem,SMP)中,加工系统只有一台机器,待加工的工件有且仅有一道工序,所有工件都在该机器上进行加工。此问题是最简单的车间调度问题。

②并行机调度问题。

在并行机调度问题(Parallel Machine Scheduling Problem,PMP)中,加工系统中有多个完全相同的机器,每个工件只有一道工序,工件可以在任意一台机器上进行加工。

③开放车间调度问题。

在开放车间调度问题(Open Shop Scheduling Problem,OSP)中,每个工件的工序的加工顺序是任意的。工件的加工可以从任何一道工序开始,在任何一道工序结束。工件的加工没有特定的技术路线约束,各个工序之间没有先后关系约束。

④流水车间调度问题。

在流水车间调度问题(Flow Shop Scheduling Problem,FSP)中,加工系统有一组功能不同的机器,待加工的工件包含多道工序,每道工序在一台机器上加工,所有工件的加工路线都是相同的。每个工件工序之间有先后顺序约束。

⑤作业车间调度问题。

在作业车间调度问题(Job Shop Scheduling Problem,JSP)中,加工系统有一组功能不同的机器,待加工的工件包含多道工序,每道工序在一台机器上加工,工件的加工路线互不相同,每个工件工序之间有先后顺序约束。

(3) 车间调度问题的特点。

车间调度问题具有以下特点。

①多约束性。

在通常情况下,工件的加工路线是已知的,并且受到严格的工艺约束,各道工序在加工顺序上具有先后约束关系;同时,工件的加工机器集是已知的,工件必须按照工序顺序在可以选择的机器上进行加工。

②离散性。

车间生产系统是典型的离散系统,其调度问题是离散优化问题。工件的开工时间、任务的到达、订单的变更,以及设备的增添或故障等都是离散事件。可以利用数学规划、离散系统建模与仿真、排序理论等方法对车间调度问题进行研究。

③计算复杂性。

车间调度问题是一个在若干等式和不等式约束下的组合优化问题,从计算时间复杂度看是一个 NP – hard 问题。随着调度规模的扩大,问题可行解的数量呈指数级增加。很简单的例子如:在工件和机器的数量均为 10 的单机调度问题中,当单纯考虑加工周期最短时,可能的组合数就已达到 $(10!)^{10}$。

④不确定性。

在实际车间调度中有很多随机因素，如工件到达时间具有不确定性，工件的加工时间随着不同的加工机器也有一定的不确定性。而且，系统中常有突发事件，如紧急订单插入，订单取消、原材料紧缺、交货期变更、设备发生故障等。

⑤多目标性。

在不同类型的制造企业和不同的生产环境下，调度目标往往形式多样、种类繁多，如完工时间最短、交货期最早、设备利用率最高、成本最低、在制品库存量最少等。多目标性有两层含义，一是目标的多样性；二是多个目标需要同时得到满足，并且各个目标往往是相互冲突的。

车间调度问题的特性，使车间调度问题从产生到现在，一直吸引着来自不同领域的研究人员寻求不同的有效方法对其求解。但是，多年来的研究仍不能完全满足实际应用的需要，促使人们更加深入、全面地对其进行研究，提出更有效的理论和方法，来满足制造企业的实际需求。

5. 任务准备

下面介绍柔性作业车间调度问题的研究方法。

柔性作业车间调度问题一直是极其困难的组合优化问题，其研究方法也随着调度模型的变迁从开始的数学方法发展到目前启发式的智能算法。目前解决柔性作业车间调度问题的方法主要分为两类：精确方法（exact method）和近似方法（approximation method）。精确方法也可称为最优化方法，能够保证得到全局最优解，但只能解决较小规模的问题，而且速度很慢。近似方法可以很快地得到问题的解，但不能保证得到的解是最优的，不过对于大规模问题是非常合适的，可以较好地满足实际问题的需求。

1）精确方法

精确方法主要包括整数规划方法、混合整数规划方法、拉格朗日松弛法、分解方法、分支定界法等。

（1）数学规划方法。

数学规划方法中最常见方法是混合整数规划。混合整数规划有一组线性约束和一个线性目标函数，该方法限制决策变量都必须是整数。这导致在运算中出现的整数个数以指数规模增长，即便使用更好、更简洁的公式表述，也需要大量的约束条件。

较多成功的数学模型的建立都归功于拉格朗日松弛法和分解方法。拉格朗日松弛法用非负拉格朗日乘子对工艺约束和资源约束进行松弛，最后将惩罚函数加入目标函数。上海交通大学的刘学英用拉格朗日松弛法解决车间调度问题。分解方法将原问题分解为多个小的易于解决的子问题，然后对子问题寻找最优解。

（2）分支定界法。

分支定界法用动态树结构来描述所有的可行解排序的解空间，树干的分支隐含要被搜索的可行解。分支定界法非常适合解决总工序数小于 250 的柔性作业车间调度问题，对于大规模的柔性作业车间调度问题，它需要很多计算时间，这限制了它的使用。目前，对这种方法研究的重心是如何与智能算法结合，减少最初的搜索阶段中的节点，提高搜索效率和完善求解效果。

2）近似方法

由于大多数柔性作业车间调度问题的复杂性和所存在的上述问题，近似方法成了一种可行的选择。近似方法可以在较为合理的时间内迅速求得可以令人接受的满意解。由于它的求解速度快，解的质量还可接受，所以它可用于解决较大规模的柔性作业车间调度问题。

3）人工智能方法

在20世纪80年代出现的人工智能方法在柔性作业车间调度问题研究中占据重要的地位，也为解决柔性作业车间调度问题提供了一种较好的途径。它主要包括：约束满足，神经网络，专家系统，多智能体技术，以及后来人们通过模拟或揭示某些自然现象、过程和规律而发展的进化算法（如遗传算法、免疫算法、蚁群优化算法和粒子群优化算法等）。

（1）约束满足。

约束满足（Constraint Satisfaction，CS）是指通过运用约束来减小搜索空间的有效规模的方法。这些约束限制了选择变量的次序和分配到每个变量可能值的排序，在一个值被分配给一个变量后，不一致的情况被剔除。去掉不一致情况的过程称为一致性检查（consistency checking），但是这需要进行回访修正。当所有的变量都得到分配的值，并且不与约束条件冲突时，约束满足问题就得到了解决。

（2）神经网络。

神经网络（Neural Networks，NN）通过一个Lyaplmov能量函数来构造其极值，当神经网络迭代收敛时，能量函数达到极小，使与能量函数对应的目标函数得到优化。用神经网络解决旅行商问题（TSP）是其在组合优化问题中最成功的应用之一。目前，神经网络仅能解决规模较小的柔性作业车间调度问题，而且计算效率非常低，以至于不能较好地用于求解实际大规模的柔性作业车间调度问题。

（3）专家系统。

专家系统（Expert System，ES）是指一种能够在特定领域内模拟人类专家思维来解决复杂问题的计算机程序。专家系统通常由人机交互界面、知识库、推理机、解释器、综合数据库和知识获取6个部分构成。它将传统的调度方法与基于知识的调度评价相结合，根据给定的优化目标和系统当前状态，对知识库进行有效的启发式搜索和并行模糊推理，避开烦琐的计算，选择最优的调度方案，为在线决策提供支持。比较著名的专家系统有ISIS、OPIS、CORTES、SOJA等。专家系统需要丰富的调度经验和大量知识的积累，这使其开发周期较长、成本较高、对新环境的适应能力较差，因此专家系统一般对应用领域的要求非常严格。

（4）多智能体技术。

为了解决复杂问题，克服单一的专家系统所造成的知识有限、处理能力弱等问题，人们提出了分布式人工智能（Distributed Artificial Intelligence，DAI）。多个智能体的协作正好符合分布式人工智能的要求，因此出现了多智能体系统（Multi-Agent-System，MAS）。由于多智能体系统对开放和动态的实际生产环境具有良好的灵活性和适应性，所以它在实际生产中有较多不确定因素的车间调度领域中获得越来越广泛的应用。不过，多智能体系统和专家系统具有相同的不足，也需要丰富的调度经验和大量知识的积累等。

（5）进化算法。

进化算法（Evolutionary Algorithm，EA）通常包括遗传算法（Genetic Algorithm，GA）、

遗传规划（Genetic Programming，GP）、进化策略（Evolution Strategies，ES）和进化规划（Evolutionary Programming，EP）。它们都是模仿生物遗传和自然选择的机理，用人工方式构造的一类优化搜索算法。它们的侧重点不一样，遗传算法主要发展自适应系统，是应用最广的算法；进化规划主要求解预期问题；进化策略主要解决参数优化问题。

（6）蚁群优化算法。

蚁群优化算法（Ant Colony Optimization，ACO）模拟蚂蚁在寻找食物的过程中发现路径的行为。蚂蚁在寻找食物的过程中，会在它们经过的地方留下一些化学物质"外激素"（stigmergy）或"信息素"（phero-mone），这些物质能被同一蚁群中后来的蚂蚁感受到，并作为一种信号影响后来者的行动，而后来者也会留下外激素对原有的外激素进行修正，如此反复循环下去，在外激素最强的地方形成一条路径。蚁群优化算法在求解复杂组合优化问题方面有一定的优越性，不过容易出现停滞现象，收敛速度慢。

（7）粒子群优化算法。

粒子群优化（Particle Swarm Optimization，PSO）算法源于对鸟群捕食行为的模拟研究。在粒子群优化算法中，系统初始化为一组随机解，称为粒子。每个粒子都有一个适应值表示粒子的位置，还有一个速度来决定粒子飞行的方向和距离。在每一次迭代中，粒子通过两个极值来更新自己：一个极值是粒子自身所找到的最优解，称为个体极值；另一个极值是整个种群目前找到的最优解，称为全局极值。我国对粒子群优化算法在柔性作业车间调度问题中的应用研究较多。

4）局部搜索算法

局部搜索（Local Search，LS）算法是人们从生物进化、物理过程中受到启发而用于求解组合优化问题的方法，是从早期的启发式算法变化而来的。它以模拟退火算法、禁忌搜索算法为代表，应用广泛。局部搜索算法必须依据问题设计优良的邻域结构，产生较好的邻域解来提高算法的搜索效率和能力。

（1）模拟退火算法。

模拟退火（Simulated Annealing，SA）算法源于模拟退火的过程并且结合 Metropolis 准则。模拟退火算法在进行局部搜索过程中，某个解的目标函数值即使变坏，也仍可以采用 Metropolis 准则以一定的概率接受新的较差解或继续在当前邻域内搜索，以免陷入局部最优解。整个过程由温度参数 t 来控制。由于模拟退火算法是一般的随机搜索算法，搜索过程没有记忆功能，所以在求解柔性作业车间调度问题时不能非常迅速地得到较好解。不过，模拟退火算法与其他算法相结合可以增强局部搜索能力，可以在结果和计算时间上都有明显改善。

（2）禁忌搜索算法。

禁忌搜索（Tabu Search，TS）算法在运行时，按照某种方式产生一个初始解，然后搜索其邻域内的所有可行解，取其最优解作为当前解。为了避免重复搜索，它引入了灵活的存储结构和相应的禁忌准则（即禁忌表和禁忌对象）；为了避免陷入局部最优解，它引入了特赦准则，允许一定程度地接受较差解。禁忌搜索算法的求解速度快而且应用较为广泛，然而它依赖于问题模型和邻域结构等，可以与其他算法结合来提高局部搜索能力。

除了上述方法以外，还有很多种方法可用来对柔性作业车间调度问题进行求解，如 Petri 网和仿真调度法、文化算法（cultural algorithm）、DNA 算法、Memetic 算法、分散搜索

(scatter search）算法等。每一种算法都有一定的优势，也存在一定的缺点，如何将它们取长补短地混合在一起进行使用是当前及未来研究的热点。

6. 任务实施

1）柔性作业车间调度问题的描述与分类

柔性作业车间调度问题的描述如下。n 个工件（J_1，J_2，…，J_n）要在 m 台机器（M_1，M_2，…，M_m）上加工；每个工件包含一道或多道工序；工序顺序是预先确定的；每道工序可以在多台不同机器上进行加工；工序的加工时间随机器的不同而不同；调度目标是为每道工序选择最合适的机器，确定每台机器上各道工序的最佳加工顺序及开工时间，使整个系统的某些性能指标达到最优。因此，柔性作业车间调度问题包含两个子问题：确定各工件的机器（机器选择子问题）和确定各个机器上的加工顺序（工序排序子问题）。

此外，在加工过程中还需要满足下面的约束条件。

（1）同一台机器在某一时刻只能加工一个工件。

（2）同一工件的同一道工序在同一时刻只能被一台机器加工。

（3）每个工件的每道工序一旦开始，加工便不能中断。

（4）不同工件具有相同的优先级。

（5）不同工件的工序没有顺序约束，同一工件的工序有顺序约束。

（6）所有工件在零时刻都可以被加工。

柔性作业车间调度问题根据资源选择限制条件和柔性程度，可以分为完全柔性作业车间调度问题（Total FJSP，T – FJSP）和部分柔性作业车间调度问题（Partial FJSP，P – FJSP）。在 T – FJSP 中，所有工件的每一道工序都可以在可选择的机器中选择任何一台机器进行加工；在 P – FJSP 中，至少存在一道工序的机器只能是可选择的机器中的部分机器，即机器集的真子集。也可以说，T – FJSP 只是 P – FJSP 的一个特例。P – FJSP 更加符合实际生产系统中的调度问题，研究 P – FJSP 比研究 T – FJSP 更具有实际意义，P – FJSP 比 T – FJSP 更加复杂。

在柔性作业车间调度问题中，还存在循环排列的特性（circular permutation）与传统车间调度问题不同的问题，即在柔性作业车间调度问题中，存在同一个工件的多道工序可以被同一台机器进行加工，而不是每一道工序只能被同一台机器加工一次。这也增加了求解柔性作业车间调度问题的难度。传统车间调度问题的解空间巨大，包含 $(n!)^m$ 种排列，已经证明是 NP – hard 问题。柔性作业车间调度问题的解空间更是巨大，包含 $m^n \times (n!)^m$ 种排列，其计算复杂性可想而知。

2）柔性作业车间调度问题的数学模型

定义以下符号。

n：工件总数。

m：机器总数。

Ω：总的机器集。

i，e：机器序号，i，$e = 1$，2，3，…，m。

j，k：工件序号，j，$k = 1$，2，3，…，n。

h_j：第 j 个工件的工序总数。

l：工序序号，$l = 1$，2，3，…，h_j。

Ω_{jh}：第 j 个工件的第 h 道工序的可选机器集。
m_{jh}：第 j 个工件的第 h 道工序的可选机器数。
O_{jh}：第 j 个工件的第 h 道工序。
M_{ijh}：第 j 个工件的第 h 道工序在机器 i 上加工。
p_{ijh}：第 j 个工件的第 h 道工序在机器 i 上的加工时间。
s_{jh}：第 j 个工件的第 h 道工序的开工始时间。
c_{jh}：第 j 个工件的第 h 道工序的加工完成时间。
L：一个足够大的正数。
d_j：第 j 个工件的交货期。
C_j：每个工件的完成时间。
$C_{\max}$：最大完工时间。
T_o：$T_o = \sum_{j=1}^{n} h_j$，所有工件工序总数。

一般柔性作业车间调度问题受到下列约束。

$$s_{jh} + x_{ijh} \times p_{ijh} \leq c_{jh} \tag{6-1}$$

式中：$i = 1, 2, 3, \cdots, m$；$j = 1, 2, 3, \cdots, n$；$h = 1, 2, 3, \cdots, h_j$。

$$c_{jh} \leq s_{j(h+1)} \tag{6-2}$$

式中：$j = 1, 2, 3, \cdots, n$；$h = 1, 2, 3, \cdots, h_j - 1$。

$$c_{jh_j} \leq C_{\max} \tag{6-3}$$

式中：$j = 1, 2, 3, \cdots, n$。

$$s_{jh} + p_{ijh} \leq s_{kl} + L(1 - y_{ijhkl}) \tag{6-4}$$

式中：$j = 0, 1, 2, \cdots, n$；$k = 1, 2, 3, \cdots, n$；$h = 1, 2, 3, \cdots, h_j$；$l = 1, 2, 3, \cdots, h_k$；$i = 1, 2, 3 \cdots, m$。

$$c_{jh} \leq s_{j(h+1)} + L(1 - y_{iklj(h+1)}) \tag{6-5}$$

式中：$j = 1, 2, 3, \cdots, n$；$k = 0, 1, 2, \cdots, n$；$h = 1, 2, 3, \cdots, h_j - 1$；$l = 1, 2, 3, \cdots, h_k$；$i = 1, 2, 3, \cdots, m$

$$\sum_{i=1}^{m_{jh}} x_{ijh} = 1 \tag{6-6}$$

式中：$h = 1, 2, 3, \cdots, h_j$；$j = 1, 2, 3, \cdots, n$。

$$\sum_{j=1}^{n} \sum_{h=1}^{h_j} y_{ijhkl} = x_{ikl} \tag{6-7}$$

式中：$i = 1, 2, 3, \cdots, m$；$k = 1, 2, 3, \cdots, n$；$l = 1, 2, 3, \cdots, h_k$。

$$\sum_{k=1}^{n} \sum_{l=1}^{h_k} y_{ijhkl} = x_{ijh} \tag{6-8}$$

式中：$i = 1, 2, 3, \cdots, m$；$j = 1, 2, 3, \cdots, n$；$h = 1, 2, 3, \cdots, h_k$。

$$s_{jh} \geq 0, c_{jh} \geq 0 \tag{6-9}$$

式中：$j = 0, 1, 2, \cdots, n$；$h = 1, 2, \cdots, h_j$。

式（6-1）和式（6-2）表示每一个工件的工序顺序约束；式（6-3）表示工件的完工时间的约束，即每一个工件的完工时间不可能超过总的完工时间；式（6-4）和式（6-5）

表示同一时刻同一台机器只能加工一道工序;式(6-6)表示机器约束,即同一时刻同一道工序能且仅能被一台机器加工;式(6-7)和式(6-8)表示每一台机器存在循环操作;式(6-9)表示各个参数变量必须是正数。

3) 柔性作业车间调度问题的析取图模型

在柔性作业车间调度问题中,存在循环排列的特性,即同一个工件的多道工序可以在同一台机器上连续或间隔加工。当柔性作业车间调度问题中每道工序确定了加工机器之后,即转变为一般的车间调度问题。析取图(disjunctive graph)模型是描述车间调度问题的一种重要形式。析取图模型 $G = (N, A, E)$,其定义为:N 是所有工序组成的节点集,其中 0 和 * 表示两个虚设的起始工序和终止工序,每个节点的权值等于此节点工序在对应机器上的加工时间;A 是连接同一个工件的邻接工序的有向弧集,表示工序之间的先后加工顺序约束;E 是连接在同一台机器上相邻加工工序间的析取弧集。E 中的每个析取弧是双向的,可视为包含两个方向相反的弧,并且由每台机器 i 上的析取弧子集构成,即 $E = \bigcup_{i=1}^{m} E_i$,$E_i$ 表示机器 i ($i \in \Omega$) 上的析取弧子集。

4) 柔性作业车间调度问题评价指标

在柔性作业车间调度问题的求解过程中,调度方案的优劣需要通过一定的目标函数来判断,目标函数也就是常用的评价指标。柔性作业车间调度问题中不仅包括了传统车间调度问题常用的评价指标,而且还有其他评价指标。下面列出较为常用的几个评价指标。

(1) 最大完工时间最小。

完工时间是每个工件最后一道工序完成的时间,其中最大的那个时间就是最大完工时间。它是衡量调度方案的最根本指标,主要体现车间的生产效率,也是柔性作业车间调度问题研究中应用最广泛的评价指标之一,可用下式表示:

$$f_1 = \min(\max_{1 \leq j \leq n}(C_j))$$

(2) 机器最大负荷最小。

在柔性作业车间调度问题的求解中,存在选择机器的过程,各台机器的负荷随着不同的调度方案而不同。负荷最大的机器就是瓶颈设备。要提高每台机器的利用率,必须使各台机器的负荷尽量小且平衡,可表示为:

$$f_2 = \min \left(\max_{1 \leq j \leq m} \sum_{j=1}^{n} \sum_{h=1}^{h_j} p_{ijh} x_{ijh} \right)$$

(3) 总机器负荷最小。

工序在不同机器上的加工时间是不同的,总的机器负荷随着不同的调度方案而不同。尽量在最大完工时间一样的情况下,减小所有机器的总消耗,可表示为:

$$f_3 = \min \left(\sum_{i=1}^{m} \sum_{j=1}^{n} \sum_{h=1}^{h_j} p_{ijh} x_{ijh} \right)$$

以上几种性能评价指标较为常用。还有其他如考虑工件安装时间的性能评价指标或更加贴近生产成本的一些成本指标等。其中,如果性能评价指标是完工时间的非减函数,则称其为正规性能指标(regular measure)。

7. 任务评价

任务评价见表6-1。

项目六 多维指标约束下智能生产线调度模型与优化设计

表 6 – 1 任务评价

评分内容	配分	评分标准		分值	自评	他评
柔性生产线调度分析与建模	80 分	查找任务相关知识	查找任务相关知识，该任务知识能力掌握度达到 60% 扣 5 分，达到 80% 扣 2 分，达到 90% 扣 1 分	20 分		
		确定方案编写计划	1. 制定整体设计方案，在实施过程中修改一次扣 2 分。 2. 制定实施方法，在实施过程中修改一次扣 2 分	20 分		
		记录实施过程步骤	在实施过程中，步骤记录不完整度达到 10% 扣 2 分，达到 20% 扣 3 分，达到 40% 扣 3 分	20 分		
		检查评价	1. 自我评述完成情况。 2. 检查资料收集整理情况	20 分		
职业素养	20 分	团队协调与合作		10 分		
		用专业语言正确流利地简述任务成果		10 分		
综合				100 分		
完成用时						

任务 6.2 基于人工蜂群算法的批量流柔性作业车间调度方法

1. 任务引入

柔性作业车间调度问题是在传统车间调度问题上拓展而来的，其释放了机器的约束，增加了工件可加工的柔性，属于车间调度中的经典问题之一。批量流柔性作业车间调度问题是在柔性作业车间调度问题上拓展而来的，其解除了工件中零件数量为 1 的约束，主要增加了批量化调度的手段，适用于同一种工件含有一定数量规模完全相同的零件的加工情况。批量流柔性作业车间调度问题在现实工厂加工过程中越来越频繁，属于理论上较新的研究方向，同时具有实际意义和指导意义。

2. 任务目标

1）知识目标

（1）了解批量流柔性作业车间调度问题理论基础。

（2）理解基于 EC – ABC 的一致分批批量流柔性作业车间调度方法。

（3）理解基于 EI – ABC 的不一致分批批量流柔性作业车间调度方法。

2）技能目标

通过调度方法的学习能够进行优化调度。

3）素养目标

（1）培养学生养成经常收集、整理、记录、归档资料的良好习惯。
（2）提升学生基于任务分析问题、解决问题的能力。

3. 任务分析

批量流柔性作业车间调度问题是指在一个加工车间中，包含 n 种待加工的工件，每一种工件含有各自不同数量规模 $\{S_1, S_2, S_3, \cdots, S_n\}$ 的相同零件，放置于 m 台独立设备上进行加工。本问题与柔性作业车间调度问题的最大区别在于对相同零件划分后进行成批加工，利用机器柔性在多台机器上对同一种工件进行并行加工，发挥 overlap 方法的优势来缩短总体工件的加工时间。批量流柔性作业车间调度问题需要考虑子批划分、工序排序、机器选择和工件转运等一系列调度决策问题，最终使一项或者多项指标最优。

柔性作业车间调度问题可以看作批量流柔性作业车间调度问题中所有相同零件数量为 1 的特殊情况，在柔性作业车间调度问题的基础上可以总结使用批量流调度的 3 种优势：①减少算法求解的维度。如果不使用批量流调度，仍然将此问题处理为柔性作业车间调度问题，则问题规模巨大，导致算法求解缓慢。②缩短加工时间。若是大规模单个零件进行工件转运，则大量的时间被消耗在不同零件转运至目标机器上；批量流可以缩短转运时间，成批零件转运减小了无谓的时间损耗，缩短了产品的最大完工时间。③符合实际生产模式。随着生产需求的日益增加，柔性作业车间调度问题的发展方向越来越趋向于批量流和分布式等模式。

4. 相关知识

1）4 种分批模式

批量流柔性作业车间调度问题在进行批量流调度时，可以根据等量性与一致性这两种不同分批特性进行区分。在进行子批划分时，根据同一类工件的每一个子批数量是否相等可以分为等量分批与不等量分批；根据同一种工件的每一个加工阶段子批划分方式是否相同可以分为一致分批和不一致分批。因此，根据两种不同特性进行两两组合，将批量流柔性作业车间调度问题区分出 4 种分批模式：①等量一致分批；②不等量一致分批；③等量不一致分批；④不等量不一致分批。这使批量流柔性作业车间调度问题在真实的车间调度中可根据实际场景自由选择分批模式，使应用更加灵活。

批量流调度的内核是通过成批调度的方式，使用 overlap 方法使同一种工件的不同子批在不同机器上同时进行并行加工。但是，一致分批和不一致分批的 overlap 方法又有所区别。一致分批的 overlap 方法是指在加工之前，将原来的 n 种工件，通过预先分割的方式，拓展成多个独立且互不相关的子批，调度独立子批加工序列，实际上是拓展出一个新的柔性作业车间调度问题。在加工过程中，每一个子批内的所有相同零件的调度方法保持一致，利用工件内的 overlap 方法进行重叠加工。不一致分批的 overlap 方法是指在加工前，首先调度全体工件的加工序列，然后在处理每一道加工工序 O_{ij} 时进行子批的划分，将同一类工件的所有零件分批安排在多台机器上，利用同一道工序内的 overlap 方法进行重叠加工，每一道工序内的工件划分方法和调度方法都是不一致的。

2）人工蜂群算法简介

人工蜂群（Artificial Bee Colony，ABC）算法是一种群体智能优化算法，是 20 世纪以来最具有代表性的算法之一，其主要的优化思想来源于自然界中蜜蜂的觅食行为。人工蜂群算法的主要特点是只需要对问题进行目标值大小的比较，通过每个蜜蜂个体的局部寻优行为，并且通过交流机制实现蜂群信息的共享。每一个单独个体向着更优的方向进化，最终个体的最优解可以在群体中使全局最优值突现出来。这种算法思想使人工蜂群算法有较快的收敛速度。整个蜂群系统由3个基本要素组成，分别是食物源（food source）、雇佣蜂（employed bee）和非雇佣蜂（unemployed Bee），具体介绍如下。

（1）食物源：食物源即蜜源。在自然场景中，食物源的价值由运输距离和花蜜产量等多种因素共同决定。在优化问题中，食物源的优劣即可行解的好坏是用蜜源花蜜量的大小即适应度值来评价的。在人工蜂群算法中，每一个食物源就是一个待求优化问题的可行解，是人工蜂群算法中要处理的基本对象。

（2）雇佣蜂：雇佣蜂也叫作引领蜂（leader bee），其与食物源的位置相对应，一个食物源对应一个引领蜂。在人工蜂群算法中，食物源的个数与引领蜂的个数相等。引领蜂的任务是发现食物源信息并以一定的概率与跟随蜂分享。概率的计算即人工蜂群算法中的选择策略，一般是根据适应度值以轮盘赌的方法计算。

（3）非雇佣蜂：非雇佣蜂分为跟随蜂（follower bee）和侦察蜂（scout bee）。跟随蜂根据引领蜂提供的蜜源信息来选择食物源，而侦察蜂是在蜂巢附近寻找新的食物源。在人工蜂群算法中，跟随蜂依据引领蜂传递的信息，在食物源附近搜索新食物源，并进行贪婪选择。若一个食物源在经过多次后仍未被更新，则此引领蜂变成侦察蜂，侦察蜂寻找新的食物源代替原来的食物源。

3）批量流柔性作业车间问题的研究

通过上述对批量流柔性作业车间调度问题以及其4种分批模式的介绍可以看出本问题的复杂度较高，属于一个比柔性作业车间调度问题更高维的 NP-hard 问题，其子问题包括子批划分、工件排序和机器选择，更多的子问题使批量流柔性作业车间调度问题的解空间大小呈现指数增长的趋势。传统的精确解法对此类问题存在求解速度慢和效果不理想等缺点，而目前处理此类问题的主流手段是采用高效的混合群体智能优化算法。人工蜂群算法在处理连续问题上具有良好的性能表现，在多种车间调度问题上都有广泛的应用，其收敛性好且控制参数较少。Levy 飞行机制来源于布谷鸟算法，其具有十分优异的全局搜索能力，可以避免人工蜂群算法陷入局部最优解。综合考虑以后，本书使用改进的人工蜂群算法来求解批量流柔性作业车间调度问题。主要的算法步骤如下。首先，根据批量流柔性作业车间调度问题的特性设计合适的编码策略，并对可行解进行主动解码以获取目标值；然后，在局部搜索阶段设计多种合适的邻域结构和基于关键路径的邻域结构进行局部搜索，同时在全局搜索阶段采用 Levy 飞行机制完成个体的全局更新，防止算法陷入局部最优解，从而提高算法的综合求解能力。

首先，建立以最大完工时间为目标值的等量一致分批的批量流柔性作业车间调度问题数学模型，分析其模型特征，设计可变长编码结构，结合关键路径局部搜索等方法，使用改进的人工蜂群算法进行求解；接着，建立以最大完工时间为目标值的等量不一致分批的批量流柔性作业车间调度问题模型，结合子批二分迭代搜索等方法，使用改进的人工蜂群算法进行求解；最后，在上述问题的基础上，以最小化最大完工时间和最小化最大机器负载这两个目标建立多目标批量流柔性作业车间调度问题数学模型，设计基于多目标优化的 MOABC 算法对此问题进行求解。

4）基于 EC‑ABC 的一致分批批量流柔性作业车间调度方法

（1）一致分批批量流柔性作业车间问题描述。

ECLS_柔性作业车间调度问题是在经典柔性作业车间调度问题的基础上添加了批量流调度方法拓展而来的。经典的柔性作业车间调度问题可以按照以下形式进行描述。在同一加工环境下，n 个工件需要在 m 台机器上进行加工。每一种工件有独立的加工工序路线，其工序数量预先已知；工件之间相互独立，第 i 个工件的工序数量用集合 J_i 进行表示；机器之间相互独立，第 k 台机器的序号用 M_k 表示；每一道工序在可选机器集上进行加工，可选机器数量大于等于1，并且其加工时间由加工时间表可得。由此产生工件序列和机器选择两个子问题。

然而在实际工厂环境中，每一种工件的数量大于1，对应为一定批量的同种工件，此时需要使用批量流调度来解决此类问题。如果不考虑批量划分，则对同一种工件的全部批量连续加工，会严重占用机器加工时间，产生大量空闲时间，降低机器的利用率；如果考虑完全划分，把同种工件也当成独立个体，则失去了相同工件的加工优势，并且独立工件的数量会成倍增加，解空间数量增加，导致求解困难。批量流调度可以使用 overlap 方法缩短加工时间，很好地解决此类问题。

ECLS_FJSP 在柔性作业车间调度问题的基础上增加了工件批量的设定，这就引入了第三个子问题：子批划分。批量流调度在等量性和一致性上存在细分。等量性是指子批划分的过程中，将同一类工件划分成多份数量相同的子批；一致性是指同一类工件的每一道工序加工过程中是否保持一致，如果在每一类工件的加工工序阶段都重新进行子批划分，则此为不一致分批。ECLS_FJSP 模型用于求解等量一致分批问题，求解目的是确定最佳的加工工序序列和机器选择，同时确定每一类工件的子批划分情况，来获得更优的等性能指标。

一般需要对 ECLS_FJSP 作出如下假设。

①同一类工件的分批设定为等量一致分批。

②同一类工件的各个子批内的工件保证连续加工，不可中断。

③各个子批之间相互独立，互不影响。

④单独考虑子批转运时间和机器准备时间，通过预先时间表设定。

⑤设备的缓冲区设定为无限大，即不考虑工件放置问题。

⑥同一设备在相同时间内只能加工同一类工件的一个子批的一道工序。

⑦同一类工件的一个子批在相同时间内只能被某一设备加工一道工序。

⑧同一类工件的所有子批工艺路线在加工过程中不变。

（2）基于 EC‑ABC 的一致分批批量流柔性作业车间调度问题求解方法。

①编码与解码。

ECLS_FJSP 问题是一个十分复杂的高维度组合优化问题，因此需要采用合理的编码设计方式，既要保证编码串可以完整表示一个可行解，又要保证编码串在算法过程中的可用性。不合理的编码方式会导致大量不可使用的非法解；过于简单的解向量表示会减小解空间的大小，影响算法的全局寻优能力，无法找到真正的最优解；表达过量的编码方式会导致编码层数过多，每个个体的邻域可搜索空间指数规模爆炸使大部分邻域操作对解空间的搜索能力较弱，从而降低了算法的执行效率、寻优能力和收敛速度等。

机器选择子问题会在解码阶段使用启发式算法将其解决。本算法采用 FCFS（First Come

First Serve）的算法思想处理机器选择子问题，保证一个子批在加工完毕以后可以最快地被机器集中的机器执行加工。同时 ECLS_FJSP 模型考虑子批转运时间，解码时需要将子批转运时间加到子批加工时间上。对于一个可行解来说，其计算的适应度值代表单目标最大完工时间的大小，且值越小越优。

②种群初始化。

在群体智能算法中，种群初始化的质量决定了每一个可行解的出发点，而每一个个体的质量和整体种群的分散程度对算法的进化方向影响重大。高质量的个体解和均匀分散的起点解有利于找到最优解，同时提高算法运行的速度。ECLS_FJSP 的双层编码中 OS 编码串长度是由 SS 编码串决定的，因此在种群初始化时采用分阶段初始化的方式执行初始化。

首先，初始化种群的 SS 编码串，随机初始化前 70% 的个体，并记录这些个体的 SS 编码串，形成初始禁忌表（initial tabu list）；其次，对后 30% 的个体逐一进行 SS 编码串初始化，如果随机生成 SS 编码串出现在初始禁忌表中，则丢弃且重新生成 SS 编码串，直至满足 SS 编码串不在初始禁忌表中的要求；最后，当种群中所有个体的 SS 编码串均完成初始化后，根据子批划分的情况，再对 OS 编码串执行随机生成。

这种种群初始化方式可以保证在 ECLS_FJSP 此类编码下的个体分散性，通过保证 SS 编码串的差异性，保证个体绝对差异，从而提高整个种群初始化的质量，使算法能够轻易地从不同的差异个体开启搜索，提高算法的搜索质量。

③引领蜂阶段。

在 EC – ABC 算法流程中，每一个个体都需要进行局部搜索来进行个体的更新操作。可行解由 SS 编码串和 OS 编码串组成，且 OS 编码串的长度是由 SS 编码串的数值以及对应的每一种工件的工序数量决定的。

本算法设计了 4 种个体局部搜索策略，策略一为浅层搜索，其他策略为深层搜索。

a. 单层搜索。

SS 编码串固定不动，仅对 OS 编码串进行局部邻域搜索。本策略下制定了 4 种搜索策略，分别是 Swp 交换邻域、Ins 插入邻域、Rev 逆序邻域以及关键路径搜索邻域，它们作用于当前个体。

OS 编码串 Swp 交换邻域如图 6 – 1 所示。

Ins 插入邻域如图 6 – 2 所示。

图 6 – 1　OS 编码串 Swp 交换邻域

图 6 – 2　OS 编码串 Ins 插入邻域

OS 编码串 Rev 逆序邻域如图 6 – 3 所示。

在甘特图中，一个可行解的关键路径（critical path）是指一条起点加工时间为 0，终点完工时间为最大完工时间，且中间由多个关键加工工序块衔接的长度等于最大完工时间的路径。因为关键路径对解码时的最大完工时间具有决定性的影响，所以在柔性作业车间调度问题类问题中通过移动或修改关键路径块的相关信息来减小最大完工时间是切实可行且高效的手段。ECLS_FJSP 本质上是一个原柔性作业车间调度问题拓展出来的新柔性作业车间调度问题，因此在保证分批策略 SS 编码串不变的情况下，采用 N5 关键路径邻域搜索策略，对个体执行更优解搜索。N5 关键路径搜索策略步骤如下。从个体解码甘特图的最大完工时间位置开始，反向递推出所有关键路径块。然后，遍历所有关键路径块，在满足前后工件约束的前提下，如果当前关键块是整体关键路径上的第一个关键块，则仅交换此关键块尾部两道加工工序；如果当前关键块是整体关键路径上的最后一个关键块，则仅交换此关键块首部两道加工工序；如果当前关键块属于中间关键路径块，则分别交换此关键块块首前两道工序和块尾后两道工序。

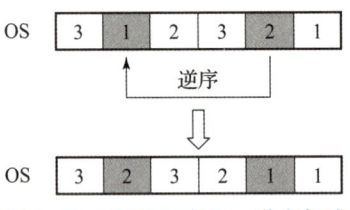

图 6-3 OS 编码串 Rev 逆序邻域

b. 跳跃随机搜索。

SS 编码串对每一个基因位进行随机修改，但是修改后的 SS 编码串求和数值未改变。这种情况表示，子批划分以后，独立加工单元的总数量不变，OS 编码串的最大有效子批数值不变。但是每一个独立加工单元的工序是不一样的，因此 OS 编码串会根据 SS 编码串的变化情况动态修改，以原 OS 编码串为基础，增加缺少的子批序号工序，删除多余的子批序号工序。

c. 跳跃增加搜索。

SS 编码串对每一个基因位进行随机修改，但是修改后的 SS 编码串求和数值增多，需要根据每一个子批的工序数进行添加。

d. 跳跃缩减搜索。

SS 编码串对每一个基因位进行随机修改，但是修改后的 SS 编码串求和数值减少，需要根据工序数设定对相应的基因位进行删除操作。

根据以上所述的 4 种个体局部搜索策略，完成单个个体的邻域搜索。第一种邻域搜索策略在不变动 SS 编码串的前提下，仅执行了 OS 编码的邻域搜索。由于这种策略的解空间只有一层编码，所以比较适合多次局部搜索求解，且容易获得在 SS 编码串固定的情况下较优的 OS 编码串。第二、三、四种局部搜索策略会对 SS 编码串进行变动修改，这会使 OS 编码串的长度产生变化，且内部填充的数值也会根据数值的大小进行变动，使新解与原来解的结构差异较大，因此需要低频使用；或者在第一种搜索策略进行 OS 编码串搜索以后，搜索陷入局部最优解，无法继续深度搜索，使用第二、三、四种局部搜索策略完成 SS 编码串的变动，从一种 SS 编码串模式"跳跃"至另外一种 SS 编码串模式，再次进行搜索。此类多种 SS 编码串模式下的搜索策略才能充分发挥个体局部搜索的算法能力。

④跟随蜂阶段。

a. 交叉方法。

在个体经过 SS 编码串引领蜂阶段以后，可以在自己的邻域范围内搜索到更优的解，此时的可行解内部含有优良基因段，这时需要使用蜂群引导机制，让精英蜜蜂引导普通蜂群，从而获得更优个体，促进整个蜂群向更优的方向搜索进化。本算法针对 OS 编码串的交叉引导，设计了 POX 和 JBX 两种交叉方法。

• POX：基于工件优先顺序的交叉引导（Precedence Preserving Order – based Crossover）。在两个相等长度的基因串 OS1 和 OS2 的基础上，随机生成一个子批序号优先顺序集，将所有子批序号分割成两个集合 Set1 和 Set2。第一个 OS_1 串保留 Set1 的数值和位置，将其他的位置置空，再利用 OS_2 的基因信息数值按顺序填补所有置空信息；第二个 OS_2 串同理可得。对通过 POX 操作获得的两个新的解进行适应度值计算，如果产生了更优的解，则对原始解进行替换。POX 交叉引导操作示意如图 6-4 所示。

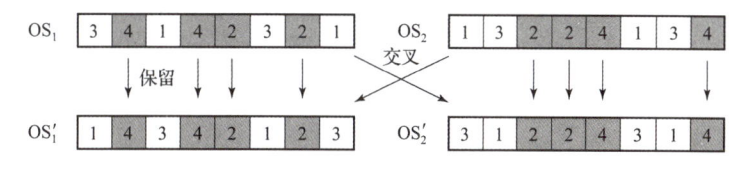

图 6-4　POX 交叉引导操作示意

- JOX：基于工件顺序的交叉（Job - based Order Crossover）。与 POX 类似，JOX 将所有的子批序号分割成两个集合 Set1 和 Set2。第一个 OS_1 串保留 Set1 的数值和位置，将其他位置置空，再利用 OS_2 的基因信息数值按顺序填补所有置空信息；第二个 OS_2 串与之前的操作相反，保留 Set2 的数值和位置，再利用 OS_1 的基因信息填补空缺。同理，如果 JOX 操作产生了更优的解，则对原始解进行替换。JOX 交叉引导操作示意如图 6-5 所示。

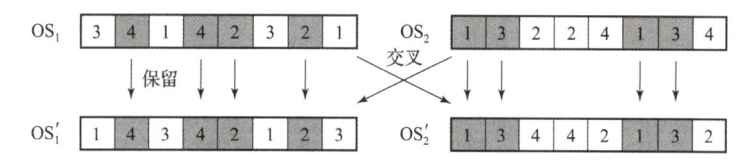

图 6-5　JOX 交叉引导操作示意

b. 引导机制。

在蜂群引导机制中，设定可行解 S1 为精英解，其适应度值更优；可行解 S2 为普通解，其适应度值略差。以上述的两种交叉方法为基础，按以下步骤完成两种引导机制的设计。

引导机制一：S1 和 S2 的子批划分部分的数值大小相等，这表示两个解的最大子批数值是相等的。此时可以交换 S1 和 S2 的 OS 编码串部分，通过将对应的 OS 编码串动态修改，增加或者覆盖缺少的子批序号，删除多余的子批序号，使新解的 OS 编码串满足原解 OS 编码串的子批序号大小和个数，从而完成精英解对普通解的引导。

引导机制二：S1 和 S2 的子批划分部分的数值大小不等，这表示两个解的最大子批数值也是不相等的。此时交换 S1 和 S2 的 OS 编码串部分，对于解 S1 的 OS 编码串来说，以 S2 为原型，按照 OS 编码串部分的子批顺序，删去多余的子批号，随机插入需要候补的子批序号。

上述蜂群引导策略，可以通过交叉方式保留精英蜜蜂的优势基因段，促进蜂群之间的信息交流，使整个蜂群朝更优的方向进化迭代。

⑤侦察蜂阶段。

在蜜蜂种群不断迭代的过程中，侦察蜂机制的目的是保证每一个蜜蜂个体可以在一定的阈值范围内不断进行更新，提高全局搜索能力，而不是使个体解长时间陷入一个局部最优解，出现过早收敛的情况。

综上所述，针对 ECLS_FJSP，以人工蜂群算法为框架，结合多种搜索策略的 EC - ABC

算法具有更高的性能。实验数据和收敛图显示了 EC – ABC 算法具有更优的搜索能力和更快的跳出局部最优解能力，使其在迭代后期仍然可以进行更优解搜索。其主要原因有如下 3 点。第一，设计了基于关键路径邻域的单层搜索和子批划分编码跳跃搜索的深层混合搜索机制，提升了算法的局部搜索能力；第二，通过双种群划分机制，使种群间个体进行有效交流，并通过锦标赛选择法，在精英种群和普通种群中进行高效的交叉引导，使整个种群快速进行寻优搜索；第三，对于长期未更新的个体，通过全局初始化和 Levy 飞行的全局搜索能力对个体进行更新，防止算法处于局部最优的状态，这使 EC – ABC 算法表现出更好的寻优能力。

5. 任务实施

1) 不一致分批批量流柔性作业车间问题描述与数学模型

EILS_FJSP 同样是在经典柔性作业车间调度问题的基础上添加了批量流调度方法拓展而来，每一类工件的数量大于 1，对应为一定批量的同种工件，其加工工序和加工时间等属性都完全一致。不一致分批是指在加工过程中，工件每执行一道工序都会采用一种不同的分批方式，导致每一道工序内的子批划分方法都是不一致的。EILS_FJSP 模型不是在加工前预先对每一类工件进行分批，而是随着一类工件的加工过程的执行，每进入下一道工序加工前就执行一次子批划分。其优势在于，每进入一个加工阶段就执行动态调整，保证了局部过程中的加工最优效果；其劣势在于同一类工件需要相互等待，直到当前工序内所有的工件全部加工完毕。EILS_FJSP 模型的 overlap 加速的机制原理在于：一类工件执行到某一道工序时，利用柔性加工原理将多个相同工件分散在多台机器上同时进行加工，实现了多个相同工件并行加工的加速效果。综上所述，EILS_ FJSP 模型属于同一工序内 overlap。

2) 基于 EC – ABC 算法的不一致分批批量流柔性作业车间调度问题求解方法

（1）问题特性分析。

EILS_FJSP 模型是一种较为新颖的调度模型，其调度的思路如下。

首先，以每一类工件的每一道工序 O_{ij} 为基准，在未加工前预先安排好所有工序的加工顺序，也就是预先设计完成 OS 编码串。接着，每一次在安排同一类工件的某一道工序 O_{ij} 加工之前，对此类工件进行子批划分，也就是设计完成 SS 编码串的一个基因位值 SS_k。这里设定为等量不一致分批，同一类工件的所有零件通过等量划分的方式，被分成 SS_k 个大小相同的子批。然后，为划分的每一个子批分配一个可以放置加工的机器进行加工。等待同一类工件的所有零件的本道工序 O_{ij} 全部加工完毕以后，进行统一聚合，随后再次按照 OS 编码串下一个基因位完成工序加工。最后，所有工序 O_{ij} 照 OS 编码串调度每一个加工阶段，在每一个加工阶段按照 SS 编码串的 SS_k 值进行子批划分和机器分配。全部加工完毕后，最后一个子批的加工完成时间被记录为最大完工时间。

①与经典的柔性作业车间调度问题相比，EILS_FJSP 多了一个子批划分的子问题，理论上多了一层解空间。因此，在 EILS_FJSP 的编解码问题上需要重新考虑，编码需要完全表达整个问题，解码需要考虑主动式解码，以保证获取较优的目标值。

②3 个子问题带来的解空间会引起指数爆炸，采用三层编码会导致算法求解速度慢；然而采用双层编码又有可能导致无法搜索到最优解，需要采取策略来平衡算法的求解速度和求解质量。

③EILS_FJSP 模型在每一个加工阶段进行子批划分，各个加工阶段都期望处于局部最优的状态。但是各个阶段局部最优不一定是全局最优，还需要对 EILS_FJSP 模型的关键路径进

行变动，获取最优调度。

（2）编码与解码。

①编码。由上述分析可知，EILS_FJSP 模型可以被拆分为 3 个子问题，分别是工序序列（Operation Sequence, OS）、子批划分（Sublot Size, SS）和机器选择（Mechine Selection, MS）。求解本模型需要在加工前预先表达工序序列子问题，然后在每一个加工阶段分别表达子批划分和机器选择子问题，完成整个加工阶段的加工动作。假设采用 3 层编码串将 3 个子问题完全表达出来，则会导致解空间太大，算法容易产生搜索能力不足且计算时间过长的问题。因此，经过综合考虑，利用双层编码串来表达工序序列和子批划分这两个子问题，如图 6-6 所示。

OS 编码串表示所有类型的工件的调度顺序，其调度顺序表示为 $O_{11} - O_{31} - O_{12} - O_{41} - O_{21} - O_{32} - O_{42} - O_{22}$。每一次加工调度以某一种类型的工件 i 的某一道加工工序 j 为出发点进行，安排一堆相同零件的加工。

②解码。通过双层编码已经对 EILS_FJSP 模型的工序序列和子批划分两个子问题进行了描述，这里使用启发式规则解码完成第三个子问题。此处启发式规则设定为：将一批零件分成 SS_k 个子批，对每一个子批选择一台机器安排加工。以最先完成加工时间为基准，依次将每一个子批放置在可以加工机器集中最先释放的机器。通过这种解码方式解决了机器选择问题，同时保证了子批安排完毕以后，本加工阶段处于一种分布平均且局部最优的状态。

但是，常规启发式解码在每一个加工阶段 O_{ij} 结束时必须等待一种工件的全部零件完成加工以后，再调度下一个阶段，这种方式会存在一个"延迟时间"，让已经完成加工的部分零件在下一阶段可以进行加工时，被迫放置在缓冲区等待，从而使总体的调度时间延长，甘特图中也存在大量空隙。本书提出一种主动解码机制，通过决策判断让可加工工件提前进入机器加工，压缩空闲状态，可以明显缩短最大完工时间，并且提高机器的整体利用率。

在引导蜂阶段，将 EILS_FJSP 模型的编码设计为双层编码，一个人工蜜蜂个体对应 OS 编码串和 SS 编码串，因此此处分别对两个编码串进行邻域搜索（Neighborhood Search, NS）设计。

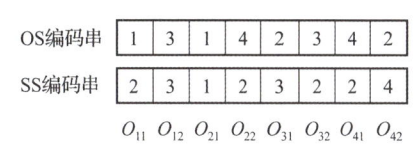

图 6-6 等量不一致编码示意

6. 任务评价

任务评价见表 6-2。

表 6-2 任务评价

评分内容	配分	评分标准		分值	自评	他评
基于人工蜂群算法的批量流柔性作业车间调度方法	80 分	查找任务相关知识	查找任务相关知识，该任务知识能力掌握度达到 60% 扣 5 分，达到 80% 扣 2 分，达到 90% 扣 1 分	20 分		
		确定方案编写计划	1. 制定整体设计方案，在实施过程中修改一次扣 2 分。 2. 制定实施方法，在实施过程中修改一次扣 2 分	20 分		

续表

评分内容	配分	评分标准		分值	自评	他评
基于人工蜂群算法的批量流柔性作业车间调度方法	80 分	记录实施过程步骤	在实施过程中，步骤记录不完整度达到 10% 扣 2 分，达到 20% 扣 3 分，达到 40% 扣 3 分	20 分		
		检查评价	1. 自我评述完成情况。2. 检查资料收集整理情况	20 分		
职业素养	20 分	团队协调与合作		10 分		
		用专业语言正确流利地简述任务成果		10 分		
综合				100 分		
完成用时						

任务 6.3　基于 MOEAD 算法的多目标柔性作业车间调度方法

1. 任务引入

多目标优化问题广泛存在于科学研究与工程实践中，多目标进化算法以其高效的搜索能力，为传统精确方法难以求解的 MOP 提供新的思路。多个目标一般相互对立，这使优化的最终结果不再是单一解，而是一组解集，需要算法同时具有较好的收敛性与分布性。不少学者针对 MOP 设计不同的多目标进化算法。本书以提高算法的整体性能为出发点，综合考虑算法的收敛性与分布性，从种群进化结构、大规模优化的探索方向等角度出发，设计新的多目标进化算法。同时，以柔性作业车间调度为背景，结合多目标优化理论，将多目标进化算法应用于调度模型，提供优化方案。

2. 任务目标

1）知识目标

（1）了解基于矢量角的竞争粒子群（VaCSO）算法。

（2）理解基于分解的大规模三粒子竞争算法。

（3）理解基于交叉融合的多目标迁徙鸟群优化算法。

2）技能目标

通过调度方法的学习能够进行优化调度。

3）素养目标

提升学生基于任务分析问题、解决问题的能力，培养快速学习专业知识的能力。

3. 任务分析

本任务的主要研究工作如下。

（1）本任务所设计的基于角矢量的竞争粒子群算法从收敛性与分布性两个角度出发，通过分群聚类、竞争学习和辅助优化等操作，完成种群的寻优过程，在保证粒子收敛的基础上增加粒子的空间分布。

（2）当决策变量大规模化时，传统的解决 MOP 的 MOEA 已不再适用，本任务设计的 LTCSO/D 可以解决大规模化所引起的局部最优点数量上升和粒子搜索方向一致所导致的多样性不足这两个问题。

（3）通过对多目标进化算法的研究，将其应用于柔性作业车间调度。

4. 相关知识

1）基于矢量角的竞争粒子群算法

（1）竞争粒子群算法的概念。

竞争粒子群算法作为一种典型的元启发式算法，自问世以来已经得到学者的广泛关注，部分学者已经成功将其应用到多目标优化问题的求解，并取得了一定成果，但是该算法的性能在很大程度上取决于个体最佳粒子或全局最佳粒子，并且 PSO 在解决 SOP 上展现出的快速收敛性使得其在解决 MOP 时容易出现粒子分布不均、算法收敛性与分布性难以均衡等情况。为了解决以上问题，本书提出基于矢量角的竞争粒子群算法。

（2）算法改进动机。

竞争粒子群算法作为一种元启发式算法，其灵感来自自然界中鸟类的聚集行为。每一个粒子均有一个位置矢量与一个速度矢量，该速度矢量受个体最佳粒子和全局最佳粒子的影响。该粒子下一时刻的位置与速度根据当前粒子的速度信息与位置信息获得。可假设一个粒子群 $P(t)$ 共包含 N 个粒子，每一个粒子 $i(i=1,2,\cdots,N)$ 有一个 n 维的位置矢量 $\boldsymbol{x}_i = (x_{i1}, x_{i2}, \cdots, x_{in})$ 和一个 n 维的速度矢量 $\boldsymbol{v}_i = (v_{i1}, v_{i2}, \cdots, v_{in})$。其速度更新公式与位置更新公式分别如式（6-10）与式（6-11）所示。

$$\boldsymbol{v}_i(t+1) = w\boldsymbol{v}_i(t) + c_1 r_1 (\boldsymbol{x}_{\text{pbest}_i} - \boldsymbol{x}_i(t)) + c_2 r_2 (\boldsymbol{x}_{\text{gbest}_i} - \boldsymbol{x}_i(t)) \quad (6-10)$$

$$\boldsymbol{x}_i(t+1) = \boldsymbol{x}_i(t) + \boldsymbol{v}_i(t+1) \quad (6-11)$$

（3）算法原理及实现。

①算法整体结构。

基于角矢量的竞争粒子群算法的整体结构如图 6-7 所示，其主要包含以下步骤。

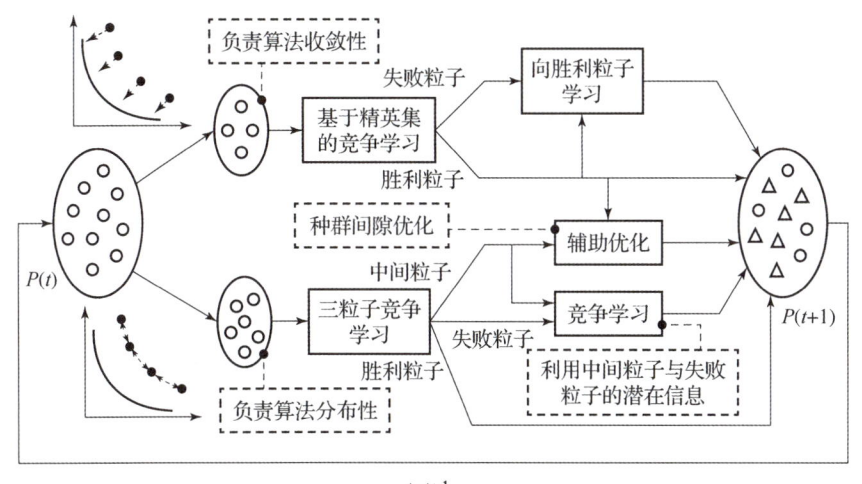

图 6-7 基于角矢量的竞争粒子群算法的整体结构

首先，为了充分考虑多目标优化中的收敛性和多样性要求，采用基于指标的种群聚类。种群1更加关注算法的收敛性，种群2和种群1相比更加注重算法的分布性。其次，为了消除通用的多目标PSO参数的影响，使用竞争粒子群优化器CSO作为基本竞争机制。同时，考虑到CSO仅使用获胜粒子的信息，不能充分利用隐藏在失败粒子中的信息（此类信息在当前一代中表现可能很差，而在下一代中表现较佳），本书提出了一种三粒子竞争机制。最后，为一起优化两个种群，在三粒子竞争机制的基础上，添加辅助学习的思想，以优化种群之间的间隙。

②基于指标的分群聚类。

在多目标优化问题中，收敛性与分布性是算法的两个重要评价方向，为了使基于角矢量的竞争粒子群算法尽可能满足这两个评价指标，将种群依据指标进行分组。分组的最终结果是：种群1主要负责算法收敛性，种群2主要负责算法分布性。

聚合函数可以将多个目标映射到单个目标上，通过所获得的函数值可以对粒子的适应度值做出简单的判断。一般来说，数值越小的粒子其适应度越高，其越接近真实PF，收敛性能越好。针对种群1，为了使粒子更好地依据收敛性进行优化，这里提出了目前主要研究的聚合函数，并探讨其对算法性能的影响。

第一个聚合函数是目标和（the sum of all objectives，Sum），其计算公式如式（6-12）所示。

$$c(x) = \sum_{m=1}^{M} f_m(x) \tag{6-12}$$

第二个聚合函数是到理想参考点的欧拉距离（the Euclidean distance to the Ideal reference point，EdI），其计算公式如（6-13）所示。

$$c(x) = \sqrt{\sum_{m=1}^{M} (f_m(x) - z_m^*)^2} \tag{6-13}$$

第三个聚合函数是到理想参考点的切比雪夫距离（the Chebyshev distance to the Ideal reference point，CdI），其计算公式如（6-14）所示。其针对离散问题优势更大，常用于基于分解的MOEA。

$$c(x) = \max_{1 \leq m \leq M} |f_m(x) - z_m^*| \tag{6-14}$$

第四个聚合函数是到Nadir参考点的欧拉距离（the Euclidean distance based on Nadir point，EdN），其计算公式如（6-15）所示。

$$c(x) = 1 \Big/ \sqrt{\sum_{m=1}^{M} (f_m(x) - z_m^{\text{nad}})^2} \tag{6-15}$$

③基于精英集的竞争学习。

本算法的更新机制主要采用CSO框架，设计两个种群的目的是使种群1更注重算法收敛性，使种群2在考虑算法收敛性的基础上更注重算法分布性。为了保证算法的收敛性，首先采用了基于精英集的竞争学习方式，通过获得精英集，利用精英集指导待优化粒子。

精英种群的初始化采用NSGAII中非支配排序和拥挤距离的思想。值得注意的是，在种群进化后期，精英集中的粒子应是胜利粒子，在种群1中通过胜利粒子引导失败粒子，以此使失败粒子迫近真实PF。在种群1中，通过选择精英集中的粒子进行竞争，将胜利粒子作为待优化粒子的引导粒子，以此增加粒子的收敛性。

④三粒子竞争策略。

将基本 CSO 框架直接用于多目标优化时，存在以下问题：后代生成策略单一，只使用一种竞争机制，仅利用获胜粒子的信息，未能挖掘失败粒子隐藏的有用信息。在增加后代生成策略的多样性的基础上，还使用了失败粒子和中间粒子的隐藏有用信息。在三粒子竞争中，为了充分利用粒子之间的信息，设计两个速度更新公式，如式（6-16）和式（6-17）所示。

$$V_{p,k}(t+1) = R_1(k,t)V_{p,k} + R_2(k,t)(X_{w,k}(t) - X_{p,k}(t)) \\ + R_2(k,t)((X_{n,k}(t) + X_{l,k}(t))/2 - X_{p,k}(t)) \quad (6-16)$$

$$V_{p,k}(t+1) = R_1(k,t)V_{p,k} + R_2(k,t)(X_{w,k}(t) - X_{p,k}(t)) \\ + R_2(k,t)((X_{n,k}(t) + X_{w,k}^*(t))/2 - X_{p,k}(t)) \quad (6-17)$$

⑤基于辅助学习的种群间隙优化。

值得注意的是，当算法根据指标对种群进行分组时，可能出现一个新的问题。由于指标不同，两个种群的分布范围可能有所不同，这使种群之间可能存在较大空间间隙。为了解决上述问题，该算法引入辅助学习的思想。在辅助学习中，该算法使用种群 1 中的获胜粒子作为辅助粒子，种群 2 中待优化粒子前进到种群 1 和种群 2 的折中空间。

2）基于分解的大规模三粒子竞争算法

（1）大规模三粒子竞争算法。

当 MOP 中决策变量的规模进一步增大时，便产生大规模多目标优化问题（Large-Scale Multi-objective Optimization Problems，LSMOP），其广泛存在于实际应用中。决策变量大规模化，使传统的 MOEA 的性能大幅度降低。LSMOP 相比 MOP 计算难度更大。一方面，随着决策变量数量的大规模化，搜索空间呈指数级增长；另一方面，维数的增加可能导致算法中具有相似优化方向的解的数量增加，从而导致产生多个局部最优解。

（2）算法改进动机。

尽管现有方法对 LSMOP 表现出一定的优化效果，但仍然存在一些问题。针对大规模优化的三类算法（基于决策变量分析、协同进化、问题转移框架）主要是在决策变量空间上进行一定程度的操作运算，然而其整体搜索效率和搜索能力有待提高。

由于决策变量的大规模化，搜索空间呈指数级增长，局部最优点的数目爆炸性增加，现存的针对 LSMOP 的 MOEA 后代生成策略相对简单，其搜索功能不足，容易产生具有相似搜索方向的多个解决方案，并且不可能在有效时间内尽可能多地搜索有效空间。

（3）算法原理及实现。

①算法整体结构及框架。

LTCSO/D 的整体结构如图 6-8 所示。决策变量空间的大规模化使搜索空间呈指数级增长，同时也导致在局部最优点的解的数量爆炸性上升。为解决以上两个问题，首先，对目标空间进行分解操作，将解的分布性提高，避免解过于集中导致算法"早熟"现象的发生；其次，搜索空间的变大使得传统的多目标 PSO 算法失效，这里提出三粒子竞争搜索策略，增加新的粒子速度更新方式，同时提出"邻接种群学习"的概念，使粒子的搜索更具方向性；最后，为了充分利用矢量角信息，使用基于矢量角的环境选择策略进行种群的更新。

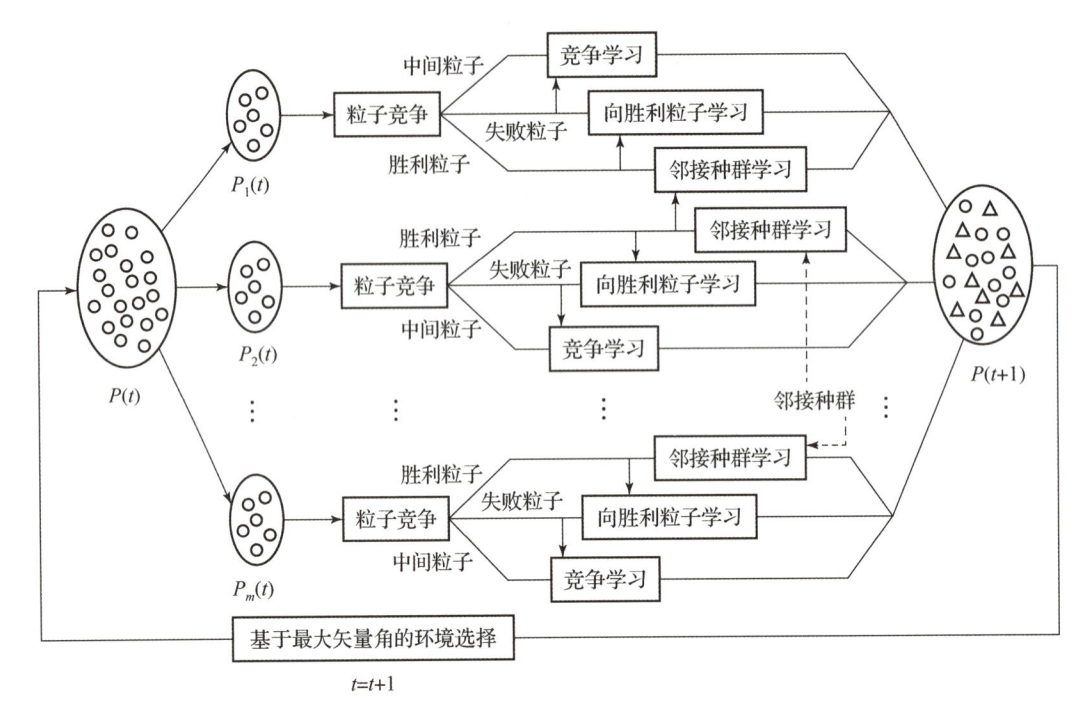

图 6-8 LTCSO/D 的整体结构

LTCSO/D 与当前大多数 EOEA 的框架相似,主要包括种群和参数初始化,后代生成策略和环境选择策略。在参数初始化中,为了解决由于决策变量规模较大而无法使解在真实 Pareto 前沿上完全均匀分布的问题,此处采用了目标空间分解策略,在每个小空间中进行竞争性学习。同时,为了充分利用邻近解的信息,设计了邻接种群学习策略。因此,该算法需要在初始化时设计权重矢量和邻接矩阵。在后代生成策略中,为了充分利用解决方案的潜在信息,LTCSO/D 使用了三粒子竞争策略。在环境选择策略中,为了增加解决方案的多样性,该算法使用了基于最大矢量角的环境选择策略。

②基于空间分解的种群分组。

由于"维数诅咒"现象的存在,当前用于大规模 MOEA 的 PSO 算法的性能较差。由于决策变量维度的增加,存在大量具有相似搜索方向的粒子,进而使围绕局部最优的粒子个数增多,所获得的最优解集分布不均,无法在真实 PF 均匀分布。为了解决上述问题,该算法采用基于空间分解的种群分组策略。

为了能够将目标空间划分为不同组别,需要使用一组方向矢量作为划分依据,每个方向矢量位于每个子空间的中间区域。在此,可假设用户希望使解尽可能在真实 PF 上分布,不考虑用户的偏好信息。

③三粒子竞争搜索策略。

现有的多目标 PSO 和 CSO 算法在解决具有超过 50 个决策变量的 MOP 时,算法的性能显著下降。上述现象主要是由于以下两个方面。传统的 PSO 和 CSO 对后代具有单一生成策略,并且当问题规模较大时,所得解决方案的分布性能会下降。其次,CSO 仅使用胜利粒子信息,而 PSO 仅使用当前种群中较好解的个体。问题维度的扩展要求算法使用尽可能多的有用信息。为了解决上述问题,LTCSO/D 使用三粒子竞争搜索策略。在三粒子竞争搜索策略中,设计两个新的速度更新公式,如式(6-18)与式(6-19)所示,位置更新方式如式(6-20)所示。

$$V_{p,k}(t+1) = R_1(k,t)V_{p,k} + R_2(k,t)(X_{w,k}(t) - X_{p,k}(t))$$
$$+ R_2(k,t)((X_{n,k}(t) + X_{l,k}(t))/2 - X_{p,k}(t)) \quad (6-18)$$

$$V_{p,k}(t+1) = R_1(k,t)V_{p,k} + R_2(k,t)(X_{w,k}(t) - X_{p,k}(t))$$
$$+ R_2(k,t)((X_{w,k}(t) + X_{w,k}^*(t))/2 - X_{p,k}(t)) \quad (6-19)$$

$$X_{p,k}(t+1) = X_{p,k}(t) + V_{p,k}(t+1) \quad (6-20)$$

在三粒子竞争搜索策略中,除当前种群粒子的速度和位置信息外,还需要邻接矩阵(B)和权重矢量(W)来获得竞争粒子。

为了确定粒子之间的邻接关系,该算法使用标志(flag)矩阵确定粒子与划分的子空间之间的归属关系。对于总体中的每个粒子 p_i,首先将值归一化,然后获得粒子 p_i 所属的子区域,同时确定与粒子 p_i 所属同一子空间 R_i 的粒子。为了解决传统 CSO 后代的单代策略问题,在通过传统竞争粒子学习获得后代粒子(off_vl, off_pl)之后,该算法使用速度更新[式(6-18)和式(6-19)]来生成两个额外的后代粒子。最后,该算法对获得的后代粒子执行常见的多项式变异,然后返回后代粒子。此时,后代粒子的数量大于当前种群中的粒子数量。

在传统的 CSO 中,仅使用胜利粒子来指导要优化的粒子,而失败粒子的潜在信息(当前代数性能较差,但仍然有一些信息对算法的收敛性或分布性有用)被忽略。这容易导致由胜利粒子的相似引导方向,使产生的后代粒子分布较差的问题。

④基于最大矢量角的环境选择。

当问题的维数增加或真实 PF 为离散情况时,很有可能使算法得到的解集中在局部区域,算法的总体性能下降。为了解决上述问题,算法应在确保收敛的同时尽可能地保留对算法分布性有贡献的粒子。在 LTCSO/D 的最后,使用基于最大矢量角的环境选择策略。

使用归一化操作,如式(6-21)所示。其目的是使每个粒子的目标空间的数值统一到 [0,1] 范围内,并消除某些粒子由于数值过大或过小而对其他解产生不利影响。式中 $f_k^*(p_i)$ 是归一化后的目标值,$f_{k\max}$ 与 $f_{k\min}$ 分别为第 k 个目标的最大值与最小值。

$$f_k^*(p_i) = \frac{f_k(p_i) - f_{k\min}}{f_{k\max} - f_{k\min}} \quad (6-21)$$

考虑到种群的收敛性,此处使用 Euclidean 距离作为收敛指标,其计算方法如式(6-22)所示。该公式主要用于粒子排序。其数值越小,粒子的收敛性能越好,反之,粒子的收敛性能越差。

$$d_{st} = \left(1 - \frac{x_s y_t'}{\sqrt{(x_s x_s)(y_t y_t')}}\right) \quad (6-22)$$

此处使用基于角度的信息作为分布性指标,角度值越大,两个目标矢量之间的距离越大,就越有开发潜在区域的可能。此时,问题的关键在于如何选择两个要比较的粒子,以及如何选择较大角度的粒子。针对以上两个问题,采用最大矢量角优先的策略。

3)基于交叉融合的多目标迁徙鸟群优化算法

(1)算法设计动机。

近年来,MOFJSP 已经引起学者的广泛关注,目前用于解决 MOFJSP 的方法主要有先验法与后验法。先验法只能得到单一解,无法提供有指导意义的多目标优化方案,而在后验法中大多数算法采用种群迭代的全局优化方法,缺少有效的局部搜索策略。迁徙鸟群优化(MBO)的有效的局部搜索方式及其在离散问题上的优异性能为求解 MOFJSP 提供了新的思路。

MBO 最初用于解决单目标离散问题,其参考了迁徙鸟群的队列结构,整个鸟群呈 V 形排列,在最前方的为领飞个体,后边的为跟飞个体。在传统 MBO 中,领飞个体个数为 1,其消耗能量最多,信息通过领飞个体一层层向下传递,从而优化整个鸟群。MBO 主要包含 4 个部分:初始化、领飞个体优化、跟飞个体优化、领飞个体更新。初始化需针对种群大小、邻域解规模 N、共享解规模 S、巡回次数 G 等参数设置,形成 V 形结构。在领飞个体优化中,通过产生 N 个邻域解,将最好的邻域解取代领飞个体,同时在剩下的 $N-1$ 个邻域解中选择 $2S$ 个个体放入共享解集,再让这 $2S$ 个个体平均分配到 V 形结构两侧。跟飞个体通过自身产生的 N 个邻域解与上一个个体传下来的 S 个共享解来更新自身数值。在领飞个体替换过程中,将领飞个体随机移至种群后端,其余跟飞个体依次前移一个位置,领飞个体从原来离其最近的两个个体中选择。

当直接将 MBO 用于 MOEA 时,存在以下问题:目标之间的折中关系无法通过单一领飞个体传递,当共享解、非支配解数量过多时,算法出现"早熟"现象,提前结束进化,使算法的最终较优解是初始化中的较优解。为了解决以上问题,本书提出基于交叉融合的多目标迁徙鸟群优化算法(Multi–Objective Migrating Birds Optimization Algorithm based on Cross Fusion,MOMBO/CF),将其用于柔性作业车间调度问题求解及调度优化。

(2) 算法。

MOMBO/CF 其整体步骤与传统 MBO 相似,包含初始化、领飞鸟群优化、跟飞鸟群优化与领飞鸟群更新四个步骤。

其中在 V 形结构中,领飞个体更替为领飞鸟群,领飞鸟群的初始化取的是非支配解集,这样做的目的是尽可能使非支配解的信息得到保留,一方面通过非支配解集进行局部搜索可以探索更优的解,另一方面通过非支配排序得到的共享解保留较好的收敛信息,通过共享解来更新跟飞种群,以此保证算法的整体收敛性。

在领飞鸟群与跟飞鸟群进化之后,领飞鸟群每巡回一次时,均使用一次队间交叉融合,以提高整体的分布性,在巡回结束后,再进行队内交叉融合,以起到信息交互的作用。最后进行领飞鸟群更新。在此步骤中,考虑变异操作在提高种群多样性与帮助算法跳出局部最优解的优势,进行种群的依概率变异,而后通过变异的个体与整个种群混合,采用非支配排序与拥挤距离的思想进行个体的选择与更新。

(3) 种群个体优化及局部搜索。

种群个体优化的过程主要包含两个方面:领飞鸟群的优化与跟飞鸟群的优化。无论是领飞鸟群的优化还是跟飞鸟群的优化,均需要产生邻域鸟群,领域鸟群的产生主要采用局部搜索策略。

在领飞鸟群的优化过程中,由于领飞鸟群中的个体均为非支配解,所以其与跟飞鸟群中的个体相比,能保留更多对算法收敛性有用的信息。领飞鸟群中的个体本身比跟飞鸟群中的个体包含更多的潜藏解,所以在对领飞种群优化时,需要采用局部搜索来探索有用信息。而跟飞鸟群中的个体,除了自身产生邻域解之外,还会融入共享解,共享解来自属于队列同一侧的前一个个体保留到该个体的解,即共享解与邻域解共同决定被优化粒子的更新数值。

（4）基于交叉融合的全局搜索。

①信息融合方式。

MOMBO/CF 采用了两种新的信息融合方式：队间交叉融合与队内交叉融合。队间交叉融合在领飞鸟群每次巡回过程中均进行一次，而队内交叉融合是在当前鸟群巡回结束后，在当代鸟群中进行一次。两种信息融合的方式与目的不同。队间交叉融合主要利用面向工序的交叉操作与面向机器的交叉操作，主要是为了充分利用两个队列的信息，通过从每一个队列中选取父代来将两个队列中的优势基因遗传给下一代，一方面增加了算法的多样性，另一方面可探索更优的解空间。而队内交叉融合主要是防止鸟群规模不断扩大，通过去除劣解，保留优解来保证算法的收敛性，同时在后续的领飞鸟群更新步骤中需要提前对队列结构进行更新，其目的是保持 MBO 的 V 形结构，使适应度更好的个体在队列的前边，适应度较差的个体直接被淘汰或放在队列后边。

②染色体编码与解码。

在队间交叉融合中，需从两边队列中随机地各选择 G 个个体作为父代，然后通过面向工序码与面向机器码的交叉产生后代，同时需要判别后代的优劣，在此过程中需要实现染色体的编码与解码。

在柔性作业车间调度问题中，需要解决以下两个关键问题：为每一道工序都分配一台合适的可加工机器（机器选择问题）、对每一台机器上的被分配到的加工工序进行排列（工序排序问题）。针对以上两个问题，该算法将一个染色体分为两个关键部分：机器选择（Machine Selection，MS）部分与工序排序（Operation Sequence，OS）部分。

染色体解码的目的是指导算法的进化过程，MOMBO/CF 不直接作用于优化的目标，也就是说为了使解收敛，需要从编码空间映射到问题空间，在问题空间评价染色体的适应度值进而指导进化。该算法的解码使用的规则是：使解码后的工序在所分配的加工机器上，满足该机器上一个工序已经完工与该工件的上一道工序完工两个约束，插入该机器。

③交叉算子。

MOMBO/CF 中的交叉算子存在于队间交叉融合中，由外部输入参数 G 控制作为交叉所选择的父代个数。其中为了充分利用两个队列之间的信息，分别由两个队列选择 G 个个体。由于柔性作业车间调度问题属于离散问题，所以常规的用于连续优化理论的交叉算子不再适用。

针对柔性作业车间调度问题中的 MS 与 OS 两个子问题，在 MS 部分使用多点交叉（Multiple Point Crossover，MPX），在 OS 部分采用基于工件优先顺序的交叉（Precedence Preserving Order–based Crossover，POX）。

④变异算子。

为了增加种群的多样性，同时避免算法收敛于局部最优解，出现"早熟"现象，采用变异操作。

5. 任务实施

（1）通过对现存的应用于多目标的 PSO 算法进行分析，为了去除全局最优粒子或个体最优粒子对算法的影响，采取竞争机制，针对 PSO 在多目标优化时分布性能不佳的情况设计新的种群进化结构。

（2）分别设计基于空间分解的种群分组和三粒子竞争搜索的策略。LTCSO/D 通过挖掘粒子的潜在信息，发挥竞争学习在大规模优化上的探索优势，同时利用最大矢量角环境选择进行种群的更新。

（3）首先，以最大完工时间最短与机器总负荷最小为两个优化目标，建立柔性作业车间调度问题数学模型；其次，结合 MOEA 中的离散优化相关理论，设计 MOMBO/CF；最后，将 MOMBO/CF 用于柔性作业车间调度问题进行求解与优化，通过与现有的 MOEA 进行对比，验证调度方案的有效性。

6. 任务评价

任务评价见表 6-3。

表 6-3 任务评价

评分内容	配分	评分标准		分值	自评	他评
基于 MOEA/D 算法的多目标柔性作业车间调度方法	80 分	查找任务相关知识	查找任务相关知识，该任务知识能力掌握度达到 60% 扣 5 分，达到 80% 扣 2 分，达到 90% 扣 1 分	20 分		
		确定方案编写计划	1. 制定整体设计方案，在实施过程中修改一次扣 2 分。2. 制定实施方法，在实施过程中修改一次扣 2 分	20 分		
		记录实施过程步骤	在实施过程中，步骤记录不完整度达到 10% 扣 2 分，达到 20% 扣 3 分，达到 40% 扣 3 分	20 分		
		检查评价	1. 自我评述完成情况。2. 检查资料收集整理情况	20 分		
职业素养	20 分	团队协调与合作		10 分		
		用专业语言正确流利地简述任务成果		10 分		
综合				100 分		
完成用时						

知识评测

1. 填空题

（1）目前解决调度问题的方法主要分为两类：_____ 和 _____。

（2）在多目标优化问题中，_____、_____ 是两个重要的评价方向。

2. 判断题

（1）调度问题的一般性定义为：在一定的约束条件下，把有限的资源在时间上分配给若干个任务，以满足或优化一个性能指标。　　　　　　　　　　　　　　（　　）

（2）不合理的编码方式会导致大量不可使用的非法解。　　　　　　　　（　　）

参考文献

[1] 刘怀兰,孙海亮. 智能制造生产线运营与维护[M]. 北京:机械工业出版社,2020.
[2] 尹凌鹏,刘俊杰,李雨健. 智能生产线技术及应用[M]. 北京:冶金工业出版社,2022.
[3] 陈永刚. 自动化生产线安装与调试[M]. 上海:上海交通大学出版社,2019.
[4] 秦萍,朱智亮. 自动化生产线组装与维护[M]. 银川:宁夏人民出版社,2019.
[5] 单侠芹. 自动化生产线安装与调试[M]. 北京:北京理工大学出版社,2019.
[6] 张祁,葛华江. 自动化生产线安装与调试[M]. 北京:中国铁道出版社,2019.
[7] 王荣华. 自动化生产线安装与调试[M]. 武汉:华中科技大学出版社,2019.
[8] 马静,胡素梅,张学芳. 自动化生产线安装与调试项目化教程[M]. 北京:北京理工大学出版社,2019.
[9] 张豪. 自动生产线的安装调试与维护[M]. 北京:中国电力出版社,2019.
[10] 姚昕. 自动化设备与生产线[M]. 北京:北京邮电大学出版社,2019.
[11] 卢静霞,熊邦宏. 西门子S7–200系列自动化生产线编程与调试[M]. 北京:机械工业出版社,2020.
[12] 汤荣秀. 自动化生产线系统设计与调试项目化教程[M]. 西安:西安电子科技大学出版社,2020.
[13] 赵雷,李波. 自动线安装与调试[M]. 成都:西南交通大学出版社,2020.
[14] 刘怀兰,孙海亮. 智能制造生产线运营与维护[M]. 北京:机械工业出版社,2020.
[15] 孟庆波. 生产线数字化设计与仿真[M]. 北京:机械工业出版社,2020.
[16] 郑维明. 数字化制造生产线规划与工厂物流仿真[M]. 北京:机械工业出版社,2020.
[17] 高月辉,战忠秋. 自动化生产线安装与调试[M]. 天津:天津科学技术出版社,2021.
[18] 张春林. 典型机械设备自动化解决方案指南:从单机生产线到企业网络[M]. 北京:机械工业出版社,2021.
[19] 芮延年. 自动化装备与生产线设计[M]. 北京:科学出版社,2021.
[20] 陈友明. 自动化生产线安装与调试[M]. 北京:北京理工大学出版社,2021.
[21] 陈孟元. 智能制造产线建模与仿真ER–Factory从0到1[M]. 北京:机械工业出版社,2021.
[22] 吕佑龙. 混流装配线生产计划智能优化方法[M]. 北京:电子工业出版社,2021.
[23] 战崇玉,杨红霞. 自动化生产线安装与调试[M]. 武汉:华中科技大学出版社,2018.
[24] 张虹. 自动化生产线安装与调试[M]. 北京:机械工业出版社,2018.
[25] 徐兵,高强明,茅丰. 自动化生产线控制系统设计与实践[M]. 西安:西安电子科

技大学出版社，2018.

[26] 王烈准. 自动化生产线拆装与调试（三菱 FX$_{3U}$ 机型）［M］. 北京：机械工业出版社，2018.

[27] 马凯，肖洪流. 自动化生产线技术［M］. 北京：化学工业出版社，2018.

[28] 梁亮，梁玉文. 自动化生产线安装、调试和维护技术［M］. 北京：机械工业出版社，2018.

[29] 吴有明. 自动生产线核心技术研究［M］. 延吉：延边大学出版社，2018.

[30] 雷声勇. 自动化生产线装调综合实训教程（第 2 版）［M］. 北京：机械工业出版社，2018.

[31] 雷子山，曹伟，刘晓超. 机械制造与自动化应用研究［M］. 北京：九州出版社，2018.

[32] 李素云. 机器自动化工业机器人及其关键技术研究［M］. 北京：原子能出版社，2018.

[33] 胡铁楠，吕云蕾，刘亚秋. 可用于云制造环境的新型现场总线协议［J］. 计算机工程与设计，2020，41（2）：8.

[34] 白帅丽，刘保朝. 基于现场总线的 PLC 分布控制生产线的设计［J］. 精密制造与自动化，2019（4）：3.

[35] 石文辉. 一种基于虚拟设备的现场总线方法：CN111209229A［P］，2020.

[36] 李轲. 基于 OPC UA 架构的智能制造生产线数据通信及应用研究［D］. 湖北：湖北工业大学，2020.

[37] 方辉. OPC UA 服务器地址空间与数据存储研究与开发［D］. 北京：华北电力大学，2011.

[38] 白帅丽，刘保朝. 基于现场总线的 PLC 分布控制生产线的设计［J］. 精密制造与自动化，2019（4）：3.

[39] 何雨婷. 基于 OPC UA 的智能生产线通信组件的设计与实现［D］. 安徽：中国科学院大学，2020.

[40] 江城. OPC UA 信息模型及其应用［D］. 山西：太原科技大学，2014.

[41] 何磊，李涛，张世炯. 基于扩展 Petri 网的复杂装配线建模［J］. 航空制造技术，2021，64（16）：58 - 64.

[42] 刘璐璐. 基于赋时着色 Petri 网的 Web 系统建模仿真与性能评价［D］. 山东：中国石油大学，2009.

[43] 周韶武，胡晓兵，彭正超. 基于 Petri 网和 Witness 的 SMT 生产物流系统仿真及优化［J］. 现代制造工程，2020（11）：99 - 105.

[44] 董箭，初宏晟，卢杭樟. 基于 A 星算法的无人机路径规划优化模型研究［J］. 海洋测绘，2021，41（03）：28 - 31，51.

[45] 常晨. 基于改进 A - star 算法的路径规划的研究及应用［D］. 江苏：南京大学，2020.